土力学与基础工程

主　编　张卫民　赵东明　陈　文
副主编　刘海军　周　敏　王　璐
　　　　宋兴海　舒红旗

哈尔滨工程大学出版社
Harbin Engineering University Press

内容简介

本书主要内容有土的物理性质及工程分类、土中应力分布及计算、土的压缩性与地基沉降计算、土的抗剪强度、建筑工程地质勘察、土压力与土坡稳定、场地平整与基坑施工、地基处理、浅基础设计及施工、桩基础设计与施工。试验指导部分介绍了土的密度及含水量试验、土的液限及塑限测定试验、土的固结试验和直接剪切试验。它可作为高等院校建筑工程、桥梁工程、土建类勘察等专业的教材，也可作为相关工程技术人员的参考书。

图书在版编目（CIP）数据

土力学与基础工程 / 张卫民，赵东明，陈文主编. —哈尔滨：哈尔滨工程大学出版社，2020.6

ISBN 978-7-5661-2674-0

Ⅰ.土… Ⅱ.①张… ②赵… ③陈… Ⅲ.①土力学 ②基础（工程） Ⅳ.TU4

中国版本图书馆 CIP 数据核字(2020)第 094453 号

责任编辑 张 彦
封面设计 邢宏亮

出版发行 哈尔滨工程大学出版社
地　　址 哈尔滨市南岗区南通大街 145 号
邮政编码 150001
发行电话 0451-82519328
传　　真 0451-82519699
经　　销 新华书店
印　　刷 廊坊市鸿煊印刷有限公司
开　　本 787mm×1 092mm 1/16
印　　张 21
字　　数 493 千字
版　　次 2020 年 6 月第 1 版
印　　次 2020 年 6 月第 1 次印刷
定　　价 55.00 元
http://www.hrbeupress.com
E-mail: heupress@hrbeu.edu.cn

前　言

本书是为培养适应社会需要的高等职业技术应用型人才而编写的。对于高职建工专业学生，主要面向施工企业的施工员岗位来培养，所以编者在编写中力图体现基础理论“必需、够用、能用”的原则，加强应用性、实用性和针对性。在涉及基础建造部分的内容时，更侧重基础的功能、构造，而弱化设计步骤，增加基础施工技术内容以适应高职学生所面向的岗位特点，注意引导学生思考和自学，注重学生动手能力和实践能力的培养。

本书编写的主要依据为《建筑地基基础设计规范》(GB 50007—2011)、《建筑桩基技术规范》(JGJ 94—2008)、《土工试验方法标准》(GB/T 50123—2019)、《岩土工程勘察规范》(GB 50021—2001)、《建筑地基基础工程施工质量验收标准》(GB 50202—2018) 等。

传统形态的纸质教材，由于缺乏生动直观的表现手段，已经不能满足高职院校学生学习的需求和当前的教育观念，所以新编教材从内容上进行了调整，将更多新材料、新工艺在教材中进行介绍，并借助现代多媒体技术使教学活动更为生动，也可通过教材网络平台对传统课堂教学进行有益补充，为学生提供一个全新、开放、互动、自主的学习环境，从而保证学生在获得专业知识和技能的基础上，提升信息素养，培养创新能力、自学能力、实践能力等，最终提高课程教学质量。

因我国各地区地基情况差别较大，本书建议总学时安排 56～72 学时，具体可根据本地区情况有所选择和侧重，个别章节可根据实际取舍，选择授课。另外，本书增加了试验的内容，可根据当地情况将书中部分内容放在试验中讲解。

本书由金华职业技术学院张卫民、聊城职业技术学院赵东明、江阳城建职业学院陈文担任主编；内蒙古建筑职业技术学院刘海军、金华职业技术学院周敏、哈尔滨铁道职业技术学院王璐、河北水利电力学院宋兴海、耿丹学院舒红旗担任副主编。

在编写过程中得到金华职业技术学院领导和有关同仁的大力支持，在此深表感谢。由于学习资源引用了大量源自企业、网络的工程案例，在此对这些资源的贡献者一并表示感谢！

因为编写时间仓促及编者水平有限，书中定有不当或不妥之处，恳请读者批评指正。

编　者

2020 年 2 月

目　录

第 1 章　土的物理性质及工程分类 …… 1
1.1　土的成因与组成 …… 2
1.2　土的物理性质指标 …… 9
1.3　土的物理状态指标 …… 14
1.4　地基土的工程分类 …… 17
第 2 章　土中应力分布及计算 …… 22
2.1　土的自重应力 …… 23
2.2　基底压力分析 …… 26
2.3　土中附加应力 …… 30
2.4　饱和土的有效应力原理 …… 39
2.5　土中应力与基础沉降的关系 …… 40
第 3 章　土的压缩性与地基沉降计算 …… 45
3.1　土的压缩性 …… 46
3.2　地基沉降计算 …… 49
第 4 章　土的抗剪强度 …… 60
4.1　土的抗剪强度 …… 61
4.2　地基变形和地基承载能力 …… 68
4.3　地基承载力的确定 …… 72
第 5 章　建筑工程地质勘察 …… 79
5.1　建设工程勘察 …… 80
5.2　工程地质勘察方法 …… 84
5.3　工程地质勘察报告 …… 90
5.4　验槽 …… 101
第 6 章　土压力与土坡稳定 …… 104
6.1　土压力的种类 …… 105
6.2　库仑土压力理论 …… 108
6.3　朗肯土压力理论 …… 111
6.4　《建筑地基基础设计规范》推荐计算方法 …… 119
6.5　边坡稳定分析方法及应用 …… 120
6.6　挡土墙设计 …… 124
第 7 章　场地平整与基坑施工 …… 133
7.1　场地平整和土方调配 …… 134

7.2 基坑降水、排水 …… 146
7.3 基坑支护 …… 154
7.4 土方开挖与回填 …… 160
第 8 章 地基处理 …… 181
8.1 软弱土的种类 …… 182
8.2 常见的地基处理技术 …… 184
8.3 换土垫层法 …… 185
8.4 压实法及强夯法 …… 190
8.5 挤密法和振冲法 …… 194
8.6 排水固结法 …… 199
8.7 化学加固法 …… 202
第 9 章 浅基础设计及施工 …… 206
9.1 浅基础设计基本知识 …… 207
9.2 浅基础的类型 …… 210
9.3 基础埋置深度的确定 …… 215
9.4 基础底面尺寸的确定 …… 216
9.5 刚性基础设计 …… 223
9.6 扩展基础设计 …… 226
9.7 减少不均匀沉降的一般措施 …… 236
9.8 浅基础施工技术 …… 238
9.9 基础防水施工 …… 241
第 10 章 桩基础设计与施工 …… 275
10.1 基础概述 …… 276
10.2 桩的承载力 …… 281
10.3 桩基础设计 …… 284
10.4 预制桩基础施工 …… 289
10.5 灌注桩施工 …… 299
10.6 其他深基础简介 …… 313
附录 试验指导书 …… 317
试验一 土的密度及含水率试验 …… 317
试验二 土的液限及塑限测定试验 …… 320
试验三 土的固结试验 …… 323
试验四 直接剪切试验 …… 325
参考文献 …… 327

第 1 章　土的物理性质及工程分类

学习目标

通过本章的学习，了解土的成因和组成，知道土是漫长的地质演变的产物，且成分复杂，并不是均匀的物质；理解土的物理性质指标及这些指标在判断土的工程特性过程中的作用，并学会指标的确定方法。熟悉土的工程分类方法，知道在工程中如何区别各种土以及各自的特点，还有它们对工程会造成怎样的影响。

学习要求

知识要点	能力目标	相关知识	权重
土的成因和组成	1. 了解土的成因 2. 理解土的三相组成及其特点 3. 理解土的不均匀性及其定量分析方法，理解土中水对土性质的影响 4. 熟悉土的构造特点和工程特性	1. 岩石的风化 2. 水流、风的搬运作用 3. 粒组划分标准 4. 土的特性（非均质、强度、渗透、变形）	30％
土的物理性质指标	1. 了解土的物理性质指标的作用 2. 理解土的三相指标表征的内涵 3. 熟悉土的各项指标的确定方法	1. 质量、体积、密度的概念 2. 试验分析方法 3. 指标换算方法	40％
土的物理状态指标及地基土的工程分类	1. 了解土的物理状态及指标描述 2. 理解无黏性土和黏性土的异同 3. 熟悉土的工程分类	1. 状态指标及测定方法 2. 各类规范对土的分类标准 3. 土的开挖及其能耗	30％

学习导入

地球上各类工程都是在地表进行建设的，因此就不得不与岩土打交道。岩土工程是关于各类工程中的岩石、土和地下水治理的部分，涉及的传统业务有地基勘察、地基处理、基础设计、基坑及地下工程建造、边坡防护、滑坡治理、土工合成材料工程应用、岩土地震工程等。岩土工程是各行业工程中的重要组成部分，如建筑工程、市政工程、水利工程、公路工程、铁路工程、地铁工程、环境工程都会与岩土打交道。建造建筑物或其他工程都需要解决土的承载力、变形特征、渗透性等问题，要解决这些问题必须搞清楚土的成因及组成以及岩土如何进行分类，学会分析土的力学特性并在工程中应用，也就是要学习土力学知识。本章将学习土力学中的一些基础知识，将为后续深入探究土的力学特性和基础的设计、施工奠定基础。

1.1　土的成因与组成

土是漫长的地质演变的结果。地球刚形成时是一个由岩浆组成的星球，岩浆冷却在地表形成坚硬的岩石圈，后来有了水，逐渐形成海洋，对土壤的形成起到至关重要的影响。由于大气层的存在，地球对流层水汽输送，加上构造运动、冰川运动、生物作用等复杂因素的影响，地球表面形成了复杂的土层。目前所见的土是由岩石经过长期的风化、搬运、沉积作用而形成的。

1.1.1　土的成因

地壳表层的岩石长期经受风雨、温度变化（如热胀冷缩）和水流冲刷的作用，使岩石逐渐崩解，破碎成大小和形状不同的碎块，这个过程称为物理风化。物理风化后形成的碎块与水、氧气、二氧化碳等物质接触，使岩石碎屑发生化学变化，产生新的物质，这个过程称为化学风化。化学风化改变了岩石原来的矿物成分，产生了与母岩矿物成分不同的次生矿物。动植物和人类活动对岩石的破坏，称为生物风化，如植物的根对岩石的破坏、人类开山等，其矿物成分未发生变化。

由于长期的风力和水流的搬运以及地球板块的构造运动，使土具有各种各样的成因。地表的土主要以沉积物为主，不同成因类型的沉积物，具有各自的分布规律和工程地质特征。

1. 残积物

残积物指残留在原地未被搬运的那一部分原岩风化剥蚀后的产物。残积物与基岩之间没有明显的界线，一般是由基岩风化带直接过渡到新鲜基岩。残积物的主要工程地质特征：均质性很差，土的物理力学性质一致性较差，颗粒一般较粗且带棱角，孔隙度较大，不宜作为天然地基，主要是它易引起不均匀沉降。

2. 坡积物

坡积物是水流的作用将高处的岩石风化产物缓慢地洗刷剥蚀，使其沿着斜坡向下逐渐滚动，并沉积在平缓的山坡上而形成的沉积物。坡积物的主要工程地质特征：易发生沿下卧基岩倾斜面滑动，土质不均匀，厚度变化大，在其上直接建造建筑物易形成不均匀沉降。由坡积物形成的新近堆积土的土质疏松，压缩性较高。

3. 洪积物

洪积物是由山洪急流挟带着大量碎屑物质堆积于山谷冲沟出口或山前倾斜平原而形成的沉积物，这种山洪一般是间隔发生的。洪积物的主要工程地质特征：常呈现不规则交错的层理构造，近山洪积物的颗粒较粗，地下水位埋藏较深，土的承载力一般较高；离山较远地段的洪积物较细，成分相对均匀，厚度较大，土质较密实，一般是良好的天然地基。

4. 冲积物

冲积物是江河流水剥蚀两岸的基岩或早期沉积物，经搬运与沉积在平缓地带而形成的沉积物。冲积物可分为平原河谷冲积物、山区河谷冲积物和三角洲冲积物，其中河谷横断面如图 1-1。平原河谷冲积物包括河床沉积物、河漫滩沉积物、河流阶地沉积物及古河道沉积物等，其中河床沉积物大多为中密砂砾，承载力较高；河漫滩地段地下水埋藏较浅，下部为砂砾、卵石等粗粒土，上部一般为颗粒较细的土，局部夹有淤泥和泥炭，压缩性较高，承载力一般较低；河流阶地沉积物强度较高，一般可作为良好的地基。山区河谷冲积物的颗粒较粗，一般为砂粒所充填的卵石、圆砾，处于高阶地的往往是岩石或坚硬土层，适宜作为天然地基。三角洲冲积物的颗粒较细，含水量大，呈饱和状态，有较厚的淤泥或淤泥质层分布，承载力较低，直接在其上建造建筑物容易造成严重的沉降问题。

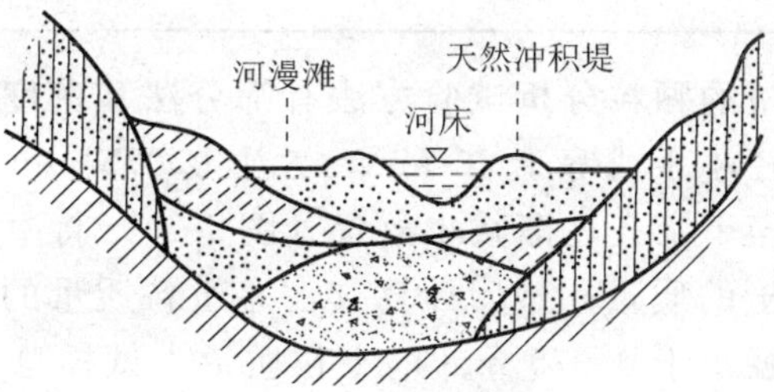

图 1-1　河谷横断面图

1.1.2　土的组成

自然界中的土一般是由固体颗粒、水和气体组成的。固体颗粒构成土的骨架，骨架之间贯穿着孔隙，孔隙中充填有水和气体，因此土也被称为三相孔隙介质。天然土中，以上三部分所占的比例是不等的，会随着周围环境的变化而变化，这就是建造建筑物时需要独立勘察的原因。土的三相比例不同，造成土的状态和工程性质各异。

1. 土的固体颗粒

土粒的大小、形状、矿物成分以及大小搭配情况对土的物理力学性质有明显影响。

自然界中的土都是由大小不同的土颗粒组成，土的性质与土颗粒的大小密切相关。土颗粒由粗变细，土的性质可由无黏性变为黏性。粒径大小在一定范围内的土，其宏观力学性质比较相近。试验表明，将土中各种不同粒径的土颗粒，按适当的粒径范围分为若干粒组，各个粒组的性质随分界尺寸的不同而呈现出一定质的变化。划分粒组的分界尺寸称为界限粒径。我国习惯采用的粒组划分标准见表 1-1，根据界限粒径 200 mm、20 mm、2 mm、0.075 mm、0.005 mm 把土颗粒分为六大粒组。为了表示土颗粒的大小及组成情况，通常以土中各个粒组的相对含量（各个颗粒组占土粒总量的百分数）来表示，称为土的颗粒级配。

表 1-1　粒组划分标准

粒组名称	粒组范围/mm	一般特征
漂石（块石）粒组	＞200	透水性很大，无黏性，无毛细水
卵石（碎石）粒组	20～200	
砾石粒组	2～20	透水性大，无黏性，毛细水上升高度不超过粒径
砂粒粒组	0.075～2	易透水，当混入云母等杂质时透水性减小，而压缩性增大；无黏性，遇水不膨胀，干燥时松散；毛细水上升高度不大，随粒径变小而增大
粉粒粒组	0.005～0.075	透水性小，湿时稍有黏性，遇水膨胀小，干燥时有收缩；毛细水上升高度较大，且速度较快，极易出现冻胀现象
黏粒粒组	＜0.005	透水性很小，湿时有黏性和可塑性，遇水膨胀大，干燥时收缩显著；毛细水上升高度大，但速度慢

确定各粒组相对含量的颗粒分析试验方法有筛分法和密度计法两种。筛分法适用粗颗粒土，一般用于粒径小于或等于 60 mm，大于 0.075 mm 的土。此法采用一套孔径不同的筛子，按从上至下筛孔逐渐减小放置（图 1-2），将事先称过质量的烘干土样过筛，称出留在各筛上土的质量，然后计算其占总土粒质量的百分数。密度计法适用细颗粒土，一般用于粒径小于 0.075 mm 的土粒质量占试样总质量 10% 以上的土。此法根据球状的细颗粒在水中的下沉速度与颗粒直径的平方成正比的原理，把颗粒按其在水中的下沉速度进行分组。在实验室内具体操作时，利用密度计测定不同时间土粒和水混合的悬浊液的密度，据此计算出某一粒径土粒占总土粒质量的百分数。

根据颗粒大小分析试验结果，可绘制颗粒级配曲线（图 1-3）。颗粒级配曲线的横坐标表示土粒粒径，由于土粒粒径相差悬殊，常在百倍、千倍以上，所以采用对数坐标表示；纵坐标表示小于某粒径的土的质量含量（或累计质量分数）。根据该曲线的坡度和曲率可以大致判断土的级配状况。

图 1-2　筛分设备及筛分后的土

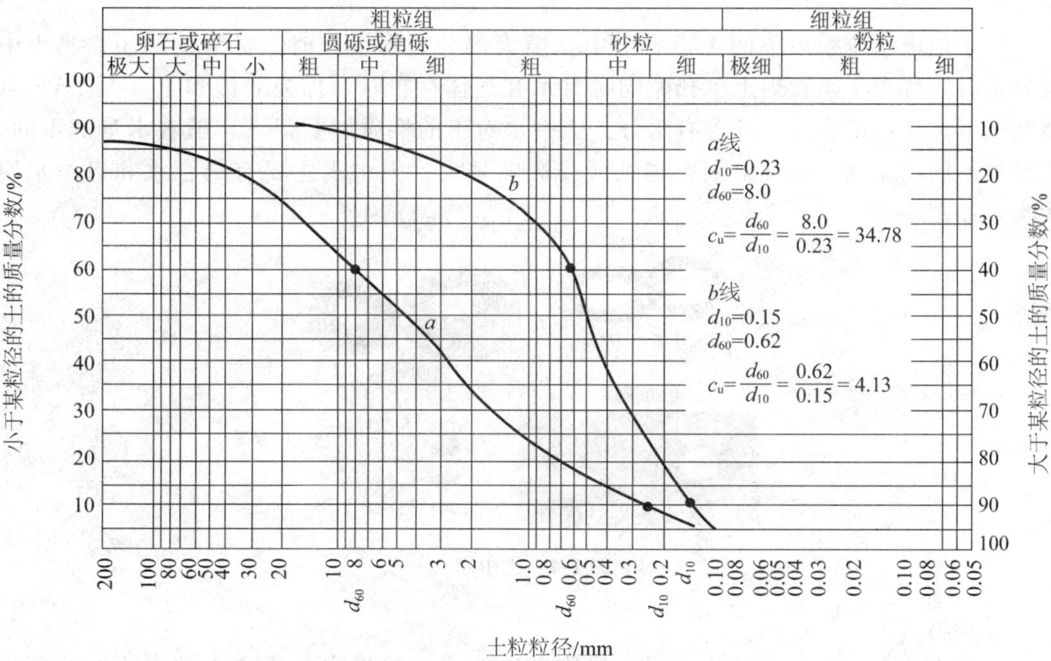

图 1-3　颗粒级配曲线

图 1-3 中曲线 a 较平缓，表示粒径大小相差较大，土粒不均匀，即为级配良好；反之，曲线 b 较陡，表示粒径大小相差不大，土粒较均匀，即为级配不良。

工程上为了定量反映土的不均匀性，用不均匀系数 C_u 来反映颗粒级配的不均匀程度，有

$$C_u = d_{60}/d_{10} \tag{1-1}$$

式中　C_u——土的不均匀系数；

d_{60}——限制粒径，在粒径分布曲线上小于或等于该粒径的土含量占总土质量的60％的粒径；

d_{10}——有效粒径，在粒径分布曲线上小于或等于该粒径的土含量占总土质量的10％的粒径。

不均匀系数 C_u 反映颗粒大小不同的粒组的分布情况。C_u 越大表示土粒大小的分布范围越大，其级配越好，作为填方工程的土料时，比较容易获得较大的密实度。工程

上一般把 $C_u \leqslant 5$ 的土称为级配不良的土，$C_u > 10$ 的土称为级配良好的土。

实际上，单独只用一个指标 C_u 确定土的级配情况是不够的，还要同时考虑颗粒级配曲线的整体形状。曲率系数 C_c 为表示土粒组成的又一特征值，按下式计算

$$C_c = d_{30}^2 / d_{60} d_{10} \tag{1-2}$$

式中　C_c——曲率系数；

d_{30}——在粒径分布曲线上小于或等于该粒径的土含量占总土质量的 30% 的粒径。

一般认为，砾石或砂土同时满足 $C_u \geqslant 5$ 和 $C_c = 1 \sim 3$ 两个条件时，为级配良好。级配良好的土，较粗颗粒间的孔隙被较细的颗粒所填充，因而土的密实度较好。

2. 土中水

位于地下水位线以下的土，当土中孔隙大部分被水填充时，称为饱和土；当土中没有水时，称为干土；当土中孔隙同时有水和气体存在时，称为非饱和土（湿土）。自然状态下，土中或多或少都含有水分。土中水对土的性质影响很大，随着水量的不同，土呈现不同的状态，而且土颗粒越细所受影响越大。土中水主要有结合水和自由水两大类，如图 1-4。

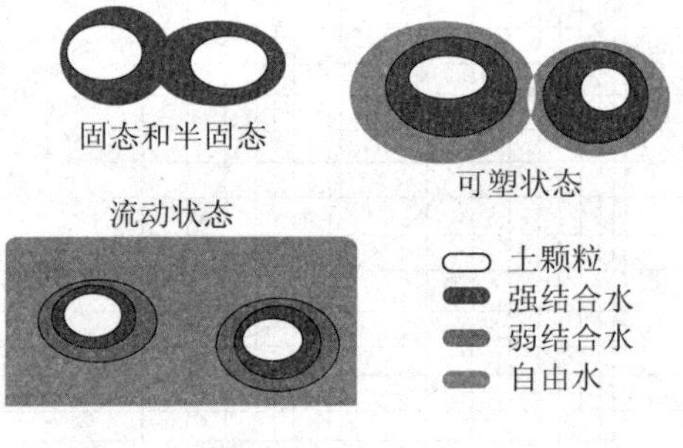

图 1-4　土中水

（1）结合水

结合水指由土粒表面电分子引力吸附的土中水，根据水分子离土粒表面的距离可分为强结合水和弱结合水。

强结合水是指紧靠土颗粒表面的结合水，其厚度很薄，一般只有几个水分子的厚度。由于强结合水受到土颗粒电场的吸引力很大，在重力作用下不能流动，性质接近固体。

弱结合水是在强结合水以外，土颗粒引力场作用范围以内的结合水。弱结合水仍受土颗粒引力场的影响，但由于吸引力较小，且随着水分子与土颗粒的距离增大逐渐消失。引力场之外的是自由水。弱结合水不能传递静水压力，但具有比自由水更大的黏滞性。弱结合水形成一种黏滞水膜，可以因吸引力从一个土粒的周围转移到另一个土粒的周围。弱结合水对黏性土的性质影响最大，当土中水量达到弱结合水黏滞水膜的形成条件时，土呈半固态；当含水量达到某一范围时，土具有可塑性。

（2）自由水

自由水指存在于土粒引力场范围以外的水，可分为毛细水和重力水。

毛细水是受到表面张力作用的自由水，位于地下水位以上的透水层中，容易湿润

地基造成地陷。在寒冷地区要注意因毛细水上升产生冻胀现象。冻胀现象会造成地基变形，从而使基础破坏、墙体开裂，所以基础设计时须考虑一定的埋深，如图 1-5。

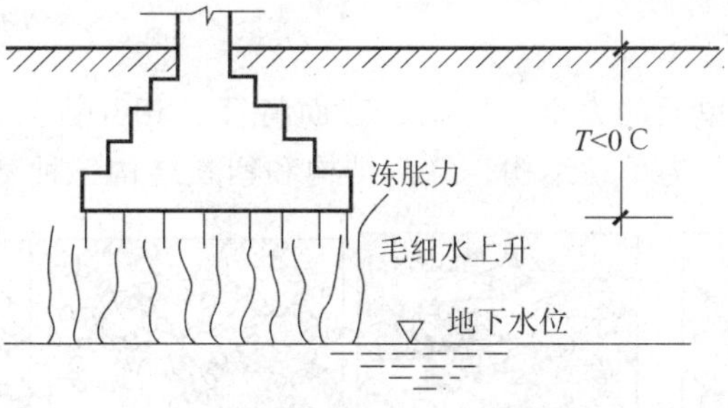

图 1-5　冻胀对基础埋深的影响

重力水是存在于地下水位以下透水层中的地下水，它是受水压作用可流动的自由水。地下水位以下的土受重力水的浮力作用，地下水位变化会造成土中的应力状态发生改变，严重时会造成地面塌陷。

3. **土中气体**

土中气体存在于土孔隙中未被水占据的部位。在接近地表的粗颗粒土中，土孔隙中的气体常与大气相通，它对土的力学性质影响不大；在软土中常存在与大气隔绝的封闭气泡，不易排出，降低了土的透水性，并导致土的压缩性增大。淤泥和泥炭土等有机质土由于存在大量气体，土在自重作用下长期不能压密，从而形成高压缩性土层，这种土层对工程建设不利。

墨西哥艺术宫（1904 年落成）建造的地点处于四面环山的盆地。该地古代原是一个大湖泊，因周围火山喷发的火山沉积和湖水蒸发，经漫长年代，湖水干涸形成目前的盆地。当地表层为人工填土与砂夹卵石硬壳层，厚度为 5 m；其下为超高压缩性淤泥，天然孔隙比高达 7～12，天然含水量高达 150%～600%，为世界罕见的软弱土，层厚达 25 m。从而造成这座艺术宫严重下沉，沉降量竟高达 4 m，邻近的公路下沉 2 m,参观者需步下 9 级台阶，才能从公路进入艺术宫，造成室内外连接困难和交通不便，内外网管道修理工程量增加，如图 1-6。

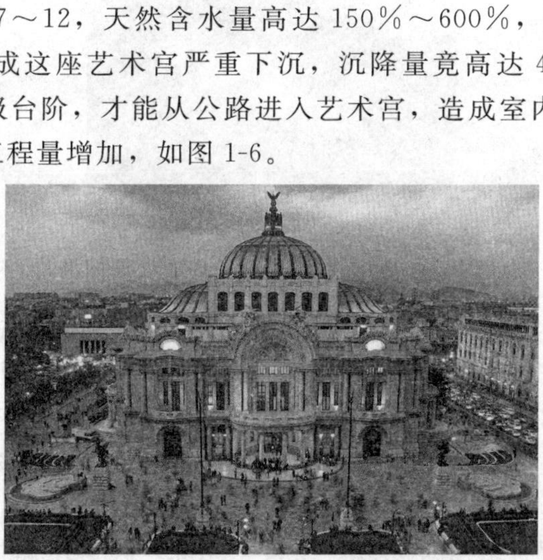

图 1-6　墨西哥艺术宫沉降案例

1.1.3 土的结构与构造

1. 土的结构

土的结构指由土粒单元的大小、形状、表面特征、相互排列及其连接关系等因素形成的综合特征，一般可分为单粒结构、蜂窝结构和絮状结构三种基本类型，如图 1-7。

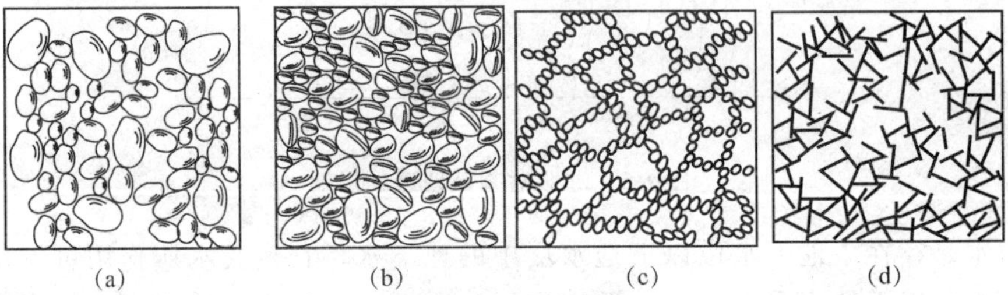

图 1-7 土的结构状态

(a) 单粒（疏松）；(b) 单粒（紧密）；(c) 蜂窝结构；(d) 絮状结构

单粒结构是无黏性土的基本组成形式，由粗颗粒土（如卵石、砂等）在重力作用下沉积而成。因其颗粒较大，土粒间的分子吸引力相对很小，颗粒连接弱，仅有微弱的毛细水连接。紧密状单粒结构的土，强度较大，压缩性较小，可作为良好的天然地基。疏松状单粒结构的土，当受到震动或其他外力作用时，土粒易于移动而导致较大变形，一般不易直接作为建筑物的地基。若饱和疏松的土是由细粒砂或粉粒砂所组成，在地震作用下，土的结构会突然变成流动状态，产生砂土“液化”破坏，将对建筑物造成严重的后果，如图 1-8。

图 1-8 砂土“液化”造成的建筑倒塌

较细的土粒（主要为粉粒）在水中因自重作用而下沉时，碰到其他正在下沉或已经沉积的土颗粒，由于它们之间的吸引力大于土粒重力，土粒将停留在接触面上，形成具有很大孔隙的蜂窝状结构的软弱土。细小的黏粒在水中处于悬浮状态，不会因单个颗粒的自重而下沉。当这些悬浮在水中的黏粒被带到电解质浓度较大的环境中，会凝聚成絮状的黏粒集合体下沉，并与已沉积的絮状集合体接触，形成孔隙很大的絮状结构土。蜂窝结构和絮状结构的土中存在大量孔隙，具有压缩性高、抗剪强度低、透水性弱的特点。

2. 土的构造

土的构造指土体中各结构单元之间的关系，如层状土体、互层土体、裂隙土体、软弱夹层、透水层与不透水层等。土的构造的主要特征是土的成层性和裂隙性，二者造成了土的不均匀性。

层理构造是土粒在沉积过程中，由于不同阶段沉积的物质成分、颗粒大小或颜色不同，而沿竖向呈现出成层特征。常见的有水平层理构造和带有夹层、尖灭和透镜体等交错层理构造。裂隙构造是土体被许多不连续的小裂隙所分割，在裂隙中常充填有各种盐类的沉淀物。裂隙破坏土的整体性，增大透水性，对工程不利。

1.1.4　土的工程特性

土与其他连续介质材料（钢、混凝土）相比，具有以下工程特性。

(1) 高压缩性　由于土是一种松散的集合体，受压后孔隙显著减小，当应力数值相同、材料厚度一致时，土的压缩值为钢的数千倍。

(2) 强渗透性　由于土中颗粒间存在孔隙，所以土的渗透性远比其他建筑材料大。尤其是粗颗粒土具有很强的渗透性，这一点可以通过在沙土上倒水得到验证，倒在沙土上的水会迅速消失。

(3) 低承载力　土颗粒之间的孔隙具有较大的相对移动性，导致土的抗剪强度较低，而土体的承载力实质上取决于土的抗剪强度，故土的承载力较低。

(4) 可松性　进行土方计算需要了解土的工程特性，包括土的可松性和压缩性。土的可松性指自然状态下的土开挖后，体积因土体松散而增大，后虽经回填夯压仍不能恢复原状的性质。土的可松性用可松性系数表示，有

$$K_s = \frac{V_2}{V_1}\ ;\ K'_s = \frac{V_3}{V_1} \tag{1-3}$$

式中　V_1 ——开挖前土的自然体积；

V_2 ——开挖后土的松散体积；

V_3 ——土经回填压实后的体积；

K_s ——最初可松性系数；

K'_s ——最终可松性系数。

土的压缩性高低和渗透性强弱是影响地基变形的两个重要因素，前者决定地基最终变形量的大小，后者决定基础沉降速度的快慢（沉降与时间的关系）。土的工程特性与建筑工程的设计、施工关系密切，需高度重视。

1.2　土的物理性质指标

一般来说，土是由固体颗粒（固相）、水（液相）和气体（气相）所组成的三相体系。土的物理性质主要取决于固体颗粒的矿物成分、三相组成比例、结构以及所处的

物理状态。描述土的三相物质在体积和质量上比例关系的有关指标称为土的三相比例指标。三相比例指标反映土的干和湿、疏松和密实、软和硬等物理状态，是评价土的工程性质的最基本的物理指标，是工程地质报告中不可缺少的基本内容。

1.2.1 土的三相图

为了便于说明和计算，人为地把自然界中的土理想化，将三相分别集中起来，用三相组成示意图（图 1-9）来表示各部分之间的数量关系。

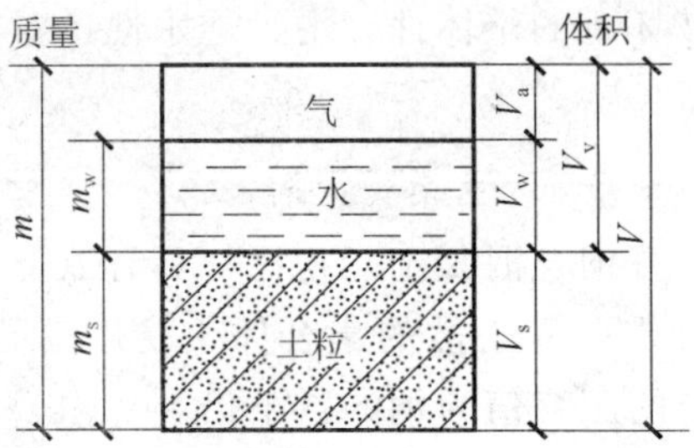

图 1-9　土的三相图

V—土的总体积；V_v—土的孔隙体积；V_s—土粒的体积；V_w—水的体积；

V_a—气体的体积；m—土的总质量；m_s—土粒的质量；m_w—水的质量

三相图的右侧表示三相组成的体积关系；三相图的左侧表示三相组成的质量关系。土的物理性质指标可分为两种，一种是基本指标；另一种是换算指标。

1.2.2 土的三项基本物理性质指标

土的物理性质指标中有 4 个指标可用土样直接试进行验测定，称为基本指标，也称为试验指标。

1. 土的密度 ρ 和重度 γ

单位体积内土的质量称为土的密度 ρ；单位体积内土的重力称为土的重度 γ。

$$\rho = m/V \tag{1-4}$$

$$\gamma = \rho g \tag{1-5}$$

式中　V——土的体积/cm^3。

g——重力加速度，约等于 9.8 m/s^2，在工程计算中常近似取 $g=10\ m/s^2$。

m——土的质量/g。

密度的单位为 g/cm^3 或 kg/m^3，重度的单位为 kN/m^3。

在自然状态下，一般黏性土 $\rho=1.8\sim2.0\ g/cm^3$，砂土 $\rho=1.6\sim2.2\ g/cm^3$。黏性土和粉土的密度一般用“环刀法”测定；无黏性土的密度一般用灌水法测定。

2. 土粒比重 d_s

土中固体矿物的质量与土粒同体积 4 ℃纯水质量的比值，称为土粒比重或土粒相对密度 d_s（无量纲）。

$$d_s = m_s / V_s \rho_w = \rho_s / \rho_{w(4℃)} \tag{1-6}$$

式中　m_s——土粒的质量/g；

V_s——土粒的体积/cm^3；

ρ_w——4 ℃纯水的密度/（g/cm^3）；

ρ_s——土粒的密度/（g/cm^3）。

d_s 的变化范围不大，取决于土的矿物成分，黏性土一般为 2.72～2.75，粉土一般为 2.70～2.71，砂土一般为 2.65～2.69。

3. 土的含水率 w

土中水的质量与土粒质量之比（用百分数表示），称为土的含水率 w。

$$w = m_w / m_s \times 100\% \tag{1-7}$$

式中　w——土的含水率/%；

m_w——土中水的质量/g；

m_s——土粒的质量/g。

含水率是表征土的湿度的一个重要物理指标。天然土层的含水率与土的种类、埋藏条件及其所处的自然地理环境等有关。含水率越高的土越湿，一般来说土也就越软。土的含水率可用烘干法测定。

1.2.3　换算指标

在测出上述 4 个基本指标之后，可根据图 1-9 所示的三相图，经过换算求得下列 9 个指标，称为换算指标。这些指标反映土的松密程度、含水程度。

1. 土的孔隙比 e 和孔隙率 n

这是反映土的松密程度的指标。孔隙比为土中孔隙体积与土粒体积之比，用小数表示；孔隙率为土中孔隙体积与土的总体积之比，以百分数表示。

$$e = V_v / V_s \tag{1-8}$$

$$n = (V_v / V) \times 100\% \tag{1-9}$$

式中　e——土的孔隙比；

V_v——土中孔隙的体积/cm^3；

V_s——土粒的体积/cm^3；

n——土的孔隙率。

孔隙比和孔隙率是评价土的密实程度的重要物理性质指标，根据三项基本指标计算而得，在建筑工程中应用广泛。一般孔隙比小于 0.6 的土是低压缩性的土，孔隙比大于 1.0 的土是高压缩性的土。

2. 土的饱和度 S_r

这是反映土中含水程度的指标。土中水的体积与孔隙体积之比，称为土的饱和度，以百分数表示。

$$S_r = (V_w / V_v) \times 100\% \tag{1-10}$$

式中　S_r——土的饱和度；

V_w——土中水的体积/cm^3；

V_v——土中孔隙的体积/cm^3。

饱和度用作描述土体中孔隙被水充满的程度。根据饱和度，土可划分为稍湿（$S_r \leqslant 50\%$）、很湿（$50\% < S_r \leqslant 80\%$）和饱和（$S_r > 80\%$）三种湿润状态。

3. 干密度 ρ_d 和干重度 γ_d

这是特定条件下土的密度（重度）。单位体积内土颗粒的质量称为土的干密度；单位体积内土颗粒的重力称为土的干重度。

$$\rho_d = m_s / V \tag{1-11}$$

$$\gamma_d = \rho_d g \tag{1-12}$$

式中　ρ_d——土的干密度/（g/cm^3）；

m_s——土粒的质量/g；

γ_d——土的干重度/（N/cm^3）；

g——重力加速度，约等于 9.8 m/s^2，在工程计算中常近似取 $g = 10\ m/s^2$；

V——土的体积/cm^3。

在工程上常把干密度作为检测人工填土密实程度的质量控制标准。土的干密度越大，表明土压得越实，也就是工程质量越好。

4. 土的饱和密度 ρ_{sat} 和饱和重度 γ_{sat}

饱和密度指土中孔隙完全充满水时，单位体积内土的质量；饱和重度指土中孔隙完全充满水时，单位体积内土的重力。

$$\rho_{sat} = (m_s + V_v \rho_w) / V \tag{1-13}$$

$$\gamma_{sat} = \rho_{sat} g \tag{1-14}$$

式中　ρ_{sat}——土的饱和密度/（g/cm^3）；

γ_{sat}——土的饱和重度/（N/cm^3）；

m_s——土粒的质量/g；

V_v——土中孔隙的体积/cm^3；

g——重力加速度，约等于 9.8 m/s^2，在工程计算中常近似取 $g = 10\ m/s^2$；

ρ_w——4 ℃纯水的密度/（g/cm^3）；

V——土的体积/cm^3。

5. 土的有效密度 ρ' 和有效重度 γ'

土的有效密度指在地下水位以下，单位土体积中土粒的质量扣除土体排开同体积水的质量；土的有效重度指在地下水位以下，单位土体积中土粒所受的重力扣除水的浮力。

$$\rho' = (m_s - V_s \rho_w) / V \tag{1-15}$$

$$\gamma' = \rho' g \tag{1-16}$$

式中　ρ'——土的有效密度/（g/cm^3）；

γ'——土的有效重度/（N/cm^3）；

m_s——土粒的质量/g；

V_s——土粒的体积/cm^3；

g——重力加速度，约等于 9.8 m/s^2，在工程计算中常近似取 $g=10\ m/s^2$；

ρ_w——4 ℃纯水的密度/（g/cm^3）；

V——土的体积/cm^3。

土的物理性质指标常用换算公式及常见数值范围见表 1-2。

表 1-2　土的三相比例指标常用换算公式及常见数值范围

名称	符号	三相比例表达式	常用换算公式	单位	常见的数值范围
土粒相对密度	d_s	$d_s=m_s/V_s\rho_w=\rho_s/\rho_w$	$d_s=S_re/w$	—	黏性土：2.72～2.75 粉土：2.70～2.71 砂土：2.65～2.69
含水量	w	$w=m_w/m_s\times100\%$	$w=S_re/d_s$ $w=\rho/\rho_d-1$	—	
密度	ρ	$\rho=m/V$	$\rho=\rho_d(1+w)$ $\rho=d_s(1+w)\rho_w/(1+e)$	g/cm^3	1.6～2.0 g/cm^3
干密度	ρ_d	$\rho_d=m_s/V$	$\rho_d=\rho/(1+w)$ $\rho_d=d_s\rho_w/(1+e)$	g/cm^3	1.3～1.8 g/cm^3
饱和密度	ρ_{sat}	$\rho_{sat}=(m_s+V_v\rho_w)/V$	$\rho_{sat}=(d_s+e)\rho_w/(1+e)$	g/cm^3	1.8～2.3 g/cm^3
重度	γ	$\gamma=\rho g$	$\gamma=d_s(1+w)\gamma_w/(1+e)$	kN/m^3	16～20 kN/m^3
干重度	γ_d	$\gamma_d=\rho_d g$	$\gamma_d=d_s\gamma_w/(1+e)$	kN/m^3	13～18 kN/m^3
饱和重度	γ_{sat}	$\gamma_{sat}=\rho_{sat}g$	$\gamma_{sat}=(d_s+e)\gamma_w/(1+e)$	kN/m^3	18～23 kN/m^3
有效重度	γ'	$\gamma'=\rho' g$	$\gamma'=(d_s-1)\gamma_w/(1+e)$	kN/m^3	8～13 kN/m^3
孔隙比	e	$e=V_v/V_s$	$e=d_s\rho_w/\rho_d-1$ $e=d_s(1+w)\rho_w/\rho-1$	—	黏性土和粉土：0.40～1.20 砂土：0.30～0.90
孔隙率	n	$n=(V_v/V)\times100\%$	$n=e/(1+e)$ $n=1-\rho_d/d_s\rho_w$	—	黏性土和粉土：30%～60% 砂土：25%～45%
饱和度	S_r	$S_r=(V_w/V_v)\times100\%$	$S_r=w\rho_d/n\rho_w$ $S_r=wd_s/e$	—	0～100%

例 1-1　在某工程地基勘察中，获得某钻孔原状土样，经试验测得体积为 100 cm^3，湿土质量为 189 g，烘干后，干土质量为 169 g。若土粒相对密度 d_s 为 2.68，试求该土样的含水量 w、密度 ρ、重度 γ、干重度 γ_d、孔隙比 e、饱和度 S_r、饱和重度 γ_{sat} 和有效重度 γ'。

解　含水率：$w=m_w/m_s\times100\%=(189-169)\times100\%/169=11.83\%$

密度：$\rho = m/V = 189/100 = 1.89\ g/cm^3$

重度：$\gamma = \rho g = 1.89 \times 10 = 18.9\ kN/m^3$

干重度：$\gamma_d = \rho_d g = m_s g/V = 169 \times 10/100 = 16.9\ kN/m^3$

孔隙比：$e = d_s(1+w)\rho_w/\rho - 1 = 2.68 \times (1+0.1183) \times 1/1.89 - 1 = 0.586$

饱和度：$S_r = wd_s/e = 0.1183 \times 2.68/0.586 = 0.541 = 54.1\%$

饱和重度：$\gamma_{sat} = (d_s + e)\gamma_w/(1+e) = (2.68+0.586) \times 10/(1+0.586)$

$= 20.59\ kN/m^3$

有效重度：$\gamma' = (d_s - 1)\gamma_w/(1+e) = \gamma_{sat} - \gamma_w = 20.59 - 10 = 10.59\ kN/m^3$

1.3 土的物理状态指标

通过上节学习，已知土的物理性质指标。为进一步研究土的松密和软硬，可通过土的物理状态指标进行描述。按照无黏性土和黏性土分别阐述，无黏性土一般判断其密实度，黏性土一般描述其软硬程度。

1.3.1 无黏性土的密实度

砂土、碎石土等单粒结构的土统称为无黏性土。无黏性土的密实度与其工程性质有着密切的关系，呈密实状态时，强度较高，压缩性较小，可作为良好的天然地基。

判别砂土密实状态的指标通常有下面三种。

1. 以孔隙比 e 为标准

采用天然孔隙比的大小来判断砂土的密实度，是一种较简便的方法，越密实的砂土，其孔隙比越小。我国1974年颁布的《工业与民用建筑地基基础设计规范》中曾规定以孔隙比 e 为标准判断砂土的密实度。一般当 $e<0.6$ 时，属密实的砂土；当 $e>0.95$ 时，属松散的砂土。但这种方法没有考虑级配对砂土密实度的影响，有时较疏松的级配良好的砂土比较密实的颗粒均匀的砂土孔隙比要小；另外对于砂土取原状土样来测定孔隙比较为困难。

2. 以相对密实度 D_r 为标准

当砂土处于最密实状态时，其孔隙比称为最小孔隙比 e_{min}；而当砂土处于最疏松状态时，其孔隙比称为最大孔隙比 e_{max}。用砂土在天然状态下的孔隙比 e 与同一种砂土的最小孔隙比和最大孔隙比进行对比，判断天然孔隙比是靠近 e_{min} 还是靠近 e_{max}，从而形成相对密实度 D_r 指标

$$D_r = (e_{max} - e)/(e_{max} - e_{min}) \tag{1-17}$$

当砂土的天然孔隙比接近于最大孔隙比时，其相对密实度接近于0，则表明砂土处于最疏松的状态；而当砂土的天然孔隙比接近于最小孔隙比时，其相对密实度接近于1，则表明砂土处于最密实的状态，如图1-10。

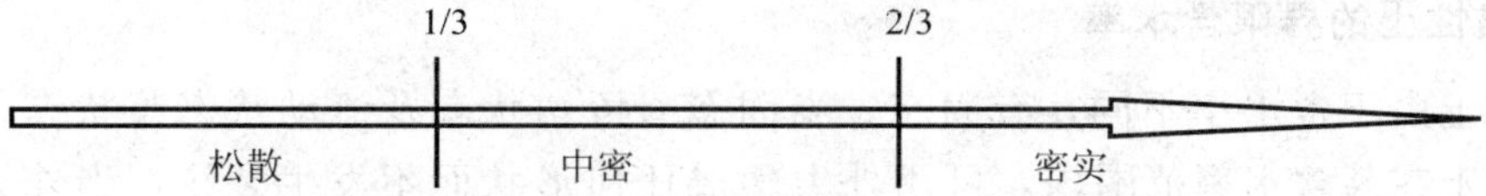

图 1-10　根据相对密实度判别密实度标准

例 1-2　某天然砂砾土，天然孔隙比 e 为 0.78，含水率为 13%。由试验求得该土的最小孔隙比 e_{min} 为 0.45，最大孔隙比 e_{max} 为 0.89，试求该砂层的相对密实度 D_r，并判断其处于何种状态？

解　根据式（1-17）有

$$D_r=(e_{max}-e)/(e_{max}-e_{min})=(0.89-0.78)/(0.89-0.45)=0.25$$

根据图 1-9，可以判定该砂砾土处于松散状态。

3. 以标准贯入试验 N 为标准

标准贯入试验是在现场进行的一种原位测试，试验方法是用卷扬机将质量为 63.5 kg的钢锤提升 76 cm 的高度，让钢锤自由下落击打锤垫，将使贯入器贯入土中 30 cm所需的锤击数，记为 N。根据《建筑地基基础设计规范》（GB 50007—2011），碎石土的密实度可按表 1-3 分为松散、稍密、中密、密实，砂土的密实度可按表 1-4 分为松散、稍密、中密、密实。

表 1-3　碎石土密实度的评定

密　实　度	松散	稍密	中密	密实
按重型圆锥动力触探锤击数 $N_{63.5}$	$N_{63.5}\leqslant 5$	$5<N_{63.5}\leqslant 10$	$10<N_{63.5}\leqslant 20$	$N_{63.5}>20$

注：1. 本表适用于平均粒径小于或等于 50 mm 且最大粒径不超过 100 mm 的卵石、碎石、圆砾、角砾。对于平均粒径大于 50 mm 或最大粒径大于 100 mm 的碎石土，可按《建筑地基基础设计规范》附录 B 鉴别其密实度。

2. 表中 $N_{63.5}$ 为经综合修正后的平均值。

表 1-4　砂土密实度的评定

密　实　度	松散	稍密	中密	密实
标准贯入试验锤击数 N	$N\leqslant 10$	$10<N\leqslant 15$	$15<N\leqslant 30$	$N>30$

注：当用静力触探探头阻力判定砂土的密实度时，可根据当地经验确定。

1.3.2　黏性土的物理状态指标

黏性土的颗粒很细，黏粒粒径 $d<0.005$ mm，黏性土干燥时很坚硬，呈固态或半固态，主要的物理特征不是孔隙比 e 或相对密实度 D_r。随着土中含水率的增加，黏性土逐渐变软，可以揉搓成任何形状，呈可塑态；当土中的含水率过高时，可形成会流动的泥浆，呈液态。土的含水率增加，而土的承载力相应逐渐降低，说明黏性土的工程特性与土的含水率有很大关系。

1. **黏性土的界限含水率**

黏性土由于含水率不同，有固态、半固态、可塑状态及流动状态等状态。可塑状态指黏性土在某含水率范围内，可用外力塑成任何形状而不发生裂纹，当外力移去后仍能保持既得的形状，土的这种性能称为土的可塑性。黏性土不同状态之间的分界含水率，称为界限含水率。黏性土由半固态转到可塑状态的界限含水率称为塑限 w_P；黏性土由可塑状态转到流动状态的界限含水率称为液限 w_L，如图 1-11。

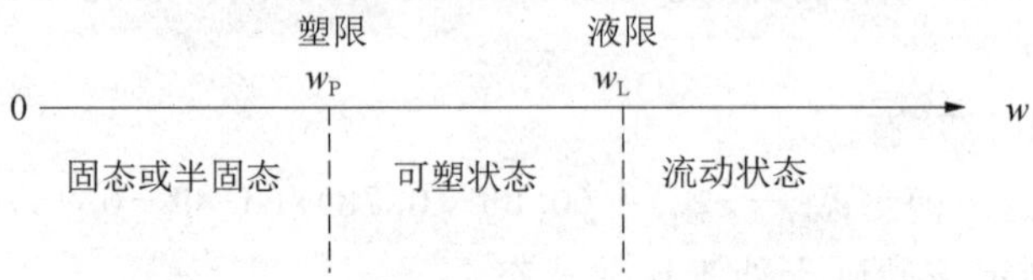

图 1-11　黏性土的状态与含水量关系示意图

我国一般用锥式液限仪测定液限，塑限一般用滚搓土条法测定。液、塑限也可用光电式液、塑限仪联合测定。相关试验详见附录部分的试验指导书。

2. **黏性土的塑性指数 I_P 和液性指数 I_L**

塑性指数指土的液限 w_L 和塑限 w_P 的差值，即

$$I_P = w_L - w_P \tag{1-18}$$

其中 w_L 和 w_P 用百分数表示，计算所得的 I_P 值也应用百分数表示，但习惯上不带%符号。例如某土样 $w_L=31.5\%$ 和 $w_P=15.5\%$，则 $I_P=16$，而非 16%。

塑性指数表示土处在可塑状态的含水量的变化范围，其值的大小取决于土中黏粒的含量，黏粒含量越多，土的塑性指数就越高。I_P 大表明该土吸附结合水多，黏粒含量多或矿物吸水能力强。由于 I_P 是描述土的物理状态的重要指标之一，工程上普遍根据其值的大小对黏性土进行分类。

液性指数 I_L 指土的天然含水量 w 与塑限 w_P 的差值与塑性指数 I_P 之比，即

$$I_L = (w - w_P)/I_P = (w - w_P)/(w_L - w_P) \tag{1-19}$$

液性指数又称相对稠度，是表示黏性土软硬程度（稠度）的物理状态指标。当 $I_L \leqslant 0$（$w \leqslant w_P$）时，土处于坚硬状态；当 $I_L \geqslant 1$（$w > w_L$）时，土处于流动状态，因此根据 I_L 值可以直接判定土的软硬状态，按 I_L 将黏性土划分为坚硬、硬塑、可塑、软塑和流塑状态，表 1-5。

表 1-5　黏性土状态的划分

稠度状态	坚硬	硬塑	可塑	软塑	流塑
液性指数 I_L	$I_L \leqslant 0$	$0 < I_L \leqslant 0.25$	$0.25 < I_L \leqslant 0.75$	$0.75 < I_L \leqslant 1$	$I_L > 1$

例如某工程的土工试验成果表 1-6。表中给出了同一土层三个土样的各项物理指标，分别求出三个土样的液性指数为 0.62、0.37、0.31，据此可以判别该土层的土为可塑状态。

表 1-6　某土工试验成果表

土样编号	天然含水量 w（质量分数，%）	密度 ρ /（g·cm）	土粒相对密度 d_s	孔隙比 e	饱和度 S_r/%	液限 w_L/%	塑限 w_P/%
1-1	29.5	1.97	2.73	0.79	100	34.8	20.9
2-1	30.1	2.01	2.74	0.78	100	37.3	25.8
3-1	27.5	2.00	2.74	0.75	100	35.6	23.8

1.4　地基土的工程分类

自然界中岩土的种类繁多、性质各异，为了便于认识和评价土（岩）的工程特性，必须对土（岩）进行工程分类。在实际工作中，可以通过分类大致判断出土（岩）的工程特性。

岩石的分类包括地质分类和工程分类。地质分类主要根据其地质成因、矿物成分、结构构造和风化程度，可以用地质名称加风化程度表达，如强风化花岗岩、微风化砂岩等。这对于工程的勘察设计是十分必要的。工程分类主要根据岩体的工程性状，使工程师建立起明确的工程特性概念。地质分类是一种基本分类，工程分类应在地质分类的基础上进行，目的是较好地概括其工程性质，便于进行工程评价。岩石和土的分类方法很多，各部门根据其用途采用各自的分类方法。一般来说，无黏性土根据颗粒级配分类，黏性土根据塑性指数分类。《建筑地基基础设计规范》规定：作为建筑地基的岩土，可分为岩石、碎石土、砂土、粉土、黏性土和人工填土。

1. **岩石**

岩石作为工程地基和环境，可按下列原则分类。

（1）岩石可按坚硬程度和完整程度划分，按照坚硬程度划分坚硬岩、较硬岩、软岩、和极软岩（表 1-7），按照岩体完整程度划分为完整、较完整、较破碎、破碎和极破碎（表 1-8）。

表 1-7　岩石按坚硬程度划分的标准

坚硬程度类别	坚硬岩	较硬岩	较软岩	软岩	极软岩
饱和单轴抗压强度标准值 f_{rk}/MPa	>60	$30<f_{rk}\leqslant 60$	$15<f_{rk}\leqslant 30$	$5<f_{rk}\leqslant 15$	$\leqslant 5$

表 1-8　岸石按岩体完整程度划分的标准

完整程度等级	完整	较完整	较破碎	破碎	极破碎
完整性指数	>0.75	0.55～0.75	0.35～0.55	0.15～0.35	<0.15

（2）岩石按风化程度可划分为微风化、中等风化、强风化（表 1-9）。

表 1-9　岩石按风化程度划分

风化程度	特　征
微风化	岩质新鲜，表面稍有风化迹象
中等风化	1. 结构和构造层理清晰； 2. 岩体被节理、裂隙分割成岩块（粒径 20～50 cm），裂隙中填充少量风化物，锤击声脆，且不易击碎； 3. 用镐难挖掘，用岩芯钻方可钻进
强风化	1. 结构和构造层理不清晰，矿物成分已显著变化； 2. 岩体被节理、裂隙分割成碎石状（粒径 2～20 cm），碎石用手可以折断； 3. 用镐可挖掘，用手摇钻不易钻进

2. 碎石土

粒径大于 2 mm 的颗粒含量超过总质量的 50%的土，称为碎石土。碎石土分为漂石、块石、卵石、碎石、圆砾和角砾，划分标准见表 1-10。碎石土按密实度可分为密实、中密、稍密三种类型。

表 1-10　碎石土的分类

土的名称	颗粒形状	粒　组　含　量
漂石	圆形及亚圆形为主	粒径大于 200 mm 的颗粒含量超过总质量的 50%
块石	棱角形为主	
卵石	圆形及亚圆形为主	粒径大于 20 mm 的颗粒含量超过总质量的 50%
碎石	棱角形为主	
圆砾	圆形及亚圆形为主	粒径大于 2 mm 的颗粒含量超过总质量的 50%
角砾	棱角形为主	

注：分类时应根据粒组含量由大到小以最先符合者确定。

3. 砂土

粒径大于 2 mm 的颗粒含量不超过总质量的 50%，且粒径大于 0.075 mm 的颗粒超过总质量的 50%的土，称为砂土。砂土的分类标准见表 1-11。

表 1-11　砂土的分类

土的名称	粒　组　含　量
砾砂	粒径大于 2 mm 的颗粒含量占总质量的 25%～50%
粗砂	粒径大于 0.5 mm 的颗粒含量超过总质量的 50%
中砂	粒径大于 0.25 mm 的颗粒含量超过总质量的 50%
细砂	粒径大于 0.075 mm 的颗粒含量超过总质量的 85%
粉砂	粒径大于 0.075 mm 的颗粒含量超过总质量的 50%

注：分类时应根据粒组含量由大到小以最先符合者确定。

4. 粉土

粉土为粒径大于0.075 mm的颗粒质量不超过全部质量的50%，且塑性指数等于或小于10的土。粉土的颗粒级配中，0.05～0.1 mm和0.005～0.05 mm的粒组占绝大多数，水与土粒之间的作用明显不同于黏性土和砂土，其性质介于黏性土和砂土之间。

5. 黏性土

塑性指数$I_P>10$的土，称为黏性土。黏性土根据塑性指数的大小可分为黏土和粉质黏土（表1-12）。黏性土的状态可划分为坚硬、硬塑、可塑、软塑和流塑状态。

表1-12　黏性土的分类

塑性指数I_P	土的名称
$I_P>17$	黏土
$10<I_P\leqslant 17$	粉质黏土

淤泥是在静水或缓慢的流水环境中沉积，并经生物化学作用形成的，天然含水量大于液限、天然孔隙比大于或等于1.5的黏性土。天然含水量大于液限而天然孔隙比小于1.5但大于或等于1.0的黏性土或粉土，称为淤泥质土。含有大量未分解的腐殖质，有机质含量大于60%的土，称为泥炭；有机质含量大于或等于10%且小于或等于60%的土，称为泥炭质土。随着城市建设的需要，有些工程遇到泥炭或泥炭质土。泥炭或泥炭质土是在湖泊和沼泽静水、缓慢的流水环境中沉积，并经生物化学作用形成的，含有大量的有机质，具有含水率高、压缩性高、孔隙比高和天然密度低、抗剪强度低、承载力低等工程特性。泥炭、泥炭质土不应直接作为建筑物的天然地基持力层，工程中遇到时应根据地区经验处理。

红黏土为碳酸盐岩系的岩石经红土化作用形成的高塑性黏土，其液限一般大于50%。红黏土经再搬运后仍保留其基本特征，液限大于45%的土为次生红黏土。

6. 人工填土

人工填土指由于人类活动而形成的堆积物，根据其组成和成因，可分为素填土、压实填土、杂填土、冲填土。素填土为由碎石土、砂土、粉土、黏性土等组成的填土。经过压实或夯实的素填土为压实填土。杂填土为含有建筑垃圾、工业废料、生活垃圾等杂物的填土。冲填土为由水力冲填泥沙形成的填土。人工填土物质成分较杂乱，均匀性较差，作为地基应注意其不均匀性。

除了上述6种土类之外，还有一些特殊的土，如软土、湿陷性黄土、红黏土、膨胀土等。膨胀土是土中黏粒成分主要由亲水性矿物组成，同时具有显著的吸水膨胀和失水收缩特性，自由膨胀率大于或等于40%的黏性土。湿陷性黄土为在一定压力下浸水后产生附加沉降，湿陷系数大于或等于0.015的土。这些土在特殊的地理环境、气候等条件下形成，工程性质较差，含有这些土的天然地基往往需要进行地基处理才能满足工程需要。

工程上也可按土开挖的难易程度将土分为松软土、普通土、坚土、砂砾坚土、软石、次坚石、坚石、特坚硬石等八类。土按开挖难易程度的工程分类与现场鉴别方法见表 1-13。

表 1-13　土按开挖难易程度的工程分类与现场鉴别方法

土的分类	土的名称	可松性系数		现场鉴别方法
		K_s	K_s'	
一类土（松软土）	砂，亚砂土，冲积砂土层，种植土，泥炭（淤泥）	1.08～1.17	1.01～1.03	能用锹、锄头挖掘
二类土（普通土）	亚黏土，潮湿的黄土，夹有碎石、卵石的砂，种植土，填筑土及亚砂土	1.14～1.28	1.02～1.05	用锹、锄头挖掘，少许用镐翻松
三类土（坚土）	软及中等密实黏土，重亚黏土，粗砾石，干黄土及含碎石、卵石的黄土、亚黏土，压实的填筑土	1.24～1.30	1.04～1.07	主要用镐，少许用锹、锄头挖掘，部分用撬棍
四类土（砂砾坚土）	重黏土及含碎石、卵石的黏土，粗卵石，密实的黄土，天然级配砂石，软泥灰岩及蛋白石	1.26～1.32	1.06～1.09	整个用镐、撬棍，然后用锹挖掘，部分用楔子及大锤
五类土（软石）	硬石炭纪黏土，中等密实的页岩、泥灰岩、白垩土，胶结不紧的砾岩，软的石炭岩	1.30～1.45	1.10～1.20	用镐或撬棍、大锤挖掘，部分使用爆破方法
六类土（次坚石）	泥岩，砂岩，砾岩，坚实的页岩，泥灰岩，密实的石灰岩，风化花岗岩，片麻岩	1.30～1.45	1.10～1.20	用爆破方法开挖，部分用风镐
七类土（坚石）	大理岩，辉绿岩，粗、中粒花岗岩，坚实的白云岩、砂岩、砾岩、片麻岩、石灰岩，风化痕迹的安山岩、玄武岩	1.30～1.45	1.10～1.20	用爆破方法开挖
八类土（特坚硬石）	安山岩，玄武岩，花岗片麻岩，坚实的细粒花岗岩、闪长岩、石英岩、辉长岩	1.45～1.50	1.20～1.30	用爆破方法开挖

习　题

1. 土的结构有哪几种？试将各种土的结构的工程特性进行比较。

2. 土由哪几部分组成？土中的三相比例变化对土的性质有何影响？

3. 土的粒组如何划分？如何用土的颗粒级配曲线和不均匀系数来判断土的级配状况？

4. 土中有哪几种形式的水，各种水对土的工程特性有何影响，哪种水对土的工程特性影响最大？

5. 土的三相比例指标中哪几项是可以直接测定的？孔隙比和孔隙率是描述土的什么特性的指标？

6. 某砂土土样的天然密度为1.86 g/cm^3，天然含水率为10.6%，土粒相对密实度为2.69，烘干后测定最小孔隙比为0.453，最大孔隙比为0.933，试求天然孔隙比e和相对密度D_r，并评定该砂土的密实度。

7. 在某工程地基土样试验中，已经测得土样的干密度$\rho_d = 1.54\ g/cm^3$，含水率$w = 19.3\%$，土粒比重$d_s = 2.70$，试计算土的e，n和S_r。此土样又测得$w_L = 28.3\%$，$w_P = 16.7\%$，试计算I_P和I_L，并描述土的物理状态，定出土的名称。

第2章　土中应力分布及计算

学习目标

通过本章的学习，掌握土中应力的概念；会熟练计算土中的自重应力、基底附加压力，知道基底附加应力的分析方法及其分布特点，并能用基底附加应力分布规律解释相关工程现象；理解饱和土的有效应力原理及不同的应力分析方法对工程的影响。

学习要求

知识要点	能力目标	相关知识	权重
土中应力的概念	1. 理解土的自重应力概念 2. 掌握土中附加应力的概念	1. 土的自重应力 2. 土中附加应力	40%
土中应力的计算	1. 熟悉土的自重应力的计算 2. 掌握基底压力及附加压力的计算 3. 掌握土中附加应力的计算，理解附加应力计算结果的作用	1. 土的自重应力的计算 2. 基底压力及基底附加压力 3. 土中附加应力的计算	30%
饱和土有效应力原理及地基沉降	1. 理解饱和土的有效应力原理 2. 知道有效应力和总应力的关系 3. 理解基础沉降与时间的关系 4. 理解沉降观测在建筑施工中的作用	1. 土的渗透作用 2. 孔隙水压力 3. 有效应力原理 4. 沉降观测	30%

学习导入

本章主要介绍地基中应力的基本概念、应力计算、饱和土的有效应力原理。建筑物会使地基土中原有的应力状态发生变化，从而引起地基变形。若土中应力过大，超过了地基土的极限承载力，则可能引起地基剪切破坏。为了计算基础沉降以及对地基进行强度与稳定分析，必须知道土中的应力分布。地基的应力与变形计算是保证建筑物正常使用和安全可靠的前提。

2.1 土的自重应力

土的自重在土内所产生的应力称为土的自重应力，对于形成年代比较久远的土，在自重应力作用下，其压缩变形已经趋于稳定，因此除新填土外，一般来说土的自重应力不再引起地基沉降。

2.1.1 均匀地基土的自重应力

在计算土的自重应力时，假设天然地面为一无限大的水平面，地基土为无限半空间体。在无限半空间体中，任意竖直面和水平面上的剪应力均为零，只有正应力存在。所以，在自重应力作用下，地基土只产生竖向变形，无侧向位移，土体内相同深度各点的自重应力相等。

对于天然重度为 γ 的均质土层，在天然地面以下任意深度 z 处的竖向自重应力 σ_{cz}，可取作用于该深度水平面上任意单位面积的土柱体自重计算（图 2-1），即

$$\sigma_{cz}=\gamma z \tag{2-1}$$

式中 σ_{cz}——在天然地面以下任意深度 z 处的竖向自重应力/kPa；

γ——土的天然重度/（kN/m^3）；

z——土层的深度/m。

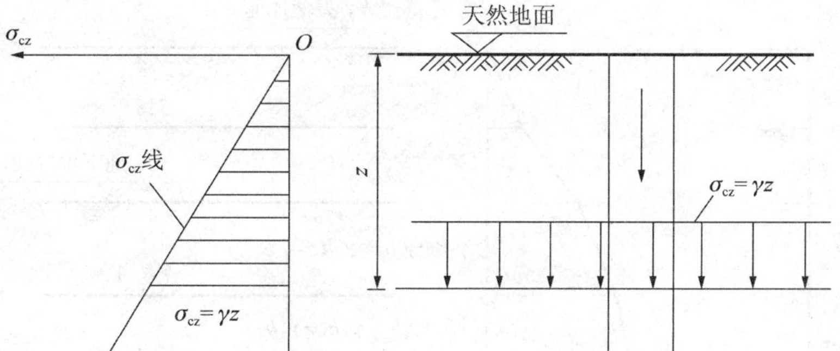

图 2-1 均质土中竖向自重应力

（a）沿深度的分布；（b）任意水平面上的分布

σ_{cz} 沿水平面均匀分布（图 2-1（b）），且与 z 成正比，随深度线性增大，呈三角形分布（图 2-1（a））。根据弹性力学，侧向（水平向）自重应力 σ_{cx} 和 σ_{cy} 与 σ_{cz} 成正比，而剪应

力均为零，即

$$\sigma_{cx}=\sigma_{cy}=K_0\sigma_{cz} \tag{2-2}$$

$$\tau_{xy}=\tau_{yz}=\tau_{xz}=0 \tag{2-3}$$

式中 σ_{cx}、σ_{cy}——土的侧向（水平向）自重应力/kPa；

τ_{xy}、τ_{yz}、τ_{xz}——土中的剪应力/kPa；

K_0——土的侧压力系数或静止土压力系数，可通过试验确定。

由于土体四周都相互限制，因此水平向应力对土体的位移影响很小，即土体一般不会发生水平向的位移，故水平向的应力不作为重点研究内容。

2.1.2 多层地基土的自重应力

在上述公式中，土的竖向和侧向自重应力均指土的有效自重应力，有效自重应力是土颗粒之间接触点传递的应力，因此对处于地下水位以下的土层应考虑水的浮力作用，必须以有效重度 γ' 代替天然重度 γ。以后各章把常用的竖向有效自重应力 σ_{cz} 简称为自重应力，并用符号 σ_c 表示。

地基土往往是分层的，各层土具有不同的重度（图 2-2）。设天然地面下深度 z 范围内有 n 个土层，各土层土的重度分别为 γ_1，γ_2，…，γ_n，相应土层厚度分别为 h_1，h_2，…，h_n，则第 n 层底面处的竖向自重应力等于上部各层土自重应力的总和，即

$$\sigma_c=\sum_{i=1}^{n}\gamma_i h_i \tag{2-4}$$

式中 σ_c——天然地面下任意深度 z 处土的竖向有效自重应力/kPa；

h_i——第 i 层土的厚度/m；

γ_i——第 i 层土的天然重度，地下水位以下的土层取浮重度 γ'_i/（kN/m³）。

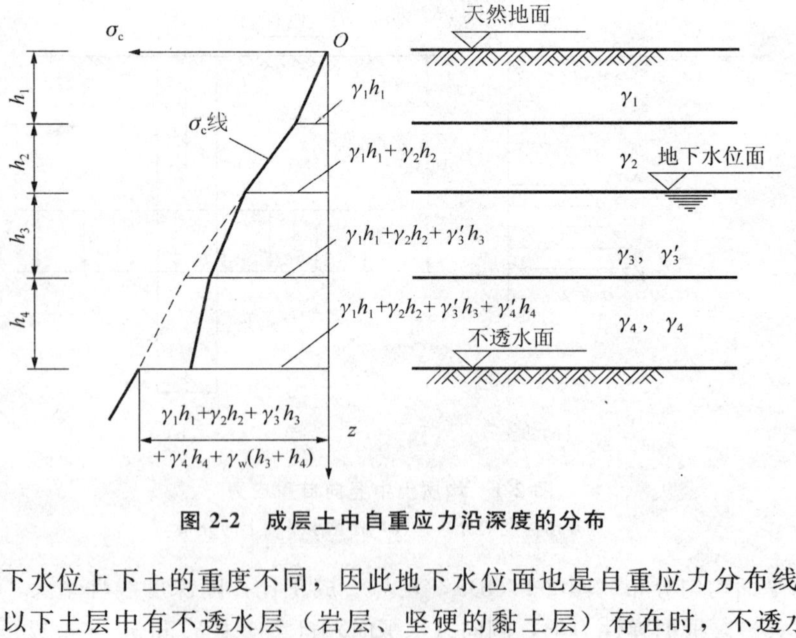

图 2-2 成层土中自重应力沿深度的分布

由于地下水位上下土的重度不同，因此地下水位面也是自重应力分布线的转折点。当地下水位以下土层中有不透水层（岩层、坚硬的黏土层）存在时，不透水层层面处

没有浮力，此处的自重应力等于全部上覆的水土总重，即

$$\sigma_c = \sum_{i=1}^{n} \gamma_i h_i + \gamma_w h_w \tag{2-5}$$

式中　γ_w——水的重度，通常取 $\gamma_w = 10\ kN/m^3$；

h_w——地下水位至不透水层顶面的距离/m；

其他符号含义同上。

例 2-1　某土层剖面如图 2-3 所示，试计算各分层面处的自重应力，并绘制自重应力沿深度的分布曲线。

解　粉土层底部：

$$\sigma_{c1} = \gamma_1 h_1 = 18\ kN/m^3 \times 3\ m = 54\ kPa$$

地下水位面处

$$\sigma_{c2} = \sigma_{c1} + \gamma_2 h_2 = 54 + 18.4 \times 2 = 90.8\ kPa$$

黏土层底处

$$\sigma_{c3} = \sigma_{c2} + \gamma_3 h_3 = 90.8 + (19 - 10) \times 3 = 117.8\ kPa$$

基岩层顶面处

$$\sigma_{c4} = \sigma_{c3} + \gamma_w h_w = 117.8 + 10 \times 3 = 147.8\ kPa$$

自重应力分布曲线如图 2-3 所示。

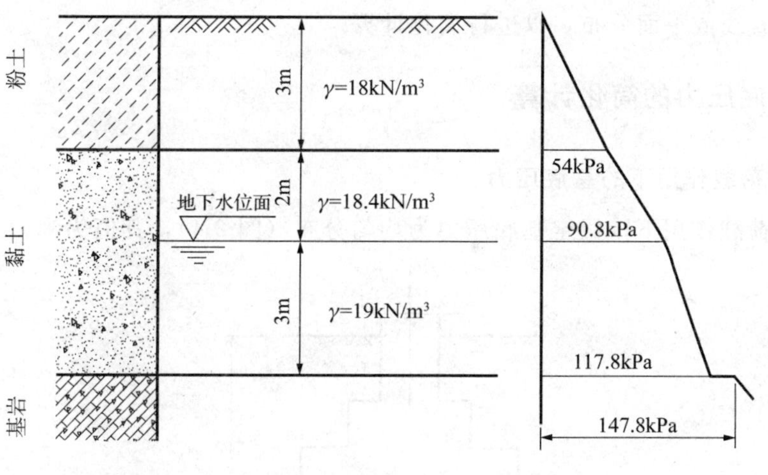

图 2-3

2.1.3　地下水位对自重应力的影响

形成年代已久的天然土层在自重应力作用下的变形早已稳定，但当地下水位下降时，水位变化范围内的土体，土中的自重应力会增大，这时应考虑土体在自重应力增量作用下的变形。若在地基中大量开采地下水，造成地下水位大幅度下降，将会引起地面大面积下沉的严重后果。我国相当一部分城市由于超量开采地下水，而出现了地表大面积沉降、地面塌陷等严重问题。

地下水位上升使原来未受浮力作用的土颗粒受到了浮力作用，致使土的自重应力

减小，也会带来一些不利影响。地下水位上升除引起自重应力减小外，还将引起湿陷性黄土湿陷。在人工抬高蓄水水位的地区，滑坡现象增多。在基础工程完工之前，如果停止基坑降水使地下水位回升，则可能导致基坑边坡坍塌，或使刚浇注的强度尚低的基础底板断裂。

总之，地下水位上升，会导致地基压缩层范围内土体的土质软化、压缩性增大、强度降低、承载力减小、地基沉降增大；地下水位下降，会使周围地基土层产生固结沉降，轻者造成邻近建筑物或地下管线不均匀沉降，重者使建筑物基础下的土体颗粒流失甚至掏空，而导致建筑物开裂和危及安全使用。

2.2 基底压力分析

建筑物荷载通过基础传递给地基，在基础底面与地基之间便产生了基底压力。基底压力的分布与基础的大小和刚度、作用于基础上的荷载的大小和分布、地基土的力学性质、地基的均匀程度以及基础的埋深等因素有关。一般情况下，基底压力呈非线性分布。对于具有一定刚度以及尺寸较小的柱下单独基础和墙下条形基础等，基底压力可看成是直线或平面分布，以进行简化计算。

2.2.1 基底压力的简化计算

1. 轴心荷载作用下的基底压力

在轴心荷载作用下，假定基底压力为均匀分布（图 2-4），其值为

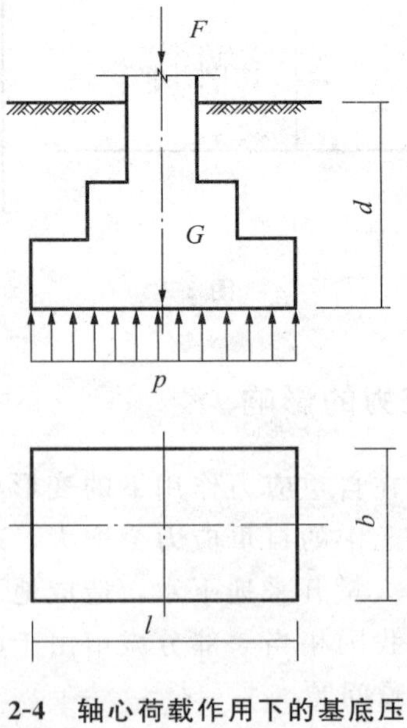

图 2-4 轴心荷载作用下的基底压力

$$p=(F+G)/A \tag{2-6}$$

式中　p——基底平均压力/kPa；

F——上部结构传至基础顶面的竖向力（kN），当用于地基变形计算时，取标准值，当用于地基承载力和稳定性计算以及基础内力计算时，取设计值；

G——基础及其回填土的总质量（kN），$G=\gamma_G Ad$；

γ_G——基础及其回填土的平均重度，一般取 20 kN/m³，地下水位以下应扣除浮力，取 10 kN/m³；

d——基础平均埋置深度（m），必须从设计地面或室内外平均地面算起；

A——基础底面面积（m²），对矩形基础 $A=lb$（l 和 b 分别为矩形基础底面的长和宽）。

对于荷载沿长度方向均匀分布的条形基础，可延长度方向截取一单位长度（取 $l=$1 m）进行计算，此时式（2-6）变成

$$p=(F'+G')/b=F/b+\gamma_G d \tag{2-7}$$

式中　F'、G'——相应单位长度条形基础内的上部结构传给基础的竖向力和基础及回填土的平均自重/（kN/m）；

b——条形基础的宽度/m；

其他符号同式（2-6）。

2. **偏心荷载作用下的基底压力**

对于单向偏心荷载作用下的矩形基础（图 2-5），通常将基底长边方向取与偏心方向一致。基底两端最大和最小压力 $p_{\min}^{\max}$，按材料力学偏心受压公式计算，即

$$p_{\min}^{\max}=[(F+G)/A]\pm M/W \tag{2-8}$$

式中　M——作用于矩形基础底面的力矩（kN·m），当用于地基变形计算时，取标准值，当用于地基承载力和稳定性计算以及基础内力计算时，取设计值；

W——基础底面的抵抗矩（m³），对于矩形基础 $W=bl^2/6$；

其他符号同式（2-6）。

将荷载的偏心距 $e=M/(F+G)$ 及 $W=bl^2/6$ 代入式（2-8）中得

$$p_{\min}^{\max}=\frac{F+G}{A}\left(1\pm\frac{6e}{l}\right) \tag{2-9}$$

由式（2-9）可见，当 $e=0$ 时，$p_{\max}=p_{\min}=p$，基地压力均匀分布，即轴心受压情况；当 $0<e<l/6$ 时，呈梯形分布（图 2-5（a））；当 $e=l/6$ 时，$p_{\min}=0$，呈三角形分布（图 2-5（b））；当 $e>l/6$ 时，$p_{\min}<0$（图 2-5（c））。由于基底与地基之间不能承受拉力，此时基底与地基之间发生局部脱开，使基底压力重新分布。根据作用在基础底面上的偏心荷载与基底反力相平衡的条件，荷载合力 $F+G$ 应通过三角形反力分布图的形心（图 2-5（c）），由此可得基底边缘的最大压力为

$$p_{\max}=2(F+G)/3b\xi \tag{2-10}$$

式中　$p_{\max}$——基础底面的最大压应力/kPa；

$\xi=l/2-e$；

其他符号含义同前。

在工程设计时，一般不允许 $e>l/6$，以便充分发挥地基承载力。

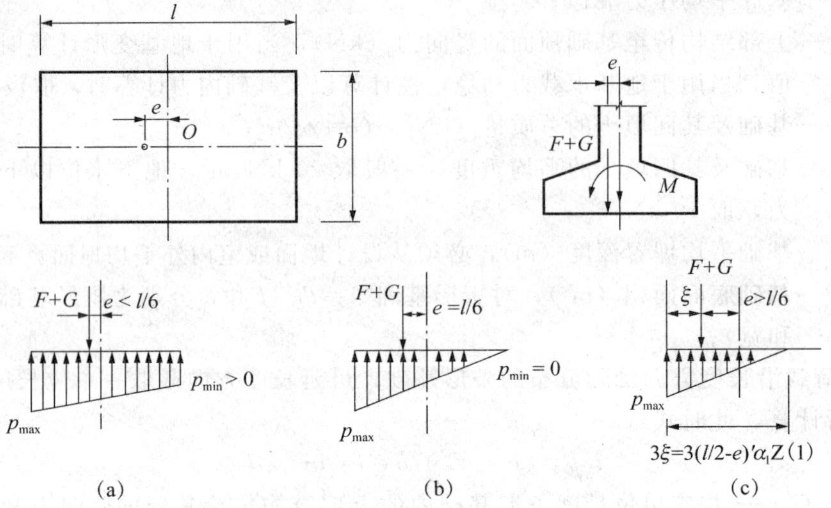

图 2-5　单向偏心荷载作用下的矩形基础基底压力分布图

(a) 偏心距 $e<l/6$；(b) 偏心距 $e=l/6$；(c) 偏心距 $e>l/6$

若矩形基础在双向偏心竖向荷载作用下（图 2-6），基底压力仍按材料力学的偏心受压公式进行计算，两端最大、最小压力为

$$p_{\min}^{\max}=\frac{F+G}{A}\pm\frac{M_x}{W_x}\pm\frac{M_y}{W_y} \tag{2-11}$$

式中　M_x、M_y——荷载合力分别对矩形基底 x、y 对称轴的力矩/（kN·m）；

W_x、W_y——基础底面分别对 x、y 轴的抵抗矩（m^3），$W_x=lb^2/6$，$W_y=bl^2/6$。

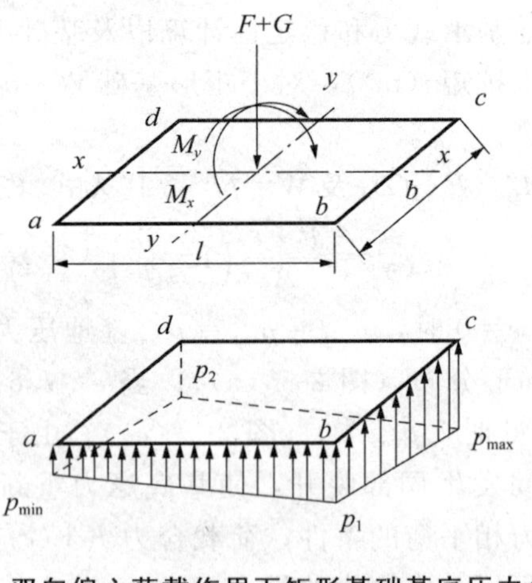

图 2-6　双向偏心荷载作用下矩形基础基底压力分布图

2.2.2　基底附加压力

一般天然土层在自重应力作用下的变形已经完成，只有建筑物荷载引起的地基应

力增量，才能导致地基产生新的变形。一般基础有一定的埋置深度，故只有作用于基底的平均压力减去基底处的自重应力，才是新增加的压力，此压力称为基底附加压力（图 2-7）。基底平均附加压力可按下式计算

$$p_0 = p - \gamma_0 d \tag{2-12}$$

式中　p_0——基底附加压力/kPa；

p——基底平均压力/kPa；

γ_0——基础底面标高以上天然土层的加权平均重度（kN/m^3），地下水位以下取浮重度，即 $\gamma_0 = (\gamma_1 h_1 + \gamma_2 h_2 + \cdots + \gamma_n h_n)/d$；

d——基础埋深（m），一般自室外地面标高起算。

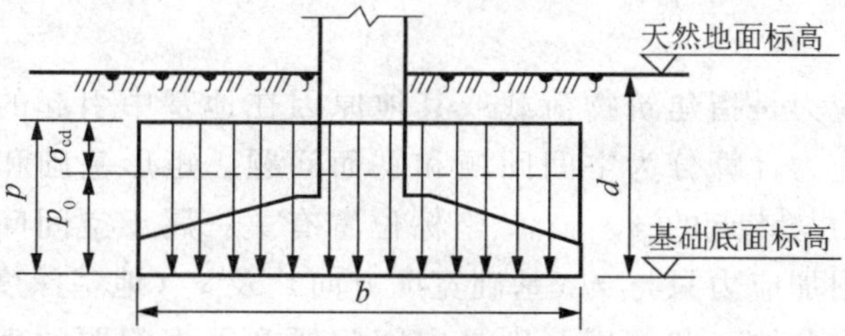

图 2-7　基底附加压力

例 2-2　某矩形基础底面尺寸 $l = 2.4$ m，$b = 1.6$ m，埋深 $d = 2.0$ m，所受荷载设计值 $M = 100$ kN·m，$F = 450$ kN（图 2-8），试求基底压力和基底附加压力。

解　（1）求基础及其上覆土重

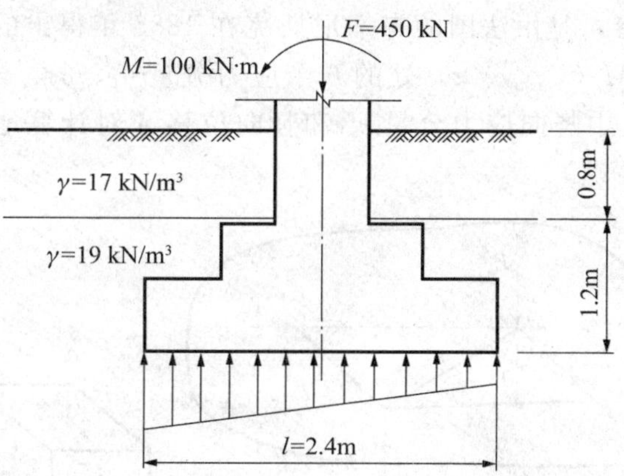

图 2-8

$$A = lb = 2.4 \times 1.6 = 3.84\ m^2$$

$$G = \gamma_G A d = 20 \times 3.84 \times 2 = 153.6\ kN$$

（2）求竖向荷载的合力

$$R = F + G = 450 + 153.6 = 603.6\ kN$$

（3）求偏心距

$$e = M/R = 100/603.6N = 0.166\ m < l/6 = 0.4\ m$$

（4）求基底压力

$$p_{\min}^{\max}=\frac{R}{A}\left(1\pm\frac{6e}{l}\right)=\frac{603.6}{3.84}\times(1\pm0.415)=\begin{matrix}222.4\\92.0\end{matrix}\ \text{kPa}$$

（5）求基底附加压力

$$p_{0\,\min}^{\ \max}=p_{\min}^{\max}-\gamma_0 d=\begin{matrix}222.4\\92.0\end{matrix}-(17\times0.8+19\times1.2)=\begin{matrix}186.0\\55.6\end{matrix}\ \text{kPa}$$

2.3 土中附加应力

地基中的附加应力是指建筑物荷载或其他原因在地基中引起的应力增量。按照力学分析，地基附加应力计算分为空间问题和平面问题。矩形基础和圆形基础下地基中任意一点的附加应力与该点的 x、y、z 坐标位置有关，属于空间问题；而条形基础下地基中任意一点的附加应力只与 x（基础宽度方向）及 z（地基深度方向）有关，故属于平面问题。集中力及线荷载作用分别是空间问题和平面问题的理想情况，也是借助弹性理论求解局部荷载（基底压力）作用下地基中附加应力的基础。

2.3.1 竖向集中力作用下地基中的附加应力

在弹性半空间表面上作用一个竖向集中力时，半空间体内任意点处所引起的应力和位移的弹性力学解答，是由法国的布辛尼斯克在 1885 年得出的。如图 2-9 所示，在半空间体内任意一点 M（x、y、z）处的 6 个应力分量 σ_x、σ_y、σ_z、τ_x、τ_y、τ_z 和 3 个位移分量 μ、υ、ω，其中竖向应力分量 σ_z 和竖向位移 ω 对计算地基变形最有意义，σ_z 计算公式为（推导过程略）

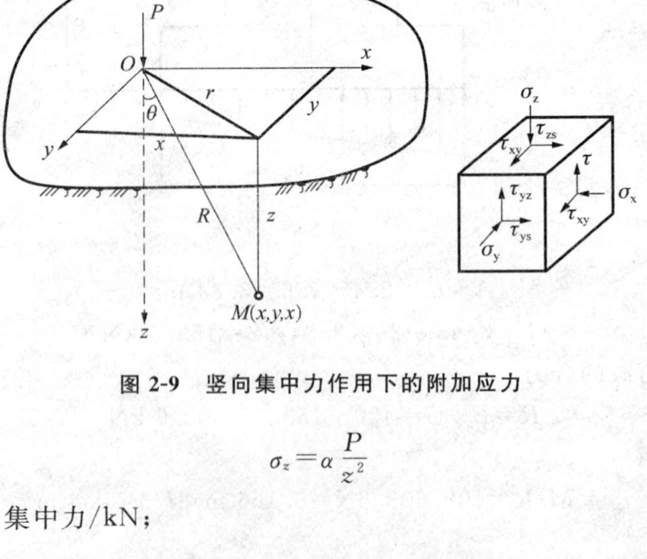

图 2-9 竖向集中力作用下的附加应力

$$\sigma_z=\alpha\frac{P}{z^2} \tag{2-13}$$

式中 P——竖向集中力/kN；

z——半空间体内任意一点 M（x、y、z）的 z 坐标/m；

α——竖向集中力作用下的地基竖向附加应力系数，由 r/z 值查表 2-1。

表 2-1　竖向集中荷载作用下附加应力系数

r/z	α	r/z	α	r/z	α	r/z	α	r/z	α
0	0.477 5	0.50	0.273 3	1.00	0.084 4	1.50	0.025 1	2.00	0.008 5
0.05	0.474 5	0.55	0.246 6	1.05	0.074 4	1.55	0.022 4	2.20	0.005 8
0.10	0.465 7	0.60	0.221 4	1.10	0.065 8	1.60	0.020 0	2.40	0.004 0
0.15	0.451 6	0.65	0.197 8	1.15	0.058 1	1.65	0.017 9	2.60	0.002 9
0.20	0.432 9	0.70	0.176 2	1.20	0.051 3	1.70	0.016 0	2.80	0.002 1
0.25	0.410 3	0.75	0.156 5	1.25	0.045 4	1.75	0.014 4	3.00	0.001 5
0.30	0.384 9	0.80	0.138 6	1.30	0.040 2	1.80	0.012 9	3.50	0.000 7
0.35	0.357 7	0.85	0.122 6	1.35	0.035 7	1.85	0.011 6	4.00	0.000 4
0.40	0.329 4	0.90	0.108 3	1.40	0.031 7	1.90	0.010 5	4.50	0.000 2
0.45	0.301 1	0.95	0.095 6	1.45	0.028 2	1.95	0.009 5	5.00	0.000 1

2.3.2　均布矩形荷载作用下的地基附加应力

1. 矩形荷载角点下的附加应力

轴心受压柱基的基底附加压力属于均布矩形荷载。在均布荷载作用下，可将布氏解积分求得矩形荷载角点下的地基附加应力，然后运用角点法求矩形荷载下任意一点的地基附加应力。

如图 2-10 所示，在矩形面积上任取微小面积 $\mathrm{d}x\mathrm{d}y$，将其上作用荷载以集中力 $\mathrm{d}P=p_0\mathrm{d}x\mathrm{d}y$ 代替，则由此集中力所产生的角点 O 下任意深度 z 处 M 点的竖向附加应力 $\mathrm{d}\sigma_z$，可由式（2-13）沿长度 l 和宽度 b 两个方向进行二重积分求得（求解过程略）。基础角点下任意深度 z 处的附加应力 σ_z 的计算公式为

$$\sigma_z=\alpha_c p_0 \tag{2-14}$$

式中　p_0——矩形均布荷载/kPa；

α_c——矩形基础均布荷载作用角点下的附加应力系数，根据 l/b，z/b 由表 2-2 查得。

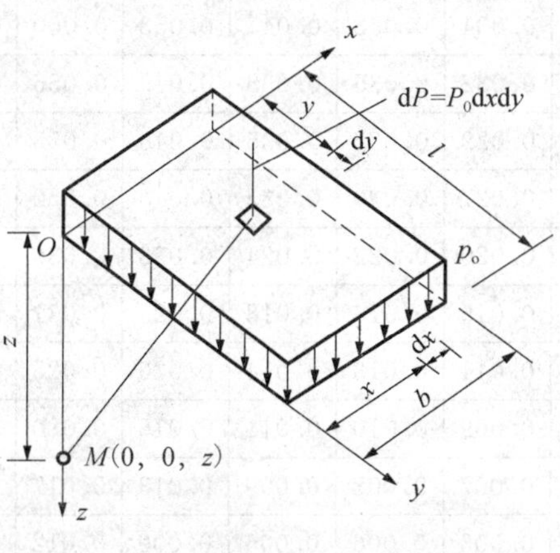

图 2-10　均布矩形荷载角点下的附加应力

表 2-2　均布矩形荷载作用下地基角点附加应力系数 α_c

z/b	l/b											
	1.0	1.2	1.4	1.6	1.8	2.0	3.0	4.0	5.0	6.0	10.0	条形
0.0	0.250	0.250	0.250	0.250	0.250	0.250	0.250	0.250	0.250	0.250	0.250	0.250
0.2	0.249	0.249	0.249	0.249	0.249	0.249	0.249	0.249	0.249	0.249	0.249	0.249
0.4	0.240	0.242	0.243	0.243	0.244	0.244	0.244	0.244	0.244	0.244	0.244	0.244
0.6	0.223	0.228	0.230	0.232	0.232	0.233	0.234	0.234	0.234	0.234	0.234	0.234
0.8	0.200	0.207	0.212	0.215	0.216	0.218	0.220	0.220	0.220	0.220	0.220	0.220
1.0	0.175	0.185	0.191	0.195	0.198	0.200	0.203	0.204	0.204	0.204	0.205	0.205
1.2	0.152	0.163	0.171	0.176	0.179	0.182	0.187	0.188	0.189	0.189	0.189	0.189
1.4	0.131	0.142	0.151	0.157	0.161	0.164	0.171	0.173	0.174	0.174	0.174	0.174
1.6	0.112	0.124	0.133	0.140	0.145	0.148	0.157	0.159	0.160	0.160	0.160	0.160
1.8	0.097	0.108	0.117	0.124	0.129	0.133	0.143	0.146	0.147	0.148	0.148	0.148
2.0	0.084	0.095	0.103	0.110	0.116	0.120	0.131	0.135	0.136	0.137	0.137	0.137
2.2	0.073	0.083	0.092	0.098	0.104	0.108	0.121	0.125	0.126	0.127	0.128	0.128
2.4	0.064	0.073	0.081	0.088	0.093	0.098	0.111	0.116	0.118	0.118	0.119	0.119
2.6	0.057	0.065	0.072	0.079	0.084	0.089	0.102	0.107	0.110	0.111	0.112	0.112
2.8	0.050	0.058	0.065	0.071	0.076	0.080	0.094	0.100	0.102	0.104	0.105	0.105
3.0	0.045	0.052	0.058	0.064	0.069	0.073	0.087	0.093	0.096	0.097	0.099	0.099
3.2	0.040	0.047	0.053	0.058	0.063	0.067	0.081	0.087	0.090	0.092	0.093	0.094
3.4	0.036	0.042	0.048	0.053	0.057	0.061	0.075	0.081	0.085	0.086	0.088	0.089
3.6	0.033	0.038	0.043	0.048	0.052	0.056	0.069	0.076	0.080	0.082	0.084	0.084
3.8	0.030	0.035	0.040	0.044	0.048	0.052	0.065	0.072	0.075	0.077	0.080	0.080
4.0	0.027	0.032	0.036	0.040	0.044	0.048	0.060	0.067	0.071	0.073	0.076	0.076
4.2	0.025	0.029	0.033	0.037	0.041	0.044	0.056	0.063	0.067	0.070	0.072	0.073
4.4	0.023	0.027	0.031	0.034	0.038	0.041	0.053	0.060	0.064	0.066	0.069	0.070
4.6	0.021	0.025	0.028	0.032	0.035	0.038	0.049	0.056	0.061	0.063	0.066	0.067
4.8	0.019	0.023	0.026	0.029	0.032	0.035	0.046	0.053	0.058	0.060	0.064	0.064
5.0	0.018	0.021	0.024	0.027	0.030	0.033	0.043	0.050	0.055	0.057	0.061	0.062
6.0	0.013	0.015	0.017	0.020	0.022	0.024	0.033	0.039	0.043	0.046	0.051	0.052
7.0	0.009	0.011	0.013	0.015	0.016	0.018	0.025	0.031	0.035	0.038	0.043	0.045
8.0	0.007	0.009	0.010	0.011	0.013	0.014	0.020	0.025	0.028	0.031	0.037	0.039
9.0	0.006	0.007	0.008	0.009	0.010	0.011	0.016	0.020	0.024	0.026	0.032	0.035
10.0	0.005	0.006	0.007	0.007	0.008	0.009	0.013	0.017	0.020	0.022	0.028	0.032
12.0	0.003	0.004	0.005	0.005	0.006	0.006	0.009	0.012	0.014	0.017	0.022	0.026

表 2-2（续）

z/b	l/b											
	1.0	1.2	1.4	1.6	1.8	2.0	3.0	4.0	5.0	6.0	10.0	条形
14.0	0.002	0.003	0.004	0.004	0.004	0.005	0.007	0.009	0.011	0.013	0.018	0.023
16.0	0.002	0.002	0.003	0.003	0.003	0.004	0.005	0.007	0.009	0.010	0.014	0.020
18.0	0.001	0.002	0.002	0.002	0.003	0.003	0.004	0.006	0.007	0.008	0.012	0.018
20.0	0.001	0.001	0.002	0.002	0.002	0.002	0.004	0.005	0.006	0.007	0.010	0.015
25.0	0.001	0.001	0.001	0.001	0.001	0.002	0.002	0.003	0.004	0.004	0.007	0.013
30.0	0.001	0.001	0.001	0.001	0.001	0.001	0.002	0.002	0.003	0.003	0.005	0.011
35.0	0.000	0.000	0.001	0.001	0.001	0.001	0.001	0.002	0.002	0.002	0.004	0.009
40.0	0.000	0.000	0.000	0.000	0.001	0.001	0.001	0.001	0.001	0.002	0.003	0.008

2. 均布矩形荷载任意点下的附加应力

在实际计算中，常会遇到计算点不在矩形荷载角点下的情况，为了避免复杂的计算，可通过作辅助线把荷载面分成若干个矩形面积，把计算点划分到这些矩形面积的角点下。这样就可以利用式(2-14)及力的叠加原理来求解，这种方法称为角点法。

根据计算点的位置，可有如图 2-11 所示的 4 种情况。

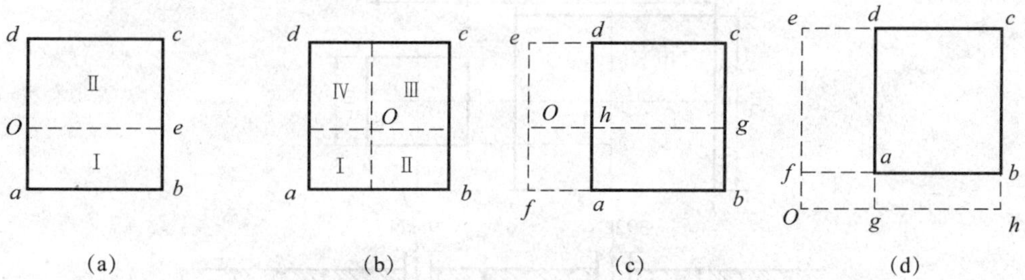

图 2-11　以角点法计算均布矩形荷载基础底面 O 点下的地基附加应力

(a) O 点在基础底面边缘；(b) O 点在基础底面内；

(c) O 点在基础底面边缘外侧；(d) O 点在基础底面角点外侧

(1) 计算点 O 点在基础底面边缘，如图 2-11(a)所示。

$$\sigma_z = (\alpha_{c1} + \alpha_{c2}) p_0$$

式中 α_{c1}、α_{c2} 分别为矩形Ⅰ、Ⅱ角点下的附加应力系数。

(2) 计算点 O 点在基础底面内，如图 2-11(b)所示。

$$\sigma_z = (\alpha_{c1} + \alpha_{c2} + \alpha_{c3} + \alpha_{c4}) p_0$$

式中 α_{c1}、α_{c2}、α_{c3}、α_{c4} 分别为矩形Ⅰ、Ⅱ、Ⅲ、Ⅳ角点下的附加应力系数。

(3) 计算点 O 点在基础底面边缘外侧，如图 2-11(c)所示。

$$\sigma_z = (\alpha_{c1} + \alpha_{c2} - \alpha_{c3} - \alpha_{c4}) p_0$$

式中 α_{c1}、α_{c2}、α_{c3}、α_{c4} 分别为矩形 $Ofbg$、$Ogce$、$Ofah$、$Ohde$ 角点下的附加应力系数。

(4) 计算点 O 点在基础底面角点外侧，如图 2-11(d)所示。

$$\sigma_z = (\alpha_{c1} - \alpha_{c2} - \alpha_{c3} + \alpha_{c4})p_0$$

式中 α_{c1}、α_{c2}、α_{c3}、α_{c4} 分别为矩形 $Ohce$、$Ogde$、$Ohbf$、$Ogaf$ 角点下的附加应力系数。

以上各式中 p_0 为作用在矩形面积上的均布荷载。

例 2-3 用角点法分别计算图 2-12 所示的甲乙两个基础基底中心点下不同深度处的地基附加应力 σ_z 值，绘 σ_z 分布图，并考虑相邻基础的影响。基础埋深范围内天然土层的重度 $\gamma_0 = 18\ \text{kN/m}^3$。

解 （1）两基础基底的附加压力。

甲基础：$p_0 = p - \sigma_{cd} = \dfrac{F+G}{A} - \sigma_{cd} = \dfrac{F}{A} + \gamma_0 - \sigma\gamma_0$

$$= \frac{392}{2\times 2} + 20\times 1 - 18\times 1 = 100\ \text{kPa}$$

乙基础：$p_0 = \dfrac{98}{1\times 1} + 20\times 1 - 18\times 1 = 100\ \text{kPa}$

（2）计算两基础中心点下由本基础荷载引起的 σ_z 时，过基底中心点将基底分成相等的 4 块，用角点法计算，计算结果列于表 2-3。

（3）计算本基础中心点下由相邻基础荷载引起的 σ_z 时，可按前述的计算点在基础底面边缘外侧的情况以角点法计算。甲基础对乙基础 σ_z 影响的计算结果见表 2-4，乙基础对甲基础 σ_z 影响的计算结果见表 2-5。

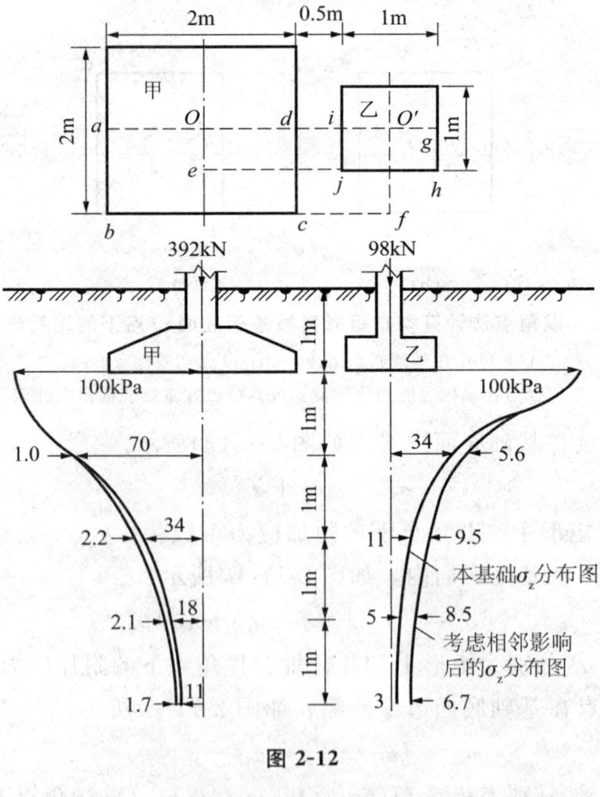

图 2-12

（4）σ_z 的分布图见图 2-12，图中阴影部分表示相邻基础荷载对本基础中心点下 σ_z

的影响。

表 2-3　本基础荷载引起的 σ_z

角点下任意深度 z/m	甲基础				乙基础			
	l/b	z/b	α_{c1}	$\sigma_z=4\alpha_{c1}p_0$/kPa	l/b	z/b	α_{c1}	$\sigma_z=4\alpha_{c1}p_0$/kPa
0	1	0	0.250 0	100	1	0	0.250 0	100
1	1	1	0.175 2	70	1	2	0.084 0	34
2	1	2	0.084 0	34	1	4	0.027 0	11
3	1	3	0.044 7	18	1	6	0.012 7	5
4	1	4	0.027 0	11	1	8	0.007 3	3

表 2-4　甲基础对乙基础 σ_z 影响的计算结果

角点下任意深度 z/m	l/b		z/b	α_c		$\sigma_z=2(\alpha_{c1}-\alpha_{c2})p_0$/kPa
	Ⅰ ($abfO'$)	Ⅱ ($dcfO'$)		α_{c1}	α_{c2}	
0	3	1	0	0.250 0	0.250 0	0
1	3	1	1	0.203 4	0.175 2	5.6
2	3	1	2	0.131 4	0.084 0	9.5
3	3	1	3	0.087 0	0.044 7	8.5
4	3	1	4	0.060 3	0.027 0	6.7

表 2-5　乙基础对甲基础 σ_z 影响的计算结果

角点下任意深度 z/m	l/b		z/b	α_c		$\sigma_z=2(\alpha_{c1}-\alpha_{c2})p_0$/kPa
	Ⅰ ($gheO$)	Ⅱ ($ijeO$)		α_{c1}	α_{c2}	
0	5	3	0	0.250 0	0.250 0	0.0
1	5	3	2	0.136 0	0.131 4	1.0
2	5	3	4	0.071 2	0.060 3	2.2
3	5	3	6	0.043 1	0.032 5	2.1
4	5	3	8	0.028 3	0.019 8	1.7

比较图中两基础下的 σ_z 分布图可见，基础底面尺寸大的基础下的附加应力比基础底面小的收敛得慢，影响范围深；同时，对相邻基础的影响也较大。可以预见，在基底压力相等的条件下，基底尺寸越大的基础沉降也越大。

2.3.3　线荷载和条形荷载下的地基附加应力

从表 2-2 中可以看出，当矩形荷载面积的长宽比 $l/b\geqslant10$ 时，矩形面积角点下的地基附加应力计算值与按 $l/b=\infty$时的解相比误差很小，因此诸如柱下或墙下条形基础、挡土墙基础、路基、坝基等，常可视为条形荷载，按平面问题求解。为了求得条形荷载下的地基附加应力，下面先介绍线荷载作用下的解答。

1. 线荷载下的附加应力

如图 2-13（a）所示，线荷载是作用在地基表面上一条无限长直线上的均布荷载。设竖向线荷载$\bar{p}$作用在 y 坐标轴上，沿 y 轴截取一微分段 dy，将其上作用的线荷载以集中力 $dP=\bar{p}dy$ 代替，从而利用式（2-13）可求得地基中任意点 M 处由 dP 引起的附加应力 $d\sigma_z$，再通过积分，即可求得 M 点的附加应力为

$$\sigma_z=\frac{2\bar{p}z^3}{\pi R_1^4}=\frac{2\bar{p}}{\pi R_1}\cos^3\beta \tag{2-15}$$

式中 $\bar{p}$——线荷载/kPa；

z——地基中任意点 M 的 z 坐标/m；

π——圆周率。

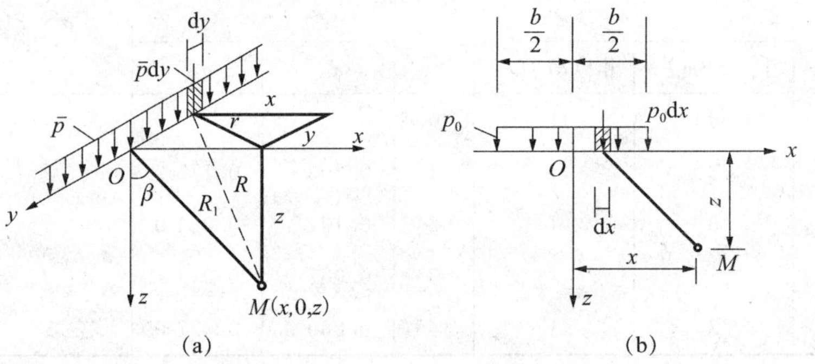

图 2-13 地基附加应力的平面问题

（a）线荷载作用下；（b）均布条形荷载作用下

2. 均布条形荷载下的附加应力

均布条形荷载是沿宽度方向（图 2-13(b)中 x 轴方向）和长度方向均匀分布，而长度方向为无限长的荷载。沿 x 轴取一宽度为 dx 无限长的微分段，作用于其上的荷载以线荷载$\bar{p}=p_0dx$ 代替，运用式(2-15)并积分，可求得地基中任意点 M 处的竖向附加应力为

$$\sigma_z=\alpha_{sz}p_0 \tag{2-16}$$

式中 α_{sz}——均布条形荷载下竖向附加应力系数，由 x/b，z/b 查表 2-6；

σ_z——均布条形荷载下竖向附加应力/kPa；

p_0——均布条形荷载/kPa。

表 2-6 均布条形荷载下的竖向附加应力系数 α_{sz}

z/b \ x/b	0.00	0.25	0.5	1.0	1.5	2.0
0.00	1.00	1.00	0.50	0	0	0
0.25	0.96	0.90	0.50	0.02	0	0

表 2-5（续）

z/b \ x/b	0.00	0.25	0.5	1.0	1.5	2.0
0.50	0.82	0.74	0.48	0.08	0.02	0
0.75	0.67	0.61	0.45	0.15	0.04	0.02
1.00	0.55	0.51	0.41	0.19	0.07	0.03
1.25	0.46	0.44	0.37	0.20	0.10	0.04
1.50	0.40	0.38	0.33	0.21	0.11	0.06
1.75	0.35	0.34	0.30	0.21	0.13	0.07
2.00	0.31	0.31	0.28	0.20	0.14	0.08
3.00	0.21	0.21	0.20	0.17	0.13	0.10
4.00	0.16	0.16	0.15	0.14	0.12	0.10
5.00	0.13	0.13	0.12	0.12	0.11	0.09
6.00	0.11	0.10	0.10	0.10	0.10	—

例 2-4　如图 2-14 所示，条形基础底面宽度 $b=2.0$ m，所受轴向荷载设计值 $F=250$ kN/m，地基土的重度 $\gamma=18$ kN/m^3，试求基础中心点下各点的附加应力。

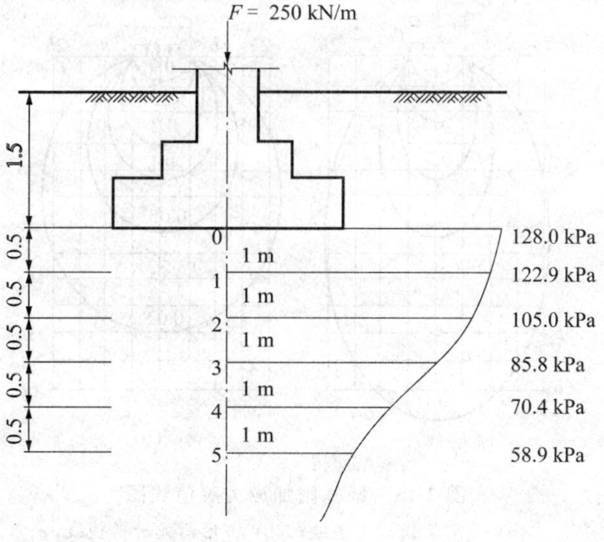

图 2-14

解　(1) 求基底压力

$$p=\frac{F+\gamma_G bd}{b}=\frac{250+20\times2\times1.5}{2}=155\ \text{kPa}$$

(2) 求基底附加压力

$$p_0=p-\gamma_0 d=155-18\times1.5=128\ \text{kPa}$$

(3) 求基础中点下的附加应力　按式(2-16)计算地基中附加应力，以点 2 为例计算

如下：由 $x/b=0$，$z/b=0.5$，查表 2-6 得 $\alpha_{sz}=0.82$，则

$$\sigma_{z2}=0.82\times128=105.0\ \text{kPa}$$

其他各点计算结果见表 2-7。

表 2-7　基础中心点下各点的附加应力

计算点	角点下任意深度 z/m	z/b	α_{sz}	σ_z/kPa
0	0.0	0	1.00	128.0
1	0.5	0.25	0.96	122.9
2	1.0	0.50	0.82	105.0
3	1.5	0.75	0.67	85.8
4	2.0	1.00	0.55	70.4
5	2.5	1.25	0.46	58.9

2.3.4　附加应力分布规律

图 2-15 为地基中的附加应力等值线图。所谓等值线，就是地基中具有相同附加应力数值的点的连线。由图 2-15 并结合例 2-3 和例 2-4 的计算结果可见，地基中的竖向附加应力 σ_z 具有如下的分布规律。

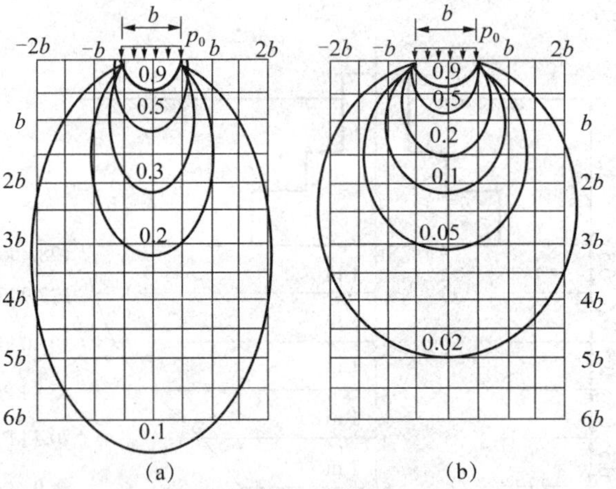

图 2-15　地基附加应力等值线图

（a）条形荷载 σ_z 等值线；（b）方形荷载 σ_z 等值线

（1）附加应力扩散现象。σ_z 的分布范围相当大，它不仅分布在荷载面积之内，还分布到荷载面积以外，这就是所谓的附加应力扩散现象。

（2）在离基础底面（地基表面）不同深度处各个水平面上，以基底中心点下轴线处的 σ_z 为最大，离开中心轴线越远其值越小。

（3）在荷载分布范围内任意点竖直线上的 σ_z 值，随着深度增大逐渐减小。

2.4 饱和土的有效应力原理

2.4.1 土的渗透性

土的渗透性是由于骨架颗粒之间存在的孔隙构造了水的通道而造成的。在水头差的作用下，水在土体内部相互贯通的孔隙中流动，称为渗流。

水在土中渗流满足达西定律，即

$$v=ki \tag{2-17}$$

式中　v——渗流速度，土在单位时间内流经单位横断面的水量/（m/s）；

i——水力梯度，即沿渗透途径出现的水头差 Δh 与相应渗流长度 l 的比值，$i=\Delta h/l$；

k——渗透系数/（m/s）。

由式（2-17）可以看出，当水力梯度为定值时，渗透系数越大，渗流速度就越大。渗透系数与土的透水性强弱有关，渗透系数越大，土的透水能力越强。土的渗透系数可通过室内渗透试验或现场抽水试验测定。

2.4.2 饱和土有效应力原理模型

为了更清楚形象地掌握饱和土体的压缩变形过程，即饱和土体的渗透固结过程，现以弹簧活塞模型来说明饱和土的有效应力原理，如图 2-16。

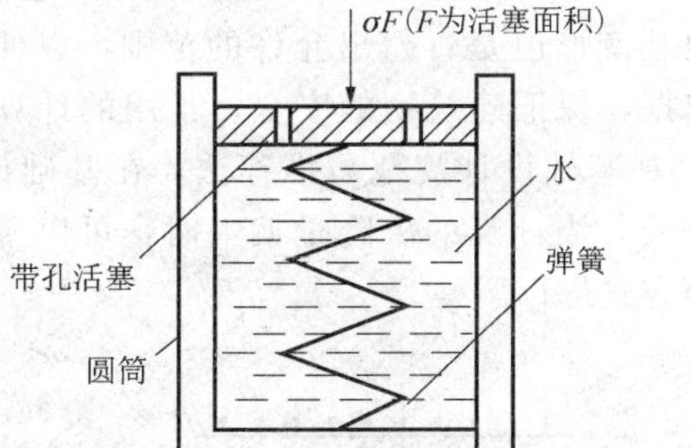

图 2-16　水—弹簧—活塞模型

在一个装满水的圆筒中，上部安置一个带小孔的活塞，此活塞与筒底之间安装一个弹簧，以此模拟饱和土体的压缩变形过程（模型中的弹簧被视为土粒骨架，圆筒中的水相当于土体孔隙中的自由水，活塞上小孔的大小代表土的透水性的大小）：①施加外力之前，弹簧不受力，圆筒内的水只有静水压力；②在活塞顶面施加压力的瞬间，圆筒中的水还来不及从活塞上的小孔排出，弹簧也没有变形，所以弹簧不受力，全部压力完全由水承担；③水受到超静水压力后，开始经活塞小孔逐渐排出，随着圆筒中水不断地通过活塞上的小孔向外面流出，使得活塞开始下降，弹簧逐渐变形，表明弹簧相应受力。此时，弹簧压力逐渐增大，圆筒中水压力逐渐减小，此期间弹簧和水受力的总和始终不变，即

$$\sigma=\sigma'+u \tag{2-18}$$

式中 σ——土中的总应力/kPa；

σ'——土的有效应力/kPa；

u——土中孔隙水压力/kPa。

这个关系式在土力学中非常重要，称为饱和土的有效应力原理。

Terzaghi 于 1923 年提出了饱和土有效应力原理，该原理是经典土力学中固结理论、抗剪强度理论、渗流理论的基础，是土力学成为一门独立学科的重要标志。从有效应力原理提出时起至今，一直备受国内外学者的关注。这对于认识有效应力的物理本质，深入理解土的力学特性是非常有意义的。

2.5 土中应力与基础沉降的关系

2.5.1 基础最终沉降量

地基在附加应力作用下将会产生压缩沉降变形。基础最终沉降量是指地基在建筑物荷载作用下，不断地被压缩，直至压缩稳定后的沉降量，如图 2-17。计算基础最终沉降量的目的是在建筑设计中需预知该建筑物建成后将产生的最终沉降量、沉降差、倾斜和局部倾斜，判断地基变形值是否超出允许的范围，以便在建筑物设计时，为采取相应的工程措施提供依据，保证建筑物的安全。常用的计算基础最终沉降量的方法有分层总和法及《建筑地基基础设计规范》推荐法，在基础设计时需进行相关计算，以便满足基础沉降变形需要，当计算的沉降量偏大时，可以采取增大基底面积、改变持力层或改变基础形式等方式进行调整。

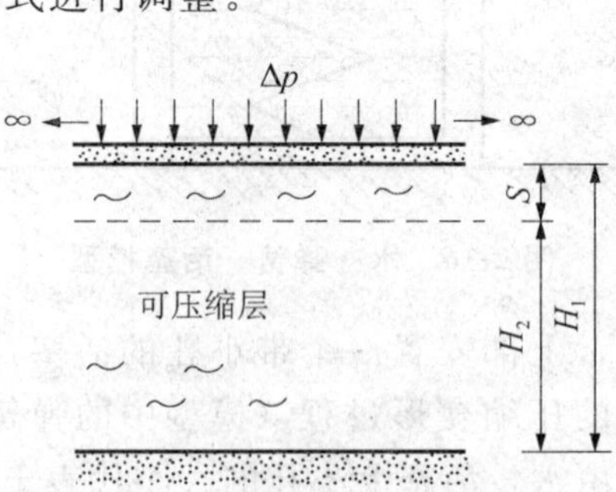

图 2-17 基础沉降示意图

2.5.2　基础沉降与时间的关系

土体完成压缩过程所需的时间与土的透水性有很大的关系。饱和土的渗透固结过程就是孔隙水压力向有效应力转化的过程。在渗透固结过程中，伴随着孔隙水压力逐渐消散，有效应力在逐渐增长，土的体积也就逐渐减小，强度随之提高。饱和土的渗透固结过程就是孔隙水压力消散和有效应力相应增长的过程。

无黏性土因透水性大，其压缩变形可在短时间内趋于稳定；而透水性小的饱和黏性土，其压缩稳定所需的时间可长达几个月、几年甚至几十年。在工程实践中，往往需要了解建筑物在施工期间或使用期间某一时刻基础沉降值，以便控制施工速度。对于已发生裂缝、倾斜等事故的建筑物，更需要了解当时的沉降与今后沉降的发展趋势，作为解决事故的重要依据。

2.5.3　建筑物沉降观测与地基允许变形值

1. 建筑物的沉降观测

建筑物的变形包括建筑物的沉降、倾斜、裂缝和平移。高层建筑、重要厂房和大型设备基础在施工期间和使用初期，都会由于各种原因造成基础沉降变形。如果变形超过了规定的限度，则会导致建筑物结构变形或开裂，影响其正常使用，严重的还会危及建筑物的安全。为了建筑物的安全使用，研究变形的原因和规律，为建筑物的设计、施工、管理和科学研究提供可靠的资料，在建筑物的施工和使用初期，必须要对其进行变形观测。

变形观测的内容主要有沉降观测、倾斜观测、裂缝和位移观测等。建筑物变形观测的任务是周期性地对设置在建筑物上的观测点进行重复观测，求得观测点位置的变化量。建筑物变形观测能否达到预定的目的受到很多因素的影响，其中最基本的因素是变形测量点的布设、变形观测的精度与频率。

变形测量点，宜分为基准点、工作基点和变形观测点，其布设应符合下列要求。

(1) 每个工程至少应有三个稳固可靠的点作为基准点。

(2) 工作基点应选在比较稳定的位置，对通视条件较好或观测项目较少的工程，可不设工作基点，在基准点上直接测定变形观测点。

(3) 变形观测点应设立在变形体上能反映变形特征的位置。

埋设在建筑物附近的水准点是进行沉降观测的依据，水准点的布设要求稳定、方便观测和满足观测精度要求。为了相互校核并防止由于个别水准点的高程变动造成差错，一般要布设三个水准点，它们应埋设在受压、受震动范围以外，埋设深度在冻土线以下 0.5 m，且不能离开观测点太远（100 m 以内），以便提高观测精度。

沉降观测点应按设计图纸埋设。一般情况下，建筑物四角或沿外墙每隔 10～15 m 处或每隔 2～3 根柱基上布置一个观测点；在最容易变形的地方，如设备基础、柱子基础、裂缝或伸缩缝两旁、基础形式改变处、地质条件改变处等也应设立观测点；对于烟囱、水塔和大型储藏罐等高耸构筑物的基础轴线的对称部位，每一构筑物不得少于 4

个观测点。观测点的埋设要求稳固，通常采用角钢、圆钢或铆钉作为观测点的标志，并分别埋设在砖墙上、钢筋混凝土柱子上和设备基础上。

为了达到变形观测的目的，应在建筑物的设计阶段，在调查、预估某些因素可能对建筑物带来影响的同时，拟定变形观测设计方案；由施工者和测量者根据需要与可能，确定施测方案，以便在施工时将标志和设备埋置在变形观测的设计位置上。从建筑物开始施工就进行观测，一直持续到变形终止。每次变形观测前，对所使用的仪器和设备，应进行检验校正并详细记录；每次观测，应采用相同的观测路线和观测方法，使用同一仪器和设备，固定观测人员，并在基本相同的环境和条件下开展工作。水准点的高程须以永久性水准点为依据来精确测定，测定时应往返观测，并经常检查有无变动。对于重要厂房和重要设备基础的观测，要求能反映出 1～2 mm 的沉降量，必须应用精密水准仪和精密水准尺进行往返观测，其观测的闭合差不应超过±0.6 mm。对于一般厂房建筑物，精度要求可放宽些，可以使用四等水准测量的水准仪进行往返观测，观测闭合差应不超过±1.4 mm。观测应在成像清晰、稳定的时间内进行。

在施工过程中，一般在增加较大荷重前后，如基础浇注、回填土、安装柱子和屋架、砌筑砖墙、安装吊车、设备运转等都要进行沉降观测。当基础附近地面荷重突然增加，周围大量积水及暴雨后，或周围大量挖方等均应观测；施工中如中途停工时间较长，应在停工时及复工前进行观测。工程完工后，应连续进行观测，观测时间的间隔可按沉降量的大小及速度而定，开始时可每隔 1～2 月观测一次，以每次沉降量在 5～10 mm 为限，否则要增加观测次数；以后随着沉降速度的减慢，再逐渐延长观测周期，直至沉降稳定为止。

2. 地基允许变形值

建筑物的地基变形允许值是指能保证建筑物正常使用的最大变形值。它可由《建筑地基基础设计规范》查得，对于表 2-8 中未涉及的其他建筑物的地基变形允许值，可根据上部结构对地基变形的适应能力和使用要求确定。地基变形允许值按其变形特征有以下 4 种。

表 2-8　建筑物的地基变形允许值

变形特征		地基土类别	
		中、低压缩性土	高压缩性土
砌体承重结构基础的局部倾斜		0.002	0.003
工业与民用建筑相邻柱基的沉降差	框架结构	$0.002l$	$0.003l$
	砖石墙填充的边排柱	$0.0007l$	$0.001l$
	当基础不均匀沉降时不产生附加应力的结构	$0.005l$	$0.005l$
单层排架结构（柱距为 6 m）柱基的沉降量/mm		(120)	200

表 2-8（续）

<table>
<tr><td colspan="2" rowspan="2">变形特征</td><td colspan="2">地基土类别</td></tr>
<tr><td>中、低压缩性土</td><td>高压缩性土</td></tr>
<tr><td rowspan="2">桥式起重机轨面的倾斜（按不调整轨道考虑）</td><td>纵　向</td><td colspan="2">0.004</td></tr>
<tr><td>横　向</td><td colspan="2">0.003</td></tr>
<tr><td rowspan="4">多层和高层建筑基础的倾斜</td><td>$H_g \leqslant 24$</td><td colspan="2">0.004</td></tr>
<tr><td>$24 < H_g \leqslant 60$</td><td colspan="2">0.003</td></tr>
<tr><td>$60 < H_g \leqslant 100$</td><td colspan="2">0.002 5</td></tr>
<tr><td>$H_g > 100$</td><td colspan="2">0.002</td></tr>
<tr><td rowspan="6">高耸结构基础的倾斜</td><td>$H_g \leqslant 20$</td><td colspan="2">0.008</td></tr>
<tr><td>$20 < H_g \leqslant 50$</td><td colspan="2">0.006</td></tr>
<tr><td>$50 < H_g \leqslant 100$</td><td colspan="2">0.005</td></tr>
<tr><td>$100 < H_g \leqslant 150$</td><td colspan="2">0.004</td></tr>
<tr><td>$150 < H_g \leqslant 200$</td><td colspan="2">0.003</td></tr>
<tr><td>$200 < H_g \leqslant 250$</td><td colspan="2">0.002</td></tr>
<tr><td rowspan="3">高耸结构基础的沉降量/mm</td><td>$H_g \leqslant 100$</td><td rowspan="3">(200)</td><td>400</td></tr>
<tr><td>$100 < H_g \leqslant 200$</td><td>300</td></tr>
<tr><td>$200 < H_g \leqslant 250$</td><td>200</td></tr>
</table>

注：1. 有括号者仅适用于中压缩性土。

2. l 为相邻柱基的中心距离/mm；H_g 为自室外地面起算的建筑物高度/m。

（1）沉降量指基础中心点的沉降值。

（2）沉降差指相邻单独基础沉降量的差值。

（3）倾斜指基础倾斜方向两端点的沉降差与其距离的比值。

（4）局部倾斜指砌体承重结构沿纵墙 6～10 m 内基础某两点的沉降差与其距离的比值。

当建筑物地基不均匀或上部荷载差异过大及结构体型复杂时，对于砌体承重结构应由局部倾斜控制；对于框架结构和单层排架结构应由沉降差控制；对于多层或高层建筑和高耸结构应由倾斜控制。

习　题

1. 土的自重应力有何特点，如何计算？地下水位变化对土的自重应力分布有何影响？

2. 自重应力计算为什么水下用浮重度？地下水位变化如何影响土的自重应力？

3. 土中附加应力扩散有什么规律，该规律对建筑物的施工有何启示？

4. 简述饱和土的有效应力原理。

5. 地基变形的大小是由哪些因素决定的，应如何观测建筑物的沉降？

6. 某建筑场地土层分布如下：第 1 层杂填土厚 1.4 m，$\gamma_1=16.8\ \mathrm{kN/m^3}$；第 2 层粉质黏土厚 3.5 m，$\gamma_2=18.9\ \mathrm{kN/m^3}$，$\gamma_{sat2}=19.1\ \mathrm{kN/m^3}$，地下水位深 2 m；第 3 层粉土厚 4.5 m，$\gamma_{sat3}=19.7\ \mathrm{kN/m^3}$；第 4 层玄武岩未钻穿。试计算各土层交界处的竖向自重应力，并绘出自重应力分布曲线。

7. 某单层排架结构厂房在施工和使用过程中进行了沉降观测，历次各观测点的高程列入表 2-9 中，计算 6、7、8 观测点两次观测之间的沉降量和累计沉降量，并画出观测日期和沉降—荷重—时间的关系曲线图，归纳该建筑的沉降与时间的关系特点，并判断该厂房的最终沉降是否超出允许值。

表 2-9　沉降观测记录手簿

日期	荷重/t	观测点								
		5			6			7		
		高程/m	沉降量/mm	累计沉降量/mm	高程/m	沉降量/mm	累计沉降量/mm	高程/m	沉降量/mm	累计沉降量/mm
2016.7.10		39.624			39.528			39.651		
2016.8.10		39.621	3	3	39.518			39.651		
2016.9.10	450	39.613	8	11	39.511			39.646		
2016.10.10		39.603	10	21	39.505			39.645		
2016.12.10	800	39.595	8	29	39.501			39.641		
2017.1.10		39.589	6	35	39.497			39.635		
2017.2.10		39.585	4	39	39.494			39.634		
2017.3.10	1 350	39.582	3	42	39.492			39.631		
2017.4.10		39.580	2	45	39.490			39.629		
2017.5.10		39.577	3	47	39.488			39.626		
2017.6.10		39.574	3	50	39.487			39.623		
2017.7.10		39.572	2	52	39.486			39.622		
2017.8.10		39.571	1	53	39.485			39.621		
2017.9.10		39.570	1	54	39.485			39.620		
2017.10.10										
2017.12.10		39.569	1	55	39.484			39.619		
2018.2.10										
2018.4.10		39.569	0		39.484			39.619		
2018.6.10										
2018.8.10		39.569	0	55	39.484			39.619		

第 3 章　土的压缩性与地基沉降计算

学习目标

通过本章的学习，了解土的压缩性，理解压缩试验方法，掌握土的压缩性指标确定方法，掌握地基最终沉降量的分层总和法和规范法，了解一维固结理论。

学习要求

知识要点	能力目标	相关知识	权重
土的压缩性和压缩性试验	1. 了解引起土压缩的因素 2. 熟悉土压缩性试验的步骤 3. 理解并运用土的压缩性指标	1. 土的压缩性试验 2. 土的压缩曲线 3. 土的压缩性指标	40%
地基最终沉降量	熟悉地基最终沉降量的分层总和法和规范法	1. 分层总和法 2. 规范法	40%
一维固结理论	了解太沙基一维固结理论	1. 饱和黏性土的渗透固结 2. 太沙基一维固结理论	20%

学习导入

本章要讨论的是土力学的重要问题之一——在荷载作用下土体的变形。其主要内容包括土的压缩性及压缩性试验、地基的最终沉降量计算、土的变形与时间的关系、应力历史对黏性土压缩性和固结沉降的影响等。

3.1 土的压缩性

地基土体在外荷载的作用下会产生变形，建筑物随之发生沉降。如果沉降超过允许范围，尤其是不均匀沉降，则会影响建筑物正常使用，严重时会威胁建筑物安全。因此，在地基基础设计、施工时，必须考虑地基的变形问题。为了计算地基的变形量，首先要了解土的压缩性。土在压力作用下体积缩小的特性，称为土的压缩性。土的体积减小包括土颗粒本身的压缩；土内孔隙中水的压缩和封闭在土中的气体的压缩；土颗粒发生相对位移，土中水及气体从孔隙中排出，从而使土孔隙体积减小。在一般压力作用下，土粒和水的压缩量与土的总压缩量相比是很微小的，可以忽略不计，因此可以认为土的压缩就是土中孔隙体积的减小。

土的压缩性指标可通过室内试验或原位试验来测定。试验时力求试验条件与土的天然状态及其在外荷载作用下的实际应力条件相适应。

3.1.1 土的压缩性试验和压缩曲线

1. 土的压缩性试验

在一般工程中，常用不允许土样产生侧向变形的室内压缩试验（又称侧限压缩试验或固结压缩试验）来测定土的压缩性指标，其试验虽未能完全符合土的实际工作情况，但操作简便，试验时间短，故有实用价值。

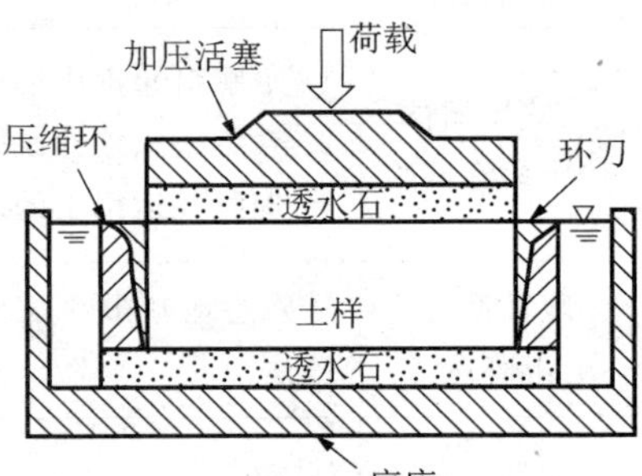

图 3-1 压缩仪的压缩容器图

室内压缩试验是取土样放入单向固结仪或压缩仪内进行的。试验时，用环刀切取保持天然结构的原状土样，并置于圆筒形压缩容器（图 3-1）的刚性护环内，土样上下各垫一块透水石，土样受压后土中的水可以自由地从上下两面排出。由于环刀和刚性护环的限制，土样在压力作用下只能发生竖向压缩，而无侧向变形（土样横截面面积不变）。土样在天然状态下或经人工饱和后，进行逐级加压固结，求出在各级压力作用下土样压缩稳定后的孔隙比，便可绘制土的压缩曲线。

如图 3-2 所示，设土样的初始高度为 h_0，受压后的高度为 h，s 为压力 p 作用下土样压缩稳定后的沉降量。根据孔隙比的定义，假设土样的土粒体积 $V_s=1$，则土样在受压前的体积为 $1+e_0$（e_0 为土的初始孔隙比），受压后的体积为 $1+e$（e 为受压稳定后土的孔隙比）。为求土样压缩稳定后的孔隙比，根据受压前后土粒体积不变和土样横截面面积不变这两个条件，可得

$$\frac{h_0}{1+e_0}=\frac{h}{1+e}=\frac{h_0-s}{1+e} \tag{3-1}$$

或

$$e = e_0 - \frac{s}{h_0}(1 + e_0) \tag{3-2}$$

式中　e_0——土样的初始孔隙比，$e_0 = \frac{d_s \gamma_w (1 + w_0)}{\gamma_0}$，其中 d_s 为土粒相对密度，w_0 为土样的初始含水量，γ_0 为土样的初始重度；

s——压力 p 作用下土样压缩稳定后的沉降量/mm；

e——土样压缩后的孔隙比；

h_0，h——土样的初始高度和压缩后的高度/mm。

这样，只要测定土样在各级压力 p 作用下的稳定压缩量 s，按式(3-2)就可计算出相应的孔隙比 e。

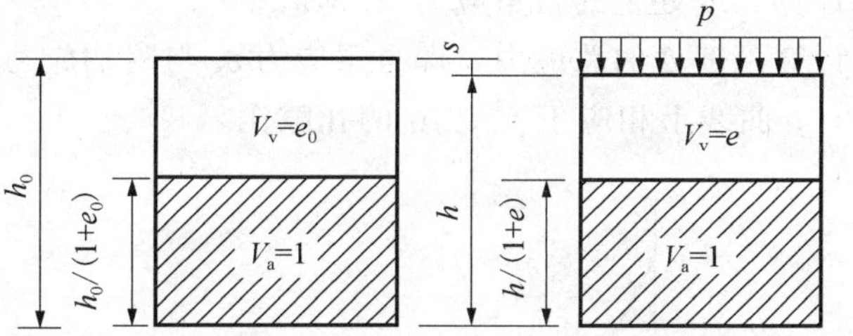

图 3-2　压缩试验中的土样孔隙比变化

2. 土的压缩曲线

根据试验的各级压力和对应的孔隙比，绘出压力与孔隙比的关系曲线，称为土的压缩曲线。压缩曲线有两种绘制方式（图 3-3），常用的一种是采用普通直角坐标绘制的 $e-p$ 曲线；另一种是横坐标取 p 的常用对数值，即采用半对数直角坐标绘制 $e-\lg p$ 曲线。试验时以较小的压力开始，采取小增量多级加荷，逐步加到较大荷载。

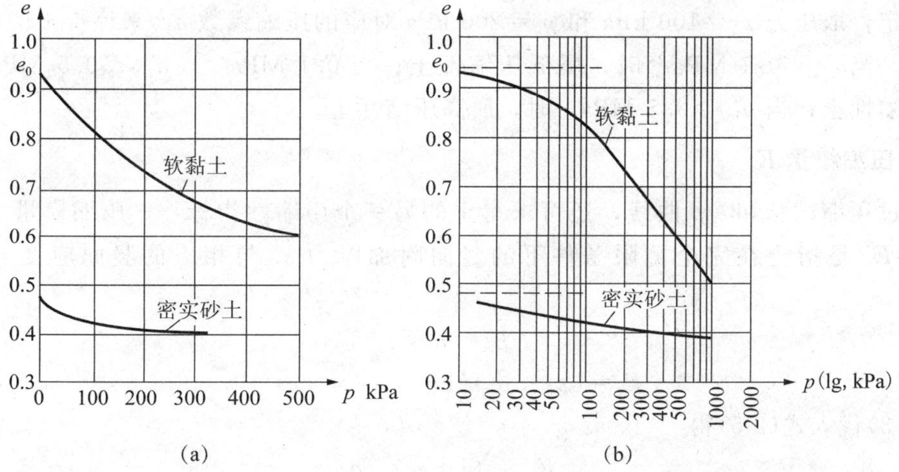

图 3-3　土的压缩曲线

（a）$e-p$ 曲线；（b）$e-\lg p$ 曲线

3.1.2 土的压缩性指标

1. **压缩系数** a

压缩性不同的土，其 $e-p$ 曲线的形状是不一样的。由图 3-3 可见，密实砂土的 $e-p$ 曲线比较平缓，而压缩性较大的软黏土的 $e-p$ 曲线则较陡。曲线越陡，说明随着压力的增加，土孔隙比的减少越显著，因而土的压缩性越高。土的压缩性可用图 3-4 中割线 M_1M_2 的斜率来表示，即

$$a=\tan\alpha=\frac{\Delta e}{\Delta p}=\frac{e_1-e_2}{p_2-p_1} \tag{3-3}$$

式中　a——土的压缩系数（MPa^{-1}），a 越大，土的压缩性越高；

p_1——地基计算深度处土的自重应力 σ_c/MPa；

p_2——地基计算深度处的总应力，即自重应力 σ_c 与附加应力 σ_z 之和/MPa；

e_1，e_2——$e-p$ 曲线上相应于 p_1、p_2 的孔隙比。

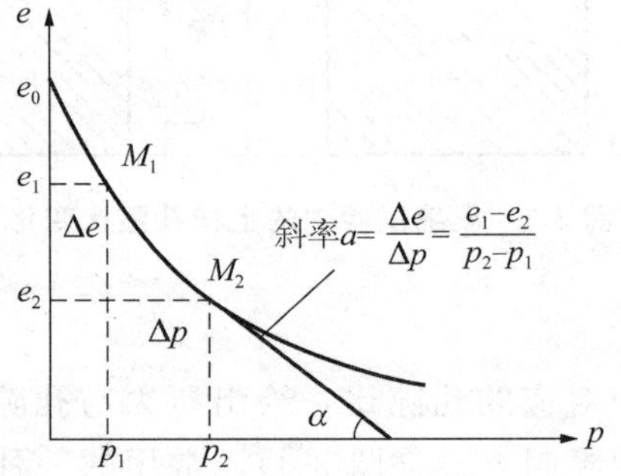

图 3—4　在 e-p 曲线中确定压缩系数

不同类别与处于不同状态的土，其压缩性可能相差较大。《建筑地基基础设计规范》规定，取压力 $p_1=100$ kPa 和 $p_2=200$ kPa 对应的压缩系数 a_{1-2} 来评价土的压缩性的高低。当 $a_{1-2}<0.1\ MPa^{-1}$ 时，属低压缩性土；当 $0.1\ MPa^{-1}\leqslant a_{1-2}<0.5\ MPa^{-1}$ 时，属中压缩性土；当 $a_{1-2}\geqslant 0.5\ MPa^{-1}$ 时，属高压缩性土。

2. **压缩模量** E_s

通过压缩试验和 e-p 曲线，还可求得土的另一个压缩性指标——压缩模量 E_s。压缩模量 E_s 是指土在完全侧限条件下的竖向附加应力 σ_z 与相应的竖向应变 ε_z 的比值，即

$$E_s=\sigma_z/\varepsilon_z \tag{3-4}$$

$$E_s=(p_2-p_1)(1+e_1)/(e_1-e_2) \tag{3-5}$$

将式(3-3)代入式(3-5)得

$$E_s=(1+e_1)/a \tag{3-6}$$

式中　E_s——土的压缩模量/MPa；

a——土的压缩系数/MPa^{-1}；

e_1——自重应力所对应的孔隙比，即初始孔隙比。

同样，也可用压缩模量来表示土的压缩性高低：当 $E_s<4$ MPa 时，属于高压缩性土；当 4 MPa$\leqslant E_s \leqslant$15 MPa 时，属于中等压缩性土；当 $E_s>15$ MPa 时，属于低压缩性土。

3. 土的变形模量 E_0

土的变形模量 E_0 是土体在无侧限条件下的应力与应变的比值，可以由室内侧限压缩试验得到压缩模量后求得，也可通过静载荷试验确定。

土的侧限压缩试验是目前建筑工程中室内测定地基土压缩性常用的方法，该方法简单、方便，适用于中小型工程及取原状土样较为方便的地基土。但由于土样受扰动、人为因素和周围环境的影响，侧限条件下进行试验并不能真实反映地基土的压缩性。对于粉土、细砂、软土等取原状土样十分困难的地基土以及重要工程、规模大或建筑物对沉降有严格要求的工程，还需要用现场原位试验确定地基土的压缩性。土的变形模量是反映土的压缩性的重要指标之一，现场静载荷试验测定的变形模量 E_0 与室内压缩试验测定的压缩模量 E_s 有以下关系

$$E_0=\left(1-\frac{2\mu^2}{1-\mu}\right)E_s \tag{3-7}$$

式中 μ 为地基土的泊松比。

3.2 地基沉降计算

基础最终沉降量是指地基在建筑物荷载作用下，不断地被压缩，直至压缩稳定后的沉降量。对偏心荷载作用下的基础，以基底中心点沉降作为其平均沉降。在计算基础沉降时，通常认为土层在自重作用下压缩已稳定，地基变形的主要外因是建筑物荷载在地基中产生的附加应力，在附加应力作用下土层的孔隙体积发生压缩减小，引起基础沉降。建筑设计中需预知该建筑物建成后将产生的最终沉降量、沉降差、倾斜和局部倾斜，判断地基变形值是否超出允许的范围，以便在建筑物设计时，为采取相应的工程措施提供依据，以保证建筑物的安全故需要计算基础最终沉降量。

常用的计算基础最终沉降量的方法有分层总和法及《建筑地基基础设计规范》推荐法。

3.2.1 分层总和法

采用分层总和法计算基础最终沉降量时，通常假定地基土压缩时不发生侧向变形，即采用侧限条件下的压缩指标。为了弥补这样计算得到的变形偏小的缺点，通常取基底中心点下的附加应力 σ_z 进行计算。

将地基变形计算深度 z_n 范围内的土划分为若干个分层（图 3-5），按侧限条件分别

计算各分层的压缩量，其总和即为基础最终沉降量，具体的计算步骤如下。

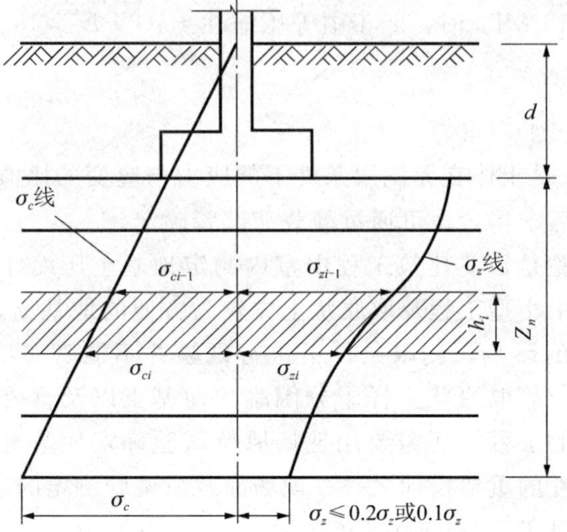

图 3-5　地基最终沉降量的分层总和法

(1) 计算基底压力及基底附加压力。

(2) 按分层厚度 $h_i \leqslant 0.4b$（b 为基础宽度）将基底下土层分成若干薄层，土的自然层面和地下水面是当然的分层面。

(3) 计算基底中心点下各分层界面处自重应力 σ_c 和附加应力 σ_z，当有相邻荷载影响时，σ_z 应包含此影响。

(4) 确定地基压缩层深度 z_n。地基压缩层深度是指基底以下需要计算压缩变形的土层总厚度。在该深度以下的土层变形较小，可略去不计。确定 z_n 的方法是该深度处应符合 $\sigma_z \leqslant 0.2\sigma_c$ 的要求，在高压缩性土层中则要求 $\sigma_z \leqslant 0.1\sigma_c$。

(5) 计算压缩层深度内各分层的自重应力平均值 $\bar{\sigma}_{ci}=\dfrac{\sigma_{c(i-1)}+\sigma_{ci}}{2}$ 和平均附加应力 $\bar{\sigma}_{zi}=\dfrac{\sigma_{z(i-1)}+\sigma_{zi}}{2}$。

(6) 从 $e-p$ 曲线上查得与 $p_{1i}=\bar{\sigma}_{ci}$、$p_{2i}=\bar{\sigma}_{ci}+\bar{\sigma}_{zi}$ 相对应的孔隙比 e_{1i} 和 e_{2i}。

(7) 计算各分层土在侧限条件下的压缩量，计算公式为

$$\Delta s_i=\varepsilon_i h_i=\frac{e_{1i}-e_{2i}}{1+e_{1i}}h_i \tag{3-8}$$

或

$$\Delta s_i=\frac{a(p_{2i}-p_{1i})}{1+e_{1i}}h_i=\frac{(p_{2i}-p_{1i})}{E_{si}}h_i=\frac{\bar{\sigma}_{zi}}{E_{si}}h_i \tag{3-9}$$

式中　Δs_i——第 i 分层土的压缩量/mm；

ε_i——第 i 分层土的平均竖向应变；

h_i——第 i 分层土的厚度/mm；

a_i——第 i 分层土的压缩系数/MPa^{-1}；

E_{si}——第 i 分层土的压缩模量/MPa。

（8）计算基础的最终沉降量 s（mm）。

$$s=\sum_{i=1}^{n}\Delta s_i \tag{3-10}$$

例 3-1　试以分层总和法计算图 3-6 所示柱下方形单独基础的最终沉降量。自地表起各土层的重度分别为粉土 $\gamma_1=18\ \mathrm{kN/m^3}$；粉质黏土 $\gamma_2=19\ \mathrm{kN/m^3}$，$\gamma_{sat2}=19.5\ \mathrm{kN/m^3}$；黏土 $\gamma_{sat3}=20\ \mathrm{kN/m^3}$。分别从粉质黏土层和黏土层中取土样做室内压缩试验，其 $e-p$ 曲线见图 3-7。柱传给基础的轴心荷载标准值 $F=2\ 000\ \mathrm{kN}$，方形基础底边长为 4 m。

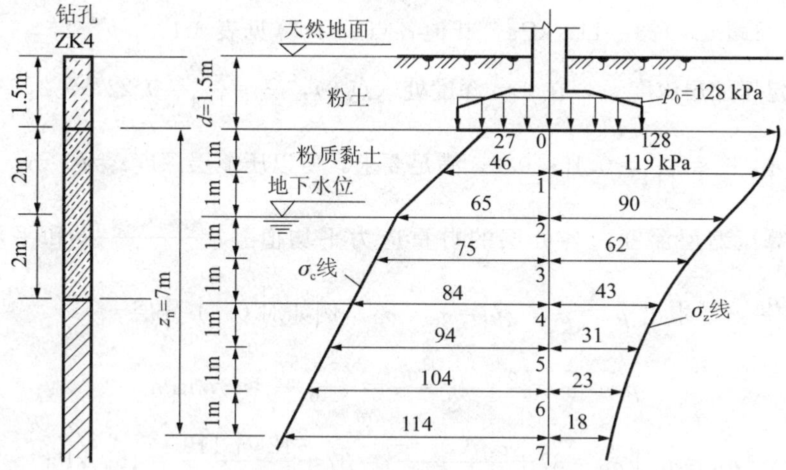

图 3-6

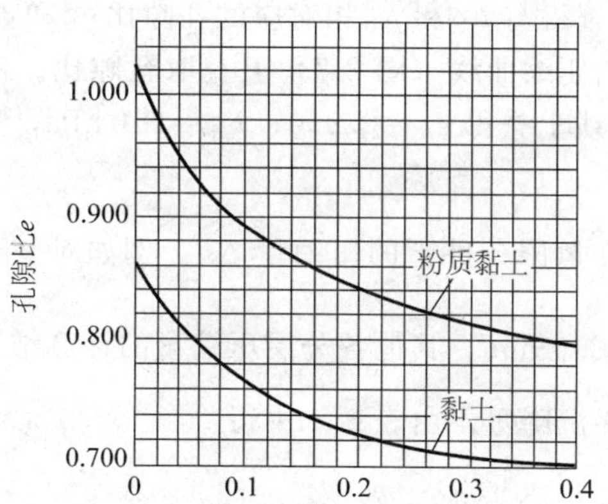

图 3-7

解 (1) 计算基底压力 p_k 和基底附加压力 p_0。

$$p_k=\frac{F_k+G_k}{A}=\frac{2000+20\times4\times4\times1.5}{4\times4}=155\ \text{kPa}$$

$$p_0=p_k-\sigma_{cd}=155-18\times1.5=128\ \text{kPa}$$

(2) 分层，取分层厚度为 1 m。

(3) 计算各分层层面处土的自重应力 σ_c。注意：地下水位以下取浮重度，各分层层面处的 σ_c 计算结果见表 3-1。

(4) 计算基底中心点下各分层面处的附加应力 σ_z，因为基础底为正方形，所以 $\frac{l}{b}=1$，用角点法计算，例如 1 点 $z/b=1/2=0.5$，用插值法求得，$\alpha_c=0.231\ 5$，$\sigma_z=4\alpha_c p_0=4\times0.213\ 5\times128=119\ \text{kPa}$，其他各点 σ_z 计算见表 3-1。

(5) 确定压缩层深度 z_n，在 6 m 深度处（点 6），$\frac{\sigma_z}{\sigma_c}=\frac{23}{104}=0.22>0.2$，不满足要求；在 7 m 深度处，$\frac{\sigma_z}{\sigma_c}=\frac{18}{114}=0.16<0.2$，满足要求，所以压缩层深度$z_n$为 7 m。

(6) 计算压缩层深度内各分层的自重应力平均值$\bar{\sigma}_{ci}=\frac{\sigma_{c(i-1)}+\sigma_{ci}}{2}$和平均附加应力 $\bar{\sigma}_{zi}=\frac{\sigma_{z(i-1)}+\sigma_{zi}}{2}$，并求出 $p_{1i}=\bar{\sigma}_{ci}$，$p_{2i}=\bar{\sigma}_{ci}+\bar{\sigma}_{zi}$。例如对 0－1 分层

$$p_{11}=\bar{\sigma}_{c1}=\frac{\sigma_{c(1-1)}+\sigma_{c1}}{2}=\frac{27+46}{2}\approx37\ \text{kPa}$$

$$p_{21}=\bar{\sigma}_{c1}+\bar{\sigma}_{z1}=37+\frac{\sigma_{z(i-1)}+\sigma_{zi}}{2}=37+\frac{128+119}{2}=161\ \text{kPa}$$

其他各点 p_{1i}和 p_{2i}的计算见表 3-1。

(7) 从 $e-p$ 曲线上查得与 p_{1i}和 p_{2i}相对应的孔隙比 e_{1i}和 e_{2i}。按各分层的 p_{1i}和 p_{2i}值，从粉质黏土或黏土的压缩曲线（图 3-7）上查取孔隙比。例如对 0－1 层：$p_{1i}=37$ kPa，从粉质黏土压缩曲线上查得 $e_{1i}=0.960$；$p_{2i}=161$ kPa，查得 $e_{2i}=0.858$。其他各分层孔隙比的结果列于表 3-1。

(8) 计算各分层土在侧限条件下的压缩量 Δs_i。例如对 0－1 层，$\Delta s_i=\frac{e_{1i}-e_{2i}}{1+e_{1i}}h_i=\frac{0.960-0.858}{1+0.960}\times1000=52.0\ \text{mm}$。其他各分层压缩量的计算结果列于表 3-1。

(9) 计算基础的最终沉降量，由表 3-1 中得

$$\begin{aligned}s&=\sum_{i=1}^{n}\Delta s_i\\&=52.0+39.8+29.7+20.4+11.3+8.5+6.2\\&=167.9\end{aligned}$$

表 3-1　例 3-1 计算结果

<table>
<tr><th>点</th><th>角点下任意深度 z/m</th><th>σ_c /kPa</th><th>σ_z /kPa</th><th>分层</th><th>h_i/m</th><th>p_{1i} /kPa</th><th>Δp_i /kPa</th><th>p_{2i} /kPa</th><th>e_{1i}</th><th>e_{2i}</th><th>Δs_i /mm</th></tr>
<tr><td>0</td><td>0</td><td>27</td><td>128</td><td rowspan="2">0-1</td><td rowspan="2">1.0</td><td rowspan="2">37</td><td rowspan="2">124</td><td rowspan="2">161</td><td rowspan="2">0.960</td><td rowspan="2">0.858</td><td rowspan="2">52.0</td></tr>
<tr><td rowspan="2">1</td><td rowspan="2">1.0</td><td rowspan="2">46</td><td rowspan="2">119</td></tr>
<tr><td rowspan="2">1-2</td><td rowspan="2">1.0</td><td rowspan="2">56</td><td rowspan="2">105</td><td rowspan="2">161</td><td rowspan="2">0.935</td><td rowspan="2">0.858</td><td rowspan="2">39.8</td></tr>
<tr><td rowspan="2">2</td><td rowspan="2">2.0</td><td rowspan="2">65</td><td rowspan="2">90</td></tr>
<tr><td rowspan="2">2-3</td><td rowspan="2">1.0</td><td rowspan="2">70</td><td rowspan="2">76</td><td rowspan="2">146</td><td rowspan="2">0.921</td><td rowspan="2">0.864</td><td rowspan="2">29.7</td></tr>
<tr><td rowspan="2">3</td><td rowspan="2">3.0</td><td rowspan="2">75</td><td rowspan="2">62</td></tr>
<tr><td rowspan="2">3-4</td><td rowspan="2">1.0</td><td rowspan="2">80</td><td rowspan="2">53</td><td rowspan="2">133</td><td rowspan="2">0.912</td><td rowspan="2">0.873</td><td rowspan="2">20.4</td></tr>
<tr><td rowspan="2">4</td><td rowspan="2">4.0</td><td rowspan="2">84</td><td rowspan="2">43</td></tr>
<tr><td rowspan="2">4-5</td><td rowspan="2">1.0</td><td rowspan="2">89</td><td rowspan="2">37</td><td rowspan="2">126</td><td rowspan="2">0.777</td><td rowspan="2">0.757</td><td rowspan="2">11.3</td></tr>
<tr><td rowspan="2">5</td><td rowspan="2">5.0</td><td rowspan="2">94</td><td rowspan="2">31</td></tr>
<tr><td rowspan="2">5-6</td><td rowspan="2">1.0</td><td rowspan="2">99</td><td rowspan="2">27</td><td rowspan="2">126</td><td rowspan="2">0.772</td><td rowspan="2">0.757</td><td rowspan="2">8.5</td></tr>
<tr><td rowspan="2">6</td><td rowspan="2">6.0</td><td rowspan="2">104</td><td rowspan="2">23</td></tr>
<tr><td rowspan="2">6-7</td><td rowspan="2">1.0</td><td rowspan="2">109</td><td rowspan="2">21</td><td rowspan="2">130</td><td rowspan="2">0.765</td><td rowspan="2">0.754</td><td rowspan="2">6.2</td></tr>
<tr><td>7</td><td>7.0</td><td>114</td><td>18</td></tr>
</table>

3.2.2　规范法

为简化分层总和法的计算过程，《建筑地基基础设计规范》推荐一种计算基础最终沉降量的方法，其实质是在分层总和法的基础上，采用平均附加应力面积的概念，按天然土层界面分层（以简化由于过多分层所引起的烦琐计算），并结合大量工程沉降观测的统计分析，以沉降计算经验系数对地基最终沉降量结果加以修正。

为使分层总和法沉降计算结果在软弱地基或坚实地基情况下，都能与实测沉降量相符合，规范法引入一个沉降计算经验系数 ψ_s。此经验系数 ψ_s，由大量建筑物沉降观测值与分层总和法计算值进行对比总结所得。凡软弱地基，$\psi_s>1.0$；坚实地基，$\psi_s<1.0$。

1. 采用平均附加应力系数计算地基变形的基本公式

平均附加应力是基底下某一深度范围内附加应力总和与其深度的比值，假定同一土层土的压缩模量不随深度变化，则深度 h_i 范围内土的压缩量为（图 3-8）

$$s'_i=\frac{p_0(\overline{\alpha}_i z_i-\overline{\alpha}_{i-1} z_{i-1})}{E_{si}} \tag{3-11}$$

式中　p_0——基底附加压力/kPa；

E_{si}——基础底面下第 i 层土的压缩模量，按实际应力范围取值/MPa；

$\overline{\alpha}_i$，$\overline{\alpha}_{i-1}$——深度 z_i 和 z_{i-1} 范围内的竖向平均附加应力系数，其与基底压力分布情况有关，矩形面积上均布荷载作用下基础角点下地基的平均附加应力系数 $\overline{\alpha}_i$ 可由表 3-2 按 l/b，z/b 查得，矩形面积上三角形分布荷载作用下的平均附加应力系数 $\overline{\alpha}$ 以及圆形面积上均布荷载作用下中心点下的平均附加应力系数$\bar{\alpha}$查《建筑地基基础设计规范》附录 K；

z_i，z_{i-1}——基础底面至第 i 层土、第 $i-1$ 层土底面的距离/m。

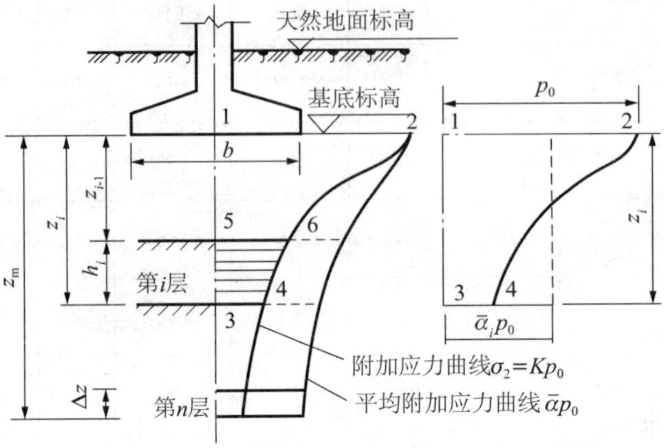

图 3-8　规范法计算基础沉降的分层示意

表 3-2　矩形均布荷载角点下的平均附加应力系数$\bar{\alpha}$

z/b \ l/b	1.0	1.2	1.4	1.6	1.8	2.0	2.4	2.8	3.2	3.6	4.0	5.0	10.0
0.0	0.2500	0.2500	0.2500	0.2500	0.2500	0.2500	0.2500	0.2500	0.2500	0.2500	0.2500	0.2500	0.2500
0.2	0.2496	0.2497	0.2497	0.2498	0.2498	0.2498	0.2498	0.2498	0.2498	0.2498	0.2498	0.2498	0.2498
0.4	0.2474	0.2497	0.2481	0.2483	0.2483	0.2484	0.2485	0.2485	0.2485	0.2485	0.2485	0.2485	0.2485
0.6	0.2423	0.2437	0.2444	0.2448	0.2451	0.2452	0.2454	0.2455	0.2455	0.2455	0.2455	0.2455	0.2456
0.8	0.2346	0.2372	0.2387	0.2395	0.2400	0.2403	0.2407	0.2408	0.2409	0.2409	0.2410	0.2410	0.2410
1.0	0.2252	0.2291	0.2313	0.2326	0.2335	0.2340	0.2346	0.2349	0.2351	0.2352	0.2352	0.2353	0.2353
1.2	0.2149	0.2199	0.2229	0.2248	0.2260	0.2268	0.2278	0.2282	0.2285	0.2286	0.2287	0.2288	0.2289
1.4	0.2043	0.2102	0.2140	0.2164	0.2190	0.2191	0.2204	0.2211	0.2215	0.2217	0.2218	0.2220	0.2221
1.6	0.1939	0.2006	0.2049	0.2079	0.2099	0.2113	0.2130	0.2138	0.2143	0.2146	0.2148	0.2150	0.2152
1.8	0.1840	0.1912	0.1960	0.1994	0.2018	0.2034	0.2055	0.2066	0.2073	0.2077	0.2079	0.2082	0.2084
2.0	0.1746	0.1822	0.1875	0.1912	0.1938	0.1958	0.1982	0.1996	0.2004	0.2009	0.2012	0.2015	0.2018
2.2	0.1659	0.1737	0.1793	0.1833	0.1862	0.1883	0.1911	0.1927	0.1937	0.1943	0.1947	0.1952	0.1955
2.4	0.1578	0.1657	0.1715	0.1757	0.1789	0.1812	0.1843	0.1862	0.1873	0.1880	0.1885	0.1890	0.1895
2.6	0.1503	0.1583	0.1642	0.1686	0.1719	0.1745	0.1779	0.1799	0.1812	0.1820	0.1825	0.1832	0.1838
2.8	0.1433	0.1514	0.1574	0.1619	0.1654	0.1680	0.1717	0.1739	0.1753	0.1763	0.1769	0.1777	0.1784
3.0	0.1369	0.1449	0.1510	0.1556	0.1592	0.1619	0.1658	0.1682	0.1698	0.1708	0.1715	0.1725	0.1733
3.2	0.1310	0.1390	0.1450	0.1497	0.1533	0.1562	0.1602	0.1628	0.1645	0.1657	0.1664	0.1675	0.1685

表 3-2（续一）

z/b \ l/b	1.0	1.2	1.4	1.6	1.8	2.0	2.4	2.8	3.2	3.6	4.0	5.0	10.0
3.4	0.1256	0.1334	0.1394	0.1441	0.1478	0.1508	0.1550	0.1577	0.1595	0.1607	0.1616	0.1628	0.1639
3.6	0.1205	0.1282	0.1342	0.1389	0.1427	0.1456	0.1500	0.1528	0.1548	0.1561	0.1570	0.1583	0.1595
3.8	0.1158	0.1234	0.1293	0.1340	0.1378	0.1408	0.1452	0.1482	0.1502	0.1516	0.1526	0.1541	0.1554
4.0	0.1114	0.1189	0.1248	0.1294	0.1332	0.1362	0.1408	0.1438	0.1459	0.1474	0.1485	0.1500	0.1516
4.2	0.1073	0.1147	0.1205	0.1251	0.1289	0.1319	0.1365	0.1396	0.1418	0.1434	0.1445	0.1462	0.1479
4.4	0.1035	0.1107	0.1164	0.1210	0.1248	0.1279	0.1325	0.1357	0.1379	0.1396	0.1407	0.1425	0.1444
4.6	0.1000	0.1070	0.1127	0.1172	0.1209	0.1240	0.1287	0.1319	0.1342	0.1359	0.1371	0.1390	0.1410
4.8	0.0967	0.1036	0.1091	0.1136	0.1173	0.1204	0.1250	0.1283	0.1307	0.1324	0.1337	0.1357	0.1379
5.0	0.0935	0.1003	0.1057	0.1102	0.1139	0.1169	0.1216	0.1249	0.1273	0.1291	0.1304	0.1325	0.1348
5.2	0.0906	0.0972	0.1026	0.1070	0.1106	0.1136	0.1183	0.1217	0.1241	0.1259	0.1273	0.1295	0.1320
5.4	0.0878	0.0943	0.0996	0.1039	0.1075	0.1105	0.1152	0.1186	0.1211	0.1229	0.1243	0.1265	0.1292
5.6	0.0852	0.0916	0.0968	0.1010	0.1046	0.1076	0.1122	0.1156	0.1181	0.1200	0.1215	0.1238	0.1266
5.8	0.0828	0.0890	0.0941	0.0983	0.1018	0.1047	0.1094	0.1128	0.1153	0.1172	0.1187	0.1211	0.1240
6.0	0.0805	0.0866	0.0916	0.0957	0.0991	0.1021	0.1067	0.1101	0.1126	0.1146	0.1161	0.1185	0.1216
6.2	0.0783	0.0842	0.0891	0.0932	0.0966	0.0995	0.1041	0.1075	0.1101	0.1120	0.1136	0.1161	0.1193
6.4	0.0762	0.0820	0.0869	0.0909	0.0942	0.0971	0.1016	0.1050	0.1076	0.1096	0.1111	0.1137	0.1171
6.6	0.0742	0.0799	0.0847	0.0886	0.0919	0.0948	0.0993	0.1027	0.1053	0.1073	0.1088	0.1114	0.1149
6.8	0.0723	0.0799	0.0826	0.0865	0.0898	0.0926	0.0970	0.1004	0.1030	0.1050	0.1066	0.1092	0.1129
7.0	0.0705	0.0761	0.0806	0.0844	0.0877	0.0904	0.0949	0.0982	0.1008	0.1028	0.1044	0.1071	0.1109
7.2	0.0688	0.0742	0.0787	0.0825	0.0857	0.0884	0.0928	0.0962	0.0987	0.1008	0.1023	0.1051	0.1090
7.4	0.0672	0.0725	0.0769	0.0806	0.0838	0.0865	0.0908	0.0942	0.0967	0.0988	0.1004	0.1031	0.1071
7.6	0.0656	0.0709	0.0752	0.0789	0.0820	0.0846	0.0889	0.0922	0.0948	0.0968	0.0984	0.1012	0.1054
7.8	0.0642	0.0693	0.0736	0.0771	0.0802	0.0828	0.0871	0.0904	0.0929	0.0950	0.0966	0.0994	0.1036
8.0	0.0627	0.0678	0.0720	0.0755	0.0785	0.0811	0.0853	0.0886	0.0912	0.0932	0.0948	0.0976	0.1020
8.2	0.0614	0.0663	0.0705	0.0739	0.0769	0.0795	0.0837	0.0869	0.0894	0.0914	0.0931	0.0959	0.1004
8.4	0.0601	0.0649	0.0690	0.0724	0.0754	0.0779	0.0820	0.0852	0.0878	0.0898	0.0914	0.0943	0.0988
8.6	0.0588	0.0636	0.0676	0.0710	0.0739	0.0764	0.0805	0.0836	0.0862	0.0882	0.0898	0.0927	0.0973
8.8	0.0576	0.0623	0.0663	0.0696	0.0724	0.0749	0.0790	0.0821	0.0846	0.0866	0.0882	0.0912	0.0959
9.2	0.0554	0.0599	0.0637	0.0670	0.0697	0.0721	0.0761	0.0792	0.0817	0.0837	0.0853	0.0882	0.0931
9.6	0.0533	0.0577	0.0614	0.0645	0.0672	0.0696	0.0734	0.0765	0.0789	0.0809	0.0825	0.0855	0.0905

表 3-2（续二）

z/b \ l/b	1.0	1.2	1.4	1.6	1.8	2.0	2.4	2.8	3.2	3.6	4.0	5.0	10.0
10.0	0.0514	0.0556	0.0592	0.0622	0.0649	0.0672	0.0710	0.0739	0.0763	0.0783	0.0799	0.0829	0.0880
10.4	0.0496	0.0533	0.0572	0.0601	0.0627	0.0649	0.0686	0.0716	0.0739	0.0759	0.0775	0.0804	0.0857
10.8	0.0479	0.0519	0.0553	0.0581	0.0606	0.0628	0.0664	0.0693	0.0717	0.0736	0.0751	0.0781	0.0834
11.2	0.0463	0.0502	0.0535	0.0563	0.0587	0.0606	0.0644	0.0672	0.0695	0.0714	0.0730	0.0759	0.0813
11.6	0.0448	0.0486	0.0518	0.0545	0.0569	0.0590	0.0625	0.0652	0.0675	0.0694	0.0709	0.0738	0.0793
12.0	0.0435	0.0471	0.0502	0.0529	0.0552	0.0573	0.0606	0.0634	0.0656	0.0674	0.0690	0.0719	0.0774
12.8	0.0409	0.0444	0.0474	0.0499	0.0521	0.0541	0.0573	0.0599	0.0621	0.0639	0.0654	0.0682	0.0739
13.6	0.0387	0.0420	0.0448	0.0472	0.0493	0.0512	0.0543	0.0568	0.0589	0.0607	0.0621	0.0649	0.0707
14.4	0.0367	0.0398	0.0425	0.0448	0.0468	0.0486	0.0516	0.0540	0.0561	0.0577	0.0592	0.0619	0.0677
15.2	0.0349	0.0379	0.0404	0.0426	0.0446	0.0463	0.0492	0.0515	0.0535	0.0551	0.0565	0.0592	0.0650
16.0	0.0332	0.0361	0.0385	0.0407	0.0425	0.0442	0.0492	0.0469	0.0511	0.0527	0.0540	0.0567	0.0625
18.0	0.0297	0.0323	0.0345	0.0364	0.0381	0.0396	0.0422	0.0442	0.0460	0.0475	0.0487	0.0512	0.0570
20.0	0.0269	0.0292	0.0312	0.0330	0.0345	0.0359	0.0383	0.0402	0.0418	0.0432	0.0444	0.0468	0.0524

2. 压缩层深度的确定

地基沉降计算深度与分层总和法的规定不同，《建筑地基基础设计规范》规定，一般地基沉降计算深度 z_n 应符合

$$\Delta s'_n \leqslant 0.025\sum_{i=1}^{n}\Delta s'_i \tag{3-12}$$

式中 $\Delta s'_i$——在计算深度范围内第 i 层土的计算沉降量/mm；

$\Delta s'_n$——由计算深度处向上取厚度为 Δz（图 3-8）的土层计算压缩量（mm），Δz 按表 3-3 确定。

表 3-3　Δz 取值

b/m	$b\leqslant 2$	$2<b\leqslant 4$	$4<b\leqslant 8$	$8<b$
Δz/m	0.3	0.6	0.8	1.0

如按式(3-12)确定的沉降计算深度下仍有软土层，还应向下继续计算，直至软弱土层中所取规定厚度 Δz 的计算压缩量满足上式要求为止。当无相邻荷载影响，基础宽度在 1～30 m 范围内时，《建筑地基基础设计》规范规定，基础中心点的地基沉降计算深度也可按下式简化计算

$$z_n = b(2.5-0.4\ln b) \tag{3-13}$$

式中 z_n——地基沉降计算深度/m；

b——基础宽度/m。

在沉降计算深度范围内存在基岩时，z_n 可取至基岩表面。当存在较厚的坚硬黏土层，其孔隙比小于 0.5，压缩模量大于 50MPa；或存在较厚的密实砂卵石层，其压缩模量大于 80MPa 时，z_n 可取至该层土表面。

3. 基础最终沉降量

《建筑地基基础设计》规范推荐的基础最终沉降量计算式如下

$$s=\psi_s s'=\psi_s\sum_{i=1}^{n}\Delta s'_i=\psi_s\sum_{i=1}^{n}\frac{p_0}{E_{si}}(z_i\overline{\alpha}_i-z_{i-1}\overline{\alpha}_{i-1}) \tag{3-14}$$

式中　s——基础最终沉降量/mm；

s'——按分层总和法计算出的地基变形量/mm；

n——地基变形计算深度范围内所划分的土层数，一般可按天然土层划分；

ψ_s——沉降计算经验系数，根据地区沉降观测资料及经验确定，也可采用表 3-4值；

p_0——基底附加压力/kPa；

E_{si}——基础地面下第 i 土层的压缩模量（MPa），应取土的自重压力至土的自重压力与附加压力之和的压力段计算；

其余符号含义同式（3-11）。

表 3-4　沉降计算经验系数 ψ_s

$\overline{E}_s$/MPa 基底附加压力	2.5	4.0	7.0	15.0	20.0
$p_0\geqslant f_{ak}$	1.4	1.3	1.0	0.4	0.2
$p_0\leqslant 0.75f_{ak}$	1.1	1.0	0.7	0.4	0.2

注：表中 f_{ak} 为地基承载力特征值。

表 3-4 中$\overline{E}_s$ 为计算深度范围内土的压缩模量当量值（MPa），应按下式计算

$$\overline{E}_s=\frac{\sum A_i}{\sum\frac{A_i}{E_{si}}}$$

式中 A_i 为第 i 层土附加应力系数沿土层厚度的积分值。

例 3-2　柱荷载 F=1 190 kN，基础埋深 d=1.5 m，基础底面尺寸为 4 m×2 m，地基土层见图 3-9，试用《建筑地基基础设计规范》法计算该基础的最终沉降量。（设 f_{ak}=150 kPa）

解　（1）求基底压力和基底附加压力

$$p=\frac{F+G}{A}=\frac{1190+20\times4\times2\times1.5}{4\times2}=178.75\ \text{kPa}\approx179\ \text{kPa}$$

$$p_0=p-\sigma_{cd}=179-19.5\times1.5=150\ \text{kPa}$$

（2）确定分层厚度　按天然土层分层，共分 3 层：第 1 层黏土层，厚 0.5 m；第 2 层粉质黏土层，厚 4.0 m；第 3 层粉砂层，厚度为该土层层面至压缩层深度处。

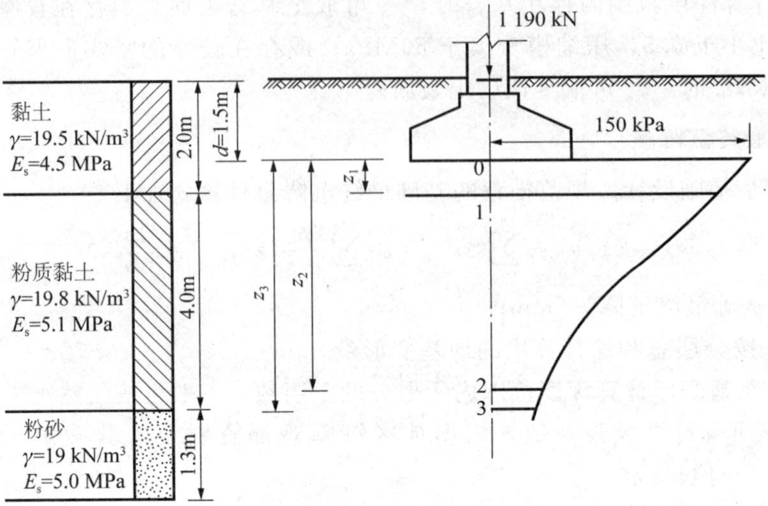

图 3-9　例 3-2 图

(3) 确定压缩层深度 z_n　由于无相邻荷载影响，地基沉降计算深度（压缩层深度）可按式(3-13)计算，即

$$z_n = b(2.5-0.4\ln b) = 2(2.5-0.4\ln 2) \approx 4.5\text{m}$$

所以压缩层深度取至粉砂顶面。

(4) 沉降计算（表 3-5）

①计算$\overline{\alpha_i}$　计算基底中心点下的$\overline{\alpha_i}$时，应过中心点将基底划分为 4 块相同的小面积，其长宽比 $l/b=2/1=2$，按角点法查表 3-2，查出的数值还需按叠加原理乘以 4，计算结果见表 3-5。

②校核 z_n　根据《建筑地基基础设计》规范规定，因为 $b=2$ m，查表 3-3，$\Delta z=0.3$ m，计算出 $\Delta s'_n=1.15$ mm，按式（3-12）得 $\Delta s'_n<0.025\sum\Delta s'_i=0.025\times 67.75=1.694$ mm，所以压缩层深度符合要求。

(5) 确定沉降经验系数 ψ_s

①计算$\overline{E_s}$值

$$\overline{E_s}=\frac{\sum A_i}{\sum(A_i/E_{si})}=\frac{p_0\sum(z_i\overline{\alpha_i}-z_{i-1}\overline{\alpha_{i-1}})}{p_0\sum[(z_i\overline{\alpha_i}-z_{i-1}\overline{\alpha_{i-1}})/E_{si}]}$$

$$=\frac{493.60+1\ 722.32+52.08}{\frac{493.6}{4.5}+\frac{1\ 722.32}{5.1}+\frac{52.08}{5.1}}=\frac{2\ 268}{457.6}=5.0\text{ MPa}$$

②确定 ψ_s　因为 $p_0=150$ kPa$=f_{ak}$，查表 3-4，内插得 $\psi_s=1.19$。

(6) 基础最终沉降量

$$s=\psi_s\sum\Delta s'_i=1.19\times 67.75=80.62\text{ mm}$$

表 3-5　规范法计算基础最终沉降量

点号	z_i /m	l/b	z/b ($b=2.0/2$)	$\bar{\alpha}_i$	$z_i\bar{\alpha}_i$ /mm	$z_i\bar{\alpha}_i-z_{i-1}\bar{\alpha}_{i-1}$ /mm	$\frac{p_0}{E_{si}}$	$\Delta s'_i$ /mm	$\sum\Delta s'_i$ /mm	$\frac{\Delta s'_n}{\sum\Delta s_i}\leqslant 0.025$
0	0	2.0	0	4×0.2500 =1.000	0					
1	0.50		0.50	4×0.2468 =0.987 2	493.60	493.60	0.033	16.29		
2	4.20		4.20	4×0.1319 =0.527 6	2 215.92	1 722.32	0.029	49.95		
3	4.50		4.50	4×0.1260 =0.504 6	2 268.00	52.08	0.029	1.51	67.75	0.022 3

习　题

1. 地基变形的大小是由哪些因素决定的？

2. 压缩系数和压缩模量的物理意义是什么，二者有什么关系？如何用压缩系数和压缩模量评价土的压缩性？

第 4 章　土的抗剪强度

学习目标

通过本章的学习，知道土的强度特性，理解库仑定律及土的抗剪强度指标的试验原理；学会土中任意一点的应力状态分析，知道土的极限平衡条件；知道地基的破坏形式，会地基承载力的确定方法，知道地基承载力特征值在工程中的意义及应用。

学习要求

知识要点	能力目标	相关知识	权重
土的抗剪强度	1. 知道土的强度特性 2. 理解库仑定律 3. 理解土的抗剪强度指标的试验原理	1. 抗剪强度的库仑定律 2. 直剪试验 3. 三轴剪切试验	40%
地基变形和地基承载能力	1. 学会土中任意一点的应力状态分析 2. 知道土的极限平衡条件	1. 土中一点的应力状态 2. 土的极限平衡条件	40%
地基承载力的确定	1. 知道地基的破坏形式 2. 会地基承载力的确定方法	1. 地基的破坏形式 2. 地基承载力的确定方法	20%

学习导入

土的抗剪强度是指在外力作用下，土体内部产生切应力时，土对剪切破坏的极限抵抗能力。土的强度是由抗剪强度决定的。地基受到荷载作用后，土中各点将产生正应力与切应力，若某点的切应力超过该点的抗剪强度，即土沿着切应力作用方向产生相对滑动，此时称该点剪切破坏。若荷载继续增加，则切应力达到抗剪强度的区域（塑性区）逐渐增大，最后形成连续滑动面，一部分土体相对另一部分土体产生滑动，基础因此产生很大的沉降或倾斜，整个地基发生剪切破坏，并将丧失稳定性。

4.1　土的抗剪强度

4.1.1　抗剪强度的库仑定律

1773 年，库仑通过砂土的剪切试验，得到砂土的抗剪强度表达式为

$$\tau_f = \sigma \tan \varphi \tag{4-1}$$

以后通过对黏性土样进行试验，得出黏性土的正应力 σ 与抗剪强度 τ_f 之间仍成直线关系，但直线不通过坐标原点，在纵坐标轴上有一截距 c，从而得出黏性土的抗剪强度表达式为

$$\tau_f = c + \sigma \tan \varphi \tag{4-2}$$

式中　τ_f——土的抗剪强度/kPa；

σ——剪切面上的正应力/kPa；

c——土的黏聚力，即抗剪强度线在 τ—σ 坐标平面内纵坐标轴上的截距/kPa；

φ——土的内摩擦角，即抗剪强度线对横坐标轴的倾角/（°）。

式(4-1)和式(4-2)称为库仑定律或土的抗剪强度定律。该定律说明，土的抗剪强度是剪切面上正应力 σ 的线性函数（图 4-1）。c、φ 统称土的抗剪强度指标，在一定条件下是常数，它们是构成土的抗剪强度的基本要素。构成土的抗剪强度的因素有两个：内摩擦力与黏聚力。$\sigma \tan \varphi$ 是土的内摩擦力。存在于土体内部的摩擦力由两部分形成，一是剪切面上颗粒与颗粒之间在粗糙面上产生的摩擦力；另一个是由于颗粒之间的相互嵌入产生的咬合力。黏聚力 c 是由于土粒之间的胶结作用、结合水膜以及水分子引力作用等形成的。土颗粒越细，塑性越大，其黏聚力也越大。无黏性土（如砂土）$c=0$，其抗剪强度仅由内摩擦力分量所构成。

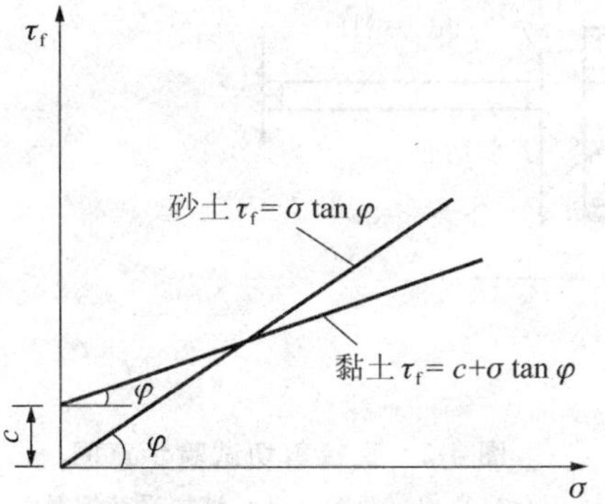

图 4-1　土的抗剪强度曲线

由于库仑定律是以剪切面上的正向总应力来表示的，所以常称为总应力法，而把

c、φ 称为总应力强度指标。

根据太沙基有效应力原理，认为只有土粒间传递的有效应力 σ' 才能引起抗剪强度摩擦分量，所以认为土的抗剪强度应由下式来表示。

无黏性土

$$\tau_f = (\sigma - u)\tan\varphi' = \sigma'\tan\varphi' \tag{4-3}$$

黏性土

$$\tau_f = c' + (\sigma - u)\tan\varphi' = c' + \sigma'\tan\varphi' \tag{4-4}$$

式中 u——土样中的孔隙水压力/kPa；

σ'——剪切面上的正向有效应力/kPa；

c'——土的有效黏聚力/kPa；

φ'——土的有效内摩擦角/（°）。

由于式(4-3)和式(4-4)是由剪切面上的正向有效应力 σ' 来表示土的抗剪强度，所以称为有效应力法，将 c' 和 φ' 称为有效应力强度指标。

4.1.2 抗剪强度的确定及试验方法

1. 直剪试验

直剪试验的目的是用直剪仪测定土的抗剪强度指标 c、φ 值，从而确定土的抗剪强度。其试验设备与具体试验方法见附录土工试验指导书。

直剪试验原理：对某一种土体而言，在一定条件下抗剪强度指标 c、φ 值为常数，所以 τ_f 与 σ 为线性关系。试验中，通常采用 4 个试件，分别在不同的垂直压力 p 下，施加水平剪切力进行剪切（图 4-2），使试件沿人为制造的水平面剪坏，得到 4 组数据（τ，σ）。其中 τ 为剪切破坏面上所受最大切应力，σ 为相应正应力，这 4 组数据（τ，σ）对应以 τ_f 为纵坐标，σ 为横坐标的坐标系中的 4 个点，根据 4 点绘一直线，直线的倾角为土的内摩擦角 φ，纵轴截距为土的黏聚力 c（图 4-3）。

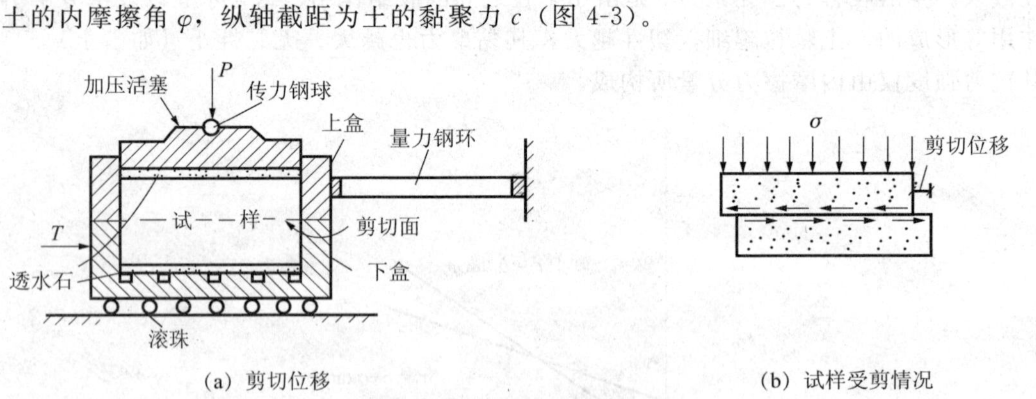

(a) 剪切位移　　(b) 试样受剪情况

图 4-2 直接剪切试验示意图

(a) 直剪仪简图；(b) 试样受剪情况

直接剪切试验根据试验时剪切速率和排水条件的不同，可分为快剪、固结快剪和慢剪 3 种试验方法。

（1）快剪试验是在试件上施加垂直压力后，立即施加水平剪切力，得到 c_q 和 φ_q。

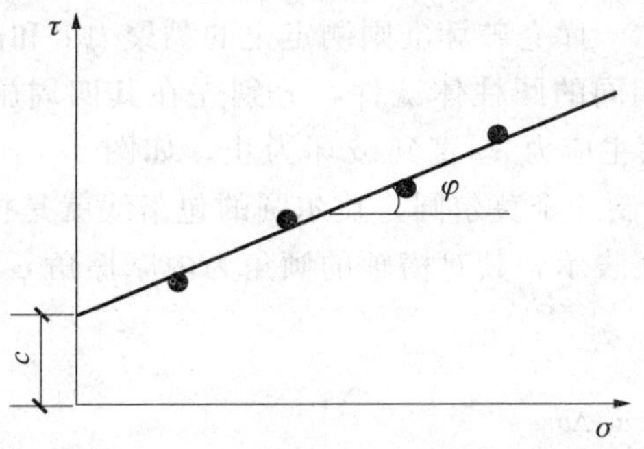

图 4-3　切应力 τ 与正应力 σ 的关系曲线

（2）固结快剪试验是在试件上施加垂直压力，待排水固结稳定后，施加水平剪切力，得到 c_{cq} 和 φ_{cq}。

（3）慢剪试验是在试件上施加垂直压力及水平剪切力的过程中均应使试件排水固结，得到 c_s 和 φ_s。

以上三种方法得到的强度曲线如图 4-4 所示，显然 3 种方法得到的结果是不同的，即土的抗剪强度是随试验条件而变化的。其中最重要的是试验时试样的排水条件，这是因为组成土的抗剪强度的摩擦阻力部分与土粒之间有效应力的大小相关，排水条件不同，土的有效应力也不同，抗剪强度就会有差异。每种试验方法适用于一定排水条件下的土体。例如快剪试验用于模拟在土体来不及固结排水就较快加载的情况，在实际工程中，对渗透性差、排水条件不良、建筑物施工速度快的地基土或斜坡稳定分析时，可采用快剪试验；固结快剪试验用于模拟建筑场地上土体在自重和正常荷载作用下达到完全固结，而后遇到突然施加荷载的情况，如地基土受到地震荷载的作用属于此情况；慢剪试验用于模拟在实际工程中，土的排水条件良好（如砂土层中夹砂层）、地基土透水性良好（如低塑性黏土）且加荷载速率慢的情况。强度试验的最终目的是应用于工程实际，所以应根据实际的工程情况选择合适的试验方法。应注意的是，直剪试验无法测定孔隙水压力，得到的是总应力强度指标。

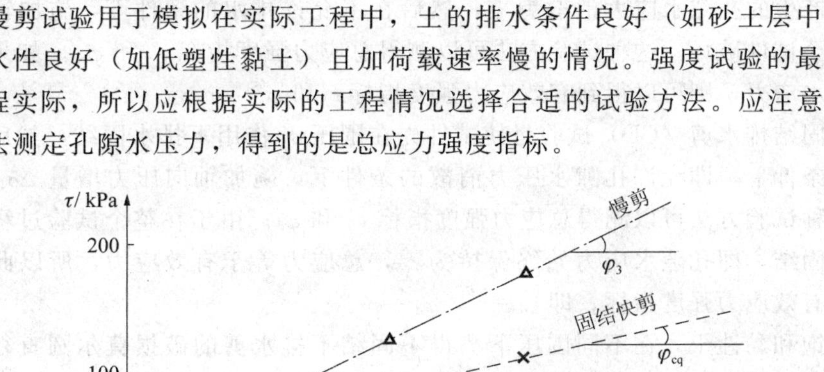

图 4-4　三种试验方法得到的抗剪强度曲线

2. 三轴剪切试验

三轴试验是根据莫尔一库仑破坏准则测定土的黏聚力 c 和内摩擦角 φ。常规的三轴剪切试验是取 3 个性质相同的圆柱体试件，分别先在其四周施加不同的围压（小主应力）σ_3，随后逐渐增大大主应力 σ_1 直到破坏为止，如图 4-5 所示。根据破坏时的大主应力 σ_1 和小主应力 σ_3 绘制 3 个莫尔圆，莫尔圆的包络线就是抗剪强度与正应力的关系曲线，通常以近似的直线表示，其对横轴的倾角为内摩擦角 φ，在纵轴上的截距为黏聚力 c。

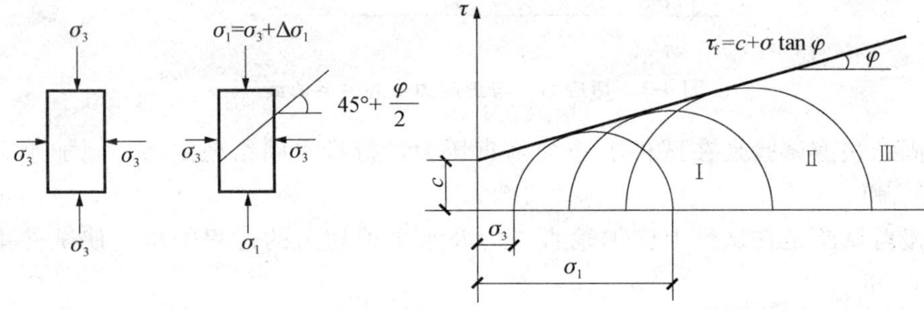

图 4-5　三轴试验原理图

在三轴剪切试验中，根据试件排水条件的不同，可分为不固结不排水剪（UU），固结不排水剪（CU）和固结排水剪（CD）三种试验方法。

（1）不固结不排水剪（UU）试验是在施加围压 σ_3 和轴向压力增量 $\Delta\sigma_1$ 直至试件破坏的整个过程中，均不允许试件排水固结，即不让孔隙水压力消散。这种方法可以测得总应力强度指标 c_u 和 φ_u。

（2）固结不排水剪（CU）试验是使试件先在围压 σ_3 作用下排水固结，即让围压 σ_3 作用下所产生的孔隙水应力消散为零，然后在不允许排水的条件下，施加轴向压力增量 $\Delta\sigma_1$ 直至试件破坏。这种试验方法可以测得总应力强度指标 c_{cu} 和 φ_{cu}。如果在试验中测量孔隙水应力，则可以得到有效应力强度指标 c' 和 φ'。

（3）固结排水剪（CD）试验是使试件先在围压 σ_3 作用下排水固结，然后在允许试件排水的条件下，即允许孔隙水压力消散的条件下，施加轴向压力增量 $\Delta\sigma_1$ 直至试件破坏。这种试验方法可以测得总应力强度指标 c_d 和 φ_d。由于在整个试验过程中均允许试件排水固结，即孔隙水应力始终保持为零，总应力等于有效应力，所以此时的强度指标即为有效应力强度指标，即 $c_d=c'$，$\varphi_d=\varphi'$。

对于饱和黏性土，在不同围压下测得不固结不排水剪的破损莫尔圆直径相等，其包络线为水平线，即 $\varphi_u=0$，如图 4-6 所示。

固结不排水剪试验（测孔压）确定 c' 和 φ' 的方法：将所得的总应力莫尔圆（图 4-7 中各实线圆）向坐标原点平移一相应的孔隙水压力 u 值，圆的半径保持不变，就可以绘制出有效应力莫尔圆（图中各虚线圆），按各实线圆可求得公切线，为土的总应力抗剪强度包线，可确定 c_{cu} 和 φ_{cu}，按各虚线圆求得的公切线，为土的有效应力抗剪强度包络线，可确定有效应力指标 c' 和 φ'。

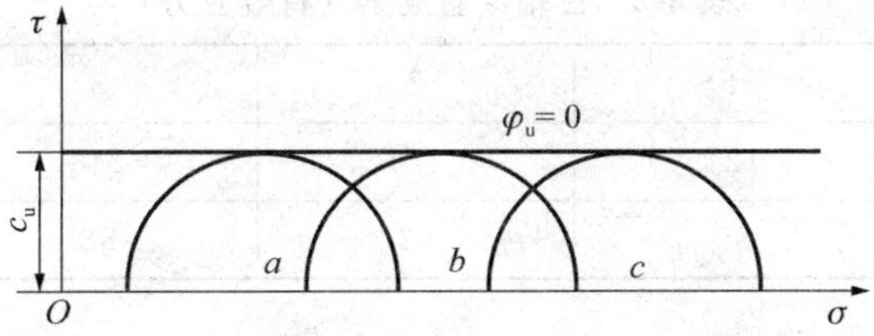

图 4-6　饱和黏性土 UU 试验的强度包线

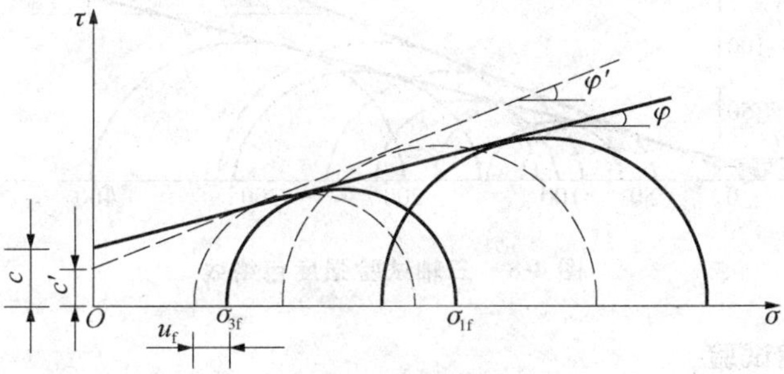

图 4-7　三轴试验确定 c'、φ'

根据排水条件，三轴剪切试验的不固结不排水剪与直剪试验的快剪对应，固结不排水剪与固结快剪对应，固结排水剪与慢剪对应，三轴剪切试验三种试验所模拟的实际工程情况与直剪试验三种试验对应，根据工程实际情况可以选用适当的三轴试验确定强度指标进行计算分析，这里不再重述。

例 4-1　对某饱和土做固结不排水试验，4 个试样破坏时的 σ_1、σ_3 和相应的孔隙水压力 u 列于表 4-1 中，试确定该试样 c_{cu}、φ_{cu} 和 c'、φ'。

表 4-1　三轴试验成果

试样编号	σ_1/kPa	σ_3/kPa	u/kPa
1	145	60	21
2	218	100	38
3	310	150	62
4	405	200	84

解　(1) 采用直角坐标系，在横坐标上按适当比例尺绘制 σ_1、σ_3 点，以 $\sigma_1-\sigma_3$ 为直径，$((\sigma_1+\sigma_3)/2,\ 0)$ 为圆心绘制莫尔圆，4 组试样共 4 个圆，如图 4-8 中实线所示，然后作作此 4 个圆的公切线，即为土的抗剪强度包络线，量得 $c_{cu}=17$ kPa，$\varphi_{cu}=17°$。

(2) 采用表 4-2 的数据作有效应力圆，如图 4-8 中虚线所示，方法同上，然后作此 4 个圆的公切线，量得 $c'=12$ kPa，$\varphi'=25°$。

表 4-2　三轴试验成果（有效应力）　　单位：kPa

试样编号	1	2	3	4
$\sigma'_1=\sigma_1-u$	124	180	248	321
$\sigma'_3=\sigma_3-u$	39	62	88	116

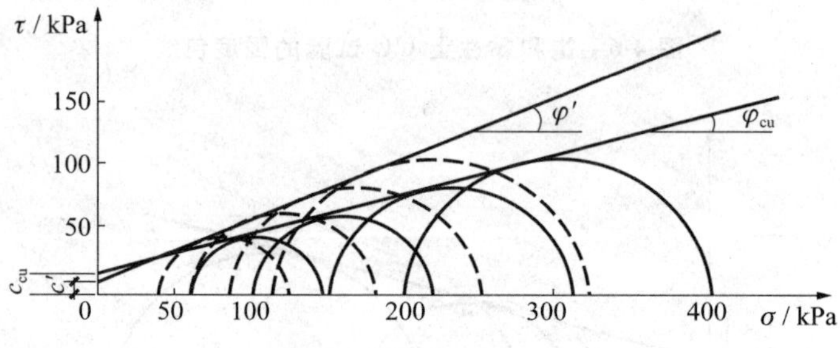

图 4-8　三轴试验强度包络线

3. 无侧限压缩试验

该试验目的是用无侧限压缩仪（图 4-9（a））测定饱和黏性土的不排水抗剪强度。试验原理相当于三轴压缩试验中，围压 $\sigma_3=0$ 时的不排水剪切试验。如图 4-9（b）所示，取一个饱和黏性土圆柱体试件，在围压（小主应力）$\sigma_3=0$ 及不排水情况下逐渐增加大主应力 σ_1 直到破坏为止，测得破坏时 $\sigma_1=q_u$。由 $\sigma_3=0$，$\sigma_1=q_u$ 绘制无侧限抗压强度的莫尔破损应力圆（图 4-9（c）），饱和黏性土不排水剪切的内摩擦角 $\varphi_u=0$，因此 $\varphi_u=0$ 的切线与纵坐标的截距即为土的黏聚力 c_u，即

$$\tau_f=c_u=\frac{q_u}{2} \tag{4-5}$$

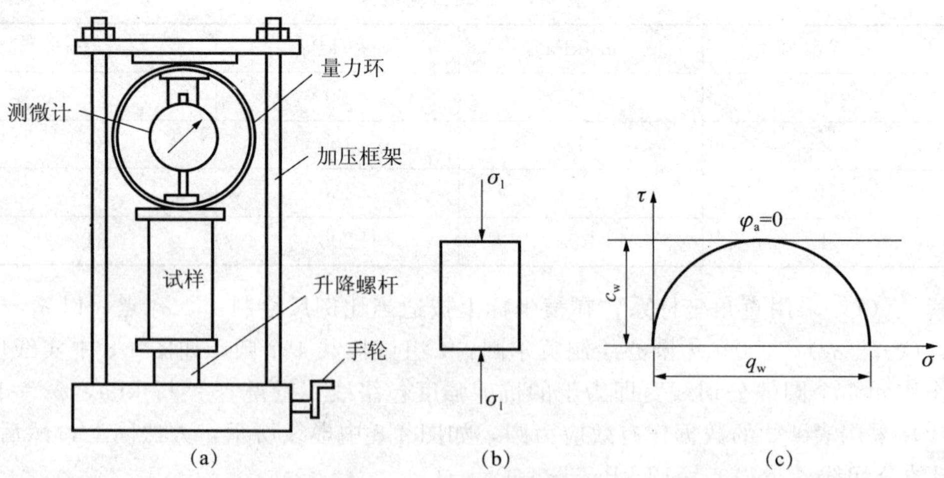

图 4-9　无侧限压缩试验

（a）无侧限压缩仪；（b）饱和黏性土圆柱体试件；（c）无侧限抗压强度莫尔破损应力圆

饱和黏性土的强度与土的结构有关，当土的结构遭受破坏时，其强度会迅速降低，

工程上常用灵敏度 S_t 反映土的结构性的强弱：

$$S_t=\frac{q_u}{q_0} \tag{4-6}$$

式中　S_t——饱和黏性土的灵敏度；

q_u——原状土的无侧限抗压强度/kPa；

q_0——重塑土（指在含水量不变的条件下使土的天然结构破坏后再重新制备的土）的无侧限抗压强度/kPa。

根据灵敏度可将饱和土分为三类：低灵敏度（$1<S_t\leqslant 2$）、中灵敏度（$2<S_t\leqslant 4$）、高灵敏度（$S_t>4$）。

土的灵敏度越高，其结构性越强，受扰动后土的强度降低越多。所以，在高灵敏度土上修建建筑物时，应尽量减少对土的扰动。

4. 十字板剪切试验

十字板剪切试验是一种原位测试方法，适用于地基为软弱黏性土，与无侧限抗压强度试验一样，测定的是饱和黏性土的不排水抗剪强度。

十字板剪切试验主要工作部分如图 4-10 所示。试验时打入套管至测点以上 750 mm 高程，清除套管内的残留土，将十字板装在轴杆底端上，插入套管并向下压至套管底端以下 750 mm，或套管直径的 3～5 倍以下的深度，在地面上给装在轴杆顶端的设备施加转矩，直至十字板旋转，土体破坏为止。土体的破坏面为十字板旋转形成的圆柱面及圆柱的上、下端面。

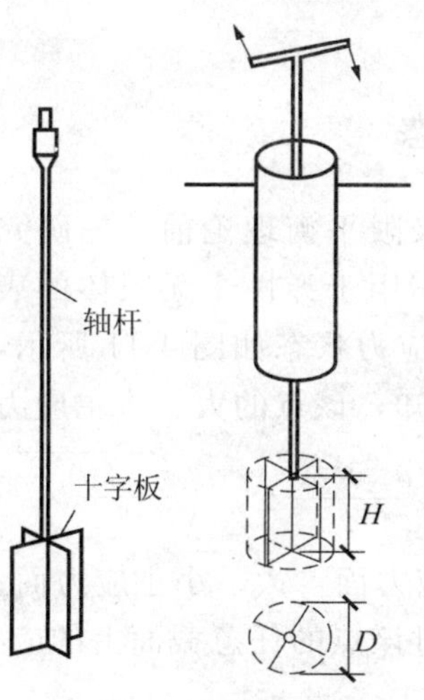

图 4-10　十字板剪切仪

十字板剪切破坏转矩 M 等于十字板旋转破坏土柱各剪切面上提供的抵抗转矩，由两部分组成，一部分为十字板旋转破坏土柱柱面强度提供的抵抗转矩；另一部分为土柱上、下端面强度提供的抵抗转矩。十字板剪切破坏转矩 M 为

$$M=\pi DH\times\frac{D}{2}\tau_v+2\times\frac{\pi D^2}{4}\times\frac{D}{3}\tau_h \tag{4-7}$$

令 $\tau_v=\tau_h=\tau_f$，代入式(4-7)可得十字板现场试验强度为

$$\tau_f=\frac{2M}{\pi D^2\left(H+\frac{D}{3}\right)} \tag{4-8}$$

式中 M——十字板剪切破坏转矩/（kN·m）；

D——十字板的直径/m；

H——十字板的高度/m；

τ_v，τ_H——剪切破坏时圆柱土体侧面和上下面土的抗剪强度/kPa。

4.2 地基变形和地基承载能力

地基承载力指地基单位面积上所能承受荷载的能力。通常把地基单位面积上所能承受的最大荷载称为极限荷载或极限承载力。在地基基础设计和施工中，为保证荷载作用下地基不被破坏，《建筑地基规范基础设计》规定地基承载力必须满足

$$p_k\leqslant f_a \tag{4-9}$$

式中 p_k——相应于荷载效应标准组合时，基础底面处的平均总压力/kPa；

f_a——修正后地基承载力的特征值/kPa。

地基承载力特征值可由荷载试验或其他原位测试、理论计算并结合工程实践等方法综合确定。

4.2.1 土中一点的应力状态

为简单起见，在讲述土体极限平衡理论前，先研究材料力学中平面应力状态时的情况。设想一无限长条形荷载作用于弹性半无限体的表面上，在垂直于基础长度方向的任意横截面上任意一点 M 的应力状态如图 4-11 所示，其上作用的应力为正应力 σ_x、σ_z 和切应力 τ_{xz}。由材料力学可知，该点的大、小主应力为

$$\begin{matrix}\sigma_1\\ \sigma_3\end{matrix}=\frac{\sigma_x+\sigma_z}{2}\pm\sqrt{\left(\frac{\sigma_x-\sigma_z}{2}\right)^2+\tau_{xz}^2} \tag{4-10}$$

σ_1、σ_3 作用面为大、小主应力面，大、小主应力面上切应力为零。

当主应力已知时，可求通过该点的任意截面上的应力，如图 4-12(a)所示。

$$\sigma=\frac{\sigma_1+\sigma_3}{2}+\frac{\sigma_1-\sigma_3}{2}\cos 2\alpha \tag{4-11}$$

$$\tau=\frac{\sigma_1-\sigma_3}{2}\sin 2\alpha \tag{4-12}$$

以上两式表明，在 σ_1、σ_3 已知的情况下，mn 斜面上的 σ 和 τ 仅与该面的倾角 α 有关。同时也说明，对于通过 M 点的不同截面上的 σ 和 τ 的数值是不同的，要确定 M 点的应力状态，就是要确定通过该点的所有截面上的应力值。由式(4-11)和式(4-12)消去参数 α，得到圆的方程，在 τ—σ 坐标系中，圆的半径 $r=(\sigma_1-\sigma_3)/2$，圆心 D 坐标为

$((\sigma_1+\sigma_3)/2,\ 0)$，该圆称为莫尔应力圆，如图 4-12（c）所示。莫尔应力圆上点 C 的坐标值为（σ_1，0），即点 C 表示土中 M 点大主应力面的应力值；B 点的坐标值为（σ_3，0），即 B 点表示土中 M 点小主应力面的应力值；由几何关系可知，莫尔应力圆上的任意一点 A（$\angle ADC$ 为 2α）的横、纵坐标值分别为式(4-11)、式(4-12)的值，表示土中 M 点与大主应力面夹角为 α 的任意截面 mn 上的应力，因此土中一点在 σ_1、σ_3 已知的情况下，就可以确定莫尔应力圆的半径与圆心坐标，绘制莫尔应力圆，从而确定任意截面上的应力值。

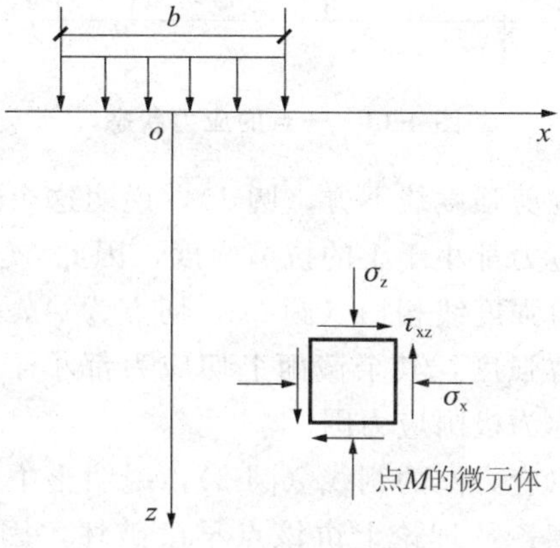

图 4-11　土中一点的应力状态

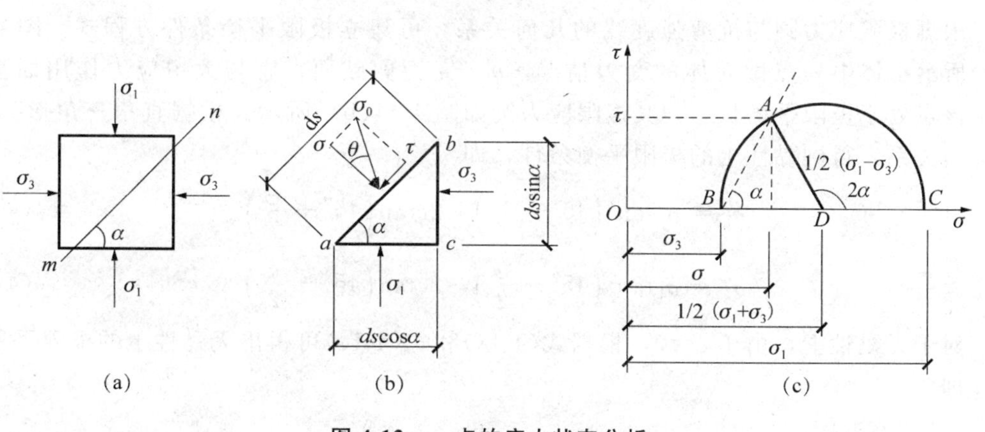

图 4-12　一点的应力状态分析

（a）某点的截面；（b）取截面微元；（c）莫尔应力圆

4.2.2　土的极限平衡条件

土体受荷载后，任意截面 mn 上将同时产生正应力 σ 与切应力 τ，对 τ 与抗剪强度 τ_f 进行比较。通过土体中一点有无数的截面，当所有截面上都满足 $\tau<\tau_f$ 时，该点就处于稳定状态；当所有截面之中有且只有一个截面上的 $\tau=\tau_f$ 时，该点处于极限平衡状态。

根据莫尔应力圆与抗剪强度曲线的关系可以判断土中某点 M 是否处于极限平衡状

态。将土的抗剪强度曲线与表示某点 M 应力状态的莫尔应力圆绘于同一直角坐标系上（图 4-13）进行比较，它们之间的关系将有以下三种情况。

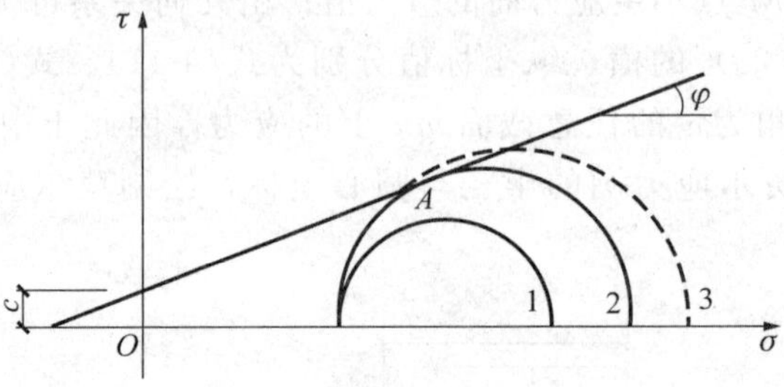

图 4-13 一点的应力状态

（1）莫尔应力圆位于抗剪强度线下方（圆 1），说明这个应力圆所表示的土中 M 点在任何方向的截面上其切应力都小于土的抗剪强度，因此 M 点不会发生剪切破坏。

（2）莫尔应力圆与抗剪强度线相切（圆 2），切点为 A，说明 A 点所代表的截面上的切应力刚好等于土的抗剪强度，其余截面上切应力都小于土的抗剪强度，M 点处于极限平衡状态，该应力圆称为极限应力圆。

（3）抗剪强度线是莫尔应力圆的割线（圆 3），说明土中过 M 点的某些截面上的切应力已经超过土的抗剪强度，从理论上讲该点早已破坏，因而这种应力状态是不会存在的，故圆 3 用虚线表示。

根据极限应力圆与抗剪强度线的几何关系，可建立极限平衡条件方程式。图 4-14(a) 所示土体中一点微元体的受力情况，$m-n$ 为剪破面，它与大主应力作用面呈 α_f 角。该点处于极限平衡状态，其极限应力圆如图 4-14(b) 所示。根据直角三角形 ARD 的边角关系，得到黏性土的极限平衡条件，即

$$\sigma_1 = \sigma_3 \tan^2\left(45° + \frac{\varphi}{2}\right) + 2c\tan\left(45° + \frac{\varphi}{2}\right) \tag{4-13}$$

$$\sigma_3 = \sigma_1 \tan^2\left(45° - \frac{\varphi}{2}\right) - 2c\tan\left(45° - \frac{\varphi}{2}\right) \tag{4-14}$$

对于无黏性上，由于 $c=0$，根据式(4-13)和式(4-14)可得出无黏性土的极限平衡条件，即

$$\sigma_1 = \sigma_3 \tan^2\left(45° + \frac{\varphi}{2}\right) \tag{4-15}$$

$$\sigma_3 = \sigma_1 \tan^2\left(45° - \frac{\varphi}{2}\right) \tag{4-16}$$

在图 4-14(b)的直角三角形 ARD 中，由外角与内角的关系可得

$$2\alpha_f = 90° + \varphi$$

即破裂角为

$$\alpha_f = 45° + \frac{\varphi}{2} \tag{4-17}$$

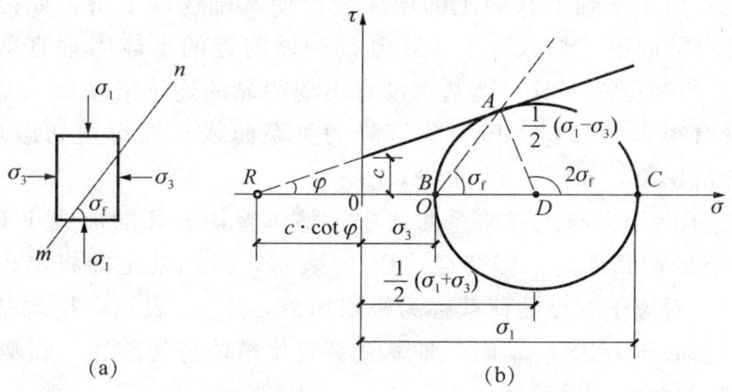

图 4-14　土中一点极限平衡状态时的莫尔圆

(a) 微元体；(b) 极限平衡时的莫尔圆

因此土的剪切破坏不发生在切应力最大的截面上，而是发生在与大主应力面呈 $\alpha_f=45°+\varphi/2$ 的截面上，只有 $\varphi=0$ 时，剪切破坏面才与切应力最大面一致。

4.2.3　地基的破坏形式

试验研究表明，在荷载作用下，建筑物地基的破坏通常是由承载力不足而引起的剪切破坏，地基剪切破坏的形式可分为整体剪切破坏、局部剪切破坏和冲剪破坏三种形式，如图 4-15 所示。

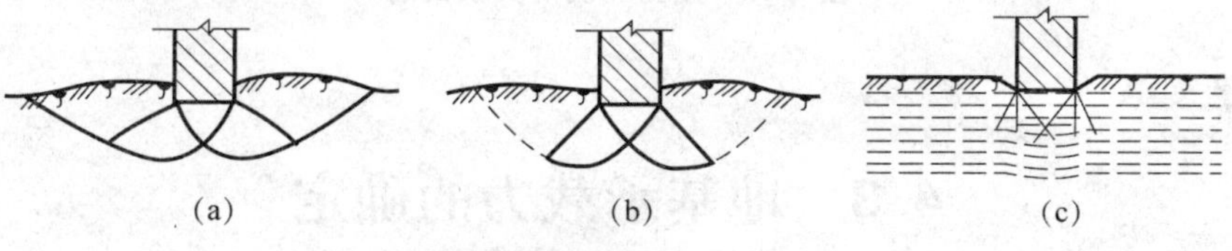

图 4-15　地基的破坏形式

(a) 整体剪切破坏；(b) 局部剪切破坏；(c) 冲剪破坏

整体剪切破坏的特征：当基础荷载较小时，基底压力 p 与沉降 s 基本上成直线关系，如图 4-16 中曲线 1 的 Oa 段，属于线性变形阶段；当荷载增加到某一数值时，在基础边缘处的土开始发生剪切破坏，随着荷载的增加，剪切破坏区（或塑性变形区）逐渐扩大，这时压力与沉降之间成曲线关系，如图 4-16 中曲线 1 的 ab 段，属弹塑性变形阶段；如果基础上的荷载继续增加，剪切破坏区不断增大，最终在地基中形成一连续的滑动面，基础急剧下沉或向另一侧倾倒，同时基础四周的地面隆起，地基发生整体剪切破坏，如图 4-15(a)所示。

局部剪切破坏是介于整体剪切破坏和冲剪破坏之间的一种破坏形式，剪切破坏也从基础边缘开始，但滑动面不发展到地面，而是限制在地基内部某一区域，基础四周地面也有隆起现象，但不会有明显的倾斜和倒塌，如图 4-15(b)所示。其压力和沉降的关系曲线从一开始就呈现非线性关系，如图 4-16 曲线 2 所示。

冲剪破坏先是由于基础下软弱土的压缩变形使基础连续下沉，如荷载继续增加到某一数值，基础可能向下“切入”土中，基础侧面附近的土体因垂直剪切而破坏，如图 4-15(c)所示。当冲剪破坏时，地基中没有出现明显的连续滑动面，基础四周的地面不隆起，基础没有很大的倾斜，压力和沉降的关系曲线与局部剪切破坏的情况类似，不出现明显的转折现象，如图 4-16 曲线 3 所示。

在图 4-16 所示的压力与沉降关系曲线中，整体剪切破坏的曲线 1 有两个转折点 a 和 b，对应于 a 点的荷载称为临塑荷载，用 p_{cr} 表示，指地基土即将出现剪切破坏时的基础底面的压力；对应于 b 点的荷载称为极限荷载，用 p_u 表示，指地基承受基础荷载的极限压力，当基底压力达到 p_u 时，地基就会发生整体剪切破坏。临塑荷载 p_{cr} 和极限荷载 p_u 称为地基的两个临界荷载。

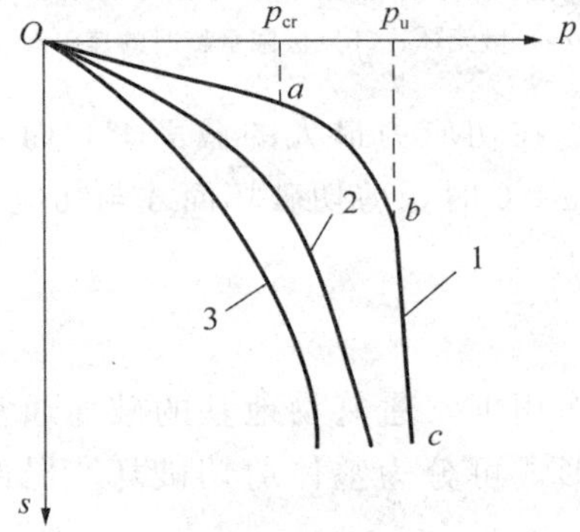

图 4-16　压力和沉降关系曲线

4.3　地基承载力的确定

4.3.1　理论法确定地基承载力

1. 按塑性区的深度确定地基承载力

按塑性区开展深度确定地基承载力的方法，就是将地基中的剪切破坏区限制在某一范围，确定地基土能承受多大的基底压力，该压力即为所求的地基承载力。

(1) 临塑荷载是指地基土即将出现剪切破坏时的基础底面的压力。设条形基础的宽度为 b，埋置深度为 d，均布垂直压力为 p，按弹性理论可推导出地基的临塑荷载计算公式为

$$p_{cr}=\gamma_0 dM_d+cM_c \tag{4-18}$$

其中 M_d，M_c 为承载力系数，有

$$M_d=\frac{\cot\varphi+\varphi+\frac{\pi}{2}}{\cot\varphi+\varphi-\frac{\pi}{2}},\quad M_c=\frac{\pi\cot\varphi}{\cot\varphi+\varphi-\frac{\pi}{2}}$$

式中　γ_0——基础底面以上土的加权平均重度（kN/m^3），地下水位以下的土采用浮重度 γ'；

d——基础的埋置深度/m；

c——基底下土的黏聚力/kPa；

φ——基底下土的内摩擦角（°）。

在工程中，可采用计算得到的临塑荷载 p_{cr} 作为地基承载力的特征值 f_a。

（2）理论计算和工程实践表明，用临塑荷载作为地基承载力特征值比较保守，也不够经济。经验表明，即使地基发生局部剪切破坏，地基中塑性区有所发展（图 4-17），只要塑性区的范围不超出某一限度，就不致影响建筑物的安全和使用，但地基中的塑性区究竟容许发展多大范围，与建筑物的性质、荷载的性质及土的特性有关，国内某些地区的经验认为，塑性区的最大开展深度 z_{max} 可达到基础宽度 b 的 1/4 或 1/3，并把这时的基底压力称为临界荷载 $p_{1/4}$ 和 $p_{1/3}$。

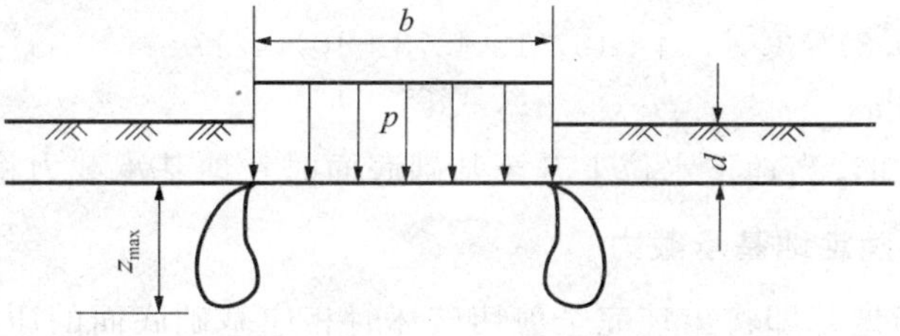

图 4-17　塑性区开展深度示意图

中心受压基础可取 $z_{max}=b/4$，其临界荷载为

$$p_{1/4}=\gamma bM_{1/4}+\gamma_0 dM_d+cM_c \tag{4-19}$$

偏心受压基础可取 $z_{max}=b/3$，其临界荷载为

$$p_{1/3}=\gamma bM_{1/3}+\gamma_0 dM_d+cM_c \tag{4-20}$$

式中　$M_{1/4}$，$M_{1/3}$——承载力系数，$M_{1/4}=\dfrac{\frac{\pi}{4}}{\cot\varphi+\varphi-\frac{\pi}{2}}$，$M_{1/3}=\dfrac{\frac{\pi}{3}}{\cot\varphi+\varphi-\frac{\pi}{2}}$；

γ——基础底面以下土的重度（kN/m^3），地下水位以下的土采用浮重度 γ'；

b——基础宽度/m；

其余符号含义同式（4-18）。

上述公式是在条形基础承受均布荷载条件下推导出来的，可以直接作为地基承载力特征值使用，对于矩形、圆形基础可近似应用，结果偏于安全。以 $p_{1/4}$ 或 $p_{1/3}$ 作为地基承载力特征值，还需进行基础的沉降验算。

例 4-2 某条形基础，宽度 $b=3$ m，埋置深度 $d=1$ m，地基土为粉质黏土，其物理力学性质指标为 $\gamma_0=\gamma=18\ \text{kN/m}^3$，黏聚力 $c=10$ kPa，内摩擦角 $\varphi=10°$，饱和重度 $\gamma_m=19.8\ \text{kN/m}^3$。试求地基承载力 $p_{1/4}$、$p_{1/3}$，判断当地下水位上升至基础底面时承载力有何变化。

解 (1) 由 $c=10$ kPa、$\varphi=10°$，根据承载力系数计算公式，得 $M_{1/4}=0.18$，$M_{1/3}=0.24$，$M_d=1.73$，$M_c=4.17$，分别代入式(4-19)和式(4-20)得

$$p_{1/4}=\gamma bM_{1/4}+\gamma_0 dM_d+cM_c$$
$$=18\times3\times0.18+18\times1\times1.73+10\times4.17=82.56\ \text{kPa}$$
$$p_{1/3}=\gamma bM_{1/3}+\gamma_0 dM_d+cM_c$$
$$=18\times3\times0.24+18\times1\times1.73+10\times4.17=85.8\ \text{kPa}$$

(2) 当地下水位上升至基础底面时，若抗剪强度指标 c、φ 不变，则承载力系数也不变，但基底以下土的重度 γ 按浮重度 γ' 计算，其值为

$$p_{1/4}=\gamma' bM_{1*4}+\gamma_0 dM_d+cM_c$$
$$=(19.8-9.8)\times3\times0.18+18\times1\times1.73+10\times4.17$$
$$=78.24\ \text{kPa}$$
$$p_{1/3}=\gamma' bM_{1/3'}+\gamma_0 dM_d+cM_c$$
$$=(19.8-9.8)\times3\times0.24+18\times1\times1.73+10\times4.17$$
$$=80.04\ \text{kPa}$$

从计算结果可知，当地下水位上升至基础底面时，地基承载力将降低。

2. 按极限荷载确定地基承载力

极限荷载 p_u 指地基即将出现完全剪切破坏时相应基础底面的压力。

由于假设不同，计算极限荷载的公式也各不相同。下面介绍工程中常用的太沙基公式。太沙基用塑性理论推导了条形浅基础在垂直中心荷载下地基极限荷载的理论公式，并推广至其他形状的基础。

(1) 条形基础公式

$$p_u=0.5\gamma bM_r+\gamma_0 dM_q+cM_c \tag{4-21}$$

(2) 方形基础公式

$$p_u=0.4\gamma bM_r+\gamma_0 dM_q+1.2cM_c \tag{4-22}$$

(3) 圆形基础公式

$$p_u=0.6\gamma bM_r+\gamma_0 dM_q+1.2cM_c \tag{4-23}$$

式中 b——条形基础为宽度，方形基础为边长，圆形基础为半径/m；

M_r、M_q、M_c——承载力系数，由表 4-4 查得。

其余符号含义同前。

表 4-4　太沙基公式承载力系数

φ /(°)	0	5	10	15	20	25	30	35	40
M_r	0.0	0.5	1.2	2.5	5.0	9.7	19.7	42.4	100.4
M_q	1.0	1.6	2.7	4.4	7.4	12.7	22.5	41.4	81.3
M_c	5.7	7.3	9.6	12.9	17.7	25.1	37.2	57.8	95.7
M_r'	0.0	0.2	0.5	0.9	1.7	3.2	5.7	10.1	18.8
M_q'	1.0	1.4	1.9	2.7	3.9	5.6	8.3	12.6	20.5
M_c'	5.7	6.7	8.0	9.7	11.8	14.8	19.0	25.2	34.9

对于局部剪切破坏的松软土，太沙基建议用修正后的 φ'、c' 值来计算，由此得出的承载力系数 M'_r、M'_q、M'_c 列入表 4-4 中以供查用。其中 $c'=\dfrac{2}{3}c$，$\tan\varphi'=\dfrac{2}{3}\tan\varphi$，则修改后的太沙基公式为

$$p_u=0.5\gamma bM'_r+\gamma_0 dM'_q+cM'_c \tag{4-24}$$

在实际工程中，用极限荷载除以安全因数 K 后，可以作为地基承载力特征值 f_a 应用。对于太沙基极限承载力公式，安全因数 K 取 3。

例 4-3　某条形基础，宽度 $b=2$ m，埋置深度 $d=1$ m，地基土为粉质黏土，其物理力学性质指标为 $\gamma_0=\gamma=18.5\ \text{kN/m}^3$，黏聚力 $c=10$ kPa，内摩擦角 $\varphi=20°$，试按太沙基公式计算地基的极限荷载与地基承载力特征值。

解　(1) 由 $\varphi=20°$ 查表 4-4 得 $M_r=5.0$，$M_q=7.4$，$M_c=17.7$，代入式(4-21)得

$$\begin{aligned}p_u&=0.5\gamma bM_r+\gamma_0 dM_q+cM_c\\&=0.5\times18.5\times2\times5.0+18.5\times1\times7.4+10\times17.7\\&=406.4\ \text{kPa}\end{aligned}$$

(2) 若取安全因数 $K=3$，则地基承载力特征值为

$$f_a=\frac{p_u}{K}=\frac{406.4}{3}=135.5\ \text{kPa}$$

上面已介绍了几种计算地基承载力的理论公式，《建筑地基基础设计规范》推荐式(4-19)作为计算地基承载力特征值的理论公式，并规定该公式适用于偏心矩小于或等于基础底面宽度的 3.3% 的地基承载力计算，基础底面宽度 $b>6$ m 时，按 6 m 考虑，对于砂土小于 3 m，按 3 m 考虑，c、φ 取基底下一倍基础短边宽深度内土的黏聚力和内摩擦角的标准值，承载力系数 $M_{1/4}$（规范中用 M_b 表示）、M_d、M_c 规范已制成表格可供计算时查用。

4.3.2　按载荷试验确定地基承载力

地基载荷试验是在现场天然土层上，通过一定面积的载荷板向地基施加竖向荷载，测定压力与地基变形关系，从而确定地基的承载力和变形特性。

载荷试验装置的载荷板面积一般采用 0.25 m² 或 0.5 m²。试验标高处的试坑宽度不应小于载荷板直径（或相当直径）的 3 倍，试坑的深度一般与设计基础埋深相同。

对地基进行载荷试验，整理试验记录可以得到图 4-18 所示的荷载 p 与沉降 s 的关系曲线，由此来确定地基承载力特征值。对于密实砂土、硬塑黏土等低压缩性土，其 $p-s$ 曲线通常有比较明显的起始直线段和极限值，曲线呈“陡降型”，如图 4-18(a)所示。《建筑地基基础设计规范》规定，取图中比例荷载对应的荷载 p_1 作为承载力特征值。当极限荷载小于 $2p_1$ 时，取极限荷载值的一半作为承载力特征值。

对于有一定强度的中、高压缩性土，如松砂、填土、可塑黏土等，其 $p-s$ 曲线无明显转折，但曲线的斜率随荷载的增大而逐渐增大，最后稳定在某个最大值，即呈渐进破坏的“缓变型”，如图 4-18(b)所示。当加载板面积为 0.25～0.50 m^2，可取 $s/b=$ 0.01～0.015 所对应的荷载，但其值不大于最大加载量的一半。

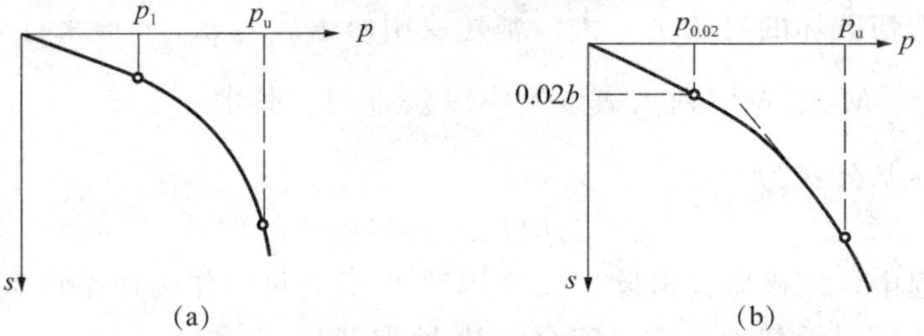

图 4-18　按载荷试验结果确定地基承载力

(a) 低压缩性土；(b) 高压缩性土

同一土层参加统计的试验点数不应少于 3 点，当试验实测值的极差（最大值减去最小值）不超过平均值的 30%时，取此平均值作为地基承载力特征值 f_{ak}。

当基础宽度大于 3 m 或埋置深度大于 0.5 m 时，从载荷试验确定的地基承载力特征值，应按下式进行宽度和深度修正

$$f_a = f_{ak} + \eta_b \gamma (b-3) + \eta_d \gamma_m (d-0.5) \tag{4-25}$$

式中　f_a——修正后的地基承载力特征值/kPa；

f_{ak}——载荷试验确定的地基承载力特征值/kPa；

η_b、η_d——基础宽度和埋深的地基承载力修正系数，按基底下土的类别查表 4-5 得到；

γ——基础底面以下土的重度（kN/m^3），地下水位以下取有效重度；

b——建筑物基础底面宽度(m)，当宽度小于 3 m 时，按 3 m 取值，当大于6 m 时，按 6 m 考虑；

γ_m——基础底面以上土的加权平均重度（kN/m^3），地下水位以下取有效重度；

d——基础埋置深度（m），一般自室外地面标高算起，在填方整平地区，可自填土地面标高算起，但填土在上部结构施工后完成时，应从天然地面标高算起，对于地下室，如采用箱型基础或筏形基础，基础埋置深度自室外地面标高算起，当采用独立基础或条形基础时，应从室内地面标高算起。

表 4-5　建筑物地基承载力修正系数

土的类别		η_b	η_d
淤泥和淤泥质土		0	1.0
人工填土 e 或 I_L 大于或等于 0.85 的黏性土		0	1.0
红黏土	含水比 $\alpha_w > 0.8$	0	1.2
	含水比 $\alpha_w \geqslant 0.8$	0.15	1.4
大面积压实填土	压实系数大于 0.95、黏粒含量（质量分数）$\rho_c \geqslant 10\%$ 的粉土	0	1.5
	最大干密度大于 2.1 t/m^3 的级配砂石	0	2.0
粉土	黏粒含量（质量分数）$\rho_c \geqslant 10\%$ 的粉土	0.3	1.5
	黏粒含量（质量分数）$\rho_c < 10\%$ 的粉土	0.5	2.0
e 或 I_L 均小于 0.85 的黏性土		0.3	1.6
粉砂、细砂（不包括很湿与饱和时的稍密状态）		2.0	3.0
中砂、粗砂、粒砂和碎石土		3.0	4.4

注：1. 强风化和全风化的岩石，可参照所风化成的相应土类取值，其他状态下的岩石不修正。

2. 压实系数为实际的工地碾压时要求达到的干重度与由室内试验得到的最大干重度的比值。

3. 含水比为土的天然含水量与液限的比值。

4. e 为土的孔隙比，I_L 为土的液性指数。

习　题

1. 什么是土的抗剪强度？用不同试验方法得出的土的抗剪强度指标有何区别？

2. 土的密度和含水量对土的抗剪强度指标有何影响？

3. 为什么土的抗剪强度与试验方法有关？

4. 莫尔应力圆上的一点具有什么含义？莫尔应力具有什么含义？

5. 从库仑定律和莫尔应力圆原理说明：当 σ_1 不变时，σ_3 越小越易破坏；反之，σ_3 不变时，σ_1 越大越易破坏。

6. 什么是土的极限平衡状态？什么是土的极限平衡条件？

7. 土体中发生剪切破坏的平面是不是切应力最大的平面？在什么情况下剪切破坏面与最大主应力面是一致的？在一般情况下剪切破坏面与最大主应力面成什么角度？

8. 某土样进行三轴剪切试验，剪切破坏时，测得 $\sigma_1 = 550$ kPa，$\sigma_3 = 100$ kPa，剪切破坏面与水平面夹角为 60°。试求：①土的 c、φ 值；②剪切破坏面上的正应力和切应力。

9. 某条形基础下地基土中某点所受的最大主应力 $\sigma_1 = 600$ kPa，最小主应力 $\sigma_3 = 100$ kPa。要求：①绘制莫尔应力圆；②计算与小主应力面成 60°的面上的正应力和切应力；③求最大切应力值和最大切应力面与最大主应力面的夹角。

10. 某土的内摩擦角和黏聚力分别为 $\varphi=25°$，$c=15\ \text{kPa}$，若 $\sigma_3=100\ \text{kPa}$，求：①达到极限平衡时的大主应力；②极限平衡面与大主应力面的夹角；③当 $\sigma_1=300\ \text{kPa}$ 时，土体是否被剪切破坏。

11. 一条形基础，基础宽 $b=12\ \text{m}$，埋深 $d=2\ \text{m}$，地基土为均质黏性土，$\gamma=18\ \text{kN/m}^3$，$\varphi=15°$，$c=15\ \text{kPa}$。试求：①临塑荷载 p_{cr} 和 $p_{1/4}$；②按沙太基公式计算 p_u；③地下水位在基础底面处（$\gamma'=9.9\ \text{kN/m}^3$）时的 p_{cr} 和 $p_{1/4}$。

12. 某建筑物地基为饱和黏土，进行三轴不排水剪切试验，测得 4 个试件剪切破坏时的最大主应力、最小主应力和孔隙水压力的数据见表 4-6。试用总应力法和有效应力法，确定地基土的抗剪强度指标。

表 4-6　三轴试验数据

试件编号	1	2	3	4
σ_1/kPa	140	213	305	396
σ_3/kPa	55	95	145	195
u/kPa	31	57	92	126

第 5 章　建筑工程地质勘察

学习目标

通过本章的学习，了解工程地质勘察在基础工程设计建造过程中的重要性；熟悉工程地质勘察各阶段的技术要点和工作目标以及工程地质勘察的方法；学会分析勘察报告的内容，从中获得关键技术信息，并在设计、施工过程中进行应用。

学习要求

知识要点	能力目标	相关知识	权重
建设工程勘察阶段划分及技术要点	1. 了解工程勘察等级 2. 理解岩土工程勘察的目的 3. 熟悉岩土工程勘察阶段及技术要点	1. 勘察等级 2. 勘察目的 3. 勘察阶段划分	30%
地基勘察方法及原位测试	1. 了解岩土工程勘察的常规方法 2. 熟悉勘察布点的原则 3. 熟悉岩土原位测试方法	1. 勘探点及作用 2. 钻探 3. 静载试验	30%
工程地质勘察报告	1. 熟悉勘察报告文本格式 2. 理解勘察报告涉及的技术术语 3. 会从勘察报告获取持力层位置、地基承载力等关键技术信息。	1. 勘察报告文字部分 2. 勘察报告图表部分	40%

学习导入

地基的工程特性将直接影响建筑物的安全，建造房屋之前需要充分地了解地基土的情况。由于地基土形成历史的原因，地下可能暗藏不良土层，因此在工程设计之前，必须先了解建设场地的自然环境及工程地质条件，通过各种勘察手段和测试方法，对拟建场地进行建设工程勘察，提供一份详细的地基勘察报告，为设计提供翔实、可靠的工程地质、水文地质资料。类似医院的 X 光或 B 超检查报告，为医生提供诊断参考。建造房屋要严格贯彻先勘察、后设计、再施工的建设程序。本章主要介绍岩土工程勘察的目的，勘察阶段的划分及技术要点，岩土现场测试方法，勘察报告的阅读和地基验槽等内容。

5.1 建设工程勘察

按照基本建设程序，建造房屋一般要经历可行性研究、勘察、设计、施工、使用和维护等阶段。不同阶段对地基勘察的要求有一定的差异，要根据各阶段工作的差异来处理勘察工作。建设工程勘察的基本内容有工程测量、水文地质勘察和工程地质勘察。建设工程勘察的任务在于查明工程项目建设地点的地形地貌、地层土壤岩性、地质构造、水文条件等自然条件资料，并进行鉴定和综合评价，为建设项目的选址、设计和施工提供科学可靠的依据。工程测量包括平面控制测量、高程控制测量、地形测量、绘制地形图等工作，其任务是为建设项目的选址、设计和施工提供有关地形地貌的科学依据。水文地质勘察一般包括水文地质测绘、地球物理勘探、钻探、抽水试验以及地下水动态观测、水文地质参数计算、地下水资源评价和地下水资源保护方案等方面的工作，其任务在于为建设项目的设计、施工提供有关地下水的详细资料。工程地质勘察的任务在于为建设项目的选址、设计和施工提供工程地质方面的详细资料。

5.1.1 工程地质勘察

工程地质勘察的目的在于以各种勘察手段和方法，调查研究和分析评价建筑场地和地基的工程地质条件，为设计和施工提供所需的工程地质资料。马来西亚双子星塔曾经是世界第一高的建筑（高 452 m，图 5-1），在建造前由于没有充分勘探地基，在基础施工过程中发现地下分布着坚硬的岩石和破碎的石灰岩两种土质，形成类似悬崖的分布，如果按照原先设计方案建造，两栋塔楼分别处于不同的岩层上，可能造成高楼的倾斜（图 5-2），从而造成施工过程一度中断，停工期间每天造成的损失约 7 万美元，且还影响了工期。其处理方法是补充勘察，调整建筑的位置和基础设计方案，采用桩加筏板的基础形式，最终解决了问题。

南京某高校 6 层教工住宅，由于施工前未做地质勘察，结果在建成钢筋混凝土筏板基础后，发生整块板基断裂（图 5-3）。补做勘察后发现板基断裂一侧地基中存在软弱淤泥层。经补充勘察查明曾有一条铁路从此通过，路基坚实，但路基两侧排水沟因常年积水，沟底形成淤泥，而板基横跨路基与排水沟，因土质软硬相差悬殊而断裂。

图 5-1 马来西亚双子星塔

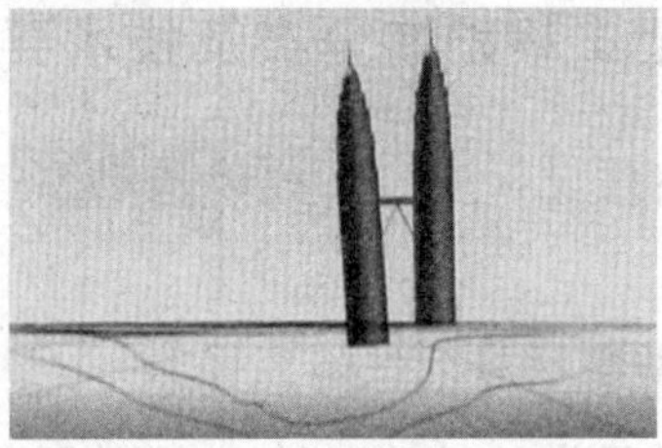

图 5-2 不均匀土层对双子星塔的沉降影响

图 5-3 勘察不充分导致板基断裂

工程勘察的必要性

从上述案例不难看出项目建设过程中勘察工作的重要性，业主需要委托有资质的勘察单位开展勘察工作。工程地质勘察工作结束后，勘察单位会按规定编写勘察报告，绘制各种图表，提供给设计、施工单位使用。

勘察报告的内容一般包括任务要求和勘察工作概况；场地的地理位置；地形地貌；地质构造；不良地质现象；岩石和土的物理力学性质；场地的稳定性和适宜性；岩土的均匀性及允许承载力；地下水的情况；土的最大冻结深度；地震基本烈度；由工程建设可能引起的工程地质问题；不良地质现象和特殊地质现象的处理和防治等方面的结论意见、建议和措施等。通过勘察报告，相关工程技术人员应该获取以下关键信息。

（1）建设场地与地基的稳定性，场地与断裂构造的位置关系，断裂地质构造的活动性及规模，地震的基本烈度，砂土液化的可能性，场地有无可能发生滑坡、泥石流等不良地质现象及其危害程度。

（2）场地的地层类别、成分、厚度和坡度变化。

（3）场地的水文地质条件，明确地下水的类型、补给来源、排泄条件、埋藏深度及污染程度等。

（4）地基土的物理力学性质指标。

（5）通过报告中提供的参数确定地基承载力，预估基础沉降。

（6）报告给出的地基基础设计方案的建议。

5.1.2 岩土工程勘察分类及技术要点

根据基本建设程序，工程地质勘察一般分为选址勘察、初步勘察、详细勘察及施工勘察。

1. 选址勘察（可行性研究勘察）

为了选择建设地址或地点进行的勘察，如房屋、线路、尾矿库、垃圾填埋场等项目确定之前都要经过选址选点，进行环境和其他方面的对比来分析项目的可行性，尽量避开对工程建设不利的地段及区域。通过踏勘了解场地位置，当地建筑经验及人文、交通等状况，现场地形地貌、地质构造、岩土工程特性、地下水情况以及不良地质现象，是否存在影响建筑物基础的地下设施及地下矿洞等。选址勘察阶段，应对拟选建设场地的稳定性和适宜性作出工程地质评价，并为确定建筑总平面布置和各主要建筑物地基基础工程方案以及对不良地质现象的治理方案提供地质资料，以满足可行性研究报告编制的需要。

2. 初步勘察

根据初步设计或扩初设计提供的方案，对场地进行全面的普查。通过普查，查明拟建场地的以下情况：

（1）地层及地质构造；

（2）岩石和土的物理力学性质；

（3）地下水埋藏条件；

（4）土的冻结深度；

（5）不良地质现象及地震效应。

3. 详细勘察

经过选址勘察和初步勘察之后，场地工程地质条件已基本查明，详细勘察的任务就在于针对具体建筑物地基或具体的地质问题，为进行施工图设计和施工提供设计计算参数和可靠的依据。对于单项工程或现有项目扩建工程，勘察工作一开始便应按详勘要求进行，主要是配合施工图设计的要求，应对建筑地基作出工程地质评价，并为地基基础设计、地基处理、加固与不良地质条件的防治提供工程地质资料，以满足施工图设计的要求。

详勘工作主要以勘探、原位测试和室内土工试验为主，必要时可以补充一些物探和工程地质测绘或调查工作。对安全等级为一级、二级的建筑物，详勘勘探点宜按建筑物的主要轴线布置，或沿建筑物周边及中点布置；对安全等级为三级的建筑物，可按建筑物或建筑群的范围布置勘探点。详勘勘探孔的深度以能控制地基主要受力层为原则。当基础的宽度不大于 5 m，且在地基沉降计算深度内又无软弱下卧层存在时，对按承载力计算的地基的勘探孔深度，条形基础一般可取 $3.0b$，单独柱基为 $1.5b$（b 为基础宽度），但不应少于 5 m（两层以下的民用建筑不受此限制）。对必须进行变形验算的地基，部分勘探孔（控制性勘探孔）须达到地基沉降计算深度（应考虑相邻基础的影响）。

4. 施工勘察

施工勘察属于补充勘察，主要是利用各种开挖面和施工导硐，必要时还可布置专门的平硐、大口径钻井及现场试验等，配合施工过程中出现的技术问题进行勘察。例如，基坑开挖后、垫层浇筑前的验槽工作；施工过程中遇到局部古井、水沟、墓穴等软弱部位或者遭遇溶洞，需要进一步探明范围为后续处理提供资料。施工勘察不作为一个固定阶段，视工程的实际需要而定，对条件复杂或有特殊施工要求的重大工程地基，需进行施工勘察。施工勘察包括施工阶段的勘察和竣工运营过程中一些必要的勘察工作，主要是检验与监测工作、施工地质编录和施工超前地质预报以及检验地基加固效果。它可以起到核对已取得的地质资料和所作评价结论准确性的作用。

5.1.3 岩土工程勘察等级

岩土工程的勘察分级是根据岩土工程的重要性等级、场地的复杂程度和地基的复杂程度综合确定的，一般划分为甲、乙、丙三个级别。

（1）工程重要性等级根据工程的规模和特征以及由于岩土工程问题造成工程破坏或影响使用的后果，分为三个等级。

一级工程　重要工程，后果很严重。

二级工程　一般工程，后果严重。

三级工程　次要工程，后果不严重。

（2）场地等级根据场地复杂程度分为三个等级：一级场地为复杂场地；二级场地为中等复杂场地；三级场地为简单场地。

（3）地基等级根据地基复杂程度分为三个等级：一级地基为复杂地基；二级地基为中等复杂地基；三级地基为简单地基。

岩土工程勘察按下列条件划分为甲级、乙级和丙级。

（1）甲级　在工程重要性、场地复杂程度和地基复杂程度中，有一项或多项为一级者定为甲级。

（2）乙级　除勘察等级为甲级和丙级外的勘察项目（建筑在岩质地基上的一级工程，当场地复杂程度等级和地基复杂程度等级均为三级时，岩土工程勘察等级可定为乙级）。

（3）丙级　工程重要性、场地复杂程度和地基复杂程度等级均为三级者定为丙级。

例如对重要工程、地形地貌复杂和岩土很不均匀的地基为甲级勘察；对次要工程、地形地貌简单和岩土种类单一、均匀的地基为丙级勘察。

通过勘察等级划分，有利于对岩土工程勘察各个工作环节按等级区别对待，确定各个勘察阶段中的工作内容和方法，确保工程质量和安全。

5.2 工程地质勘察方法

工程地质勘察方法或手段，包括工程地质测绘、工程地质勘探、实验室或现场试验、长期观测（或监测）等。

5.2.1 工程地质测绘

地质测绘是工程地质勘察的一项基础性工作，在一定范围内调查研究与工程建设活动有关的各种工程地质条件，测制成一定比例尺的工程地质图，分析可能产生的工程地质作用及其对拟建建筑物的影响，并为勘探、试验、观测等工作的布置提供依据。测绘范围和比例尺的选择，取决于建筑区地质条件的复杂程度和已有研究程度以及建筑物的类型、规模和设计阶段。一般建筑工程地质测绘选用大比例尺（1∶5000，1∶2000，1∶1000，1∶500），以仪器测量方法来测制；也可采用卫星照片、航空照片和陆地摄影照片，通过室内判读调绘成草图，到现场有目的的复查，与进一步的照片判读反复验证，测制出更精确的工程地质图。

地质测绘主要包括地质点测量、地质剖面测量、物化探测量、勘探网布测、勘探工程定位测量、坑探工程测量、井探工程测量、贯通测量、地表移动观测以及有关图件的绘制、印制和地质矿产信息系统的建立。

地质点测量是将实地确定的地质点点位，借助某种测量方法将其测绘到地形图上的测量工作。地质剖面测量通过确定剖面端点，根据剖面长度设置控制点和在其间设置测站点，在测站点上进行剖面测量，测定剖面方向上的工程点、地质点、地物点、地貌点的平面位置和高程，进行剖面计算及绘制剖面图。地质剖面图是按一定比例尺绘制，表示地质剖面上的地质现象及其相互关系的图件。地质剖面图与地质图相配合，可以获得地质构造的立体概念。垂直岩层走向的地质剖面图，称为地质横剖面图；平行岩层走向的剖面图，称为地质纵剖面图；按水平方向编制的剖面图，称为水平地质断面图。按地质剖面所表示的内容，可分为地层剖面图、第四纪地质剖面图、构造剖面图等。

5.2.2 工程地质勘探

工程地质勘探包括工程地球物理勘探、钻探和坑探等内容。

1. 工程地球物理勘探

工程地球物理勘探简称工程物探（图 5-4），利用专门仪器测定各类岩、土体或地质体的密度、导电性、弹性、磁性、放射性等物理性质的差异，通过分析解释判断地面下的工程地质条件。工程物探是在测绘工作的基础上探测地下工程地质条件的一种间接勘探方法。工程物探按工作条件分为地面物探和井下物探（测井）。

图 5-4　物探作业

物探的优点在于能经济而迅速地探测较大范围，且通过不同方向的多个剖面获得三维资料。以这些资料为基础，在控制点和异常点上布置勘探、试验工作，既可减少盲目性，又可提高探测精度。

2. 钻探和坑探

钻探是采用钻探机械钻进或矿山掘进法，直接揭露建筑物布置范围和影响深度内的工程地质条件，为工程设计提供准确的工程地质剖面的勘察方法（图 5-5）。钻探是勘探方法中应用最广泛的一种。钻探可以鉴别和划分地层，观测地下水位，并采取原状土样以供室内试验，确定土的物理性质、力学性质指标，需要时还可以在钻孔中进行原位测试。钻探的钻进方式可分为回转式、冲击式、振动式、冲击一回转式 4 种。每种钻进方法各有独自的特点，分别适用于不同的地层。

图 5-5　钻探

当用钻探方法难以查明地下情况时，可采用探井、探槽（坑探）进行勘探（图 5-6），直接观察地基土层情况，并从探井（槽）中取原状土样进行试验分析（图 5-7）。探井、探槽主要是人力开挖，也可用机械开挖。为了减少开挖土方量，断面不宜过大，一般圆形直径为 0.8～1.0 m，矩形探井可采用 0.8 m×1.2 m。探井深度超过地下水埋深时，应有排水措施。坑探可以查明建筑物影响范围内的地质构造，了解岩层的完整性或破坏情况，为建筑物探寻良好的持力层（承受建筑物附加荷载的主要部分的岩土层）和查明对建筑物稳定性有不利影响的岩体结构或结构面（如软弱夹层、断层与裂隙）；揭露地下水并观测其动态；采取试验用的岩土试样；为现场测试或长期观测提供钻孔或坑道。

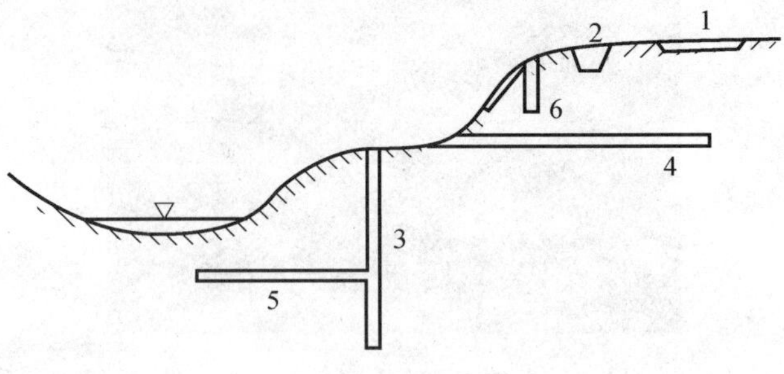

图 5-6　探坑示意图

1—探槽；2—试坑；3—竖井；4—平洞；5—石门；6—浅井

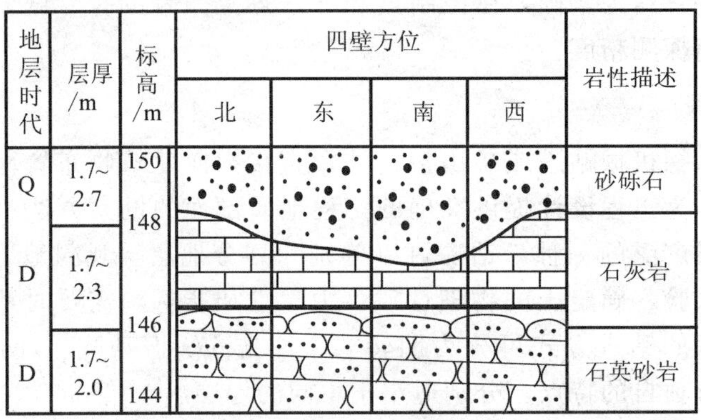

图 5-7　坑探工程展示图

5.2.3　原位测试和实验室试验

原位测试和实验室试验是为了获得工程地质设计和施工参数，而采取的定量评价工程地质条件和工程地质问题的手段。现场原位测试包括触探试验（图 5-8）、承压板载荷试验、原位直剪试验及地应力量测等。室内试验包括岩、土体样品的物理性质以及水理性质和力学性质参数的测定。

图 5-8　触探试验

但室内试验试样小，缺乏代表性，且难以保持天然结构，故适用于建筑物规模较小，或大型建筑物的早期设计阶段，且易于取得岩、土体试样的情况。为重要建筑物的初步设计、施工图设计提供各种参数，必须在现场对有代表性的天然结构的大型试样或对含水层进行测试。要获取不能得到原状结构试样的岩土体（液态软黏土、疏松含水细砂、强裂隙化岩体等）的物理力学参数，必须进行现场原位测试。

原位测试是在岩土原来所处的位置上，基本保持其天然结构、天然含水量及天然应力状态下进行的测试。常用的原位测试方法有静荷载试验、静力触探试验、动力触探试验。

（1）静荷载试验是在天然地基上模拟建筑场地的基础荷载条件，通过承压板向地基施加竖向荷载，观察所研究地基土的强度和变形规律的一种原位试验方法，如图 5-9。

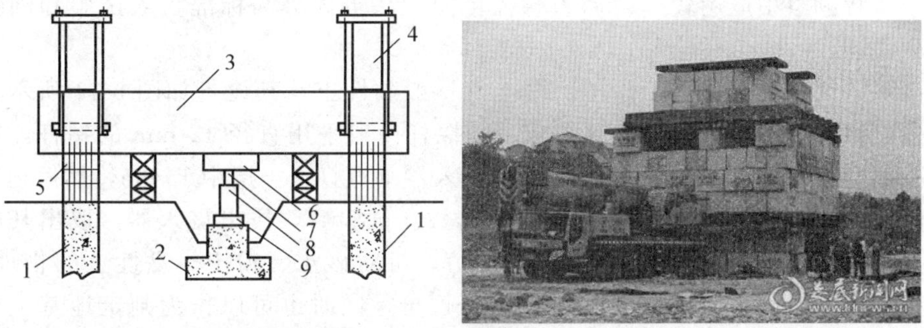

图 5-9　静荷载试验

1—锚桩；2—承压板；3—主梁；4—副梁；5—锚筒；
6—上压板；7—传感器；8—千斤顶；9—下压板

根据试验结果，可绘制如图 5-10(a)所示的压力 p 与稳定沉降量 s 的关系曲线和图 5-10（b）所示的荷载沉降量 s 与时间 t 关系的曲线。

$p-s$ 曲线通常可分为三个阶段，即直线变形阶段、局部剪切阶段和破坏阶段。在 $p-s$ 曲线中，a 点所对应的荷载称为比例界限荷载 p_{cr}；b 点所对应的荷载为极限荷载 p_u。利用 $p-s$ 曲线的特征点，可以确定临塑荷载与极限荷载，以提供地基承载力标准。

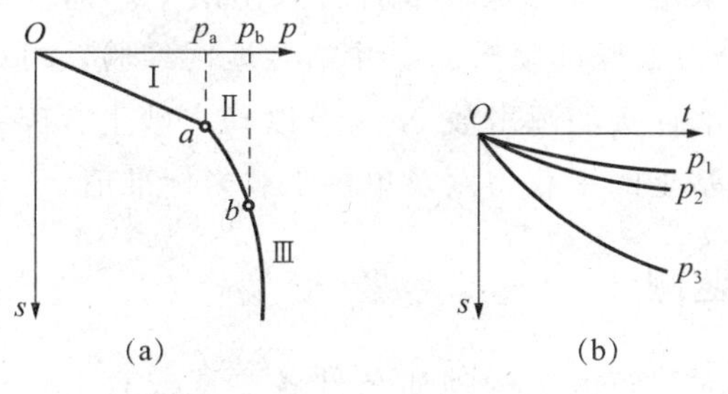

图 5-10　静荷载试验成果曲线

（a）$s-p$ 曲线；（b）$s-t$ 曲线

（2）静力触探试验是通过静压力将一个内部装有传感器的触探头以匀速压入土中，通过量测土对探头的阻力，推测被测土层的工程性质。地基土的承载力取决于土本身的力学性质，而静力触探所得的比贯入阻力等指标在一定程度上反映了土的某些力学性质。根据静力触探试验资料和其他的测试结果（如取原状土在室内进行测试）相互对比，建立相关关系，或者可间接地按地区性的经验关系估算土的承载力、压缩性指标、单桩承载力、沉桩可能性和液化趋势等。静力触探试验适用于黏性土、粉土、砂土及含少量碎石的土层，尤其适用于地层变化较大的复杂场地以及不易取得原状土样的饱和砂土和高灵敏度软黏土地层。但静力触探不能直接识别地层，而且对碎石类地层和较密实的砂土层难以贯入，因此经常须与钻探配合使用。

(3) 动力触探试验是利用一定的锤击能量，将一定形式的探头贯入土中，并记录贯入一定深度所需的锤击数，以此判断土的性质。动力触探试验设备简单、效率高，故在岩土工程勘察中应用较广。动力触探依照探头形式分为标准贯入试验和圆锥动力触探两种类型。

标准贯入试验主要适用于砂土、粉土及一般黏性土，其设备如图 5-11 所示，主要由贯入器、触探杆和穿心锤三部分组成。触探杆一般采用直径 42 mm 的钻杆，穿心锤重 63.5 kg，落距 760 mm。试验时，先将贯入器垂直打入土层中 15 cm，然后记录每打入 30 cm 的锤击数即为标准贯入试验的锤击数。试验后，拔出贯入器，取出其中的土样进行鉴别描述。根据标准试验锤击数 N 值，可对砂土、粉土、黏性土的物理状态、土的强度、地基承载力、单桩承载力等作出评价，同时也可以作为判定地基土层是否液化的主要方法。

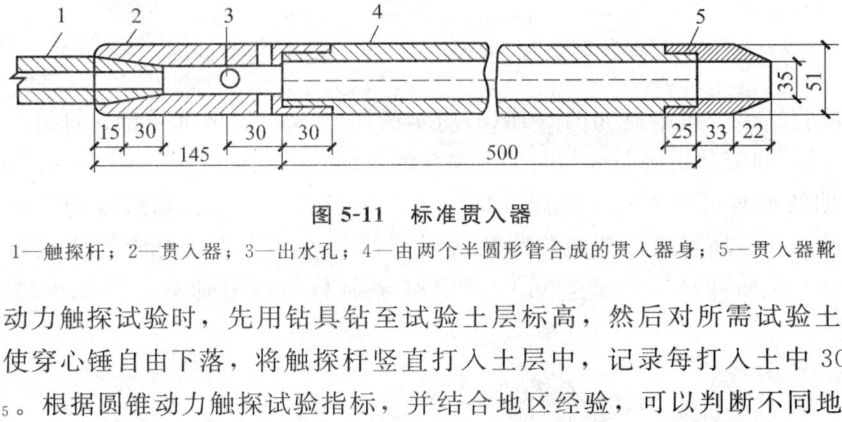

图 5-11　标准贯入器

1—触探杆；2—贯入器；3—出水孔；4—由两个半圆形管合成的贯入器身；5—贯入器靴

圆锥动力触探试验时，先用钻具钻至试验土层标高，然后对所需试验土层连续进行触探，使穿心锤自由下落，将触探杆竖直打入土层中，记录每打入土中 30 cm 的锤击数 $N_{63.5}$。根据圆锥动力触探试验指标，并结合地区经验，可以判断不同地基土的工程特性，采用重型动力触探头的锤击数 $N_{63.5}$ 可以确定砂土、碎石土的孔隙比和砂土的密实度，还可以确定地基土的承载力以及单桩承载力标准值。

5.2.4　现场检测与监测

用专门的观测仪器对建筑区工程地质条件各要素或对工程建筑活动有重要影响的自然（物理）地质作用和某些重要的工程地质作用随时间的发展变化，进行长时期的重复测量工作。观测的主要内容有：岩体内破坏面上的压力；岩、土体位移范围、速度、方向；岩、土体内地下水位变化；人工加固系统的载荷变化等。工程地质作用的观测往往在施工和建筑物使用期间进行，如建筑物的沉降观测、基坑边坡位移观测（图 5-12）。长期观测取得的资料经整理分析，可直接用于工程地质评价，检验工程地质预测的准确性，对不良地质作用及时采取防治措施，确保工程安全。

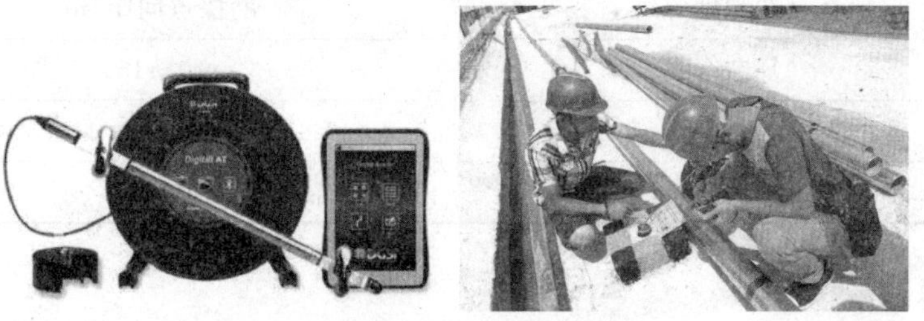

图 5-12　基坑位移测斜仪及位移检测

5.2.5　勘察点的布置

详勘阶段勘察点的布置，应符合下列规定：勘探点宜按建筑场地周边线和角点布置。同一建筑范围内的主要受力层或受影响的下卧层起伏较大时，应加密勘探点，查明其变化；在层数、荷载和建筑体型变异较大处，宜布置适量勘探点；当建筑物平面为矩形时宜按双排布设，平面不规则时宜按突出部位角点和中心点布设；在复杂地质条件及特殊性土建筑场地，宜布置适量探井。

1. 勘探点数量

重大设备基础应单独布置勘探点，重大的动力机器基础和高耸构筑物，勘探点不宜少于 3 个。单栋高层建筑勘探点的布置，应满足对地基均匀性的要求，且不应少于 4 个。

每一单体的一级高层建筑，勘探点数量不应少于 6 个，二级高层建筑不应少于 4 个；详细勘察取试样和进行原位测试的井、孔数量应按地基土层条件、建筑物的重要性及场地面积决定，一般占勘探孔总数的 1/2～2/3，对一级建筑物，每幢不得少于 3 个。取试样或进行原位测试部位的竖向间距，应考虑设计要求和地基土的均匀性和代表性，一般在地基主要受力层内每隔 1～2 m 采取试样 1 件或取得 1 个原位测试数据，在其下方的间距则可适当放宽。对每一场地或每幢一级建筑物，为了合理进行统计，每一主要土层的试样数量不宜少于 6 个，同一土层的孔内原位测试数据不应少于 6 组。在地基主要受力层内，对厚度大于 50 cm 的夹层或透镜体应取试样或进行孔内原位测试。

2. 勘探点的间距

勘探点间距一般为 15～25 m，一级高层建筑可取较小值，二级高层建筑可取较大值，为准确查明暗沟、塘、浜等异常带，勘探点间距还可适当加密；在岩溶发育地区，勘探点应适当加密，必要时可按每个柱基下布置勘探点；在花岗岩残积土地区，勘探点间距可取较小值。为降水设计需要，必要时应布置查明地下水流速、流向和进行水文地质参数测试的专门勘探点，控制性勘探点的数量宜为全部勘探点总数的 1/2 以上。详勘阶段勘探点的间距应满足表 5-1 的要求。

表 5-1　详细勘察勘探点的间距

地基复杂程度等级	勘探点间距/m
复杂	10～15
中等复杂	15～30
简单	30～50

3. 勘探点的深度

按规范要求，高层建筑勘探孔深度应超过地基变形计算深度，一般应达到基底下基础宽度 0.5～1.0 的，并深入到稳定地层地基变形计算深度，对于中、低压缩性土可取附加压力等于上覆土层有效自重应力 20%的深度；对于高压缩性土层取附加压力等于上覆土层有效自重应力 10%的深度。详细勘察的勘探孔深度自基础底面算起，应符合下列规定。

(1) 勘探孔深度应能控制地基主要受力层，当基础底面宽度不大于 5 m 时，勘探孔的深度对条形基础不应小于基础底面宽度的 3 倍，对单独柱基不应小于基础底面宽度的 1.5 倍，且不应小于 5 m。

(2) 对高层建筑和需作变形计算的地基，控制性勘探孔深度应超过地基变形计算深度；高层建筑的一般性勘探孔应达到基底下基础宽度 0.5～1.0 的，并深入稳定分布的地层。

(3) 对仅有地下室的建筑或高层建筑的裙房，当不能满足抗浮设计的要求，需设置抗浮或锚杆时，勘探孔深度应满足抗拔承载力评价的要求。

(4) 当有大面积地面堆载或软弱下卧层时，应适当加深控制性勘探孔的深度。

(5) 大型设备基础勘探孔深度不宜小于基础底面宽度的 2 倍。

(6) 当需进行地基处理和采用桩基时，勘探孔的深度应满足相应规范的要求。

(7) 在上述规定深度内当遇基岩或厚层碎石土等稳定地层时，勘探孔深度应根据情况进行调整。

5.3　工程地质勘察报告

工程地质勘察报告是工程地质勘察的正式成果。它将现场勘察得到的工程地质资料进行统计、归纳和分析，编制成图件、表格，并对场地工程地质条件和问题作出系统的分析和评价，以正确全面地反映场地的工程地质条件和提供地基土物理力学设计指标，供建设单位、设计单位和施工单位使用，并作为存档文件长期保存。

5.3.1　工程地质勘察报告的编制

工程地质勘察的最终成果是以报告书的形式提出的。勘察工作结束以后，要把野外工作和室内试验取得的记录和数据以及收集到的有关资料进行分析整理、检查校对、归纳总结，最后对拟建场地的工程地质作出评价。工程地质勘察报告一般分为文字和图表两部分。

1. 文字部分

文字部分一般包括任务要求及勘察工作概况、场地位置、地形地貌、地质构造、不良地质现象及地震设计烈度、场地的地层分布、岩石和土的均匀性、物理力学性质、地基承载力和其他设计计算指标、岩土参数的分析与选用、地下水的埋藏条件和腐蚀性、土层的冻结深度，对建筑场地及地基进行综合的工程地质评价，对场地的稳定性和适宜性作出结论，并提出地基基础方案的建议，工程施工和使用期间可能发生的岩土工程问题的预测及建议。

勘察报告文字部分的基本内容如下。

(1) 绪论部分，主要说明勘察工作任务、采用的工作方法和取得的成果等。

(2) 通论部分，主要阐明工作区工程地质条件，区域自然地理和地质背景也应适当介绍。

(3) 专论部分，这是整个报告的中心内容，主要论证工程建筑所涉及的有关工程地质问题，评价工程的适宜性，提出防治不良地质作用措施的建议。

(4) 结论部分，这是在专论部分的基础上，对各种具体问题给予简要的结论性意见。

2. 图表部分

图表部分一般包括勘探点平面布置图、工程地质剖面图、工程地质柱状图或综合地质柱状图、地下水位线、土工试验成果表、原位测试成果图表（如现场载荷试验、标准贯入试验、静力触探试验、旁压试验等）。

3. 单项报告

某些项目的工程地质勘察，其工作成果以单项报告的方式展示：

(1) 工程地质测试报告；

(2) 工程地质检验或监测报告；

(3) 工程地质事故调查与分析报告；

(4) 岩土利用、整治或改造方案报告；

(5) 专门工程地质问题的技术咨询报告。

5. 3. 2　工程地质勘察报告的阅读和使用

1. 工程地质勘察报告的阅读

基础设计时应从勘察报告中发现关键内容，以下是一些应该重点看的内容和数据。

(1) 直接看结束语和建议中的持力层土质、地基承载力特征值和地基类型以及基础砌筑标高。从持力层土质提供的承载力特征值大小初步判断该土质的好坏。一般认为承载力特征值≥180 kPa 的土认为好土，＜180 kPa 的土可认为土质不好。天然地基无法满足要求时，可采用一些地基处理方式形成复合地基，提高地基的承载力。

(2) 结合钻探点号看地质剖面图，并以此确定基础埋置标高。以报告中建议的最高埋深为起点，画一条水平线从左向右贯穿剖面图，看此水平线是否绝大部分落在报告所建议的持力层土质标高层范围内，以此确定基础埋深。对于局部未进入持力层的小部分回填土，可在验槽时与勘察单位共同协商，采取局部清除和用级配砂石替换等方法处理。

（3）看结束语或建议中对存在饱和砂土和饱和粉土的地基，是否有液化判别。

（4）重点看两个水位——历年来地下水的最高水位和抗浮水位。历年来地下水的最高水位，在设计地下构件如地下混凝土外墙配筋时要用到，用于计算外墙受到的水压力。当估计建筑物有可能抗浮不满足要求时，一般要用到抗浮水位。

（5）对于结束语或建议中定性的预警语句，必要时将其转写进基础的一般说明中。例如，写明本工程地下水位较高，基槽边界条件较为复杂，应妥善选择降水及基坑边坡支护方案，并在施工过程中加强观测，降水开始后需经设计人员同意方可停止等。

（6）了解结束语或建议中场地类别、场地类型、覆盖层厚度和地面下 15 m 范围内平均剪切波速，尤其是建筑场地类别，在电算时要用到。

（7）了解持力层土质下是否存在软弱下卧层。如果有，需验算一下软弱下卧层的承载力是否满足要求。

2. **工程地质勘察报告的使用**

为了充分发挥工程地质勘察报告在设计和施工中的作用，必须认真阅读工程地质报告的内容，了解勘察报告的结论和建议，分析各项岩土参数的可靠程度，从而能正确地使用工程质勘察报告。

（1）评价场地稳定性

对于地质条件复杂的地区，评价场地的稳定性至关重要。场地的地质构造（褶皱、断层等）、不良地质现象（滑坡、泥石流、塌陷等）、地层成层条件和地震等都会影响场地的稳定性，在勘察中必须查明其分布规律、具体条件、危害程度，并在报告结论中明确。

在不良地质现象发育且对场地稳定性有直接危害或潜在威胁的地区修建建筑物，必须慎重对待。如果不得不在其中较为稳定的地段进行建筑，则必须采取有力措施，防患于未然，以免造成损失。

（2）选择持力层

通过认真阅读勘察报告，分析所得到的有关野外和室内的各种资料，并结合当地实践经验，才能确定地基承载力。然后在熟悉场地各土层的分布和物理力学性质（层状分布情况、状态、压缩性和抗剪强度、厚度、埋深及均匀程度等）的基础上，结合拟建工程的具体情况初步确定持力层，并经过试算或方案比较，最后作出决定。

地基持力层的选择应该从地基、基础和上部结构的整体概念出发，综合考虑场地的土层分布情况和土层的物理力学性质、建筑物的体型、结构类型、荷载等情况。对不会发生场地稳定性不良现象的建筑区段，地基基础设计必须满足地基承载力和基础沉降两项基本要求。同时，从经济节约和充分发挥地基潜力出发，应尽量采用天然地基上浅基础的设计方案。对采用桩基础的设计方案，报告中一般会给出单桩承载力特征值。

5.3.3　工程勘察报告实例

杭州某大厦岩土工程勘察报告（详勘）

一、前言

（一）工程概况

杭州××大厦工程位于杭州市余杭区××实验学校以南的地块内。拟建工程包括公寓、酒店办公楼各一幢及裙房。有关工程的其余情况详见表 1。

表 1　拟建工程概况一览表

建筑物性质	数量	层数	建筑物面积 /m^2	建筑物结构	基础类型	单柱最大荷载/kN
酒店式公寓	1	20～28	36 687	框剪	桩基础	19 000
酒店、办公楼	1	23	16 478	框剪		15 000
裙房	1	3	13 813	框剪		—
地下室	两层，深度为 8.1 m，面积为 13 110 m^2。					

受杭州××地产开发有限公司的委托，本勘察单位承担了拟建工程岩土工程详细勘察任务。

（二）勘察目的与任务

本次勘察的主要目的是查明拟建场地的工程地质条件，为拟建建筑物的施工图设计提供工程地质依据，具体任务如下。

1. 查明拟建场地的地形地貌、场地地层结构及其分布特征。

2. 查明地基岩土物理力学性质，提供地基土物理力学性质指标和地基基础设计必需的岩土技术参数。

3. 查明地下水的埋藏条件及地下水和土对混凝土的腐蚀性。

4. 查明不良地质现象的成因、类型、分布范围、发展趋势及危害程度，并提出整治方案的建议。

5. 划分建筑场地类别和划分对抗震有利、不利或危险地段。

6. 对地基土进行岩土工程分析与评价，建议本工程适宜的基础类型和基础持力层。

7. 提供地层的渗透性等特征，提供基坑围护设计的必需参数，对基坑围护和工程降水提出合理化建议。

（三）勘察执行的主要技术标准

根据拟建建筑物规模，结合场地工程地质条件，勘察执行以下主要规范、标准。

1. 国家标准《岩土工程勘察规范》(GB 50021—2001)。

2. 国家标准《建筑地基基础设计规范》(GB 50007—2011)。

3. 国家标准《建筑抗震设计规范》(GB 50011—2010)。

4. 国家标准《土工试验方法标准》(GB/T 50123—1999)。

5. 行业标准《高层建筑岩土工程勘察规程》(JGJ/T 72—2017)。

6. 行业标准《建筑桩基技术规范》(JGJ 94—2008)。

7. 浙江省标准《建筑地基基础设计规范》(DB33/T 1136—2017)。

8. 浙江省标准《岩土工程勘察文件编制标准》(DBJ 10－5－98)。

(四) 勘察方法及完成工作量

勘探孔由勘察单位根据有关规范布设，按建筑物轮廓线，共布置20个勘探孔（见勘探点平面位置图（略））。

本项目勘察采用机械钻探，配以取样、原位测试等手段进行。外业勘探使用XY－1型工程钻机2台，于2018年5月28日至2018年10月23日进行。完成的主要实物工作量见表2。

表2　完成的主要实物工作量一览表

项目	工作量	项目	工作量
机械钻探孔	20个/644.5 m	渗透试验	28项
取原状土样	63筒	无侧限抗压强度	13项
取岩样	3组	固结快剪	2组
取水样	2件	有机质含量	1项
标准贯入试验	69段次	岩石单轴抗压强度	3组
重型动力触探试验	12段次	水质简分析	2组
单孔波速测试	3个	勘探点放样与测量	20点次
常规土工试验	69组	水位观测	20次
三轴试验	20组		

(五) 勘探点放样及高程测量

勘探孔孔位放样根据建设单位提供的1∶500总平面图，采用经纬仪定向，皮尺量距确定。勘探孔孔口高程引测自××中学正大门前规划道路与××街交叉处一高程引测点，由于建设单位未提供其黄海高程，假设其高程为10.00 m。

二、场地工程地质条件

(一) 地形地貌

拟建场地原为耕地，勘察时南面和中部有少量建筑，且南面堆填少量生活垃圾，北面堆填大量建筑垃圾，西面有一小河经过，地形较平坦；原始地貌属山前冲海积平原。

(二) 地基土结构及分布特征

经野外勘察鉴别、原位测试结合室内试验成果，场地41.00 m勘探深度范围内地基土可划分为5层14亚层，分述如下。

1-1杂填土　杂色、黄色、砖红色，稍湿－湿，松散；以碎石、砖块、混凝土块等建筑垃圾和黏性土为主，硬杂物含量占30%～60%不等；层顶标高6.94～7.45 m，层厚0.00～2.60 m。

1-2 耕土 灰色，稍湿一湿，松散；以粉土为主，含少量植物根系；主要分布于河边和地势相对较低的地段；层顶标高 5.42～6.85 m，层厚 0.00～0.50 m。

2-1 粉质黏土 灰黄一黄色，湿，稍密；切面无光泽，韧性和干强度低，摇震反应快；略具层理，含少量铁锰质氧化物色斑，含较多云母碎屑；Z4 和 Z8 孔缺失；层顶标高 4.71～6.87 m，层厚 0.00～2.40 m。

2-2 黏土 灰一灰黑色，饱和，软塑一软可塑；切面较光滑，韧性和干强度较高，无摇震反应；含少量有机质，局部为有机质土；Z4、Z8 和 Z20 孔缺失；层顶标高 3.21～5.60 m，层厚 0.00～3.40 m。

2-3 黏土 黄色，饱和，软可塑；切面较光滑，韧性和干强度较高，无摇震反应。含少量铁锰质氧化物色斑或结核；Z4 和 Z8 孔分布；层顶标高 5.02～5.06 m，层厚 0.00～2.70 m。

3-1 淤泥质黏土 灰色，饱和，流塑；切面较光滑，干强度中等，无摇震反应；含少量植物腐烂物；全场分布；层顶标高 0.95～4.71 m，层厚 1.00～5.80 m。

3-2 黏土 灰色，饱和，软塑，局部软可塑；切面光滑，韧性和干强度较高，无摇震反应；含少量植物腐烂物，偶见少量姜结石；Z1、Z4、Z14、Z18、Z19 和 Z20 孔分布；层顶标高－1.91～2.02 m，层厚 0.00～4.20 m。

4-1 粉质黏土 青灰一黄色，饱和，软可塑一硬可塑；切面较光滑，韧性中等，干强度较高，无摇震反应；含少量铁锰质氧化物结核，局部含少量粉土；Z20 孔缺失。层顶标高－4.85～2.55 m，层厚 0.00～5.90 m。

4-2 粉质黏土 黄色，饱和，软塑一软可塑；局部为青灰色，切面稍具光滑，韧性和干强度中等，无摇震反应；略具层理，夹少量粉砂薄层，局部含较多贝壳；Z13 和 Z20 孔缺失；层顶标高－4.87～－1.00 m，层厚 0.00～9.60 m。

4-3 粉质黏土 灰黄色、灰褐色、灰白色，饱和，硬可塑；切面稍具光滑，韧性中等，干强度较高，无摇震反应；含少量铁锰质氧化物结核，局部粉粒含量较高；Z20 孔缺失；层顶标高－11.90～－6.77 m，层厚 0.00～17.50 m。

4-4 含碎石粉质黏土 黄色，饱和，硬可塑；切面粗糙，无摇震反应；碎石含量占 10%～20%，直径为 2～5cm 不等，棱角形为主，含少量铁锰质氧化结核。全场分布，Z7、Z11、Z12、Z17 和 Z20 孔分布；层顶标高－19.20～－4.39 m，层厚 0.00～3.00 m。

5-1 强风化砂岩 灰黄色。岩芯呈碎块状，手较难折断，指甲不可刻划；风化裂隙发育，其裂隙面见大量铁锰质氧化物充填；岩石较硬，进尺较慢；全场分布；层顶标高—26.08～—7.39 m，控制层厚 1.10～3.10 m。

5-2 中风化砂岩 灰黄色，较硬；岩芯呈短柱状，少数为块状，手不能折断，指甲不可刻划，敲击声脆，风化裂隙较发育，其裂隙面见大量铁锰质氧化物充填，岩石细粒结构；岩石饱和单轴抗压强度在 17.0～24.4 MPa，属较软岩，岩体较完整，岩体基本质量等级划为Ⅳ级；全场分布，Z1、Z7、Z18 和 Z20 孔揭穿；层顶标高－27.58～－8.99 m，控制层厚 4.00～4.70 m。

5-3 微风化砂岩 淡紫色，较坚硬；岩芯呈短柱状或长柱状；风化裂隙少量发育，其裂隙面见大量铁锰质氧化物充填，岩石细粒结构；岩石较坚硬，敲击声清脆，进尺缓慢；全场分布，本层未揭穿；层顶标高−27.58～−8.99 m，控制最大厚度3.40 m。

（三）地基土物理力学指标及设计参数

地基土的物理力学性质指标和设计参数是根据室内试验及原位测试成果，按《岩土工程勘察规范》（GB 50021—2001）、《建筑桩基技术规范》（JGJ 94—2008）、《建筑地基基础设计规范》（GB 50007—2017）的有关要求，并结合地区经验综合确定。浅层地基土承载力特征值 f_{zk} 取值见表3。

表3　浅层地基土承载力特征值 f_{ak} 取值表

土层代号	土层名称	f_{ak}/kPa			
		按土试成果	按 p_s 算	按 C_k、φ_k 算	建议值
3-1	淤泥质黏土	70	/	50	50
3-2	黏土	228	297	250	220
4-1	粉质黏土	190	297	177	170
5-1	强风化砂岩	800	812	810	800
5-2	中风化砂岩	1 800	1 912	1 850	1 800

（四）地下水和土对混凝土的腐蚀性评价

场地地下水属孔隙潜水。勘察期间，测得钻孔孔内地下水位深度在0.05～1.90 m。其水位变化主要受大气降水和附近河水控制，随季节有所升降，年变幅度一般为1.0～1.5 m。

根据对Z8和Z17孔内取水样进行水质简分析，结果判定：场地地下水和土对混凝土无腐蚀性，对钢结构具弱腐蚀性。

（五）场地地震效应

按《建筑抗震设计规范》有关规定，根据对钻孔Z1、Z3进行单孔波速测试成果（波速测试成果见表4、表5），场地地面以下20 m深度范围内土层等效剪切波速（v_{se}）Z1孔 v_{se}＝168 m/s，Z3孔 v_{se}＝159 m/s，场地土类型属中软土。场地覆盖层厚度为3～50 m，场地类别属Ⅱ类。场地存在软弱层，划属于对建筑抗震不利地段。

场地抗震设防烈度为6度区，设计基本地震加速度值为0.05g，设计特征周期为0.35 s。

表4　Z1钻孔单孔波速测试成果与动力参数表

深度 H/m	地质分层	波速/(m/s)		
		v_s	v_s	v_{se}
0.0～1.0	杂填土	141	142	168
1.0～2.0		143		
2.0～3.0	粉质黏土	158	160	
3.0～4.0		162		
4.0～5.0	粉质黏土	161	162	
5.0～6.0		163		

表 4（续）

<table>
<tr><th rowspan="2">深度 H/m</th><th rowspan="2">地质分层</th><th colspan="3">波速/(m/s)</th></tr>
<tr><th>v_s</th><th>v_s</th><th>v_{se}</th></tr>
<tr><td>6.0～7.0</td><td>淤泥质黏土</td><td>149</td><td>149</td><td rowspan="14">168</td></tr>
<tr><td>7.0～8.0</td><td>黏土</td><td>154</td><td>154</td></tr>
<tr><td>8.0～9.0</td><td>粉质黏土</td><td>164</td><td>164</td></tr>
<tr><td>9.0～10.0</td><td rowspan="6">粉质黏土</td><td>168</td><td rowspan="6">174</td></tr>
<tr><td>10.0～11.0</td><td>172</td></tr>
<tr><td>11.0～12.0</td><td>174</td></tr>
<tr><td>12.0～13.0</td><td>176</td></tr>
<tr><td>13.0～14.0</td><td>176</td></tr>
<tr><td>14.0～15.0</td><td>179</td></tr>
<tr><td>15.0～16.0</td><td rowspan="5">粉质黏土</td><td>183</td><td rowspan="5">187</td></tr>
<tr><td>16.0～17.0</td><td>186</td></tr>
<tr><td>17.0～18.0</td><td>187</td></tr>
<tr><td>18.0～19.0</td><td>189</td></tr>
<tr><td>19.0～20.0</td><td>190</td></tr>
</table>

表 5　Z3 钻孔单孔波速测试成果与动力参数表

<table>
<tr><th rowspan="2">深度 H/m</th><th rowspan="2">地质分层</th><th colspan="3">波速/(m/s)</th></tr>
<tr><th>v_s</th><th>v_s</th><th>v_{se}</th></tr>
<tr><td>0.0～1.0</td><td>杂填土</td><td>142</td><td>142</td><td rowspan="10">159</td></tr>
<tr><td>1.0～2.0</td><td>粉质黏土</td><td>159</td><td>159</td></tr>
<tr><td>2.0～3.0</td><td rowspan="2">粉质黏土</td><td>146</td><td rowspan="2">148</td></tr>
<tr><td>3.0～4.0</td><td>149</td></tr>
<tr><td>4.0～5.0</td><td rowspan="2">淤泥质黏土</td><td>138</td><td rowspan="2">141</td></tr>
<tr><td>5.0～6.0</td><td>143</td></tr>
<tr><td>6.0～7.0</td><td rowspan="4">粉质黏土</td><td>148</td><td rowspan="4">152</td></tr>
<tr><td>7.0～8.0</td><td>151</td></tr>
<tr><td>8.0～9.0</td><td>153</td></tr>
<tr><td>9.0～10.0</td><td>156</td></tr>
</table>

表 5（续）

深度 H/m	地质分层	波速/(m/s)		
		v_s	v_s	v_{se}
10.0～11.0	粉质黏土	162	169	159
11.0～12.0		164		
12.0～13.0		165		
13.0～14.0		166		
14.0～15.0		169		
15.0～16.0		172		
16.0～17.0		173		
17.0～18.0		175		
18.0～19.0		177		
19.0～20.0	粉质黏土	184	184	

经勘察，本场地未发现影响工程建设的不良地质现象，Z3 孔内 2.1～2.6 m 为淤填土，可能为原河道，场地稳定，适宜本工程建设。

三、岩土工程分析与评价

（一）地基土分析与评价

1-1 杂填土、1-2 耕土　结构松散，不可作拟建建筑物浅基础持力层。

2-1 粉质黏土　稍密，具中等偏低压缩性，物理力学性质一般，厚度偏小且局部缺失，不可作拟建建筑物浅基础持力层。

2-2 黏土　软塑—软可塑，具高压缩性，物理力学性质欠好，厚度偏小，不可作拟建建筑物浅基础持力层。

2-3 黏土　软可塑，具中等偏高压缩性，物理力学性质尚好，局部分布，不可作拟建建筑物浅基础持力层。

3-1 淤泥质黏土　流塑，具高含水量、高灵敏度、高压缩性，物理力学性质差，不可作拟建建筑物基础持力层。

3-2 黏土　软塑，局部软可塑，具高压缩性，物理力学性质较差，局部分布，不可作拟建建筑物基础持力层。

4-1 粉质黏土　软可塑—硬可塑，具中等偏高压缩性，物理力学性质较好，厚度偏小且埋深较浅，不可作拟建建筑物桩基础持力层。

4-2 粉质黏土　软塑—软可塑，具中等偏高压缩性，物理力学性质一般，局部缺失，不可作拟建建筑物桩基础持力层。

4-3 粉质黏土　硬可塑，具中等偏低压缩性，物理力学性质较好，局部缺失，厚度稳定地段可作抗拔桩基础持力层。

4-4 含碎石粉质黏土　硬可塑，具中等偏低压缩性，物理力学性质较好，局部分布，不可作拟建建筑物桩基础持力层。

5-1 强风化砂岩　较硬，力学性质较好，厚度偏小，不宜作拟建建筑物桩基础持力层。

5-2 中风化砂岩　较坚硬，力学性质好，厚度稳定，是拟建建筑物良好的桩基础持力层。

5-3 微风化砂岩　坚硬，力学性质好，本层未作系统控制，可不考虑作拟建建筑物桩基础持力层。

（二）基础类型和持力层的选择

拟建工程拟采用桩基础，根据场地地基土特征，结合拟建建筑物的荷载情况，拟建工程宜采用大直径钻孔灌注桩基础，以 5-2 中风化砂岩作桩端持力层，桩端进入持力层深度≥1.0 m。

估算的单桩承载力特征值见表 6（桩长宜按标高－1.00 m 起算）。

表 6　单桩承载力特征值估算表

桩型	桩径/mm	孔号	持力层	桩长/m	总侧阻力特征值/kN	端阻力特征值/kN	单桩承载力特征值/kN
钻孔灌注桩	1 000	Z1	6-2	25.7	2 344	3 140	5 484
		Z13	6-2	19.0	1 821	3 140	4 961
		Z20	6-2	9.0	918	3 140	4 058

（三）基坑开挖与支护

拟建工程设有地下室，场地原为耕地，地下无管线、下水道等埋藏物；地下室为两层，深 8.1 m，西面为小河，且距离较近，北面和东面均有建筑物，直接放坡开挖的条件差，需采取有效的支护措施。施工前必须有专门的围护设计方案。

基坑开挖时涉及的土层为 1-1 杂填土、1-2 耕土、2-1 粉质黏土、2-2 黏土、2-3 黏土、3-1 淤泥质黏土、3-2 黏土和 4-1 粉质黏土。开挖土层中 1-1 杂填土、1-2 耕土和 2-1 粉质黏土属弱渗透性，2-2 黏土、2-3 黏土、3-1 淤泥质黏土、3-2 黏土和 4-1 粉质黏土属微渗透性。场地内地下水位较浅，西面有一河流经过，开挖时应采取有效的降排水和隔水措施，避免河水大量渗入基坑。基坑降水可采用井点降水。

本工程基坑支护可采用钻孔灌注桩排桩作挡墙，辅以高压旋喷注浆或水泥搅拌桩作止水帷幕，涉及土层的围护、降水参数见表 7。

基坑土方开挖后应立即对基坑进行封闭，防止水浸和暴露，并应及时进行地下结构施工。地下室部分地段需作抗浮处理，可采用抗拔桩处理。桩型、桩长视抗拔力而定，抗拔系数（λ）可取 0.7。

表7 基坑围护及降水设计参数

土层层次	重度/(kN/m³)	渗透系数/(m/s)	直接快剪		固结快剪		三轴试验(UU)		无侧限抗压强度/kPa
		水平	黏聚力/kPa	内摩擦角/°	黏聚力/kPa	内摩擦角/°	黏聚力/kPa	内摩擦角/°	
2-1	18.4	1.9E—05	*12	*20.0			11	25.4	68.0
2-2	17.0	3.6E—07	*15	*3.5			10	3.5	54.2
2-3	18.6	2.1E—07	*40	*4.5			*45	*5	*90
3-1	17.1	1.8E—07	8	2.8	11	10.1	7	2.5	24.2
3-2	17.5	2.5E—07	*10	*3.0			9	2.7	51.2
4-1	19.1	2.4E—07	43	5.1			59	8.3	129.5
说明		表中带“*”的为经验值							

四、结论与建议

(一) 结论

1. 本次勘察完成了委托任务，达到了勘察目的，本报告可作为拟建工程施工图设计的工程地质依据。

2. 场地类别划属Ⅱ类，划属于对抗震不利地段。

3. 勘察期间测得场地潜水位埋深在0.05～1.90 m，场地地下水对混凝土无腐蚀性，对钢结构具弱腐蚀性。

4. 场地未发现影响工程建设的不良地质现象。Z3孔内2.1～2.6 m为淤填土，可能为原河道，设计和施工时应注意。场地稳定，适宜本工程建设。

(二) 建议

1. 根据场地地基土特征和拟建建筑物荷载情况，拟建建筑物拟采用桩基础。可采用ϕ800～ϕ1 000 mm钻孔灌注桩基础，以5-2中风化砂岩作桩端持力层，桩端进入持力层深度≥1.0 m。

2. 基坑开挖时应采取支护、止水和有效的降排水措施，使地下水降至坑底土以下，并要有专门的围护设计，建议2层地下室的地段采用钻孔灌注桩排桩作挡墙，辅以高压旋喷注浆或水泥搅拌桩处理，同时设坑内水平支撑梁，并对周围环境进行监测和围护；地下室部分地段需作抗浮处理，可采用抗拔桩，桩型、桩长视抗拔力而定，抗拔系数(λ)可取0.7。

3. 单桩承载力特征值应通过静载荷试验最终确定。

5.4 验　槽

当基坑（槽）开挖至设计标高时，建设单位应组织勘察、设计、质量监督和施工单位等有关人员共同检查坑底土层是否与设计、勘察资料相符，是否存在填井、填塘、暗沟、墓穴等不良地质情况，这个过程称为验槽。验槽是建筑物施工第一阶段基槽开挖后的重要工序，也是一般岩土工程勘察工作最后一个环节。

验槽是为了普遍探明基槽的土质和特殊土情况，据此判断异常地基是否需要进行局部处理，原钻探是否需补充，原基础设计是否需修正，对自己所接收的资料和工程的外部环境进行确认。基坑验槽应在施工单位自检合格的基础上进行。施工单位确认自检合格后提出验收申请，由总监理工程师或建设单位项目负责人组织建设、监理、勘察、设计及施工单位的项目负责人、技术质量负责人，共同按设计要求和有关规定进行。

验槽工作是关系到整个建筑安全的关键。每一位工程技术人员，对每一个基槽，都应做到慎之又慎，绝不能出现任何疏忽，不能放过任何蛛丝马迹。在建筑施工时，对安全要求为二级和二级以上的建筑物必须施工验槽。验槽的方法以观察为主，辅以夯、拍或轻便触探、钎探等方法。

5.4.1　验槽规定

1. 必须具备的资料和条件

基槽开挖完毕、槽底无浮土和松土（若分段开挖，则每段条件相同），条件良好的基槽才能提出验槽申请。验槽要求勘察、设计、质监、监理、施工及建设方有关负责人员及技术人员到场，现场提供附有基础平面和结构总说明的施工图阶段的结构图、详勘阶段的岩土工程勘察报告。

2. 验槽前准备工作

首先，要查看结构说明和地质勘察报告，对比结构设计所用的地基承载力、持力层与报告所提供的是否相同。然后，询问、查看建筑位置是否与勘察范围相符；查看场地内是否有软弱下卧层，场地是否为特别的不均匀场地，勘察方要求进行特别处理的情况，设计方有没有进行处理。最后，要求建设方提供场地内是否有地下管线和相应的地下设施的资料；了解场地是否处采空影响区，是否采取相应的地基、结构措施。

5.4.2　验槽方法

1. 观察验槽

工地验槽主要是以现场观察为主，一般现场观察验槽重点放在用肉眼观察已挖地基的土质，看这些土是不是合乎设计要求。观察时，先看原基地是不是有变动，有没有浮土覆盖层，如遇到覆盖层或表面出现了已经风干的、水浸湿过的或受冻过的土层，应当铲除，一定要找到原基土。确认为原基土后，应查看该土层是不是设计要求的那种土，是不是带草根、树皮、垃圾的回填土，土的颜色与其他土是不是有明显差别，有无过干或湿的土，有无过硬的土，如遇到这些常见土质情况，必须局部下挖并进行分析，最后确定到达老土层深度，并采取相应的局部加固措施。

观察验槽首先应根据槽断面土层分布情况及走向，初步判明槽底是否已挖至设计要求深度的土层；其次检查槽底，检查时应观察刚开挖的未受扰动的土的结构、孔隙、湿度、含有物等，确定是否为原设计所提出的持力层土质，特别应重点注意柱基、墙角、承重墙下或其他受力较大的部位。除在重点部位取土鉴定外，还应在整个槽底进行全面观察，观察槽底土的颜色是否均匀一致、土的坚硬度是否一样、有没有局部含水量异常的现象等，对有可疑之处，都应查明原因，以便为地基处理或设计变更提供可靠的依据。

2. 夯、拍或轻便勘探

夯、拍验槽是用木夯、蛙式打夯机或其他施工工具对干燥的基坑进行夯、拍（对潮湿和软土地基不宜夯、拍，以免破坏槽底土层），从夯、拍声音判断土中是否存在洞或墓穴。对可疑之处，可采用轻便勘探方法进行进一步调查。

轻便勘探验槽是用钎探、轻便触探、手摇小螺纹钻、洛阳铲等对地基主要受力层范围的土层进行勘探，或对前述观察、夯或拍发现的异常情况进行探察。

根据验槽结果，如果发现有异常现象，针对不同的情况应分别认真对待。如槽底土层与设计不符，须对原设计进行修改（如加大埋深、增加基底面积等）；如遇局部软土、洞穴等不良情况，则要根据局部软弱土层的范围和深度，采取相应的措施。总之，根据具体情况，采用相应的措施，保证使建筑物基础不均匀沉降控制在容许范围之内。验槽结果应该填写验槽记录，并由参加验槽的单位技术负责人签字，作为工程资料存档，若发生地基事故，验槽记录是分析事故原因的重要线索。

习　题

1. 工程地质勘察的目的和任务是什么？

2. 工程地质勘察阶段是如何划分的，各勘察阶段的任务和工作是什么？

3. 建筑场地勘察常用的勘察方法有哪几种，动力触探试验有哪几种？

4. 工程地质勘察报告一般应包括哪些内容，工程地质勘察报告一般由哪几部分组成？

5. 验槽的目的是什么，如何进行验槽？

6. 哪些工程需要作工程地质测绘？工程地质测绘的主要方法有哪几种？

7. 工程地质勘探方法分为哪几种？

8. 原位试验和室内试验相比，有哪些优缺点？岩土工程勘察中所采用的原位试验方法主要有哪些?

9. 动力触探与静力触探有何不同，说明两类方法的优缺点与适用条件?

10. 现场检验与监测的内容是什么?

11. 验槽的目的是什么，需具备哪些条件? 验槽由谁组织，由哪些人参加?

第 6 章　土压力与土坡稳定

学习目标

通过本章的学习，了解土压力的成因及类型，土压力对基坑边坡稳定的影响。理解主动土压力和被动土压力的产生条件，掌握土压力的常用计算方法。熟悉挡土墙的设计思路和构造要点。

学习要求

知识要点	能力目标	相关知识	权重
土压力的概念	1. 了解土压力的成因 2. 理解静止土压力、主动土压力和被动土压力的形成条件 3. 理解土压力与位移的关系	1. 土的自重 2. 静止土压力 3. 主动土压力 4. 被动土压力	30%
土压力理论	1. 了解朗肯土压力理论和库仑土压力理论的基本假定 2. 理解朗肯土压力理论和库仑土压力理论的应用范围，会土压力计算 3. 掌握朗肯土压力理论的计算公式	1. 朗肯土压力理论 2. 库仑土压力理论 3. 复杂土层的土压力计算方法	40%
土坡稳定及挡土墙的设计	1. 了解土坡稳定的影响因素 2. 理解简单土坡稳定的计算方法 3. 熟悉挡土墙的设计原理及计算分析项目 4. 熟悉挡土结构的构造要求	1. 土坡稳定的作用 2. 土坡稳定分析方法 3. 挡土墙的构造	30%

学习导入

土压力指挡土结构物后的填土因自重或自重与外荷载共同作用对挡土结构所产生的侧向压力。基坑开挖或临近边坡建造房屋时，为了防止土体在土压力作用下坍塌或滑坡，需要建造各种类型的挡土结构确保安全，如房屋地下室的侧墙、挡土墙、桥台等（图 6-1）。土压力是挡土结构所承受的主要荷载，确定作用在挡土结构上土压力的分布、大小、方向和作用点是保证挡土结构设计安全可靠、经济合理的前提。

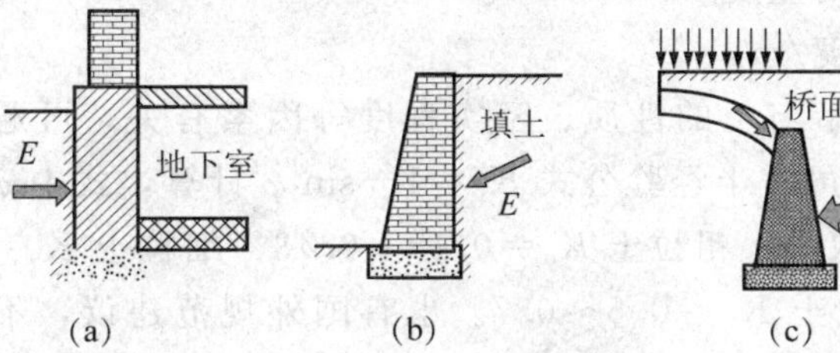

图 6-1　挡土结构

（a）地下室侧墙；（b）重力式挡土墙；（c）拱桥桥台

6.1　土压力的种类

试验表明，作用在挡土结构上的土压力，按挡土结构的位移方向、大小和墙后填土所处的状态，可分为静止土压力、主动土压力和被动土压力三种，如图 6-2。

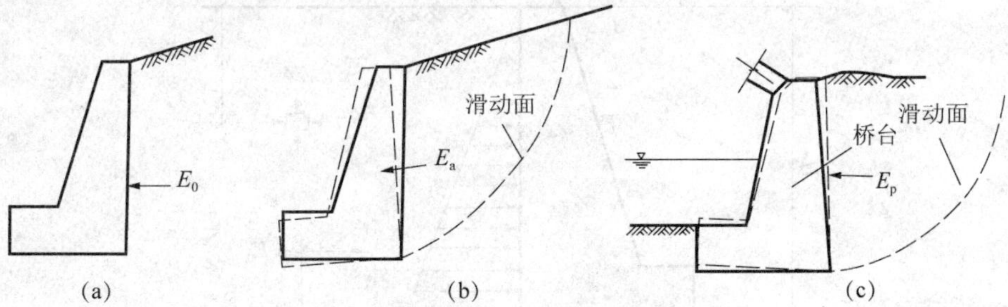

图 6-2　挡土墙上的 3 种土压力

（a）静止土压力；（b）主动土压力；（c）被动土压力

6.1.1　静止土压力

当挡土结构在土压力作用下不发生任何位移或转动，墙后土体处于弹性平衡状态时，作用在墙背上的土压力称为静止土压力，用 σ_0 表示静止土压力强度，用 E_0 表示总静止土压力，如图 6-2(a)所示。修筑在坚硬土质地基上，且断面很大的挡土墙，例如岩石地基上的挡土墙符合位移和转角为零的条件，此时墙后土体处于静止的弹性平衡状态。在墙后填土水平表面以下任意深度 z 处取一微元体，作用于微元体水平面上的竖向应力为土的自重应力 γz，则该处的水平向应力即为静止土压力，静止土压力强度可按下式计算：

$$\sigma_0 = K_0 \gamma z \tag{6-1}$$

式中 σ_0——静止土压力强度/kPa；

K_0——静止土压力系数；

γ——墙后填土的重度/（kN/m^3）；

z——计算点深度/m。

静止土压力系数 K_0 与土的性质、密实程度等因素有关，可通过侧限压缩试验测定。对正常固结土，也可按半经验公式 $K_0 = 1 - \sin\varphi'$ 计算，式中 φ' 为土的有效内摩擦角，K_0 也可按照经验取值：粗粒土 $K_0 = 0.18 \sim 0.43$，细粒土 $K_0 = 0.33 \sim 0.72$，砂土 $K_0 = 0.34 \sim 0.45$，黏性土 $K_0 = 0.5 \sim 0.7$。也有国外规范建议，不分土的种类，均取 $K_0 = 0.5$。

静止土压力沿墙高呈三角形分布，如图 6-3 所示。当计算总静止土压力时，沿墙的长度方向取 1 m 长的挡土结构物进行计算，只需计算土压力分布图的面积，可得每延米的总静止土压力为

$$E_0 = \frac{1}{2} \gamma h^2 K_0 \tag{6-2}$$

式中 E_0——每延米的总静止土压力（kN/m），E_0 的作用点在距墙底 $h/3$ 处，作用方向垂直于挡土墙背；

h——挡土墙的高度/m；

其余符号含义同前，下同。

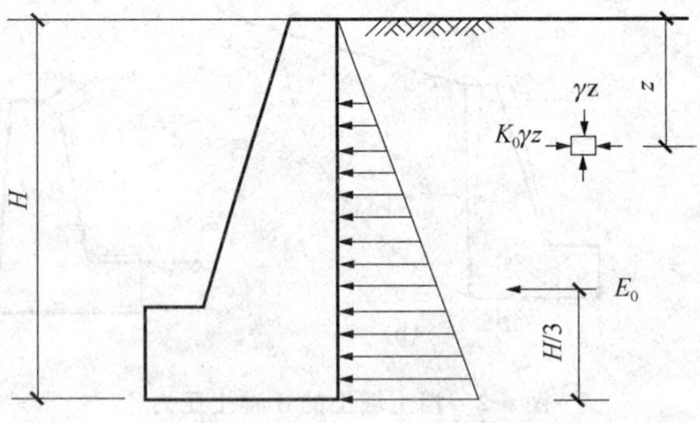

图 6-3　静止土压力的分布

静止土压力主要应用于不能产生位移或转角的挡土结构的土压力计算，如地下室侧墙（图 6-4）、岩石基础上的挡墙、拱座等。

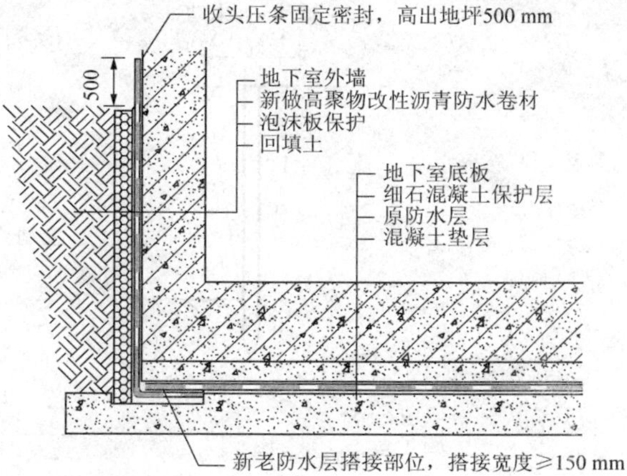

图 6-4　地下室侧墙构造

6.1.2　主动土压力

当挡土墙在土压力作用下背离填土方向移动或转动时，随着变形或位移的增大，滑动体下方的土体阻止移动的强度发挥作用，使作用于墙后的土压力逐渐减小，当达到某一位移量时，墙后土体将出现滑裂面，滑动面上的抗剪强度全部发挥，滑动土体处于主动极限平衡状态，此时土主动推墙，所以将作用在墙背上的土压力称为主动土压力，用 σ_a 表示主动土压力强度，用 E_a 表示总主动土压力，如图 6-2(b)所示。土质不同，产生主动土压力所需要的位移值也有差异，一般为位移达到 0.5%～2%h 时产生主动土压力。

一般挡土墙均按照主动土压力验算稳定性。

6.1.3　被动土压力

当挡土墙在外力作用下向填土方向移动或转动时，土体受到墙的挤压，墙后土压力逐渐增大，当达到某一位移量时，土体也将出现滑裂面，土体滑动面上的抗剪强度全部发挥作用，墙后土体处于被动极限平衡状态，墙背土压力增至最大，因土体被动的被墙推移，所以将作用在墙背上的土压力称为被动土压力，用 σ_p 表示被动土压力强度，用 E_p 表示总被动土压力，如图 6-2(c)所示。

土质不同，产生被动土压力所需要的位移值也有差异，一般为位移达到 5%～10% h 时产生被动土压力。产生被动土压力的条件特殊，拱桥的桥台可按照被动土压力验算稳定性。

上述三种土压力的产生条件及其与挡土墙位移的关系如图 6-5 所示。试验研究表明，相同条件下，产生被动土压力所需的位移量 Δp 比产生主动土压力所需的位移量 Δa 要大得多，且 $E_a < E_0 < E_p$。

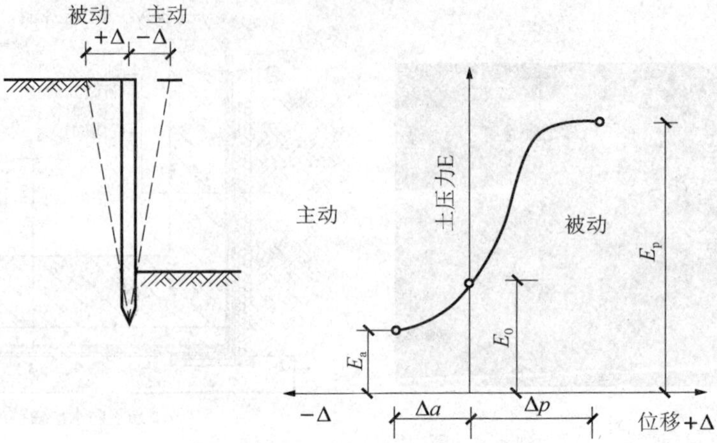

图 6-5　墙身位移和土压力的关系

6.2　库仑土压力理论

库仑土压力理论是由库仑（图 6-6）在 1773 年提出的计算挡土墙上土压力的方法之一。此理论假设挡土墙是刚性的，墙后填土为无黏性土。挡土墙受主动土压力或被动土压力时，墙后土体均处于整体极限平衡状态，按刚体极限平衡条件计算出主动土压力及被动土压力值。其基本假设是：墙后填土是理想的散粒体（黏聚力 $c=0$）；滑动破裂面为通过墙踵的平面。它可以解决墙背倾斜、填土表面倾斜的一般土压力问题，常用来求主动土压力，而被动土压力用此法计算时误差过大，一般不采用。

图 6-6　Charles-Augustin de Coulomb（1736—1806）

6.2.1　主动土压力

设一挡土墙如图 6-7 所示，墙高为 h，墙背俯斜，与垂线的夹角 ε，墙后填土为砂土，填土面与水平面的夹角为 β，墙背与填土间的摩擦角（称为外摩擦角）为 δ。当墙体背离填土方向移动或转动而使墙后土体处于主动极限平衡状态时，墙后填土形成一滑动楔体 ABC，其破裂面为通过墙踵 B 点的平面 BC，破裂面与水平面的夹角为 θ，取

1 m 墙长计算，作用于楔体 ABC 上的力如下。

(1) 土楔体自重 $W=\gamma\Delta ABC$，其中 γ 为填土重度，当确定了破裂面 BC 的位置后，便可求出 W 的大小，其方向铅垂向下。

(2) 破裂面 BC 上的反力 R_0，其大小未知，方向已知，其与破裂面 BC 的法线 N_1 的夹角等于土的内摩擦角 φ，并位于法线的下方。

(3) 墙背对土楔体的反力 E_a，其大小未知，方向已知，其与墙背 AB 的法线 N_2 的夹角为 δ，并位于法线下方，与反力 E_a 大小相等、方向相反的作用力就是作用在墙背上的主动土压力。

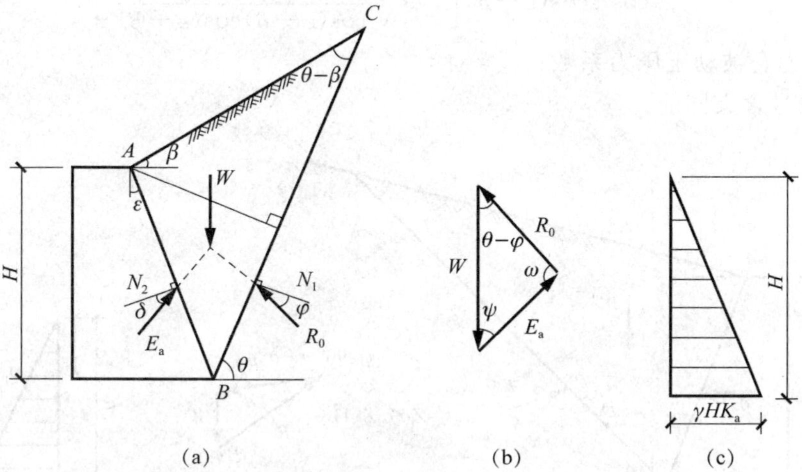

图 6-7　库仑主动土压力计算图

(a) 土楔体 ABC 上的作用力；(b) 力矢三角形；(c) 主动土压力分布

土楔体 ABC 在以上三力的作用下处于静力平衡状态，由平衡条件可得

$$E_a=\frac{1}{2}\gamma h^2 K_a \tag{6-3}$$

$$K_a=\frac{\cos^2(\varphi-\varepsilon)}{\cos^2\varepsilon\cos(\delta+\varepsilon)\left[1+\sqrt{\dfrac{\sin(\delta+\varphi)\sin(\varphi-\beta)}{\cos(\delta+\varepsilon)\cos(\varepsilon-\beta)}}\right]^2} \tag{6-4}$$

式中　K_a——库仑主动土压力系数，按式(6-4)计算或参考有关书籍查表；

ε——墙背倾斜角（°），俯斜时取正号，仰斜时取负号；

β——填土面的倾角（°）；

δ——墙背与土体的外摩擦角（°）。

由式（6-3）可知，主动土压力强度沿墙高呈三角形分布，主动土压力的合力作用点在距墙底 $h/3$ 处。

6.2.2　被动土压力

假设挡土结构在外力作用下向填土方向移动或转动，直至土体沿某一破裂面 BC 破坏时，土楔体 ABC 向上滑动，滑动面上的抗剪强度全部发挥作用，滑动土体处于被动极限平衡状态，此时竖向应力保持不变，是小主应力 σ_3，而水平向应力逐渐增大至最大值，故水平向应力是大主应力 σ_1，也就是被动土压力强度 σ_p。此时，作用在土楔体 ABC 上的力仍为 3 个，即土楔体自重 W、滑裂面的反力 R 和墙背反力 E_p。由于土楔体上滑，所以反力 R 和 E_p 的方向分别在 BC 和 AB 法线的上方（图 6-8(a)）。按照求主动土压力的原理和方法，可求得被动土压力合力的计算公式为

$$E_p=\frac{1}{2}\gamma h^2 K_p \tag{6-5}$$

$$K_p=\frac{\cos^2(\varphi+\varepsilon)}{\cos^2\varepsilon\cos(\varepsilon-\delta)\left[1-\sqrt{\dfrac{\sin(\delta+\varphi)\sin(\varphi+\beta)}{\cos(\varepsilon-\delta)\cos(\varepsilon-\beta)}}\right]^2} \tag{6-6}$$

式中 K_p 为库仑被动土压力系数；

其他符号含义同前。

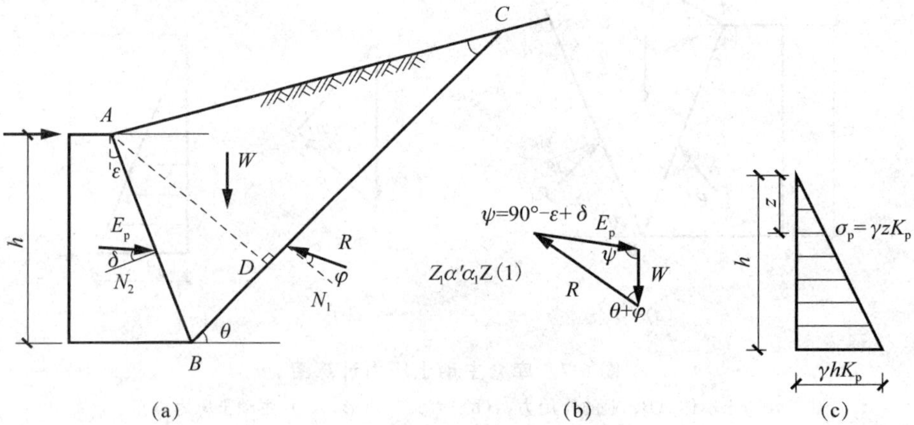

图 6-8　库仑被动土压力计算

(a) 土楔体 ABC 上的作用力；(b) 力矢三角形；(c) 被动土压力分布

库仑理论考虑了墙背与填土之间的摩擦力，并可用于填土面倾斜、墙背倾斜的情况，更加符合大部分挡土墙的断面形状。但该理论假定填土为理想的散粒体（$c=0$），故不能直接应用库仑公式计算黏性土的土压力。此外，库仑理论假定通过墙踵的破裂面为平面，而实际其为一曲面，从而造成计算结果与实际有较大出入，在实际应用时要注意，理论计算结果一般略为偏低。因此，库仑土压力理论用来设计无黏性土重力式挡土墙一般是经济合理的。如果计算悬壁式和扶臂式挡土墙的主动土压力值，则用朗肯土压力理论较方便。

6.3　朗肯土压力理论

1857 年，英国学者朗肯（图 6-9）在研究弹性半空间体内的应力状态时，根据土的极限平衡理论，得出计算土压力的方法，又称极限应力法。朗肯理论假定挡土结构墙背竖直、光滑，其后填土表面水平并无限延伸（图 6-10），因此填土内任意水平面和墙的背面均为主应力面（这两个面上的剪应力为零），作用于这些平面上的法向应力均为主应力。

图 6-9　William John Macquorn Rankine（1820—1872）

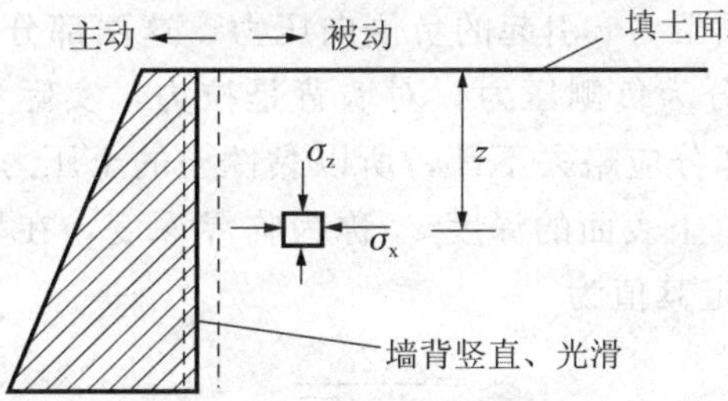

图 6-10　朗肯理论假设的挡土结构

6.3.1　主动土压力

当挡土墙背离填土时，墙后填土任意深度 z 处的竖向应力 $\sigma_z=\gamma z$ 为大主应力 σ_1，即为该处土的自重应力；主动土压力强度 σ_a（水平向应力 $\sigma_x=\sigma_a$）为小主应力 σ_3，用 σ_1，σ_3 作莫尔应力圆，如图 6-11 中应力圆Ⅰ所示。由土的强度理论（极限平衡条件）可得主动土压力强度计算公式如下。

黏性土

$$\sigma_a=\gamma z\tan^2(45°-\varphi/2)-2c\tan(45°-\varphi/2)$$

或

$$\sigma_a=\gamma zK_a-2c\sqrt{K_a} \tag{6-7}$$

无黏性土

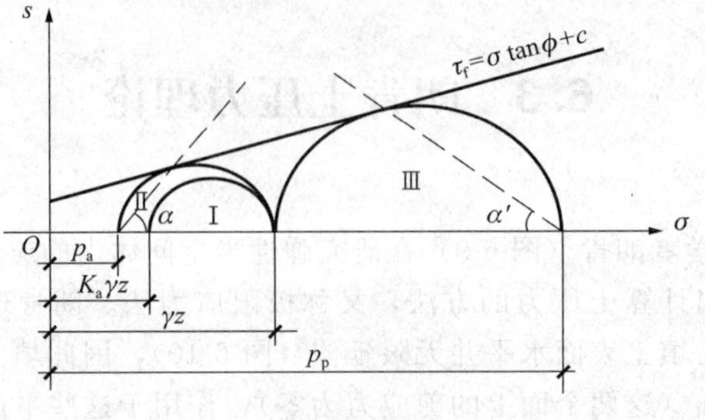

图 6-11　半无限土体极限平衡状态

$$\sigma_a=\gamma z\tan^2(45°-\varphi/2)$$

或

$$\sigma_a=\gamma zK_a \tag{6-8}$$

式中　σ_a——主动土压力强度/kPa；

K_a——主动土压力系数，$K_a=\tan^2(45°-\varphi/2)$；

c——填土的黏聚力/kPa；

φ——填土的内摩擦角/（°）。

由式(6-7)可知，黏性土的主动土压力强度包括两部分：一部分是由土的自重引起的侧压力；另一部分是由黏聚力 c 引起的负侧向压力，这两部分土压力叠加的结果如图 6-12(c)所示。其中 ade 部分为负侧压力，对墙背是拉力，实际上墙与土之间没有拉应力，在计算土压力时，这部分应略去不计，所以黏性土的土压力分布实际上仅是 abc 部分。a 点处 $\sigma_a=0$，a 点离填土表面的深度 z_0 称为临界深度，在填土表面无荷载的条件下，可令式(6-7)等于 0 确定其值为

$$z_0=\frac{2c}{\gamma\sqrt{K_a}} \tag{6-9}$$

若取 1 m 墙长计算，则主动土压力为

$$E_a=\frac{1}{2}(h-z_0)(\gamma hK_a-2c\sqrt{K_a}) \tag{6-10}$$

将 z_0 代入式(6-10)得

$$E_a=\frac{1}{2}\gamma h^2K_a-2ch\sqrt{K_a}+\frac{2c^2}{\gamma} \tag{6-11}$$

主动土压力 E_a 通过三角形压力分布图 abc 的形心，即其作用在离墙底 $(h-z_0)/3$ 处。

式(6-8)表明，无黏性土的主动土压力强度与 z 成正比，沿墙高的土压力呈三角形分布，如图 6-12(b)所示。如取 1 m 墙长分析，则主动土压力为

$$E_a=\frac{1}{2}\gamma h^2K_a \tag{6-12}$$

式中 E_a 为沿挡土墙每米上的主动土压力合力的大小/（kN/m）。

E_a 的作用点通过三角形的形心，即距墙底 $h/3$ 处。

当墙背垂直（$\varepsilon=0$），光滑（$\delta=0$），填土面水平（$\beta=0$）时，库仑公式(6-4)变为

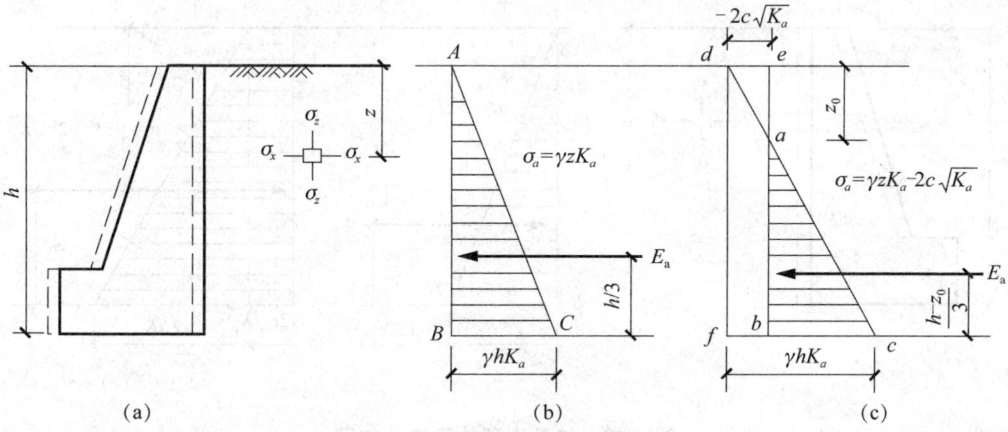

图 6-12　主动土压力强度分布图

(a) 主动土压力的计算；(b) 无黏性土压力的分布；(c) 黏性土压力的分布

$K_a=\tan^2(45°-\varphi/2)$。由此可见在上述条件下，库仑主动土压力公式与朗肯主动土压力公式相同，说明朗肯理论是库仑理论的一个特例。

6.3.2　被动土压力

当挡土墙在外力作用下推挤土体而出现被动极限状态时，墙背土体中任意一点的竖向应力 $\sigma_z=\gamma z$ 保持不变，此时土体上移，竖向应力应该是小主应力 σ_3，而 σ_x 达到最大值，即 σ_p 为大主应力 σ_1，同计算主动土压力一样用 σ_1、σ_3 作莫尔应力圆，如图 6-11 中应力圆Ⅲ所示，由极限平衡条件可以推出相应的被动土压力强度计算公式。

黏性土

$$\sigma_p=\gamma zK_p+2c\sqrt{K_p} \tag{6-13}$$

无黏性土

$$\sigma_p=\gamma zK_p \tag{6-14}$$

式中 K_p 为被动土压力系数，$K_p=\tan^2(45°+\varphi/2)$；其余符号同前。

被动土压力分布如图 6-13(b)(c)所示，取 1 m 墙长计算，则被动土压力如下。

黏性土

$$E_p=\frac{1}{2}\gamma h^2K_p+2ch\sqrt{K_p} \tag{6-15}$$

无黏性土

$$E_p=\frac{1}{2}\gamma h^2K_p \tag{6-16}$$

被动土压力 E_p 合力作用点通过土压力分布图的形心。

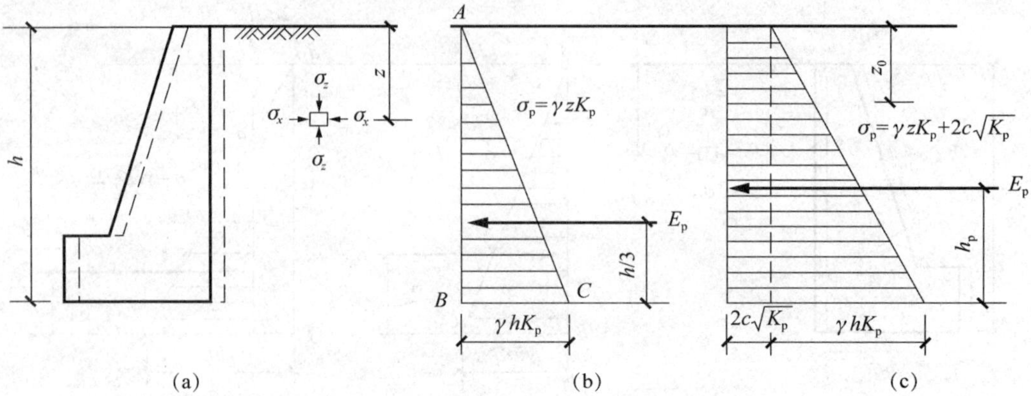

图 6-13　被动土压力强度分布图

(a) 被动土压力的计算；(b) 无黏性土压力的分布；(c) 黏性土压力的分布

例 6-1　已知某挡土墙坐落于黏土地基上，墙高 6 m，墙背直立、光滑，填土表面水平。填土为黏性土，其物理力学性质指标为 $c=5$ kPa，$\varphi=30°$，$\gamma=18.5$ kN/m^3。试求主动土压力及其合力作用点，并绘出主动压力分布图。

解　墙底处的主动土压力强度为

$$\begin{aligned}\sigma_a &= \gamma z K_a - 2c\sqrt{K_a}\\ &= 18.5\times 6\times \tan^2(45°-30°/2) - 2\times 5\times \tan(45°-30°/2)\\ &= 31.22\ \text{kPa}\end{aligned}$$

临界深度为

$$z_0 = \frac{2c}{\gamma\sqrt{K_a}} = \frac{2\times 5}{18.5\times \tan(45°-30°/2)} = 0.94\ \text{m}$$

主动土压力为

$$\begin{aligned}E_a &= \frac{1}{2}(h-z_0)(\gamma h K_a - 2c\sqrt{K_a}) = \frac{1}{2}\times(6-0.94)\times 31.22\\ &= 78.99\ \text{kN/m}\end{aligned}$$

主动土压力距墙底的距离为

$$(h-z_0)/3 = (6-0.94)/3 = 1.69\ \text{m}$$

主动土压力分布如图 6-14 所示。

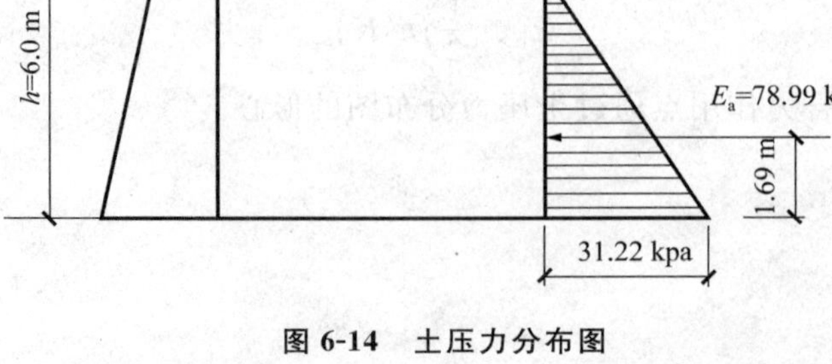

图 6-14　土压力分布图

6.3.3　朗肯理论的应用

1. 填土表面作用有均布荷载的情况

当挡土墙后填土面上有连续均布荷载 q 作用时，填土表面下深度 z 处的竖向应力 $\sigma_z=q+\gamma z$。若为无黏性土，则深度 z 处土的主动土压力强度为（$\gamma z+q$）$K_a-2c\sqrt{K_a}$，从而得出填土表面 A 点和墙底 B 点的主动土压力强度分别为

$$\sigma_{aA}=qK_a-2c\sqrt{K_a}$$

$$\sigma_{aB}=(q+\gamma h)K_a-2c\sqrt{K_a}$$

若为无黏性土，取 $c=0$，土压力分布如图 6-15 所示，合力作用点在梯形的形心。

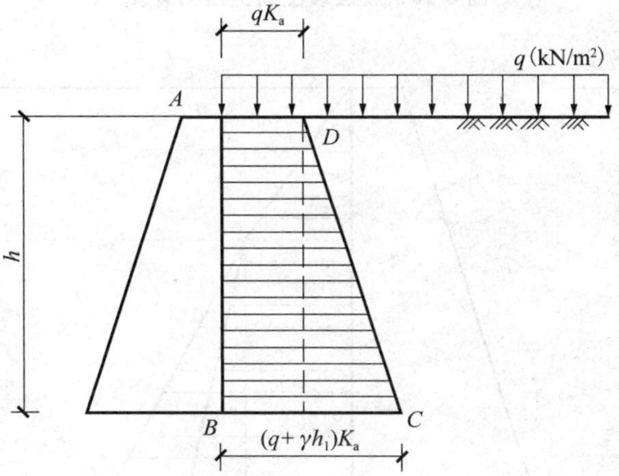

图 6-15　填土表面有均布荷载的土压力计算

2. 成层填土

当挡土墙后填土由几种不同的土层组成时，第 1 层的土压力按表面无荷载情况下的朗肯理论公式计算；在计算第 2 层的土压力时，将第 1 层土按重度换算成第 2 层土的顶部荷载，即按第 2 层土顶面有均布荷载作用进行计算；在计算第 3 层的土压力时，将第 1 层土和第 2 层土的自重换算成第 3 层土的顶部荷载进行计算；若有更多土层，则计算依次类推。由于各层土的性质不同，主动土压力系数 K_a 也不同，所以在土层的分界面上，主动土压力强度会出现两个数值。如图 6-16 所示，以无黏性土为例（其中 φ_1　φ_2，φ_3　φ_2）。

3. 墙后填土中有地下水

当墙后填土中有地下水时，作用在墙背上的侧压力由土压力和水压力两部分组成。计算土压力时地下水位以下土取有效重度进行计算。总侧向压力为土压力和水压力之和。如图 6-17 所示，*abdec* 部分为土压力分布图，*cef* 部分为水压力分布图。

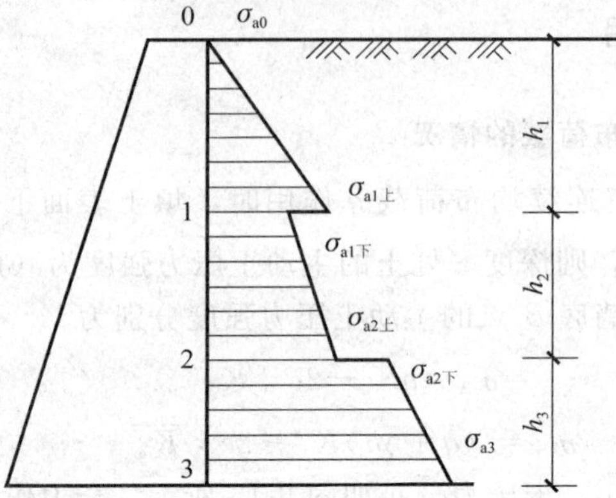

图 6-16　成层填土的土压力计算

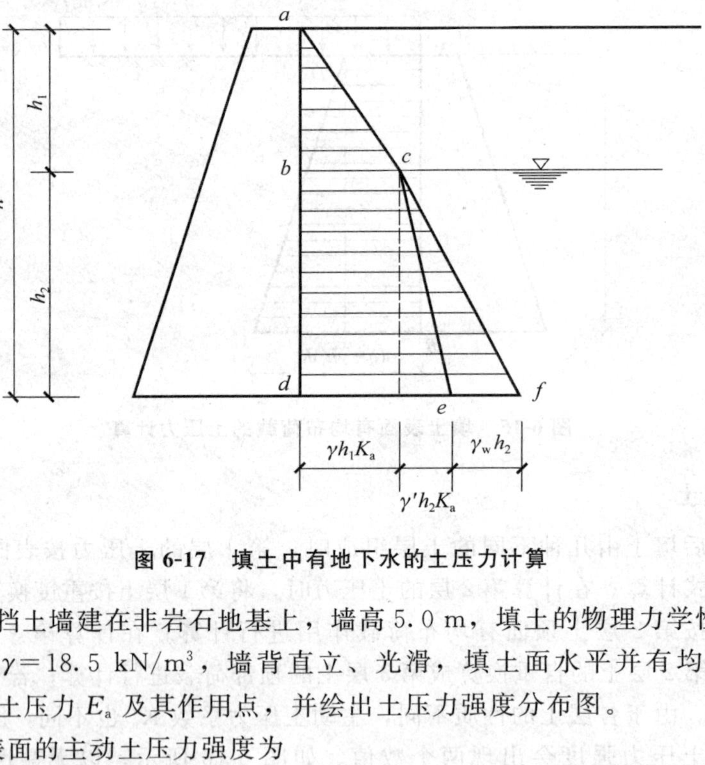

图 6-17　填土中有地下水的土压力计算

例 6-2　某挡土墙建在非岩石地基上，墙高 5.0 m，填土的物理力学性质指标如下：$\varphi=30°$，$c=0$，$\gamma=18.5\ \mathrm{kN/m^3}$，墙背直立、光滑，填土面水平并有均布荷载 $q=10$ kPa，试求主动土压力 E_a 及其作用点，并绘出土压力强度分布图。

解　填土表面的主动土压力强度为

$$\sigma_{a1}=qK_a=10\ \mathrm{kPa}\times\tan^2(45°-30°/2)=3.33\ \mathrm{kPa}$$

墙底处的主动土压力强度为

$$\sigma_{a2}=(q+\gamma h)K_a=(10+18.5\times5)\times\tan^2(45°-30°/2)=34.17\ \mathrm{kPa}$$

总主动土压力为

$$E_a=(\sigma_{a1}+\sigma_{a2})h/2=(3.33+34.17)\times5/2=93.75\ \mathrm{kN/m}$$

土压力作用点的位置为

$$h_a=\frac{1}{3}h\,\frac{2\sigma_{a1}+\sigma_{a2}}{\sigma_{a1}+\sigma_{a2}}=\left(\frac{5}{3}\times\frac{2\times3.33+34.17}{3.33+34.17}\right)=1.81\ \mathrm{m}$$

土压力分布如图 6-18 所示。

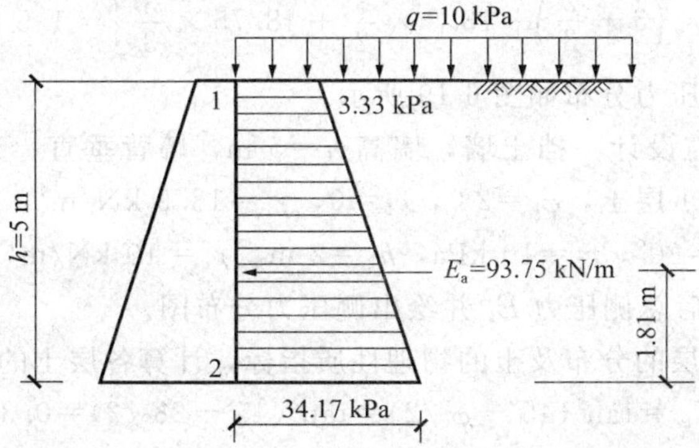

图 6-18　土压力分布图

例 6-3　某挡土墙高 5 m，墙背直立、光滑，墙后填土水平，共分两层，各土层的物理力学指标如图 6-19 所示，试求主动土压力并绘出土压力分布图。

解　计算第一层的土压力

$$K_{a1}=\tan^2\left(45°-\frac{32°}{2}\right)=0.31$$

顶面 $p_{a0}=\gamma_1 zK_{a1}=17\times0\times0.31=0$

底面 $p_{a1}=\gamma_1 zK_{a1}=17\times2\times0.31=10.5\ \text{kPa}$

计算第二层的土压力

$$K_{a2}=\tan^2\left(45°-\frac{16°}{2}\right)=0.57,\sqrt{K_{a2}}=0.75$$

顶面 $p_{a1}=(\gamma_1 h_1+\gamma_2 z)K_{a2}-2c\sqrt{K_{a2}}=(17\times2+19\times0)\times0.57-2\times10\times0.75$

$=4.4\ \text{kPa}$

底面 $p_{a2}=(\gamma_1 h_1+\gamma_2 z)K_{a2}-2c\sqrt{K_{a2}}=(17\times2+19\times3)\times0.57-2\times10\times0.75$

$=36.9\ \text{kPa}$

计算主动土压力

$$E_a=\frac{1}{2}\times10.5\times2+4.4\times3+\frac{1}{2}(36.9-4.4)\times3$$

$$=10.5+13.2+48.75=72.5\ \text{kN/m}$$

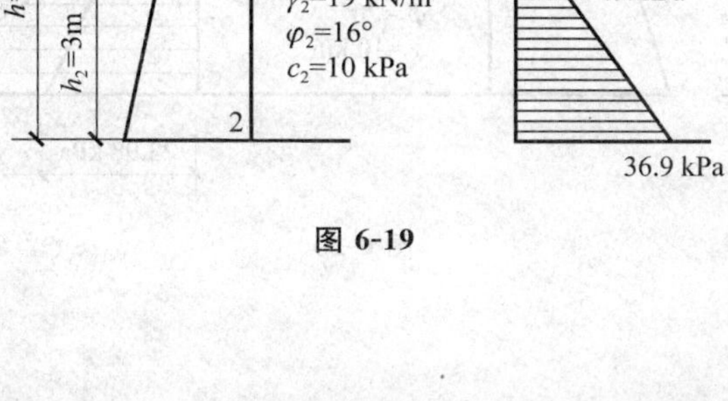

图 6-19

总土压力作用方向水平，作用点距墙基为 z，则

$$z=\frac{1}{72.5}\left[10.5\times\left(3+\frac{2}{3}\right)+13.2\times\frac{3}{2}+48.75\times\frac{3}{3}\right]=1.5\ \text{m}$$

挡土墙上主动土压力分布如图 6-19 所示。

例 6-4 某工程需设计一挡土墙，墙高 $h=5$ m，墙背垂直、光滑，墙后填土面水平。填土分 2 层，第 1 层土，$\varphi_1=28°$，$c_1=0$，$\gamma_1=18.5\ \text{kN/m}^3$，$h_1=3$ m；第 2 层土，$\gamma_{sat}=21\ \text{kN/m}^3$，$\varphi_2=20°$，$c_2=10$ kPa，$h_2=2$ m。$\gamma_w=10\ \text{kN/m}^3$，地下水位距地面以下 3 m，试求挡土墙后总侧压力 E_a 并绘出侧压力分布图。

解 根据墙后土层的分布及土的物理性质指标，计算各层土的主动土压力系数：

$$K_{a1}=\tan^2(45°-\varphi_1/2)=\tan^2(45°-28°/2)=0.36$$

$$K_{a2}=\tan^2(45°-\varphi_2/2)=\tan^2(45°-20°/2)=0.49$$

计算土压力强度分布

第 1 层土顶面处 $\sigma_{a0}=0$

第 1 层土底面处 $\sigma_{a1上}=\gamma_1 h_1 K_{a1}=(18.5\times3\times0.36)=19.98\ \text{kPa}$

第 2 层土顶面处 $\sigma_{a1下}=\gamma_1 h_1 K_{a2}-2c_2\sqrt{K_{a2}}=13.20\ \text{kPa}$

第 2 层土底面处
$$\begin{aligned}\sigma_{a2}&=(\gamma_1 h_1+\gamma_2 h_2)K_{a2}-2c_2\sqrt{K_{a2}}\\&=[18.5\times3+(21-10)\times2]\times0.49-2\times10\times\sqrt{0.49}\\&=23.98\ \text{kPa}\end{aligned}$$

计算主动土压力

$$E_a=19.98\times3/2+(13.20+23.98)\times2/2=67.15\ \text{kN/m}$$

计算静水压力强度

$$\sigma_w=\gamma_w h_2=(10\times2)=20\ \text{kPa}$$

计算静水压力

$$E_w=(20\times2/2)=20\ \text{kN/m}$$

计算总侧压力

$$E=E_a+E_w=67.15+20=87.15\ \text{kN/m}$$

土压力分布如图 6-20 所示。

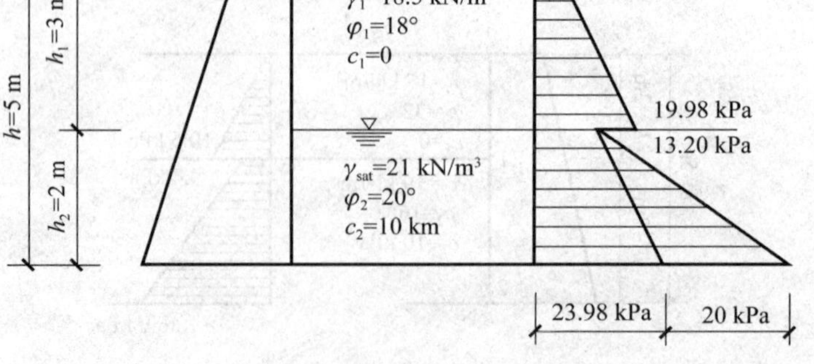

图 6-20

6.4　《建筑地基基础设计规范》推荐计算方法

《建筑地基基础设计规范》(GB 50007—2011) 规定：对土质边坡，边坡主动土压力应按式 (6-17) 进行计算。当填土为无黏性土时，主动土压力系数可按库仑土压力理论确定。当支挡结构满足朗肯条件时，主动土压力系数可按朗肯土压力理论确定。黏性土或粉土的主动土压力也可采用楔体试算法图解求得。

$$E_a=\frac{1}{2}\psi_a\gamma h^2 K_a \tag{6-17}$$

式中　E_a——主动土压力/kN；

ψ_a——主动土压力增大系数，挡土墙高度小于 5 m 时宜取 1.0，高度为 5～8 m 时宜取 1.1，高度大于 8 m 时宜取 1.2；

γ——填土的重度/kPa；

h——挡土结构的高度/m；

K_a——主动土压力系数，按《建筑地基基础设计范附》录 L 确定。

当支挡结构后缘有较陡峻的稳定岩石坡面，岩坡的坡角 $\theta>(45°+\varphi/2)$ 时，应按有限范围填土计算土压力（图 6-21)，取岩石坡面为破裂面。根据稳定岩石坡面与填土间的摩擦角按下式计算主动土压力系数

$$K_a=\sin(\alpha+\theta)\sin(\alpha+\beta)\sin(\theta-\delta_r)/\sin^2\alpha\sin(\theta-\beta)\sin(\alpha-\delta+\theta-\delta_r) \tag{6-18}$$

式中　θ——稳定岩石坡面倾角/(°)；

δ_r——稳定岩石坡面与填土间的摩擦角 (°)，根据试验确定。当无试验资料时，可取 $\delta_r=0.33\varphi_k$，φ_k 为填土的内摩擦角标准值/(°)。

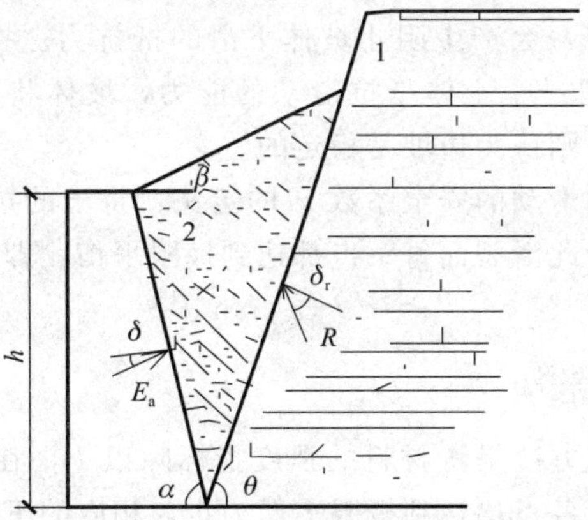

图6-21　有限填土挡土墙土压力计算示意图

1—岩石边坡；2—填土

6.5 边坡稳定分析方法及应用

滑坡是常见的地质灾害（图 6-22），在基坑开挖过程中的坍塌则会酿成工程事故。用土力学的原理对边坡进行稳定分析是岩土工程中经常需要解决的问题。《建筑地基基础设计规范》规定：在建设场区内，由于施工或其他因素的影响有可能形成滑坡的地段，必须采取可靠的预防措施。对具有发展趋势并威胁建筑物安全使用的滑坡，应及早采取综合整治措施，防止滑坡继续发展。是否需要对土坡进行加固以及采用何种措施，需对边坡进行稳定评价，而边坡的稳定安全系数是岩土工程师评价边坡是否稳定的关键依据。

图 6-22　山体滑坡

6.5.1　边坡稳定概述

边坡是指具有倾斜坡面的土体或岩体，由于坡面倾斜，在坡体自重及其他外力作用下，整个坡体有从高处向低处滑动的趋势。同时，由于坡体土（岩）自身具有一定的强度和人为的工程措施，会产生阻止坡体下滑的抵抗力。一般来说，若边坡土体内部某一个面上的滑动力超过了土体抵抗滑动的能力，坡体将产生滑动，即失去稳定；如果滑动力小于抵抗力，则认为边坡是稳定的。

土坡沿着某一滑裂面滑动的安全系数 F 的定义：将土的抗剪强度指标降低为 c'/F 和 $\tan\varphi'/F$，则土体沿着此滑裂面每一点都达到极限平衡，即

$$\tau = c'_e + \sigma'_n \tan\varphi'_e \tag{6-19}$$

式中 $c'_e = \dfrac{c'}{F}$，$\tan\varphi'_e = \dfrac{\tan\varphi'}{F}$。

这种定义安全系数的方法是将材料的强度指标除以 F，在计算中逐渐增加 F 使其强度降低，直到滑动面上各点均达到极限平衡为止，相应的 F 就是安全系数，当$F>1$，土坡稳定；当 $F<1$，土坡失稳；当 $F=1$，土坡处于极限状态。

影响边坡稳定的因素较多，有以下几方面的原因。

（1）组成坡体的岩土的物理力学性质，如土的抗剪强度、重度等对边坡的稳定性影响很大。

（2）边坡的形状和尺寸。边坡的形状和尺寸指边坡的断面形状、坡度、高度等。一般来说，边坡越陡越容易失稳，越高越容易失稳。

（3）边坡的工作条件。边坡的工作条件指边坡的外部荷载，包括边坡和坡顶上的荷载、坡后传递的荷载，如基坑边缘布置车道时，重型汽车的荷载容易造成基坑坍塌；洪水期间水坝后方的水位上升，水压力增大容易造成库区边坡坍塌等。坡体后方的水流和水位变化是影响边坡稳定的一个重要因素，除了水压力对边坡产生作用外，还降低土体的抗剪强度，增加土体的中度，进一步降低滑动面的抵抗能力。

（4）边坡的加固措施。加固措施可以把土压力转移到挡土结构，目前边坡的加固措施多种多样，如各种挡土墙、土钉支护结构等。

6.5.2　边坡稳定分析方法

边坡是半无限空间体，且受力复杂，材料强度会随环境动态变化，因此分析计算稳定安全系数较为复杂。条分法由瑞典人彼得森于 1916 年提出，其基本思路是假定土坡的破坏是由于坡内产生了滑动面，部分坡体沿滑动面滑动造成的。根据经验假定滑动面的位置，依据滑动面以上土体的静力平衡，确定沿滑面发生滑动时的破坏荷载，或判断滑体的稳定状态。滑动面是根据经验确定的，其形状可以是平面、圆弧面、对数螺旋面或其他不规则曲面。滑面以上土体的静力平衡条件可以是滑动面上力的平衡或力矩平衡。滑动体可以是以整体进行分析，也可以划分为若干土条进行分析。由于滑动面是人为假定的，所以只有通过求出一系列可能的滑动面的安全系数，其中最小的安全系数所对应的滑动面即最危险滑动面。

大量观察资料表明，黏性土滑坡时其滑动面近似于圆柱面，在横断面上呈圆弧线；砂性土滑坡时其滑动面近似于平面，在横断面上呈直线。这个规律为边坡的稳定分析提供了一条简捷的途径，它使滑坡的分析可近似地当作一个平面应变问题来处理，把滑面看作一条圆弧线或一条直线（图 6-23）。

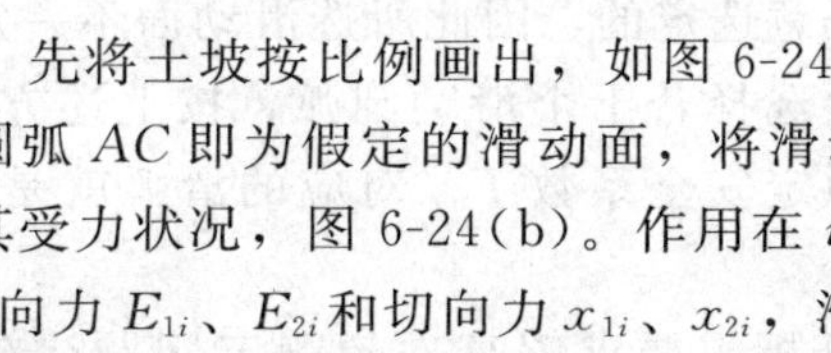

图 6-23　滑动面示意图

条分法是一种试算法，先将土坡按比例画出，如图 6-24(a)所示；然后任选一圆心 O，以 R 为半径作圆弧，圆弧 AC 即为假定的滑动面，将滑动体 ABC 分成若干竖直土条，取其中第 i 土条分析其受力状况，图 6-24(b)。作用在 i 土条上的力有：土条的自重 W_i，土条两侧作用的法向力 E_{1i}、E_{2i} 和切向力 x_{1i}、x_{2i}，滑动面 cd 上的法向压力 N_i 和切向分力 T_i，此力系是超静定的。为了简化计算，假定 E_{1i} 和 x_{1i} 的合力等于 E_{2i} 和 x_{2i} 的合力且作用方向在同一直线上，作用互相抵消，由土条的静力平衡条件可得

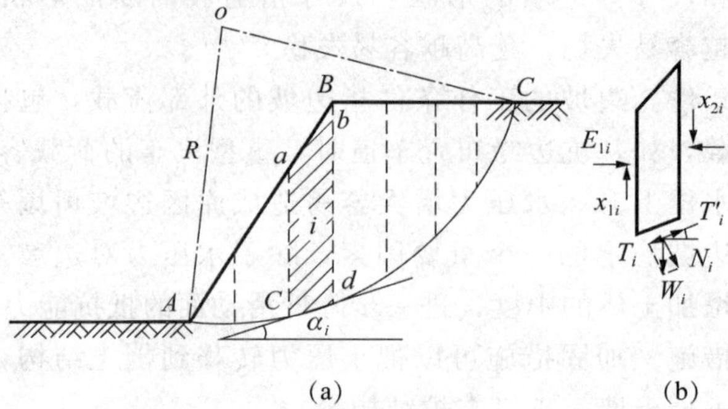

图 6-24　条分法进行边坡稳定分析

(a) 边坡剖面；(b) 作用于 i 土条上的力

法向力：　　　　　　　　　$N_i = W_i\cos\alpha_i$

切向力：　　　　　　　　　$T_i = W_i\sin\alpha_i$

此切向力即为引起土条滑动的力，称为滑动力。土条弧面 cd 上的切向抗滑力为

$$T'_i = cl_i + N_i\tan\varphi = cl_i + W_i\cos\alpha_i\tan\varphi \tag{6-20}$$

式中 l_i 为 cd 弧的长度。

以圆心 O 为转动中心，各土条对圆心的总滑动力矩为

$$M_s = \sum T_i R = R\sum W_i\sin\alpha_i \tag{6-21}$$

各土条抗滑力 T_i' 对圆心 O 的总抗滑力矩为

$$M_r = \sum T'_i R = R\sum(cl_i + W_i\cos\alpha_i\tan\varphi) = R(cl_{AC} + \tan\varphi\sum W_i\cos\alpha_i) \tag{6-22}$$

总抗滑力矩与总滑动力矩的比值称为稳定安全系数 F，即

$$F = \frac{M_r}{M_s} = \frac{R(cl_{AC} + \tan\varphi\sum W_i\cos\alpha_i)}{R\sum W_i\sin\alpha_i} = \frac{cl_{AC} + \tan\varphi\sum W_i\cos\alpha_i}{\sum W_i\sin\alpha_i} \tag{6-23}$$

式中　F——土坡稳定安全系数；

φ——土的内摩擦角/(°)；

c——土的黏聚力/kPa；

α_i——第 i 土条 cd 弧面的倾角/(°)；

l_{AC}——滑弧面 AC 的长度。

由于试算的滑动面是任意选定的，因此所选滑动面不一定是真正的最危险滑动面。为了求得最危险滑面，必须选择若干个滑动圆弧，按上述方法分别计算出相应的稳定安全系数 F，其中最小的稳定安全系数 F_{min} 对应的滑弧就是最危险滑弧，从理论上说 $F_{min}>1$ 时土坡是稳定的。

条分法进行边坡稳定分析需要求解高次超静定问题。在工程上为简化求解过程，作出各种简化假定，以减少未知量或增加方程数。采用不同的假定和简化，可导出不同的计算方法，其中常用的有瑞典圆弧法、Bishop 条分法、Janbu 条分法、Sarma 法、不平衡推力法等。瑞典圆弧法是极限平衡方法中提出最早又最简单的方法。

目前，土坡稳定性分析的方法较多，总体可以分为两大类，即以极限平衡理论为基础的条分法和以弹塑性理论为基础的数值计算方法，如有限单元法。两类方法都涉及大量烦琐的计算，可以应用专用软件借助计算机进行辅助计算，如用边坡稳定分析软件 STAB－2018 进行计算。

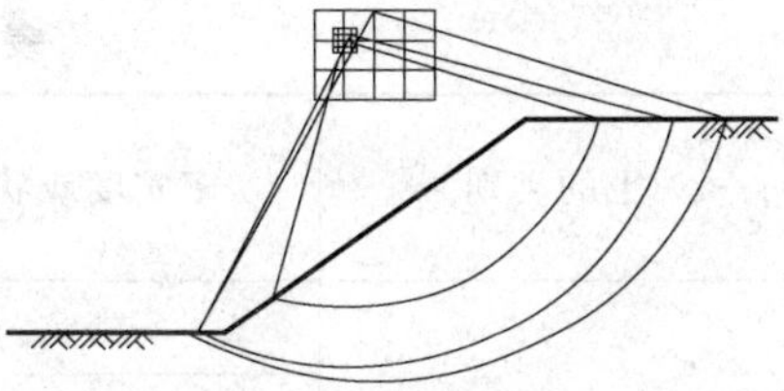

图 6-25　最危险滑动面搜索示意图

利用计算机辅助计算边坡稳定时，可先在坡顶上方根据边坡特点或工程经验，设定一可能的圆弧滑动面圆心范围，并画成正交网格边，网格长可根据精度要求确定，网格交点即为可能的圆弧滑动面的圆心，如图 6-25 所示。对每个网格交点分别采用不同的半径，用式(6-23)进行计算，得到对应该圆心的最危险滑动面。比较全部交点的 F，F_{min} 值所对应的圆心和半径所确定的圆弧就是所求的边坡的最危险滑动面。为了更精确地计算，可以该圆心为原点，再细分小区域网格，按前述方法再计算，找出该小区域网格中 F_{min}。

6.5.3　人工边坡

建造房屋经常会遇到人工边坡，建筑物的布局应依山就势，对于平整场地而出现的新边坡，应及时进行支挡或构造防护。在山区进行建设，切忌大挖大填，某些建设项目，不顾环境因素，大搞人造平原，最后导致出现大规模滑坡，造成大量投资毁于一旦，还造成生态环境的破坏。应根据边坡类型、边坡环境、边坡高度及可能的破坏模式，选择适当的边坡稳定计算方法和支挡结构形式。

1. 压实填土的边坡允许值

应根据压实填土的厚度、填料的性质等因素，按表 6-1 的数值确定。

表 6-1　压实填土的边坡允许值

填料类别	压实系数	边坡允许值			
		填土厚度 h/m			
		$h\leqslant 5$	$5<h\leqslant 10$	$10<h\leqslant 15$	$15<h\leqslant 20$
碎石、卵石碎石	0.904～0.97	1∶1.25	1∶1.50	1∶1.75	1∶2.00
砂夹石（其中碎石、卵石占全重 30%～50%）		1∶1.25	1∶1.50	1∶1.75	1∶2.00
土夹石（其中碎石、卵石占全重 30%～50%）		1∶1.25	1∶1.50	1∶1.75	1∶2.00
粉质黏土、黏粒含量大于或等于 10%的粉土		1∶1.50	1∶1.75	1∶2.00	1∶2.25

注：当压实填土厚度大于 20 m 时，可设计成台阶进行压实填土的施工。

2. 开挖边坡坡度允许值

《建筑地基基础设计规范》规定边坡的坡度允许值，应根据当地经验，参照同类土层的稳定坡度确定。当土质良好、均匀、无不良地质现象、地下水不丰富时，可按表6-2 确定开挖边坡坡度允许值。

表 6-2　土质边坡坡度允许值

土的类别	密实度或状态	坡度允许值（高宽比）	
		坡高在 5 m 以内	坡高为 5～10 m
碎石土	密实	1∶0.35～1∶0.50	1∶0.50～1∶0.75
	中密	1∶0.50～1∶0.75	1∶0.75～1∶1.00
	稍密	1∶0.75～1∶1.00	1∶1.00～1∶1.25
黏性土	坚硬	1∶0.75～1∶1.00	1∶1.00～1∶1.25
	硬塑	1∶1.00～1∶1.25	1∶1.25～1∶1.50

注：1. 表中碎石土的充填物为坚硬或硬塑状态的黏性土。

2. 对于砂土或充填物为砂土的碎石土，其边坡坡度允许值均按自然休止角确定。

土质边坡开挖时，应采取排水措施，边坡的顶部应设置截水沟。在任何情况下，不应在坡脚及坡面上积水。边坡开挖时，应由上往下开挖，依次进行。弃土应分散处理，不得将弃土堆置在坡顶及坡面上。当必须在坡顶或坡面上设置弃土转运站时，应进行坡体稳定性验算，严格控制堆栈的土方量。边坡开挖后，应立即对边坡进行防护处理。

6.6　挡土墙设计

挡土墙的种类

6.6.1　挡土墙的类型

挡土墙指支承填土或山坡土体，防止填土或土体变形失稳的构造物，根据其所处位置和结构形式等的不同可分为不同类型。挡土墙按其结构形式可分为以下几种类型。

1. 重力式挡土墙

重力式挡土墙一般由块石和素混凝土砌筑而成。靠自身的重力来维持墙体稳定，故墙身的截面尺寸较大，墙体的抗拉强度较低，一般用于低挡土墙。重力式挡土墙具有结构简单、施工方便、能够就地取材等优点，所以在工程中应用较广，如图 6-26（a）所示。常见的重力式挡土墙高度一般在 5～6 m 以下，大多采用结构简单的梯形截面形式，对于超高重力式挡土墙（一般指 6 m 以上的挡土墙）有半重力式、衡重力式等多种形式。

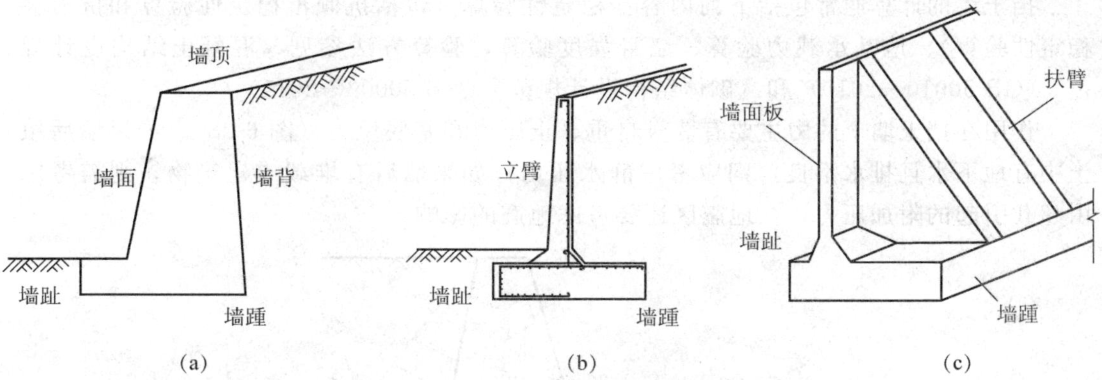

图 6-26　挡土墙的类型

(a) 重力式挡土墙；(b) 悬壁式挡土墙；(c) 扶臂式挡土墙

2. 悬臂式挡土墙

悬臂式挡土墙属于薄壁挡墙，一般用钢筋混凝土建造。它由 3 个悬臂板组成，即立臂、墙趾悬臂和墙踵悬臂，如图 6-26(b)所示。墙的稳定主要靠墙踵悬臂上的土重维持，墙体内的拉应力由钢筋承受。悬臂式挡土墙的优点是能充分利用钢筋混凝土的受力特性，墙体截面尺寸较小，一般墙高 6 m 以内采用悬臂式，6 m 以上采用扶壁式。

3. 扶臂式挡土墙

当挡土墙较高时，为了增强悬臂式挡土墙中立臂的抗弯性能，常沿墙的纵向每隔一定距离设置一道扶臂，故称为扶臂式挡土墙，如图 6-26(c)所示。墙体稳定主要靠扶臂间的土重维持。

此外，还有其他形式的挡土墙，如锚杆挡土墙（图 6-27）、锚定板挡土墙、混合式挡土墙、垛式挡土墙、加筋土挡土墙、土工织物挡土墙及板桩墙等。

图 6-27　锚杆挡土墙

6.6.2　重力式挡土墙的计算

设计重力式挡土墙时，一般先根据挡土墙所处的条件（工件地质、填土性质、荷载情况以及建筑材料和施工条件等）凭经验初步拟定截面尺寸，然后进行挡土墙的各种验算。如果不满足要求，则应改变截面尺寸或采取其他措施。

挡土墙的计算通常包括下列内容：稳定性验算（包括抗倾覆稳定性验算和抗滑移稳定性验算）、地基承载力验算、墙身强度验算，验算方法参见《混凝土结构设计规范》（GB 50010—2010）和《砌体结构设计规范》（GB 50003—2011）。

作用在挡土墙上的力主要有墙身自重、土压力和基底反力（图 6-28）。如果墙后填土中有地下水且排水不良，则应考虑静水压力；如果墙后有堆载或建筑物，则需考虑由超载引起的附加压力；在地震区还要考虑地震的影响。

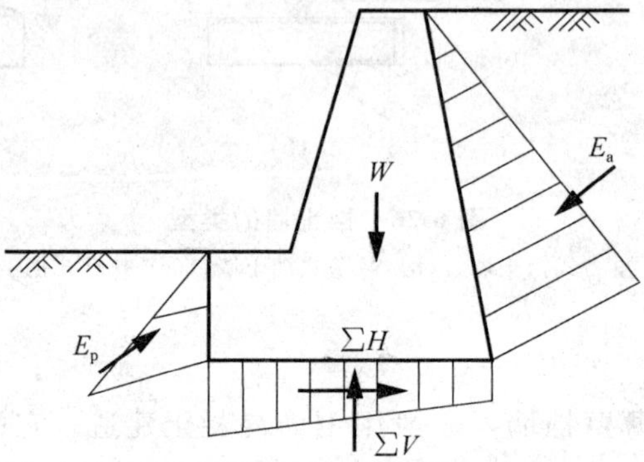

图 6-28　作用在挡土墙上的力

挡土墙的稳定性破坏通常有两种形式：一种是在土压力作用下绕墙趾 O 点外倾（图 6-29(a)），对此应进行倾覆稳定性验算；另一种是在土压力作用下沿基底滑移（图 6-29(b)），对此应进行滑动稳定性验算。

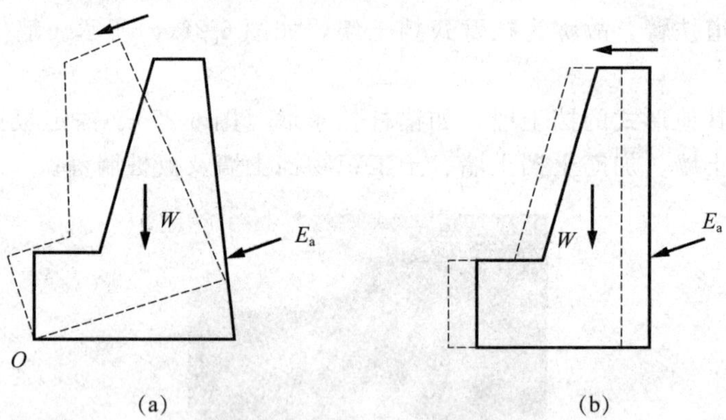

图 6-29　挡土墙的倾覆和滑移

(a) 倾覆；(b) 滑移

1. 倾覆稳定性验算

图 6-30 所示为一基底倾斜的挡土墙，将主动土压力分解为水平分力 E_{ax} 和垂直分力 E_{az}，抗倾覆力矩（$Gx_0+E_{az}x_f$）与倾覆力矩之比称为抗倾覆安全系数 F_t，其应满足下式要求

$$F_t=\frac{Gx_0+E_{az}x_f}{E_{ax}z_f}\geqslant 1.6 \tag{6-24}$$

其中

$$E_{ax}=E_a\sin(\alpha-\delta) \tag{6-25}$$

$$E_{az}=E_a\cos(\alpha-\delta) \tag{6-26}$$

$$x_f=b-z\cot\alpha \tag{6-27}$$

$$z_f=z-b\tan\alpha_0 \tag{6-28}$$

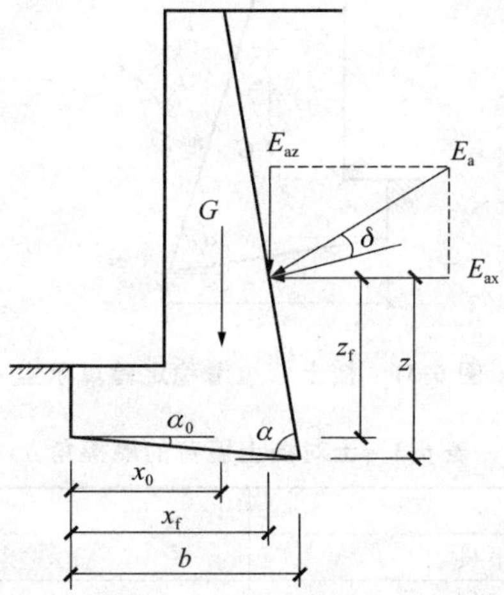

图 6-30　挡土墙抗倾覆稳定验算示意

式中　G——挡土墙每延米自重/（kN/m）；

x_0——挡土墙重心离墙趾 O 的水平距离/m；

x_f——土压力的竖向分力 E_{az} 距墙趾 O 的水平距离/m；

z——土压力作用点距墙踵的高度/m；

z_f——土压力作用点距墙趾的高度/m；

α——挡土墙背与水平面的夹角/（°）；

α_0——挡土墙基础底面与水平面的夹角/（°）；

b——基底的水平投影宽度/m。

当验算结果不满足式(6-24)的要求时，可采取下列措施加以解决：

(1) 增大挡土墙断面尺寸，加大 G，但将增加工程量；

(2) 将墙背做成仰斜式，以减少土压力。

2. 滑动稳定性验算

在滑动稳定性验算中，将 G 和 E_a 分别分解为垂直和平行于基底的分力(图 6-31)，抗滑力与滑动力之比称为抗滑稳定安全系数 F_s，其应满足下式要求

$$F_s=\frac{(G_n+E_{an})\mu}{E_{at}-G_t}\geqslant 1.3 \tag{6-29}$$

其中

$$G_n=G\cos\alpha_0$$

$$G_t=G\sin\alpha_0$$

$$E_{an}=E_a\cos(\alpha-\delta-\alpha_0)$$

$$E_{at}=E_a\sin(\alpha-\delta-\alpha_0)$$

式中 δ——土对挡土墙背的摩擦角，可按表 6-3 选用；

μ——土对挡土墙基底的摩擦系数，可按表 6-4 选用。

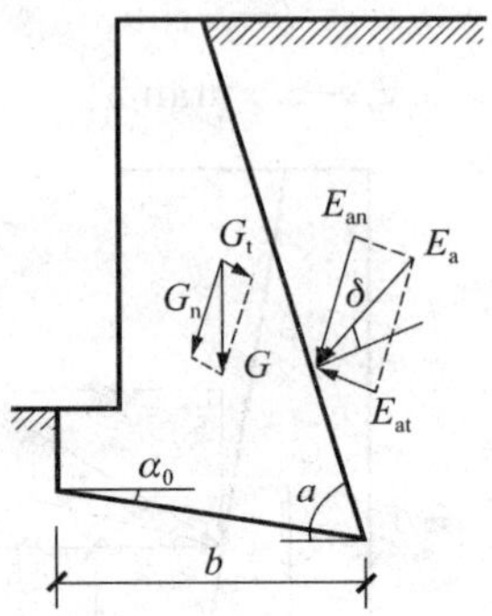

图 6-31 挡土墙抗滑稳定验算示意

表 6-3 土对挡土墙背的摩擦角 δ

挡土墙情况	摩擦角 δ
墙背平滑、排水不良	(0～0.33) φ_k
墙背粗糙、排水良好	(0.33～0.50) φ_k
墙背很粗糙、排水良好	(0.50～0.67) φ_k
墙背与填土间不可能滑动	(0.67～1.00) φ_k

注：φ_k 为墙背填土的内摩擦角标准值。

表 6-8 土对挡土墙基底的摩擦系数 μ

土的类别		摩擦系数
黏性土	可塑	0.25～0.30
	硬塑	0.30～0.35
	坚硬	0.35～0.45
粉土		0.30～0.40
中砂、粗砂、砾砂		0.40～0.50
碎石土		0.40～0.60
软质岩		0.40～0.60
表面粗糙的硬质岩		0.65～0.75

注：1. 对易风化的软质岩和塑性指标 $I_p>22$ 的黏性土，基底摩擦系数应通过试验确定。

2. 对碎石土，可根据其密实程度、填充物状态、风化程度确定。

当验算结果不满足式(6-29)的要求时，可采取下列措施：

(1) 增大挡土墙断面尺寸，加大 G。

(2) 挡土墙底面做砂、石垫层，以加大 μ。

(3) 挡土墙底做逆坡，利用滑动面上部分反力来抗滑。

(4) 在软土地基上，其他方法无效或不经济时，可在墙踵后加拖板，利用拖板上的土重来抗滑，拖板与挡土墙之间用钢筋连接。

例 6-5　某处需要设计一挡土墙，墙高=h 为 6 m，墙背垂直、光滑（$\varepsilon=0$，$\delta=0$，$\alpha_0=0$），填土面水平（$\beta=0$），挡土墙采用毛石和 M5 水泥砂浆砌筑，墙体重度 $\gamma_k=22$ kN/m^3，填土内摩擦角 $\varphi=40°$，$c=0$，填土重度 $\gamma=18$ kN/m^3，基底摩擦系数 $\mu=0.5$，地基承载力设计值 $f_{ak}=180$ kPa，试设计该挡土墙。

解　(1) 确定挡土墙的断面尺寸　一般重力式挡土墙的顶宽约为 $h/12$，底宽宜取 (1/3～1/2) h，初步选取顶宽 0.6 m，底宽 $b=2.5$ m。

(2) 计算主动土压力 E_a

$$E_a=\frac{1}{2}\gamma h^2\tan^2\left(45°-\frac{\varphi}{2}\right)=\frac{1}{2}\times18\times6^2\times\tan^2\left(45°-\frac{40°}{2}\right)=70.45\ \text{kN/m}$$

土压力作用点离墙底距离为

$$h_a=\frac{1}{3}h=\frac{1}{3}\times6=2\ \text{m}$$

(3) 计算挡土墙自重及重心　为计算方便，将挡土墙截面分成一个矩形和一个三角形（图 6-32），并分别计算挡土墙每延米自重

$$G_1=\frac{1}{2}\times1.9\times6\times22=125.4\ \text{kN/m}$$

$$G_2=0.6\times6\times22=79.2\ \text{kN/m}$$

G_1、G_2 的作用点距 O 点的距离 x_1、x_2 分别为

$$x_1=\frac{2}{3}\times1.9=1.27\ \text{m}$$

$$x_2=1.9+\frac{1}{2}\times0.6=2.2\ \text{m}$$

(4) 倾覆稳定性验算

$$F_t=\frac{G_1x_1+G_2x_2}{E_ah_a}=\frac{125.4\times1.27+79.2\times2.2}{70.45\times2}=2.37>1.6$$

(5) 滑动稳定性验算

$$F_s=\frac{(G_1+G_2)\mu}{E_a-G_t}=\frac{(125.4+79.2)\times0.5}{70.45-0}=1.45>1.3$$

(6) 地基承载力验算（图 6-32）　作用在基底的总垂直力为

$$N=G_1+G_2=(125.4+79.2)=204.6\ \text{kN/m}$$

合力作用点离 O 点距离为

$$e_1=\frac{G_1x_1+G_2x_2-E_ah_a}{N}=\frac{125.4\times1.27+79.2\times2.2-70.45\times2}{204.6}=0.94\ \text{m}$$

偏心距　$e=\frac{b}{2}-e_1=\frac{2.5}{2}-0.94=0.31\ \text{m}<\frac{b}{6}=0.42$

基底压力 $p=\frac{N}{b}=\frac{204.6}{2.5}=81.84\ \text{kPa}<f_{ak}=180\ \text{kPa}$（满足要求）

$$p_{\min}^{\max}=\frac{N}{b}\left(1\pm\frac{6e}{b}\right)=\frac{204.6}{2.5}\times\left(1\pm\frac{6\times0.31}{2.5}\right)$$

$$=81.84\times(1\pm0.744)=\frac{142.73}{20.95}\text{ kPa}$$

$$p_{max}<1.2f_{ak}=1.2\times180=216\text{ kPa（满足要求）}$$

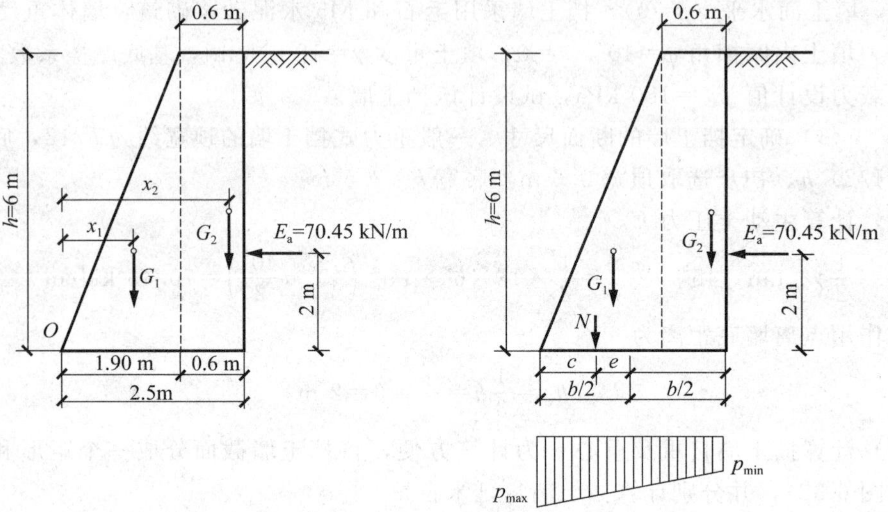

图 6-32

6.6.3 重力式挡土墙的构造措施

重力式挡土墙适用于高度小于 8 m、地层稳定、开挖土石方时不会危及相邻建筑物的地段；毛石挡土墙的墙顶宽度不宜小于 400 mm；混凝土挡土墙的墙顶宽度不宜小于 200 mm。重力式挡土墙的基础埋置深度，应根据地基承载力、水流冲刷、岩石裂隙发育及风化程度等因素进行确定。在特强冻胀、强冻胀地区，应考虑冻胀的影响。在土质地基中，基础埋置深度不宜小于 0.5 m；在软质岩地基中，基础埋置深度不宜小于 0.3 m。重力式挡土墙应每间隔 10～20 m 设置一道伸缩缝。当地基有变化时宜加设沉降缝（见图 6-33）。在挡土结构的拐角处，应采取加强的构造措施。

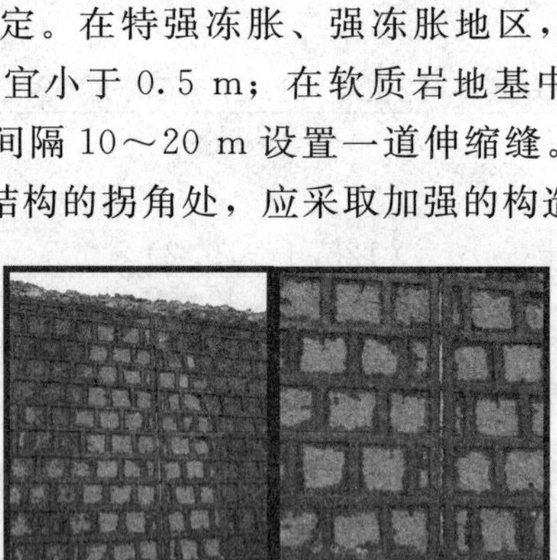

图 6-33　挡土墙伸缩缝

墙背的倾斜形式应根据使用要求、地形和施工要求综合考虑确定。从受力情况分析，仰斜墙的主动土压力最小，而俯斜墙的土压力最大。从挖填方角度来看，如果边坡是挖方，墙背采用仰斜较合理，因为仰斜墙背可与边坡紧密贴合；若边坡是填方，则墙背采用垂直或俯斜较合理，因仰斜墙背填方的夯实施工比较困难。当墙前地面较陡时，墙面可取 1∶0.05～1∶0.2 仰斜坡度，也可直立。当墙前地形较为平坦时，对于中、高挡土墙，墙面坡度可较缓，但不宜缓于 1∶0.4，以免增高墙身或增加开挖宽度。仰斜墙背坡度越缓，主动土压力越小，但为避免施工困难，仰斜墙背坡度一般不宜缓于 1∶0.25，墙面坡应尽量与墙背坡平行。

为了增强挡土墙的抗滑稳定性，可将基底做成逆坡。对于土质地基，基底逆坡坡度不宜大于 1∶10；对于岩质地基，基底逆坡坡度不宜大于 1∶5。

挡土墙排水不畅可使填土中存在大量积水，使填土重度增加，抗剪强度降低，土压力增大，有时还会受到水的渗透和静水压力的影响，从而导致挡土墙破坏，因此挡土墙应设置泄水孔，其间距宜取 2～3 m，外斜 5%，孔眼尺寸不宜小于 $\phi 100$ mm；墙后要做好滤水层和必要的排水盲沟，在墙顶背后的地面铺设防水层；当墙后有山坡时，还应在坡下设置截水沟（图 6-34）。

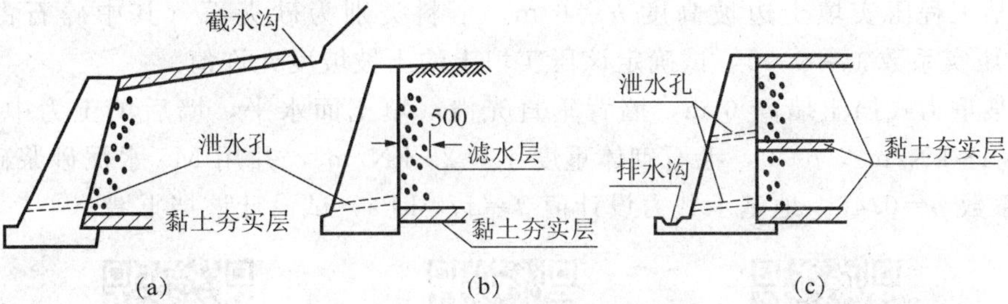

图 6-34　挡土墙排水措施

(a) 方案一；(b) 方案二；(c) 方案三

挡土墙填土宜选择透水性较大的土，如砂土、砾石、碎石等，因为这类土的抗剪强度较稳定，易于排水。不应采用淤泥、耕植土、膨胀黏土等作为填料，填土料中也不应掺杂大的冻结土块、木块或其他杂物。当采用黏性土作为填料时，宜掺入适量的块石，墙后填土应分层夯实。

习　题

1. 静止土压力、主动土压力和被动土压力产生的条件分别是什么？

2. 朗肯土压力理论适用于哪种挡土结构的土压力计算？

3. 当填土表面有均布荷载、成层填土、有地下水时，土压力应如何计算？

4. 挡土墙有哪几种类型？重力式挡土墙有哪些构造要求？

5. 为什么要进行突破稳定分析，稳定安全系数有何作用？

6. 某挡土墙高 5 m，墙背垂直、光滑，填土面水平，墙后填土为黏性土，其物理力学指标为 $\gamma=18\ \mathrm{kN/m^3}$，$c=6$ kPa，$\varphi=28°$，试求主动土压力及其作用点，并给出主动土压力强度分布图。

7. 其挡土墙高 6 m，墙背垂直、光滑，填土表面水平并作用有均布荷载 $q=12$

kPa，各层土的物理力学性质如图 6-35 所示，试求出主动土压力大小，并绘出主动土压力强度分布图。

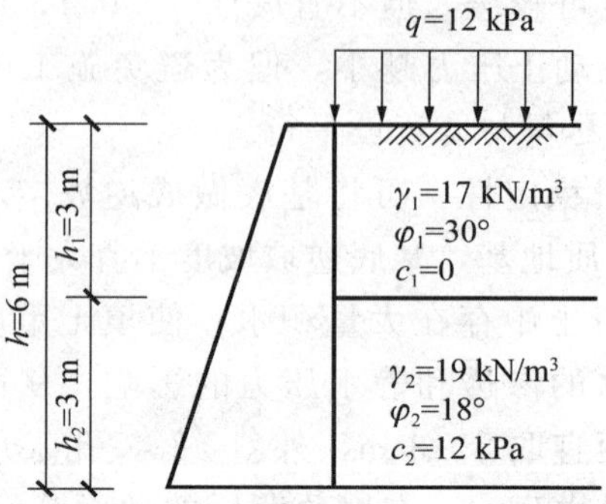

图 6-35　题 6-7 图

8. 某工程压实填土边坡高度 $h=6$ m，填料类别为砂夹石（其中碎石占全重的 45%），压实系数 $\lambda_c=0.95$，试确定该压实填土的土坡坡度允许值。

9. 某重力式挡土墙高 6 m，墙背垂直光滑，填土面水平，墙后填土为中砂，$\varphi=30°$，$\gamma=18$ kN/m³，$c=0$，毛石砌体重度 $\gamma_k=22$ kN/m³，并用 M5 水泥砂浆砌筑，基底摩擦系数 $\mu=0.45$，地基承载力设计值 $f=170$ kPa，试设计该挡土墙。

边坡的种类　　土钉的施工步骤　　边坡工程施工要点

第7章　场地平整与基坑施工

学习目标

通过本章的学习，了解场地平整及基坑开挖施工在建筑工程施工过程中的地位和作用；理解场地标高确定的基本原理和土方工程量的计算方法；熟悉地下水和雨水对基础施工的影响，掌握基坑排水的方法；理解基坑边坡稳定对施工安全的影响，掌握基坑支护的施工方法；理解土的压实度概念，掌握基坑回填土的作业要求。

学习要求

知识要点	能力目标	相关知识	权重
场地平整和基坑开挖	1. 了解场地平整及基坑开挖的作用 2. 理解场地平整、土方调配的要求 3. 掌握方格网法计算土方工程量	1. 场地平整 2. 方格网法计算土方量 3. 土方调配 4. 场地标高设计	30%
基坑降水和排水	1. 了解地下水的类型及其对基坑稳定的影响 2. 熟悉常用基坑降水、排水措施 3. 掌握井点降水施工工艺和井点维护技术	1. 地下水对边坡稳定的影响 2. 集水井排水法 3. 井点降水法	20%
基坑支护	1. 了解基坑坍塌的成因及类型 2. 理解常见基坑支护类型及适用范围 3. 掌握典型支护方案的施工工艺	1. 土坡稳定 2. 基坑支护方案 3. 基坑位移监测	30%
土方开挖与回填	1. 熟悉土方开挖机械，理解土方开挖技术要求 2. 理解土的压实原理 3. 熟悉土方回填材料要求 4. 掌握土方压实的操作工艺和质量要求	1. 土的压实原理 2. 土方回填材料 3. 土方回填检测 4. 土方开挖方案	20%

学习导入

开始动土作业意味着项目开工建造，场地平整和基坑开挖标志着建筑物进入基础施工阶段。场地平整为施工单位进场创造条件，它和基坑开挖都涉及大量的土石方作业，为了施工预决算和办理相关工程签证的需要，必须进行土方工程量的计算。基坑开挖过程需要确保边坡稳定，地下水和雨水对基坑作业均有不利影响，需要通过采取降水、排水措施确保安全。基坑坍塌会对施工安全造成危害，采取支护措施确保安全是基础施工必不可少的措施项目。降水、排水、支护可保障基础施工的安全，等地下结构施工完成后，还要通过土方回填、压实作业，确保室内外地坪的稳定。土方施工、基坑支护均须遵循有关施工规范，并按照既定施工组织设计或专项施工方案开展作业，确保基础施工阶段的质量与安全。另外，土方施工还需确保不污染环境，做到文明施工。

7.1 场地平整和土方调配

场地平整

一般场地的自然地貌不能满足建设需要，故要对场地进行高挖低填。场地平整是将建设范围内的自然地面通过机械进行整平或改造成有一定坡度的地面，以利现场平面布置。场地平整涉及大量土方作业，土方工程施工耗资较多，为了预决算和土方调配的需要，必须计算土方工程量。另外，拟定土方施工方案也需要以工程量为依据。

7.1.1 场地平整

场地平整的一般施工工序：现场勘察→清除地面障碍物→标定平整范围→设置水准基点→设置方格网、测量标高→计算土方挖填工程量→平整土方→场地碾压→验收。

平整前必须根据相关资料进行充分的现场踏勘和地下勘探，查明地下的管道、光缆、电缆等情况，然后开始作业，把场地平整范围内的障碍物如树木、电杆、地下管道等清理干净。根据总图要求的标高，从水准基点引进基准标高作为确定土方量计算的基点。

1. 场地平整的一般要求

（1）在确保各处标高正确的前提下，应组织好地面排水，平整后场地的表面坡度应符合设计要求；如设计无要求，一般应向排水沟方向做成不小于0.2%的坡度。

（2）平整后的场地表面应逐点检查标高，检查点按100～400 m^2 取一点，但不少于10点，长度、宽度方向和边坡上均为20 m取一点，每边不少于1点。

（3）场地平整时，应经常测量和校核平面位置、水平标高和边坡坡度是否符合设计要求；平面控制桩和水准控制点应采取可靠措施加以保护，定期复测和检查，弃土不应太靠近边坡边缘堆放，土堆边缘距离边坡边缘必须确保足够的安全距离。

2. 场地设计标高的确定

（1）场地设计标高的初步确定

当小型场地平整且对场地标高无特殊要求时，一般可以根据平整前后土方量相等的原则求得设计标高。计算前，先将场地平面规划成方格网，并根据地形图将各个方格的角点标高标到地形图上（图 7-1），若使平整前后土方量相等，则有

$$H_0 na^2 = \sum \left(a^2 \frac{H_{11} + H_{12} + H_{21} + H_{22}}{4}\right) \tag{7-1}$$

$$H_0 = \sum \left(\frac{H_{11} + H_{12} + H_{21} + H_{22}}{4n}\right) \tag{7-2}$$

式中　H_0 ——所计算场地的设计标高/m；

a ——方格边长/m；

n ——方格数/个；

H_{11}、H_{12}、H_{21}、H_{22}——任意方格的四个角点的标高/m。

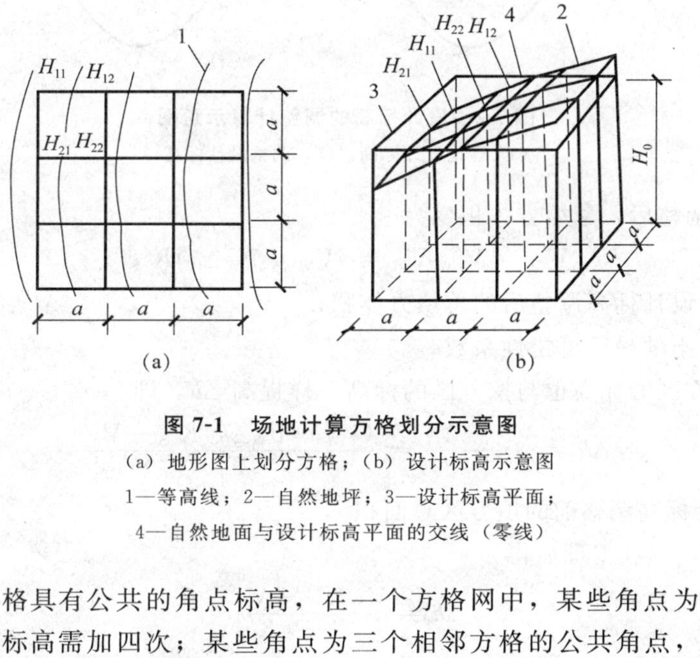

图 7-1　场地计算方格划分示意图

（a）地形图上划分方格；（b）设计标高示意图

1—等高线；2—自然地坪；3—设计标高平面；

4—自然地面与设计标高平面的交线（零线）

由于相邻方格具有公共的角点标高，在一个方格网中，某些角点为四个相邻方格的公共角点，其标高需加四次；某些角点为三个相邻方格的公共角点，其标高需加三次；依此类推，式(7-2)可改写成以下形式：

$$H_0 = \frac{\sum H_1 + 2\sum H_2 + 3\sum H_3 + 4\sum H_4}{4n} \tag{7-3}$$

式中　H_1 ——1 个方格仅有的角点标高/m；

H_2 ——2 个方格共有的角点标高/m；

H_3 ——3 个方格共有的角点标高/m；

H_4 ——4 个方格共有的角点标高/m。

（2）设计标高的调整

由于土壤具有可松性，即挖方部分土方开挖后体积会增大，因此需相应地提高设计标高，以达到土方量的实际平衡；由于设计标高以上的各种填方工程（如场区修筑路堤）而使得设计标高降低，或者由于设计标高以下的各种挖方工程而使设计标高提高（如开挖河道、水池、基坑等）；此外，根据经济比较的结果，将部分挖方就近弃于场外，或部分填方就近取于场外而引起挖、填土方量的变化后，需增、减设计标高，因此根据公式计算出的设计标高为理论标高值，还需根据具体情况进行调整。

因土可松，导致挖方减少。可设 Δh 为因土的可松性引起的设计标高的增加值，则总挖方体积 V_W 应减少 $F_W\Delta h$（图 7-2），即

$$V'_W = V_W - F_W\Delta h \tag{7-4}$$

式中 V_W——设计标高调整前的总挖方体积；

V'_W——设计标高调整后的总挖方体积；

F_W——设计标高调整前的挖方区总面积。

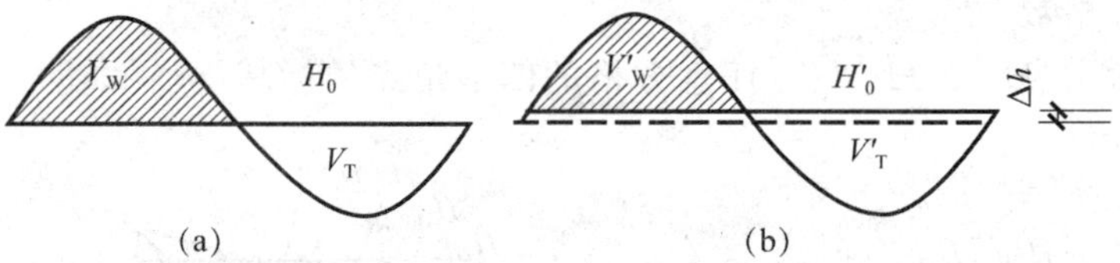

图 7-2 设计标高的调整计算示意图

（a）理论设计标高；（b）调整设计标高

设计标高调整后，总填方体积变为

$$V'_T = V'_W K'_S = (V_W - F_W\Delta h)K'_S \tag{7-5}$$

式中 V'_T——设计标高调整后的总填方体积；

K'_S——土的最后可松性系数。

此时，填方区的标高也与挖方区的标高一样提高 Δh，即

$$\Delta h = \frac{V'_T - V_T}{F_T} = \frac{(V_W - F_W\Delta h)K'_S - V_T}{F_T} \tag{7-6}$$

式中 F_T 为设计标高调整前的填方区总面积。

将式（7-6）移项整理后得

$$\Delta h = \frac{V_W K'_S - V_T}{F_T + F_W K'_S} \tag{7-7}$$

场区各方格点的设计标高经调整后改为

$$H'_0 = H_0 + \Delta h \tag{7-8}$$

如果场地面积较大，则应有 2‰以上排水坡度，并应考虑排水坡度对设计标高的影响。场地内任意一点实际施工时所采用的设计标高（m）可由下式计算。

单向排水时（图 7-3(a)）

$$H'_0 = H_0 + l \cdot i \tag{7-9}$$

双向排水时（图 7-3(b)）

$$H'_0 = H_0 \pm l_x i_x \pm l_y i_y \tag{7-10}$$

式中　H'_0——调整后的设计标高；

H_0——调整前的设计标高；

l、l_x、l_y——任意一点排水方向距离场地边线的距离，x、y 方向距离场地边线的距离；

i、i_x、i_y——排水坡度、x 和 y 方向的排水坡度。

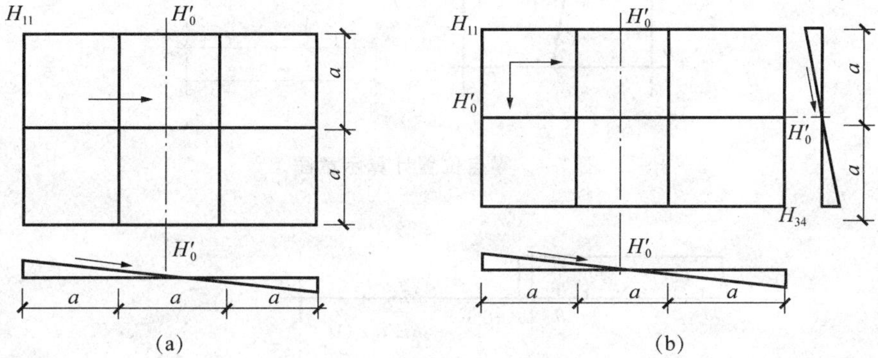

图 7-3　考虑排水坡度对设计标高的影响示意图

(a) 单向排水；(b) 双向排水

3. 场地平整土方量计算

土方工程量的计算方法有方格网法和横断面法两种。方格网法用于地形开阔场地的土方计算；横截面法适用于地形起伏变化较大地区，或者地形狭长、挖填深度较大又不规则的地段，其计算方法为断面面积乘以开挖长度。方格网法相对复杂，其计算步骤如下。

(1) 方格网划分

方格网法是一种简化计算方法，计算的土方量与实际土方量有一定的误差。根据已有地形图（一般用 1：500 的地形图）将场地划分成若干个方格网，尽量与测量的纵、横坐标网对应。单元方格一般采用 20 m×20 m 或 40 m×40 m，划分的单元格越小，计算越精确，相应计算的工作量越大。将相应设计标高和自然地面标高分别标注在方格点的右上角和右下角。将设计地面标高与自然地面标高的差值，即各角点的施工高度 h（挖或填）填在方格网的左上角，挖方为（－），填方为（＋）。

(2) 零点位置确定

在一个方格网内同时有填方或挖方时，应先计算出方格网边上的零点位置，并标注于方格网线上，连接零点即得填方区与挖方区的分界线（零线），如图 7-4。零点的位置按下式计算

$$x_1 = \frac{h_1}{h_1 + h_2} \times a \text{，} x_2 = \frac{h_2}{h_1 + h_2} \times a \tag{7-11}$$

也可以用图解法确定零点（图 7-5），按比例尺在各角点上标出挖填施工高度并连线，与方格相交点即为零点位置。将相邻的零点连接起来，即为零线，它是方格中挖方与填方的分界线。

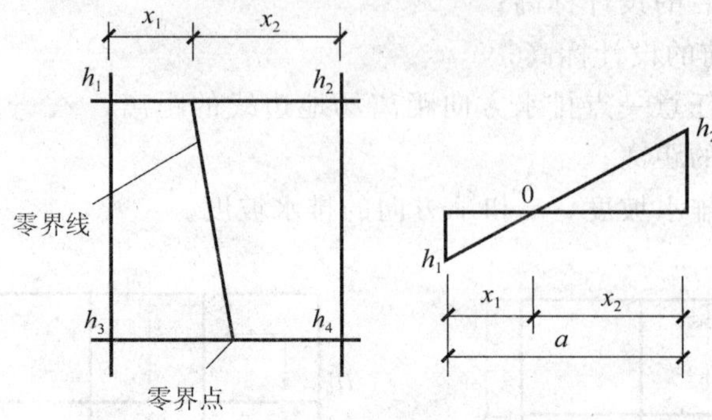

图 7-4　零点位置计算示意图

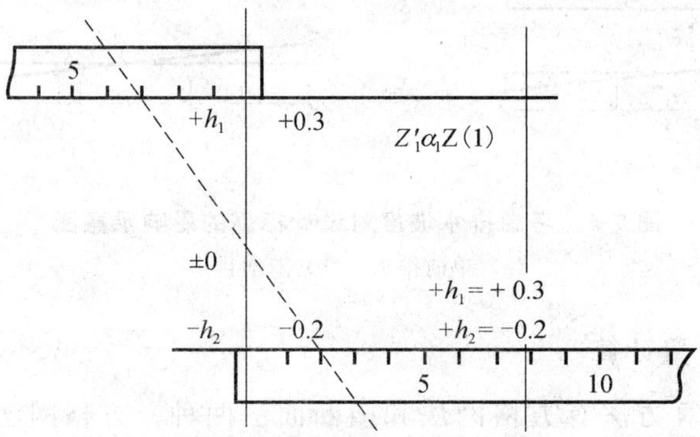

图 7-5　图解法零点位置计算示意图

(3) 挖填土方工程量计算

按方格网底面积图形和表 7-1 所列体积计算公式，计算每个方格内的挖方或填方量。

表 7-1　常用方格网点计算公式

项　目	图　式	计算公式
一点填方或挖方（三角形）	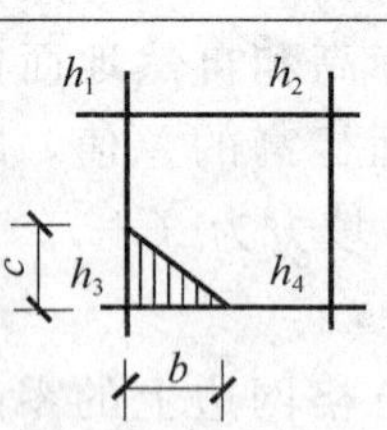 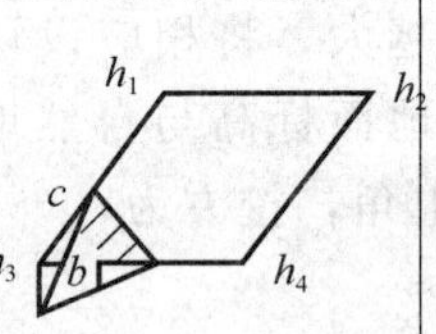	$V=\frac{1}{2}bc\frac{\sum h}{3}=\frac{bch_3}{6}$ 当 $b=c=a$ 时，$V=\frac{a^2h_3}{6}$
两点填方或挖方（梯形）	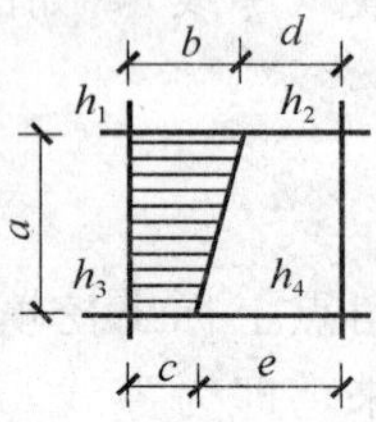 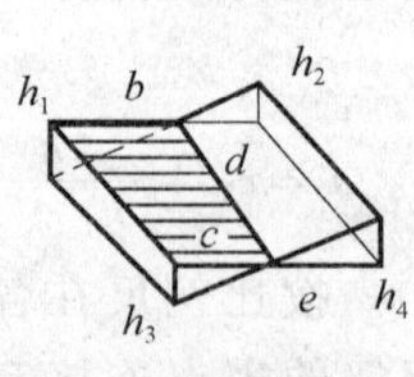	$V_+=\frac{b+c}{2}a\frac{\sum h}{4}=\frac{a}{8}(b+c)(h_1+h_3)$ $V_-=\frac{d+e}{2}a\frac{\sum h}{4}=\frac{a}{8}(d+e)(h_2+h_4)$

表 7-1（续）

项　　目	图　　式	计算公式
三点填方或挖方（五角形）	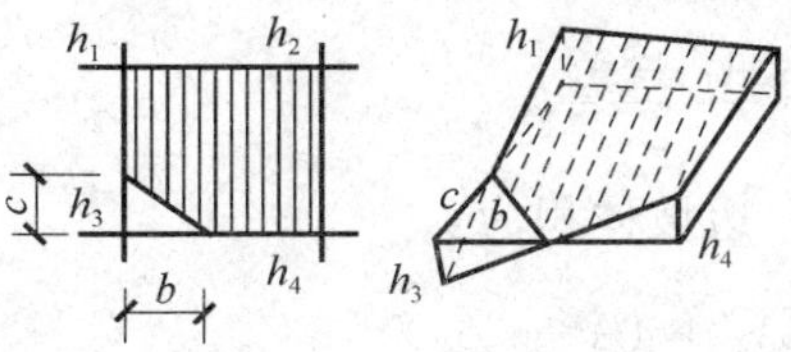	$V=\left(a^{2}-\dfrac{bc}{2}\right)\dfrac{\sum h}{5}$ $=\left(a^{2}-\dfrac{bc}{2}\right)\dfrac{h_1+h_2+h_3}{5}$
四点填方或挖方（正方形）	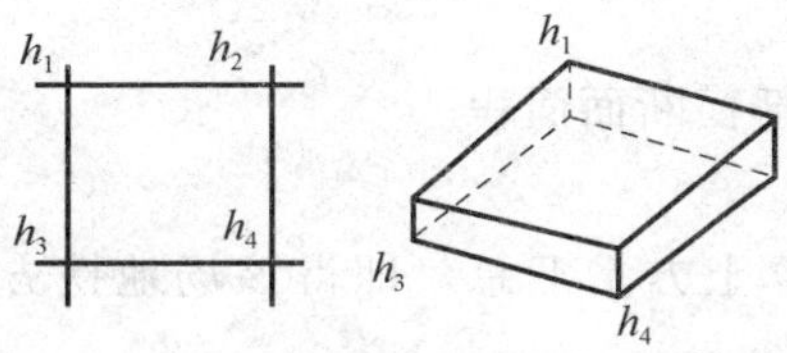	$V=\dfrac{a^{2}}{4}(h_1+h_2+h_3+h_4)$

（4）边坡土方量计算

部分场地的挖方区和填方区的边沿需要做成边坡，以保证挖方土壁和填方区的稳定。边坡的土方量可以划分成两种近似的几何形体进行计算，一种为三棱锥体（图 7-6 中①～③、⑤～⑪），另一种为三棱柱体（图 7-6 中④）。

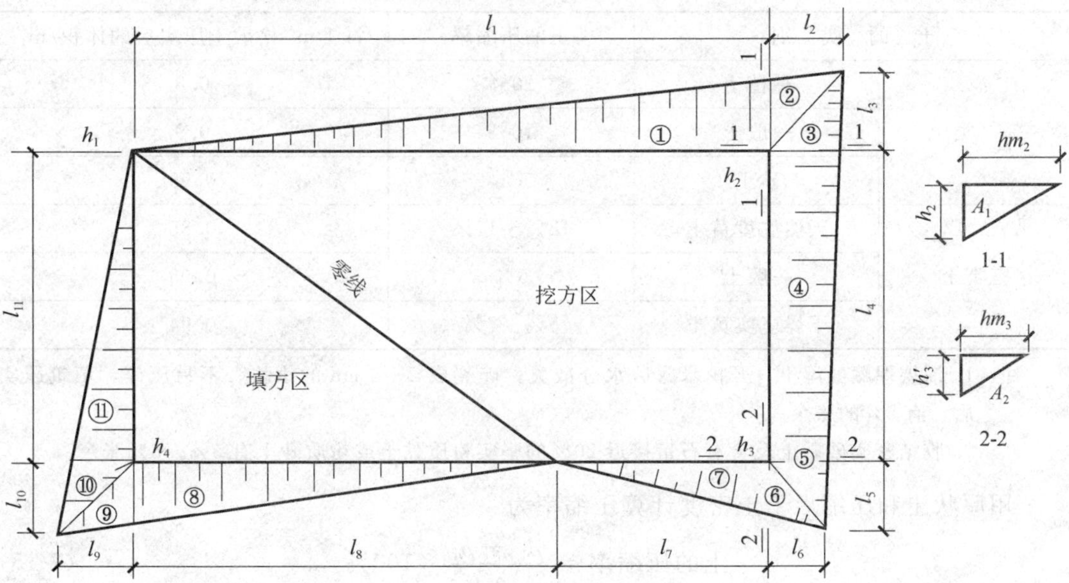

图 7-6　边坡土方量计算示意图

三棱锥体①边坡体积可按下式计算

$$V_1=\frac{1}{3}A_1 l_1 \tag{7-12}$$

式中　l_1——边坡①的长度；

A_1——边坡①三棱锥体的底面积，$A_1=\dfrac{1}{2}mh_2^2$；

h_2——角点的挖土高度；

m——边坡的坡度系数，m=宽/高。

三棱柱体④边坡体积可按下式计算

$$V_4 = \frac{A_1 + A_2}{2} l_4 \tag{7-13}$$

两端横断面面积相差很大的情况下，边坡体积为

$$V_4 = \frac{l_4}{6}(A_1 + 4A_0 + A_2) \tag{7-14}$$

式中　l_4——边坡④的长度；

A_1、A_2、A_0——边坡④两端及中部横断面面积。

(5) 计算土方总量

将挖方区（或填方区）所有方格计算土方量汇总，即得该场地挖方和填方的总土方量。

土的压缩性会造成填方下沉，在计算回填土方时需考虑这一影响。施工场地经机械往返运行，或采用其他压实措施，其沉陷量通常为 3～30 cm，视不同土质而变化，在核实土方量时，可按填方断面增加 10%～20% 的方数考虑，一般土的压缩率见表 7-2。

表 7-2　土压缩率参考表

土　的　类　别		土的压缩率	每 1 m^3 松散土压实后的体积/m^3
一二类土	种植土	20%	0.8
	一般土	10%	0.9
	砂土	5%	0.95
三类土	天然湿度黄土	12%～17%	0.85
	一般土	5%	0.95
	干燥坚实黄土	5%～7%	0.94

注：1. 深层埋藏的湿土，开挖暴露后水分散失，碎裂成 2～5 cm 的小块，不易压碎，填筑压实后，有 5% 的胀余。

2. 胶结密实砂砾土及含有石量接近 20% 的坚实粉质黏土或粉质砂土有 3%～5% 胀余。

用原状土和压缩后干土密度计算压缩率为

$$土的压缩率 = \frac{\rho_d' - \rho_d}{\rho_d} \times 100\% \tag{7-15}$$

式中　ρ_d'——压实后的干土质量密度/（g/cm^3）；

ρ_d——原状土的干土质量密度/（g/cm^3）。

例 7-1　某项目需要场地平整，部分方格网如图 7-7，方格尺寸为 20 m×20 m，试计算挖填总土方工程量。

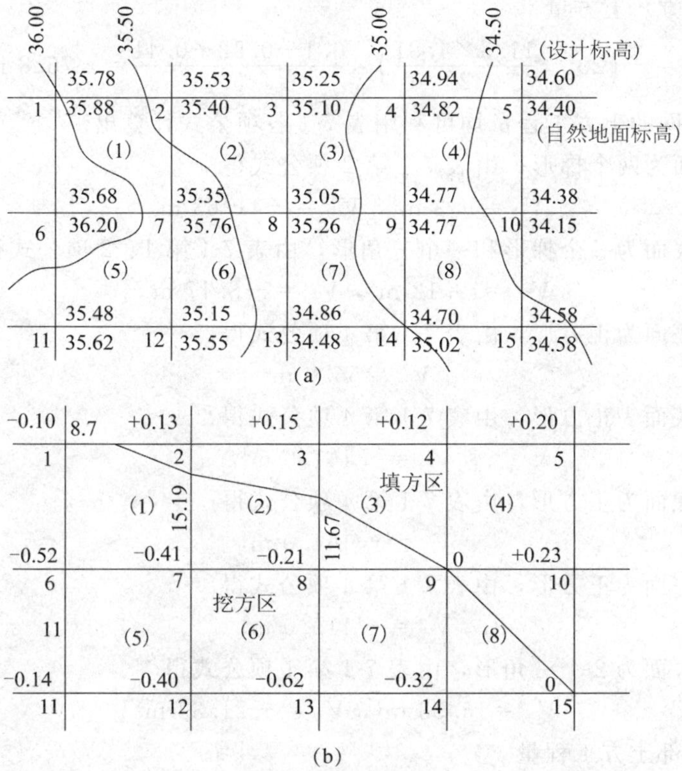

图 7-7　例 7-1 图

解　(1) 划分方格网、标注高程　根据图 7-7(a) 方格各角点的设计标高和自然地面标高，计算方格各角点的施工高度，标注于图 7-7（b)）中各角点的左上角，挖方为（—），填方为（+）。

(2) 计算零点位置　从图 7-7(b) 中可以看出 1—2、2—7、3—8 方格边线，两端角点的施工高度符号不同，表明对应方格边线上有零点存在，由式(7-11) 逐点求出零点位置。

1—2 线：$x_1=\dfrac{0.1\times 20}{0.1+0.13}=8.70\ \text{m}$，$x_2=20-8.70=11.30\ \text{m}$

2—7 线：$x_1=\dfrac{0.13\times 20}{0.13+0.41}=4.81\ \text{m}$，$x_2=20-4.81=15.19\ \text{m}$

3—8 线：$x_1=\dfrac{0.15\times 20}{0.15+0.21}=8.33\ \text{m}$，$x_2=20-8.33=11.67\ \text{m}$

将各零点标注于图 7-7(b)中，并连接各零点获得零线。

(3) 计算土方工程量

方格 (1) 底面为三角形和五边形，由表 7-1 第 1、3 项公式可得：

三角形（填方）土方量

$$V_+=\frac{11.3\times 4.81\times 0.13}{6}=+1.18\ \text{m}^3$$

五边形（挖方）土方量

$$V_{-}=-\left(20^2-\frac{11.3\times 4.81}{2}\right)\times\frac{0.1+0.52+0.41}{5}=-76.8\ \mathrm{m^3}$$

其他各方格网的土方工程量均可利用表 7-1 各项公式计算出。

方格(2)底面为两个梯形，由表 7-1 第 2 项公式得

$$V_{+}=9.2\ \mathrm{m^3},\ V_{-}=-41.63\ \mathrm{m^3}$$

方格（3）底面为一个梯形和一个三角形，由表 7-1 第 1、2 项公式得

$$V_{+}=19.12\ \mathrm{m^3},\ V_{-}=-8.17\ \mathrm{m^3}$$

方格（4）底面为正方形，由表 7-1 第 4 项公式得

$$V_{+}=55.0\ \mathrm{m^3}$$

方格（5）底面为正方形，由表 7-1 第 4 项公式得

$$V_{-}=-147.0\ \mathrm{m^3}$$

方格（6）底面为正方形，由表 7-1 第 4 项公式得

$$V_{-}=-164.0\ \mathrm{m^3}$$

方格（7）底面为正方形，由表 7-1 第 4 项公式得

$$V_{-}=-115.0\ \mathrm{m^3}$$

方格（8）底面为 2 个三角形，由表 7-1 第 1 项公式得

$$V_{+}=15.33\ \mathrm{m^3},\ V_{-}=-21.33\ \mathrm{m^3}$$

（4）汇总全部土方工程量

全部挖方量 $\sum V_{-}=-76.80-41.63-8.17-147-164-115-21.33$

$=-573.93\ \mathrm{m^3}$

全部填方量 $\sum V_{+}=1.18+9.20+19.12+55.0+15.33=99.83\ \mathrm{m^3}$

4. 基坑、基槽土方量计算

基坑土方量可按照立体几何中的拟柱体（由两个平行平面作上下底的多面体）体积（图 7-8），按下式计算

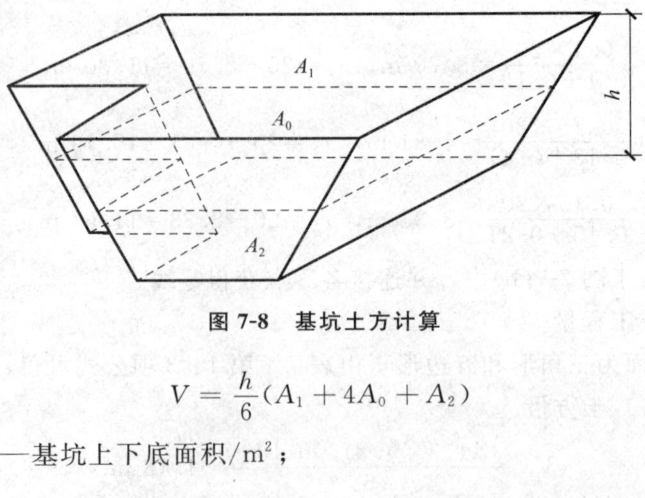

图 7-8　基坑土方计算

$$V=\frac{h}{6}(A_1+4A_0+A_2) \tag{7-16}$$

式中　A_1、A_2 ——基坑上下底面积/$\mathrm{m^2}$；

A_0 ——基坑中部面积/m^2；

h ——基坑开挖深度/m。

基槽（图 7-9）土方量，可以沿着长度方向分段，按下式逐段计算

$$V_i = \frac{L_i}{6}(A_1 + 4A_0 + A_2) \tag{7-17}$$

式中　V_i——第 i 段的土方量/m^3；

A_0——第 i 段的中部面积/m^2；

A_1、A_2——第 i 段的两端面积/m^2；

L_i——第 i 段的长度/m。

将各段土方量相加可得总土方量，即

$$V = \sum_i^n V_i \tag{7-18}$$

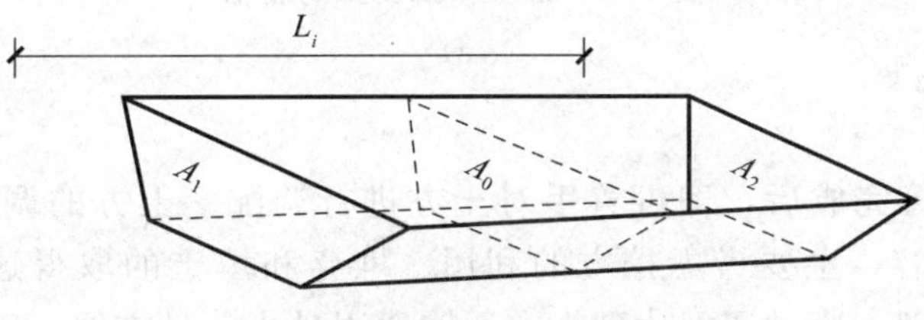

图 7-9　基槽土方计算

在计算基槽截面面积时，需要正确确定基槽开挖宽度，考虑是否需要放坡，或为安装基础模板增加工作面。如果不放坡，但要留工作面，则基槽宽度按下式计算（图 7-10）

$$d = a + 2c \tag{7-19}$$

不放坡，留设工作面并加支撑时，基槽宽度按下式计算

$$d = a + 2c + 2 \times 100 \tag{7-20}$$

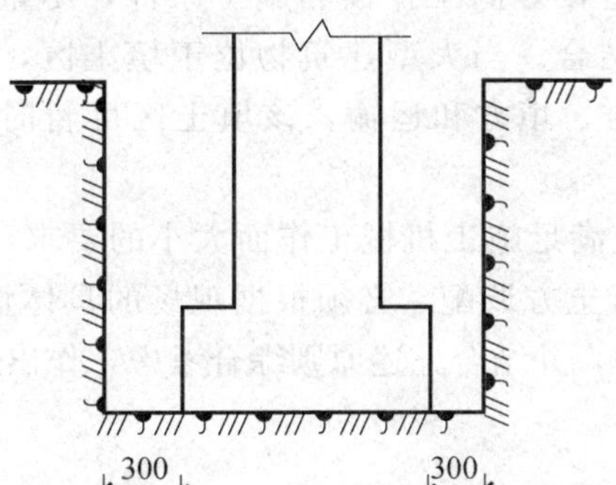

图 7-10　留工作面的基槽

放坡不加支撑时（图 7-11），基槽宽度按下式计算

$$d = a + 2c + 2b \tag{7-21}$$

式中 d——基槽开挖宽度/mm；

a——基底设计宽度/mm；

c——工作面宽度，一般取 300 mm；

b——放坡引起的基槽上口增加宽度/mm。

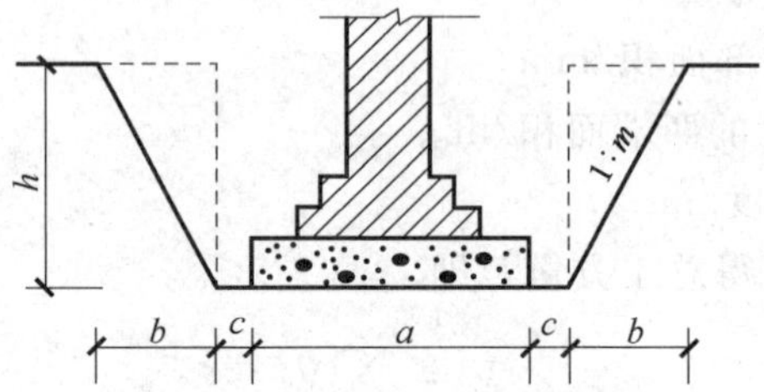

图 7-11 放坡不加支撑的基槽

7.1.2 土方调配

土方工程量计算完成后，即可着手对土方进行调配。土方的调配设计是土方施工方案的一项重要内容，主要考虑挖方的利用、堆弃和填土的取得这三者之间的关系，并进行综合平衡处理。通过调配达到土方运输费用最小，且方便施工的目的。

1. 土方调配原则

土方调配应力求达到挖填平衡和运输量最小的原则，也就是最经济原则。需根据场地和其周围地形条件、临时道路条件综合考虑，必要时可在填方区周围就近借土，或在挖方区周围就近弃土，而不是仅局限于场地以内的挖填平衡，经济合理即可，还应考虑近期施工与后期利用相结合的原则。当工程分期分批施工时，先期工程的土方余量应结合后期工程的需要，考虑后期利用数量与堆放位置，以便就近调配。堆放位置的选择应为后期工程创造良好的工作面和施工条件，尽量避免重复挖运。尽可能与大型地下建筑物的施工相结合。当大型建筑物位于填土区，而其基坑开挖的土方量又较大时，为了避免重复挖方、填方和运输，该填土区可暂时不予填土，待地下建筑施工完成之后再行填土。

调配区大小的划分，应满足施工机械工作面大小的要求，使开挖机械和运输车辆的效率能得到充分发挥。进行土方调配，必须根据现场的具体情况、有关技术资料、工期要求、土方机械与施工方法，并结合上述原则综合考虑，作出经济合理的调配方案。

2. 土方调配区的划分

土方调配需编制相应的土方调配图表，并在土方施工方案中明确。根据挖填平衡、运距最短、费用最省，考虑土方的利用，以减少土方的重复挖填和运输的原则划分调配区。

(1) 在场地平面图上先划出挖、填区的分界线（零线），然后在挖方区和填方区适当地分别划出若干个调配区。划分应与建筑物的平面位置相协调，并考虑开工顺序。调配区范围应与场地土方量计算的方格网相协调，一般可由若干个方格组成一个调配区。

(2) 当土方运距较大或场地范围内土方调配不能达到平衡时，可考虑就近借土或弃土，一个借土区或一个弃土区可作为一个独立的调配区。

(3) 计算各调配区的土方量及运距，并将它标注于图上。填、挖方调配区之间的平均运距需一一计算，并将计算结果列于土方平衡与运距表内。当填、挖方调配区之间的距离较远，施工机械须沿现场道路或规定路线运土时，其运距应按实际情况进行计算。

最优调配方案的确定是以线性规划为理论基础，常用“表上作业法”求解。在实际工作中，也可用作图法近似地求出调配区的形心位置，用比例尺量出每对调配区的平均运距。

图 7-12 为某矩形广场，图中小方格内的数字为各调配区的土方量，箭杆上的数字为各调配区之间的平均运距。按平均运距最短原则可得到土方调配的初始方案（图 7-13(a)），经过优化后可得到最优调配方案（图 7-13(b)）。

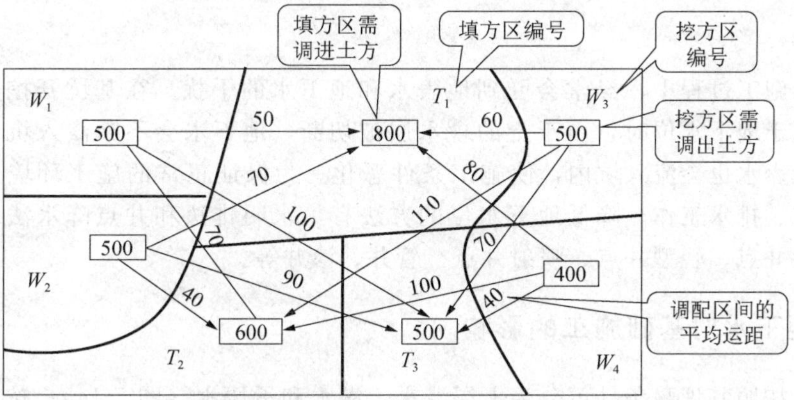

图 7-12　某矩形广场土方调配分区

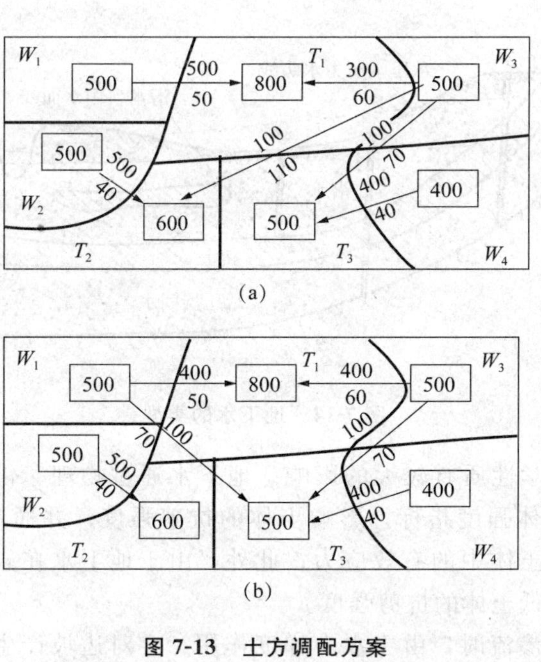

图 7-13　土方调配方案

(a) 初始调配方案；(b) 优化后的调配方案

初始方案的土方总运输量为

$$Z=500\times50+500\times40+300\times60+100\times110+100\times70+400\times40=97\ 000\ \text{m}^3\cdot\text{m}$$

优化方案的土方总运输量为

$$Z=400\times50+100\times70+500\times40+400\times60+100\times70+400\times40=94\ 000\ \text{m}^3\cdot\text{m}$$

调整后的总运输量减少了 3 000 $\text{m}^3\cdot\text{m}$。

7.2 基坑降水、排水

在基础施工过程中，经常会受到地表水和地下水的干扰。在基坑开挖过程中，当基坑底面低于地下水位时，由于土的含水层被切断，地下水会不断渗入坑内。当雨期施工时，地表水也会流入坑内，使施工条件恶化。为保证正常的施工环境，就必须做好施工降水、排水工作。降低地下水位的方法有集水明排法和井点降水法。井点降水法包括电渗井点、轻型井点、喷射井点、管井、渗井等。

7.2.1 地下水对基础施工的影响

地下水按照其埋藏条件可分为上层滞水、潜水和承压水（图 7-14）；按照含水介质类型可分为孔隙水、裂隙水、岩溶水。

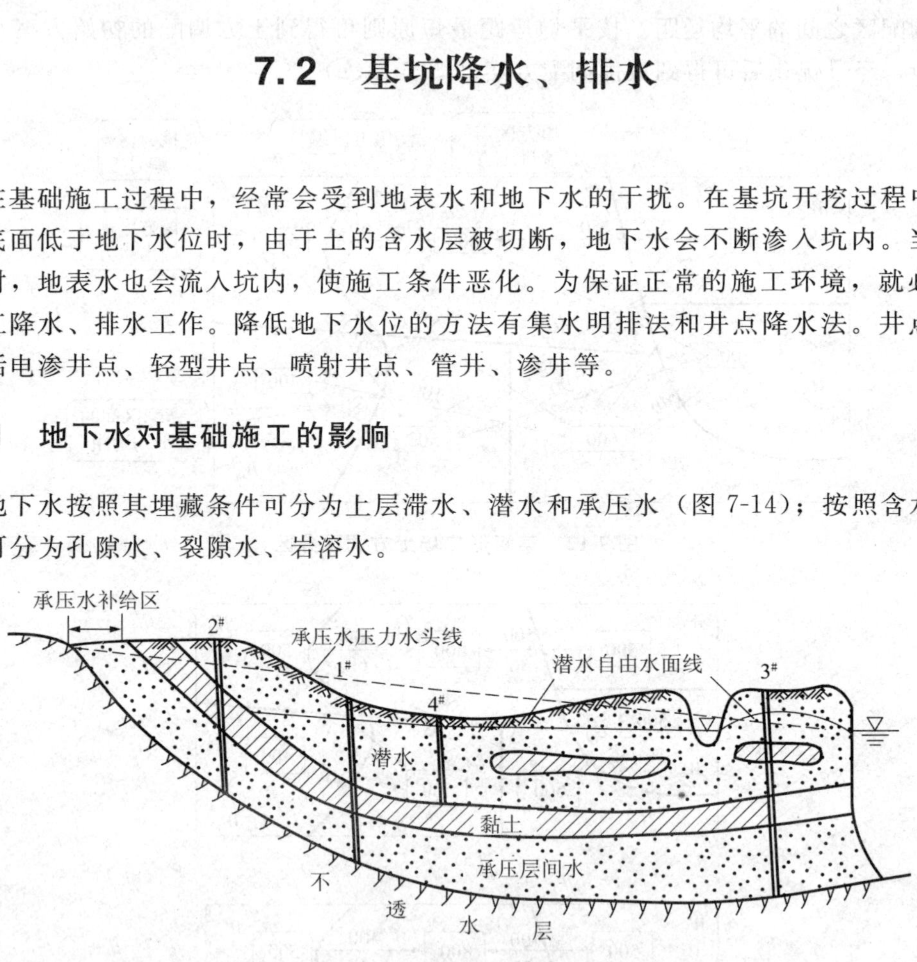

图 7-14　地下水的类型

地下水对岩土力学性质有较大的影响。地下水通过物理、化学作用改变岩土体的结构，从而改变岩土体强度指标，影响土体的抗剪强度；并通过孔隙静水压力作用，在水位升降时影响岩土体中的有效应力；此外，由于地下水在岩土体中渗流，对土体产生剪应力，从而降低土体的抗剪强度。

地下水在边坡中渗流时，由于水力梯度作用，会对边坡产生动水压力，指向临空面，对边坡稳定不利。为保证基坑干燥，必须进行基坑排水或降水，导致基坑内外产生水头差，使得地下水具备渗流条件。渗流除了影响土的力学性状外，还会对土产生静力和动力作用，削弱基坑的稳定性。

当水流方向为从下向上时，其动水压力随水流向上，与土体重力方向相反，动水压力减小土颗粒间的压力。土颗粒除受水的浮力外，还受到向上的动水压力，动水压力起不利作用，当动水压力大于土颗粒的有效重度时，土颗粒随水流入基坑内，若是厚砂层地基，则容易诱发流砂现象；若是黏性土中有细砂夹层或淤泥，则易造成管涌现象，水土流失进一步诱发坍塌，导致坑底隆起、坑壁位移，周边建筑下沉、开裂等，可能危及基坑内的施工安全。

7.2.2　集水井排水法

对于弱透水地层中的浅基础，当基坑来水不多时，可采用集水明排法。在基坑内设置排水沟和集水井，将基坑中的水集中到集水井，再用抽水设备从集水井抽出，达到疏干基坑内积水的目的。此法也可将坑内雨水等地表水集中到集水井中，再排出坑外。

基坑开挖过程中，在坑底设置集水井，并沿坑底的周边或中央开挖排水沟，排水沟深度 0.4～0.6 m，设置 0.2%～0.5%的排水坡度，使水流入集水井中，然后用水泵将水出，如图 7-15 所示。集水井须设置在基础范围以外，以免影响基础结构施工。根据地下水量大小、基坑平面形状及水泵能力，每隔 20～40 m 设置一个集水井。集水井的截面面积约为 0.5 m^2，其深度随着挖土深度的加深而加深，但要保持低于挖土面 0.7～1.0 m，井壁可用毛竹片简易加固。当坑底挖至设计标高后，井底应保持低于坑底 1～2 m，并铺设约 0.3 m 厚的碎石反滤层，以免抽水时间较长时将泥沙抽出，同时防止井底的土被扰动。

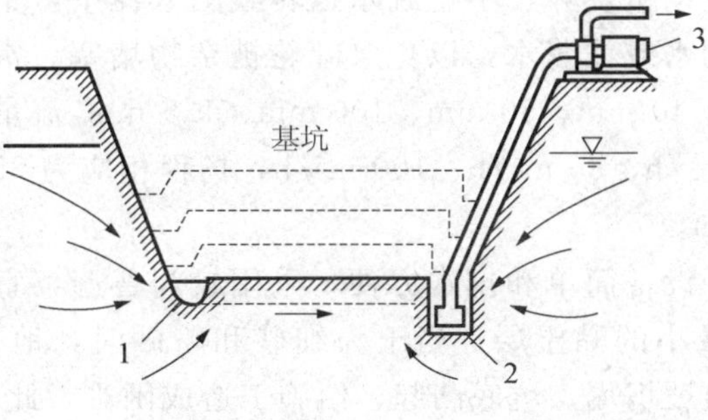

图 7-15　集水井排水示意图

1—排水沟；2—集水井；3—水泵

基坑明排水

当采用集水坑排水时，应根据现场土质条件保持开挖边坡的稳定。如果坡面局部有地下水渗出，则应在渗水处设置过滤层，防止土粒流失，并设置排水沟，将水引出坡面。

集水井内的水通过水泵排出，建筑工程中用于排水的水泵主要有离心泵、潜水泵和泥浆泵等。水泵容量的大小和数量根据涌水量而定，一般为基坑总涌水量的 1.5～2.0 倍，可参考表 7-3。

表 7-3　涌水量与水泵选用

涌水量	水泵类型	备　注
$Q<20\ m^3/h$	隔膜式水泵、潜水泵	隔膜式水泵可排除泥浆水
$20\ m^3/h<Q<60\ m^3/h$	隔膜式或离心式水泵、潜水泵	
$Q>60\ m^3/h$	离心式水泵	

(1) 离心泵（图 7-16）　离心泵由泵壳、泵轴及叶轮等主要部件组成，其管路系统包括滤网与底阀、吸水管和出水管等。水泵的主要性能指标包括流量、总扬程、吸水扬程和功率等。流量指水泵单位时间内的出水量。扬程指水泵能扬水的高度，也称水头。总扬程包括吸水扬程和出水扬程两部分。

图 7-16　离心泵

离心泵的抽水能力大，适用于地下水量较大的基坑。离心泵的流量应大于基坑的涌水量，一般选用吸水口径 50～100 mm 的离心泵。要注意吸水扬程是否能满足降水深度要求。如果不够，则需要另选水泵或降低水泵安装位置，但应确保扬程能将水抽出坑外。安装离心泵时，要保证吸水管接头不漏气，并且吸水口在水面以下 0.5 m，以免吸入空气，影响水泵正常运行。使用离心泵时，要先向泵体与吸水管内灌水，排除空气，然后开泵抽水。抽水过程中，要防止漏气和堵塞。

(2) 潜水泵（图 7-17）　潜水泵由立式水泵和电动机组合而成，水泵装在电动机上端，叶轮有离心式或螺旋桨式，电动机设有密封装置，潜水泵工作时完全浸入水中。潜水泵具有体积小、质量轻、移动方便、安装简单和开泵时不需灌水等优点。在使用潜水泵时，为了防止电动机烧坏，不得脱水运转或陷入泥中，也不得排灌含泥量较高的水或泥浆水，以免泵叶轮被杂物堵塞。常用的潜水泵出水口径有 40 mm、50 mm、100 mm、125 mm，流量相应为 15 m^3/h、25 m^3/h、65 m^3/h、100 m^3/h，扬程相应为 25 m、15 m、7 m、3.5 m。

图 7-17　潜水泵

集水井排水法由于设备简单和排水方便，采用较为普遍，宜用于粗粒土层和渗水量小的黏土层。当土为细砂和粉砂时，地下水渗流会带出细粒，发生流砂现象，导致边坡坍塌、坑底凸起，给施工造成困难，此时应改用井点降水法。

当坑底挖到地下水位以下，坑底有较厚的砂层时，沙粒随地下水一起涌进基坑内，这种现象称为流砂。流砂会导致土体失去承载力，土体边挖边冒，严重影响基坑边坡稳定，容易引起边坡塌方和位移。若基坑附近有建筑物，则会因地基被掏空而使建筑物下沉、倾斜，甚至倒塌。流砂的产生与动水压力的大小和方向有关。防治流砂的途径有三种，一是减小动水压力；二是设法使动水压力方向向下；三是截断地下水流。防治流砂可采取以下措施。

(1) 抛大石块法　采用此法时，应组织分段抢挖，使挖土速度超过流砂速度，挖至设计标高后，即铺设芦席，随即抛填大石块把流砂压住。此法对于解决局部或轻微的流砂现象有效。

(2) 打钢板桩法　将钢板桩打入坑底下面一定深度，增加地下水从坑外流到坑内的渗流路径，减小水力梯度和动水压力，防止流砂。

(3) 人工降低地下水位法　采用井点降水方案，降低坑内水位，可有效阻止流砂。

(4) 设置止水帷幕或地下连续墙　沿基坑周边筑起一道连续的止水帷幕桩或钢筋混凝土墙，阻止地下水流入基坑内。

(5) 安排在枯水期施工　枯水期地下水位低，坑内外水位差小，动水压力不大，不易引起流砂。

7.2.3 井点降水法

井点降水法是在基坑开挖前，在基坑四周埋设一定数量的滤水管（井），利用抽水设备抽水使所挖的土始终保持干燥状态的方法。当地下水位高，土的渗透性好时，宜采用此法。所采用的井点类型有轻型井点、喷射井点、电渗井点、管井井点、深井井点等。根据不同的土质和降水深度，应采用不同的井点降水类型，可参照表 7-4。

1. 井点降水类型

(1) 轻型井点　轻型井点是沿基坑四周每隔一定距离埋入井点管（直径 38～51 mm，长 5～7 m 的钢管）至蓄水层内，利用抽水设备将地下水从井点管内不停抽出，使原有地下水降至坑底以下。在施工过程中不断的抽水，直至施工完毕。

表 7-4　井点降水类型及适用条件

适合条件 降水类型	渗透系数/（cm/s）	可能降低的水位深度/m
轻型井点 多级轻型井点	$7^{-5} \sim 7^{-2}$	3～6 6～12
喷射井点	$7^{-6} \sim 7^{-3}$	8～20
电渗井点	$<7^{-6}$	5～6（宜配合其他形式降水使用）
深井井点	$\geqslant 7^{-5}$	>15

(2) 电渗井点　电渗井点是由井点管作阴极，在其内侧相应地插入钢筋或钢管作阳极，通入直流电后，在电场的作用下，使土中的水流加速向阴极渗透，流向井点管。这种方法耗电多，只在土的渗透系数小于 0.1 m/d 时使用。

(3) 管井井点　管井井点是沿基坑每隔一定距离设置一个管井，每个管井单独用一台水泵不断抽水来降低水位。该法在地下水量大的情况下比较适用。

(4) 喷射井点　喷射井点在井点管内部装设特制的喷射器，用高压水泵或空气压缩机通过井点管中的内管向喷射器输入高压水（喷水井点）或压缩空气（喷气井点）形成水汽射流，将地下水经井点外管与内管之间的缝隙抽出排走，降水深度可达 8～20 m。喷射井点设备，主要由喷射井管、高压水泵和管路系统组成。喷射井点适用于基坑开挖较深、降水深度大于 6 m、土渗透系数为 0.1～200.0 m/d 的基坑降水。

(5) 深井井点　深井井点是在深基坑的周围埋置深于基底的井管，使地下水通过设置在井管内的潜水泵将地下水抽出，使地下水位低于坑底。深井井点具有排水量大、降水深（>15 m）、不受吸程限制、井距大、对平面布置干扰小，并可用于各种情况和排水效果好等优点。

2. 井点降水工艺

(1) 轻型井点、喷射井点　施工准备→井点管布置→井点管埋设→井点管系统运行→井点管拆除。

(2) 管井井点　施工准备→井点管布置→井点管埋设→水泵设置→井点管系统运行→井点管拆除。

(3) 电渗井点　施工准备→阴极井点埋设→阳极埋设→接通电路→正常降水运行→拆除。

(4) 深井井点　施工准备→做井口、安护筒→钻机就位、钻孔→填井底砂石垫层→吊放井管→回填管壁与井壁间砂滤层→安装抽水控制电器→试抽→正常降水运行→拆除。

3. 轻型井点降水施工

井点系统布置应根据水文地质资料、工程要求和设备条件等确定。一般要求掌握的水文地质资料有地下水含水层厚度、承压或非承压水及地下水变化情况、土质、土的渗透系数、不透水层位置等；要求了解的工程特点主要有基坑（槽）形状、大小及深度，此外还应了解设备条件，如井管长度、泵的抽吸能力等。

轻型井点设备由管路系统和抽水设备组成（图 7-18）。管路系统包括滤管、井点管、弯联管及总管等。抽水设备可以选择干式真空泵、射流泵和隔膜泵等，抽水设备的功率和能负担的总管长度见表 7-5。

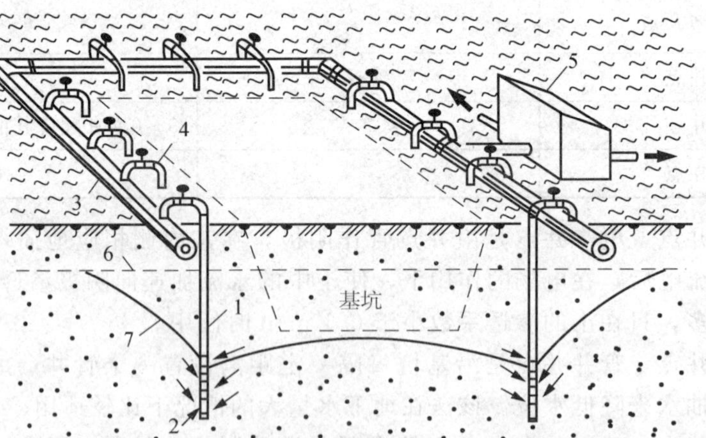

井点降水原理

图 7-18　轻型井点设备

1—井点管；2—滤管；3—总管；4—弯联管；5—水泵房；
6—原有地下水位线；7—降低后地下水位线

表 7-5　各种轻型井点的配用功率和井点根数与总管长度

轻型井点类别	配用功率/kW	井点根数/根	总管长度/m
干式真空泵井点	18.5～22	70～100	80～120
射流泵井点	7.5	25～40	30～50
隔膜泵井点	3	30～50	40～60

轻型井点布置包括高程布置与平面布置。高程布置主要确定抽水设备标高和井点管的埋置深度；平面布置需确定井点布置的形式、总管长度、井点管数量、水泵数量及位置等。

(1) 高程布置

高程布置主要确定抽水设备标高、井点管埋设深度，即滤管上口至总管埋设面的距离（图 7-19），可按下式计算

$$h \geqslant h_1 + \Delta h + iL \tag{7-22}$$

式中 h_1——总管埋设面至基底的距离/m；

Δh——基底至降低后的地下水位线的距离/m；

h——井点管埋深/m；

i——水力坡度；

L——井点管至水井中心的水平距离，当井点管为单排布置时为井点管至对边坡脚的水平距离/m。

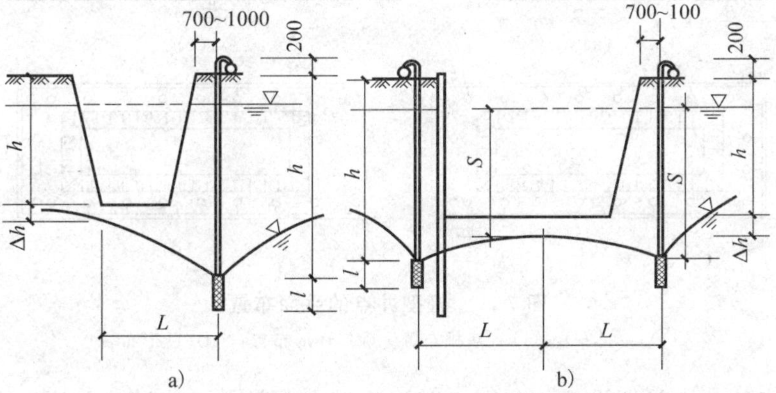

图 7-19　高程布置计算

(a) 单排井点；(b) 双排 U 形或环形布置

上述公式中有关数据按下述取值。

①Δh 一般取 0.5～1.0 m，根据工程性质和水文地质状况确定。

②i 的取值：单排布置时 i=1/5～1/4；双排布置时 i=1/7；环形布置时 i=1/10。

③L 为井点管至基坑中心的水平距离，当基坑井点管为环形布置时，L 取短边的长度；当基坑（槽）两侧对称时，L 为井点管至基坑中心的水平距离；如果坑（槽）两侧不对称（如一边打板桩、一边放坡），则不能从基坑中心计算。

计算结果还应满足下式

$$h \leqslant h_{\mathrm{pmax}} \tag{7-23}$$

式中 h_{pmax} 为抽水设备的最大抽吸高度，一般轻型井点抽水设备为 6～7 m。

当计算得到的井点管埋深 h 略大于水泵抽吸高度 h_{pmax}，且地下水位离地面较深时，可采用降低总管埋设面的方法，以充分利用水泵的抽吸能力。此时，如果总管埋设面略低于地下水位线，则可在开挖第一层土方后设集水井降水，再安装井点设备。当计算得到的井点管埋深 h 与水泵抽吸高度 h_{pmax} 相差较大时，可用多级井点。任何情况下，滤管必须埋设在含水层内。

井点管布置应离坑边有一定距离（0.7～1.0 m），防止边坡塌土引起井点漏气。

（2）平面布置

根据基坑（槽）形状，轻型井点可采用单排布置、双排布置、环形布置、U 形布置（图 7-20）。单排布置适用于基坑、槽宽度小于 6 m，且降水深度不超过 5 m 的情况，井点管应布置在地下水的上游一侧，两端延伸长度不宜小于基坑、槽的宽度。双排布置适用于基坑宽度大于 6 m 或土质不良的情况。环形布置适用于大面积基坑。当土方施工机械需进出基坑时，可采用 U 形布置，井点管不封闭的一段应设在地下水的下游方向。

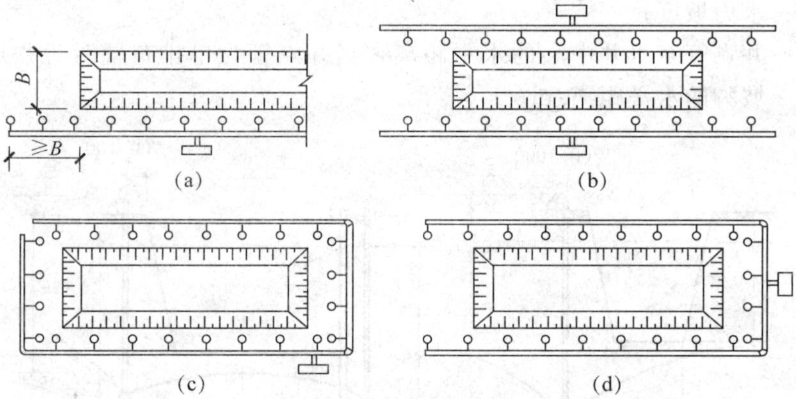

图 7-20　轻型井点的平面布置

（a）单排布置；（b）双排布置；（c）环形布置；（d）U 形布置

轻型井点的井点管埋设工法（图 7-21）有冲孔、钻孔、水冲法及振动水冲法。

①冲孔时，先用起重设备将冲管吊起并插在井点的位置上，然后开动高压水泵将土冲松，冲管则边冲边沉。冲孔直径一般为 300 mm，以保证井管四周有一定厚度的砂滤层，冲孔深度宜比滤管底深 0.5 m 左右，以防冲管拔出时，部分土颗粒沉于底部而触及滤管底部。

②井孔冲成后，立即拔出冲管，插入井点管，并在井点管与孔壁之间迅速填灌砂滤层，以防孔壁塌土。砂滤层一般宜选用干净粗砂，填灌均匀，并填至滤管顶上 1～1.5 m，以保证水流畅通。

③井点填砂后，须用黏土封口，以防漏气。

④井点系统全部安装完毕后，需进行试抽，以检查有无漏气现象。开始抽水后一般不能停抽。时抽时止，滤网易堵塞，也容易抽出土粒，使水浑浊，引起附近建筑物由于土粒流失而沉降开裂。正常的排水是细水长流、出水澄清。

⑤抽水时需要经常检查井点系统工作是否正常以及检查观测井中水位下降情况，如果有较多井点管发生堵塞，影响降水效果，则应逐根用高压水反向冲洗或拔出重埋。

当轻型井点使用时，一般应连续抽水。正常的出水规律是“先大后小，先浑后清”。确保真空抽水机维持一定的真空度，根据真空度可判断井点系统工作情况是否良好。在抽水过程中，还应检查有无堵塞“死井”现象。工作正常的井点管，用手触摸时，应有冬暖夏凉的感觉，也可从弯联管上的透明阀门观察水流状况。为观察地下水位的变化，可在影响半径内设观察孔，检查降水效果。

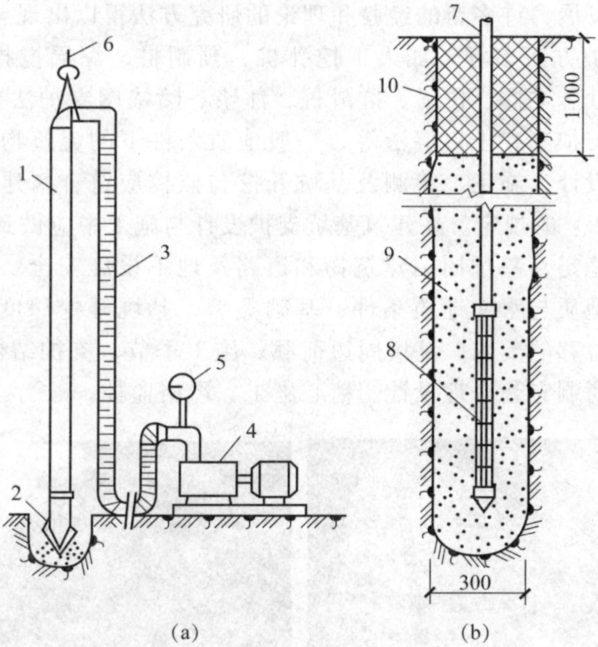

图 7-21　井点管埋设示意图

(a) 冲孔；(b) 埋管

1—冲管；2—冲嘴；3—胶皮管；4—高压水泵；5—压力表；

6—起重机吊钩；7—井点管；8—滤管；9—填砂；7—黏土封口

7.3 基坑支护

基坑支护
事故案例

7.3.1 基坑支护概述

基坑施工具有一定的安全风险，如果缺乏有效支护或支护不当，则易造成安全事故（图 7-22）。随着大量高层、超高层建筑以及地下工程的不断涌现，基坑越挖越深，工程地质条件越来越差，出现的问题也越来越多，对基坑工程的要求越来越高，基坑支护技术得以快速发展，许多新的经验和理论的研究方法得以出现与成熟。

目前，基坑围护方法多样，如人工挖孔桩、预制桩、深层搅拌桩、地下连续墙、钢支撑、木支撑、砂袋堆撑、拉锚、抗滑桩、注浆、喷锚网支护法，各种桩、板、墙、管、撑同锚杆联合支护法和土钉墙法等。一般地质条件下的建筑物和一般构筑物的基坑工程勘察、支护设计、施工、检测及基坑开挖与监控应符合《建筑基坑支护技术规程》(JGJ 120—2012) 的规定。在建筑基坑支护设计与施工中应做到技术先进、经济合理，确保基坑边坡稳定、基坑周围建筑物和道路及地下设施安全。基坑支护设计与施工应综合考虑工程地质与水文地质条件、基础类型、基坑开挖深度、降排水条件、周边环境对基坑侧壁位移的要求、基坑周边荷载、施工季节、支护结构使用期限等因素，做到因地制宜、因时制宜、合理设计、精心施工、严格监控。

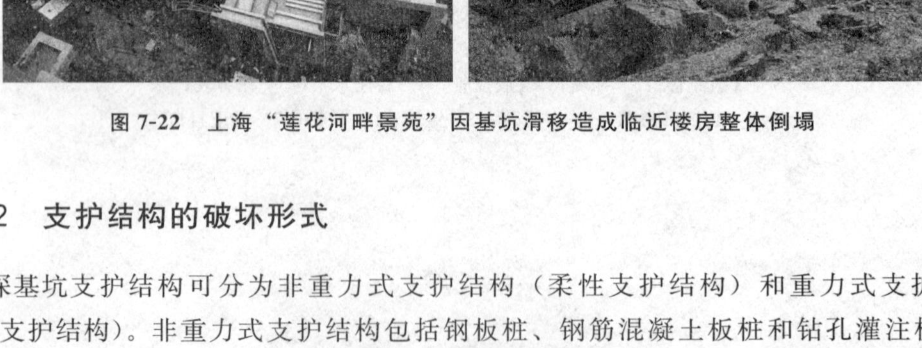

图 7-22　上海“莲花河畔景苑”因基坑滑移造成临近楼房整体倒塌

7.3.2 支护结构的破坏形式

深基坑支护结构可分为非重力式支护结构（柔性支护结构）和重力式支护结构（刚性支护结构）。非重力式支护结构包括钢板桩、钢筋混凝土板桩和钻孔灌注桩、地下连续墙等；重力式支护结构是通过加固基坑侧壁形成一定厚度的重力式挡土墙，达到挡土的目的，重力式支护结构包括深层搅拌水泥土挡墙、旋喷帷幕墙、高压喷射注浆桩墙、粉体喷射注浆桩墙和土钉墙等。

非重力式支护结构的破坏包括强度破坏（图 7-23）和稳定性破坏（图 7-24）。

强度破坏包括倾覆破坏、底部向外移动和受弯破坏。基坑边缘存在过大的地面荷载，或土压力过大引起拉杆断裂，或锚固部分失效，易造成支护结构倾覆破坏；当支护结构入土深度不够，或因挖土超深和水的冲刷等都可能产生支护结构底部向外移动造成支护结构失效；当选用的支护结构截面不恰当或对土压力估计不足时，容易造成支护结构受弯破坏。

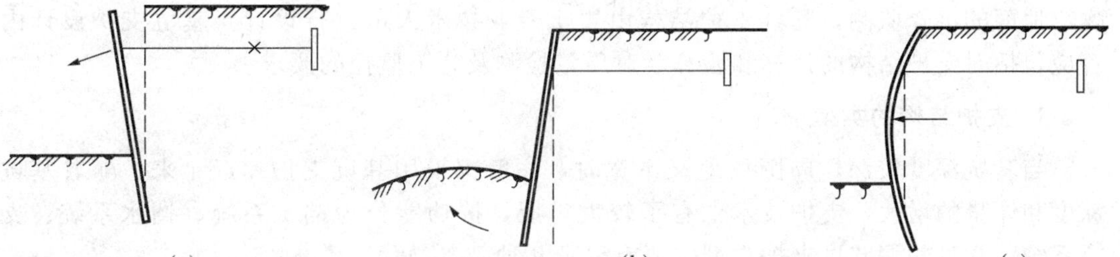

(a)　　(b)　　(c)

图 7-23　非重力式支护结构的强度破坏形式

(a) 倾覆破坏；(b) 底部向外移动；(c) 受弯破坏

稳定性破坏包括墙后土体整体滑动失稳、坑底隆起、管涌或流砂等破坏类型。开挖深度大，地基土软弱；地面大量堆载；锚桩支护，锚杆长度不足，均可能造成墙后土体失稳。地基土软弱、挖土深度过大或地面存在超载时，容易造成坑底隆起。当坑底土层为无黏性的细颗粒土，如粉土或粉细砂，且基坑内外存在较大水位差时，易出现流砂破坏。

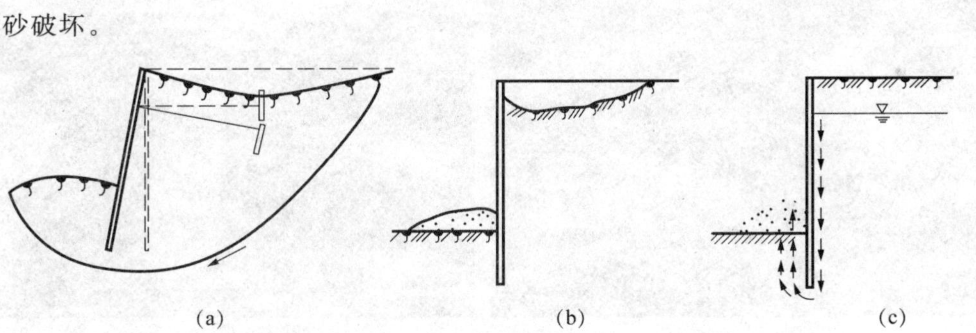

(a)　　(b)　　(c)

图 7-24　非重力式支护结构的稳定性破坏

(a) 墙后土体整体滑动失稳；(b) 坑底隆起；(c) 管涌或流砂

重力式支护结构的破坏也包括强度破坏和稳定性破坏两个方面。强度破坏只有当墙身抗剪强度不足时，会产生剪切破坏，为此需验算最大剪应力处的墙身应力。稳定性破坏包括以下情况，若水泥土挡墙截面、重力不够大，则支护结构在主动土压力作用下产生整体倾覆，也可能产生整体滑动破坏。其他破坏形式如土体整体滑动失稳、坑底隆起和管涌或流砂与非重力式支护结构相似。

7.3.3 基坑支护类型及要求

基坑支护首先应保证基坑周边建（构）筑物、地下管线、道路的安全和正常使用；其次要保证主体地下结构的施工空间。当有条件时基坑应采用局部或全部放坡开挖，坡度应满足稳定性要求。安全等级为一级、二级的支护结构，在基坑开挖过程与支护结构使用期内，必须进行支护结构的水平位移监测和基坑开挖影响范围内建（构）筑物、地面的沉降监测。基坑支护结构由岩土专业技术人员进行设计。基坑支护设计内容应包括对支护结构的计算和验算，对质量检测及施工监控的要求。

1. 支护结构的类型

当基坑深度较深，周围场地又不宽时，一般都采用基坑支护。近年来，随着基坑深度和体量的增大，支护技术也有了较大进展，按功能分为挡土系统、挡水系统、支撑系统。常见的深基坑支护类型主要有以下几种。

（1）钢板桩支护　钢板桩（图 7-25）由带锁口或钳口的热轧型钢制成，把这种钢板桩互相连接就形成钢板桩墙，被广泛应用于挡土和挡水。目前，钢板桩常用的截面形式有 U 形、Z 形和直腹板型。钢板桩由于施工简单而应用较广，但是钢板桩的施工可能会引起相邻地基的变形和产生噪声振动，对周围环境影响很大，因此在人口密集、建筑密度很大的地区，其使用常常会受到限制。

图 7-25　钢板桩支护

（2）深层搅拌桩支护　深层搅拌桩支护（图 7-26）是利用水泥作为固化剂，采用机械搅拌，将固化剂和软土剂强制拌和，使固化剂和软土剂之间产生一系列物理化学反应而逐步硬化，形成具有整体性、水稳定性和一定强度的水泥土桩墙，作为支护结构。深层搅拌桩支护适用于淤泥、淤泥质土、黏土、粉质黏土、粉土、素填土等土层，基坑开挖深度不宜大于 6 m；对有机质土、泥炭质土，宜通过试验确定。

（3）排桩支护　排桩支护（图 7-27）指柱列式间隔布置钢筋混凝土挖孔、钻（冲）孔灌注桩作为主要挡土结构的一种支护形式。柱列式间隔布置包括桩与桩之间有一定净距的疏排布置形式和桩与桩相切的密排布置形式。柱列式灌注桩作为挡土围护结构有很好的刚度，但各桩之间的联系差，必须在桩顶浇注较大截面的钢筋混凝土帽梁加以可靠连接。

图 7-26　深层搅拌桩支护

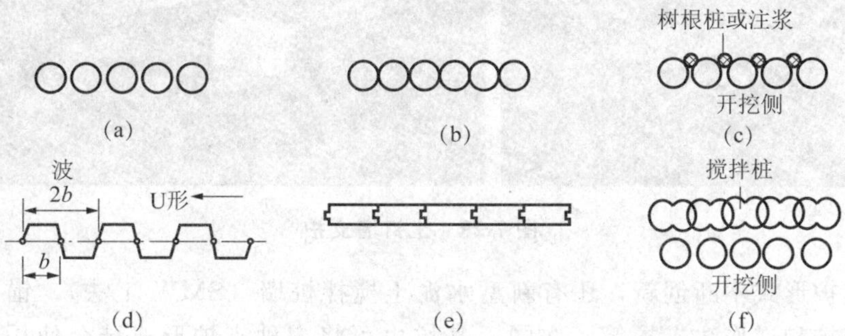

图 7-27　排桩支护

（a）柱列式排桩支护；（b）连续排桩支护；（c）连续排桩支护；
（d）连续排桩支护；（e）连续排桩支护；（f）组合式排桩支护

（4）地下连续墙　地下连续墙（图 7-28）是在地面上采用一种挖槽机械沿着深开挖工程的周边轴线，在泥浆护壁条件下，开挖出一条狭长的深槽，清槽后，在槽内吊放钢筋笼，然后用导管法灌筑水下混凝土筑成一个单元槽段，如此逐段进行，在地下筑成一道连续的钢筋混凝土墙壁，作为截水、防渗、承重、挡水结构。地下连续墙具有整体刚度大的特点和良好的止水防渗效果，适用于地下水位以下的软黏土和砂土等多种地层条件和复杂的施工环境，尤其是基坑底面以下有深层软土需将墙体插入很深的情况，所以在国内外的地下工程中得到广泛的应用。

图 7-28　地下连续墙

(5) 土钉墙支护　土钉墙（图 7-29）是由天然土体通过土钉就地加固并与喷射混凝土面板相结合，形成一个类似于重力挡土墙抵抗墙后的土压力，从而保持开挖面的稳定。土钉墙是通过钻孔、插筋、注浆来设置的，一般称为砂浆锚杆，也可以直接打入角钢、粗钢筋形成土钉。土钉墙支护的使用要求土体具有临时自稳能力，以便给出一定时间进行土钉墙施工，所以对土钉墙适用的地质条件应加以限制。

图 7-29　土钉墙支护

基坑支护形式不断创新，还有新型水泥土搅拌桩墙（SMW 工法）、锚杆或喷锚支护、拱圈支护和逆作法支护等，在同一基坑也可将多种支护形式结合使用。支护结构选型应考虑结构的空间效应和受力特点，采用有利于支护结构材料受力性状的结构形式，软土场地可采用深层搅拌、注浆、间隔或全部加固等方法。根据基坑周边环境、开挖深度、工程地质与水文地质、施工作业设备和施工季节等条件，按表 7-6 选用排桩、地下连续墙、水泥土墙、逆作拱墙、土钉墙、原状土放坡或采用上述形式的组合。

表 7-6　支护结构选型表

结构形式	适　用　条　件
排桩或地下连续墙	1. 基坑侧壁安全等级为一、二、三级 2. 悬臂式结构在软土场地中不宜大于 5 m 3. 当地下水位高于基坑底面时，宜采用降水排桩加截水帷幕或地下连续墙
水泥土墙	1. 基坑侧壁安全等级宜为二、三级 2. 水泥土桩施工范围内地基土承载力不宜大于 150 kPa 3. 基坑深度不宜大于 6 m
土钉墙	1. 基坑侧壁安全等级宜为二、三级的非软土场地 2. 基坑深度不宜大于 12 m 3. 当地下水位高于基坑底面时，应采取降水或截水措施

表 7-6（续）

结构形式	适用条件
逆作拱墙	1. 基坑侧壁安全等级宜为二、三级 2. 淤泥和淤泥质土场地不宜采用 3. 拱墙轴线的矢跨比不宜小于 1/8 4. 基坑深度不宜大于 12 m 5. 地下水位高于基坑底面时，应采取降水或截水措施
原状土放坡	1. 基坑侧壁安全等级宜为三级 2. 施工场地应满足放坡条件 3. 可独立或与上述其他结构结合使用 4. 当地下水位高于坡脚时，应采取降水措施

2. **支护设计**

基坑支护应按实际的基坑周边建筑物、地下管线、道路和施工荷载等条件进行设计。设计中应提出明确的基坑周边荷载限值、地下水和地表水控制等基坑使用要求。基坑支护结构极限状态可分为下列两类。

(1) 承载能力极限状态　对应于支护结构达到最大承载能力或基坑底失稳、管涌导致土体或支护结构破坏，内支撑压屈失稳，支护桩墙锚杆抗拔失效等。

(2) 正常使用极限状态　对应于支护结构的变形已破坏基坑周边环境的平衡状态并产生了不良影响，如引起周边相邻的建筑物倾斜、开裂，道路沉降、开裂，周边的地下管线沉降变形开裂等。

根据承载能力极限状态和正常使用极限状态的要求，基坑支护设计应包括下列内容：

(1) 支护体系方案的技术经济比较和选型；

(2) 支护结构的强度、稳定和变形计算；

(3) 基坑内外土体的稳定性验算；

(4) 基坑降水或止水帷幕设计以及围护墙的抗渗设计；

(5) 基坑开挖与地下水变化引起的基坑内外土体的变形及其对基础桩、邻近建筑物和周边环境的影响；

(6) 基坑开挖施工方法的可行性及基坑施工过程中的监测要求。

3. **质量检测**

支护结构施工及使用的原材料、半成品应遵照有关施工验收标准进行检验。安全等级为一级、二级的支护结构，在基坑开挖过程与支护结构使用期内，必须进行支护结构的水平位移监测和基坑开挖影响范围内建（构）筑物、地面的沉降监测。检测工作结束后应提交质量检测报告。

4. **基坑开挖**

基坑开挖应根据支护结构设计、降排水要求，确定开挖方案。基坑边界周围地面应设排水沟，且应避免漏水、渗水进入坑内。放坡开挖时，应对坡顶、坡面、坡脚采取降排水措施。基坑周边严禁超堆荷载，堆土必须远离基坑边缘。软土基坑必须分层均衡开挖，每层不宜超过1 m。在基坑开挖过程中，应采取措施防止碰撞支护结构、工程桩或扰动基底原状土。当发生异常情况时，应立即停止挖土，并应立即查清原因和采取措施，方能继续挖土。

5. 开挖监控

基坑开挖前应作出系统的开挖监控方案，监控方案应包括监控目的、监测项目、监控报警值、监测方法及精度要求、监测点布置、监测周期、工序管理、记录制度和信息反馈系统等。监测点的布置应满足监控要求，从基坑边缘以外1～2倍开挖深度范围内的需要保护物体均应作为监控对象。位移观测基准点数量不少于两点，且应设在影响范围以外。各项监测的时间间隔可根据施工进程确定。当变形超过有关标准或监测结果变化速率较大时，应加密观测次数。当有事故征兆时，应连续监测。在基坑开挖监测过程中，应根据设计要求提交阶段性监测结果报告；工程结束时，应提交完整的监测报告。

7.4 土方开挖与回填

土方开挖是基坑施工不可少的工作内容，一般采用机械化作业方式，为确保安全和提高工作效率，需要制定专项施工方案来组织施工。土方回填是建筑工程的填土，主要有地基填土、基坑（槽）或管沟回填、室内地坪回填、室外场地回填平整等。对地下设施工程（如地下结构物、沟渠、管线沟等）的两侧或四周及上部的回填土，应先对地下工程进行各项检查，办理验收手续后方可回填。

7.4.1 施工准备

在基坑土方开挖之前，要详细了解施工区域的地形和周围环境、土层种类及其特性、地下设施情况、支护结构的施工质量、土方运输的道路、政府及有关部门关于土方外运的要求和规定，尤其要注意土方施工对周边环境的影响，采取必要的防止扬尘的措施；优化选择挖土机械和运输设备；确定堆土场地或弃土处；确定挖土方案和施工组织；对支护结构、地下水位及周围环境进行必要的监测和保护。

1. 技术准备

（1）检查图纸和资料是否齐全。

（2）了解工程规模、结构形式、特点及挖土设备的数量及性能。

（3）熟悉建筑施工场地的地质、水文勘察资料。

（4）图纸会审，向参与施工人员层层进行技术交底。

2. 编制施工方案

施工方案包括研究制定现场场地整平、基坑开挖施工方案；绘制施工总平面布置图和基坑土方开挖图；确定开挖路线、顺序、范围、坑底标高、边坡坡度、排水沟、集水井位置以及挖方堆放地点；提出需用施工机具、劳动力、推广新技术计划；确定施工安全防护方案和文明施工方案等。

3. 查勘施工现场

摸清工程场地情况，收集施工需要的各项资料，包括地形、地貌、水文地质、气象资料、道路情况、邻近建筑物、地下设施、地面施工范围内的障碍物和堆积物状况以及供水、供电、通信设施和防洪排水系统等，为施工规划和准备提供可靠的资料和数据。

4. 机具、物资及人员准备

做好设备调配，对进场挖土机械、运输车辆及各种辅助设备进行检查；准备好施工用料，并按施工现场平面布置图的设计要求堆放；组织并配备土方工程施工所需人员，组织安排好作业班次，制定完善的岗位责任制和技术、质量、安全、管理规程，建立技术责任制和质量保证体系。

5. 房屋定位、放线

在基础施工之前，根据建筑总平面图设计要求，将拟建房屋的平面位置和零点标高在地面上固定下来（图 7-30）。定位一般用经纬仪、水准仪和钢尺等测量仪器，根据主轴线控制点，将外墙轴线的四个交点用木桩测设在地面上。外墙轴线测定后，根据建筑平面图将内部所有轴线一一测出，并用木桩及桩顶面小钉进行标识。龙门桩和控制桩须设置在土方开挖影响范围之外，避免在土方开挖过程中触动桩位。龙门板和控制桩上的轴线钉可用于土方开挖后的轴线恢复。

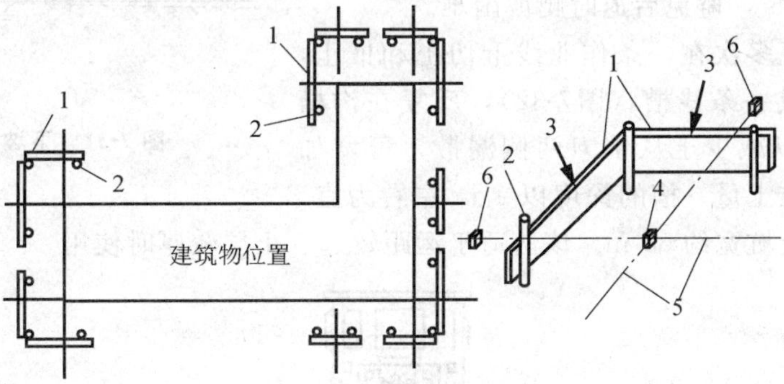

图 7-30　建筑物的定位

1—龙门板；2—龙门桩；3—轴线钉；4—轴线桩（角桩）；5—轴线；6—控制桩

房屋定位后，根据基础的宽度、土质情况、基础埋置深度及施工方法，计算确定基槽（坑）上口开挖宽度，拉通线后用石灰在地面上画出基槽（坑）开挖的上口边线。基槽（坑）上口开挖宽度要结合基础平面布置图、基础详图和施工方案确定，并留设足够的工作面，为后续基础结构模板安装留出空间。

7.4.2 土方机械化施工

土方机械化施工常用机械有推土机、铲运机、挖掘机（包括正铲、反铲、拉铲、抓铲等）、装载机等。房建工程使用较多的有挖掘机、推土机和装载机。填方作业常用的有压路机和打夯机。深度不大的大面积基坑开挖，宜采用推土机或装载机推土、装土，用自卸汽车运土；对长度和宽度均较大的大面积土方一次开挖，可用铲运机进行铲土、运土、卸土、填筑作业；开挖较深的基础多采用0.5 m^3 或1.0 m^3 斗容量的液压正铲挖掘机，上层土方也可用铲运机或推土机进行；如果操作面狭窄，且有地下水，土体湿度大，则可采用液压反铲挖掘机挖土，自卸汽车运土；在地下水中挖土，可用拉铲，效率较高；对地下水位较深，采取不排水时，也可分层用不同机械开挖，先用正铲挖土机挖地下水位以上土方，再用拉铲或反铲挖地下水位以下土方，最后用自卸汽车将土方运出。

1. 常用土方机械

1）推土机

推土机开挖的基本作业是铲土、运土和卸土三个工作行程和空载回驶行程。铲土时应根据土质情况，尽量采用最大切土深度在最短距离（6～10 m）内完成，以便缩短低速运行时间，然后直接推运到预定地点。回填土和填沟渠时，铲刀不得超出土坡边沿。上下坡坡度不得超过35°，横坡不得超过10°。几台推土机同时作业，前后距离应大于8 m。

在斜坡上，推土机顺下坡方向切土与堆运（图7-31），借机械向下的重力作用切土，增大切土深度和运土数量，可提高生产效率30%～40%，但坡度不宜超过15°，避免后退时爬坡困难。

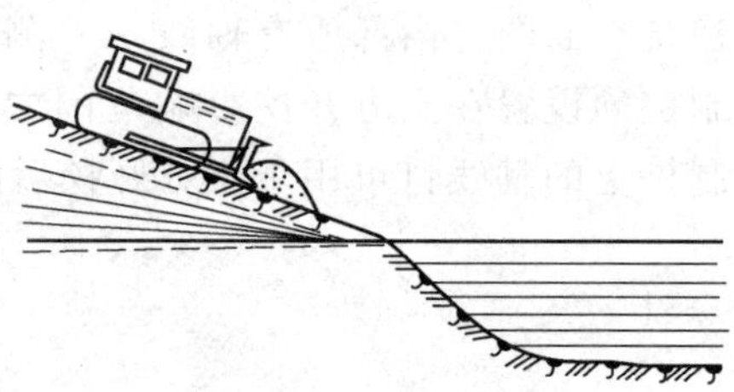

图 7-31 下坡推土法

推土机重复多次在一条作业线上切土和推土，使地面逐渐形成一条浅槽（图7-32），反复在沟槽中进行推土，以减少土从铲刀两侧漏散，可增加10%～30%的推土量。槽的深度以1 m左右为宜，槽与槽之间的土坑宽约50 m。该法适于运距较远、土层较厚时使用。

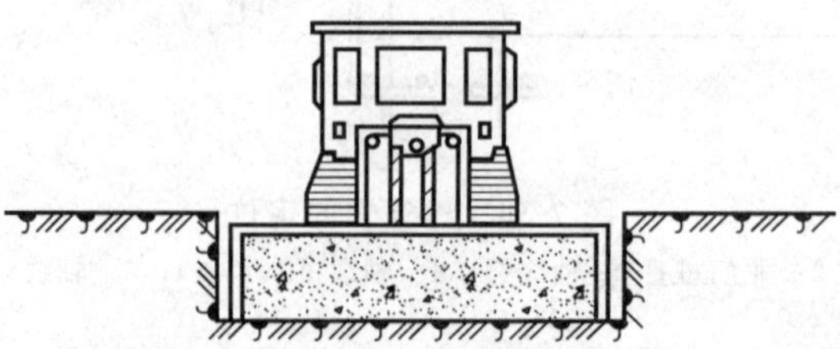

图 7-32 槽形推土法

推土机作业

用2～3台推土机并列作业（图7-33），以减少土体漏失量。铲刀相距15～30 cm，一般采用两机并列推土，可增大推土量 15%～30%。该法适于大面积场地平整及运送土用。

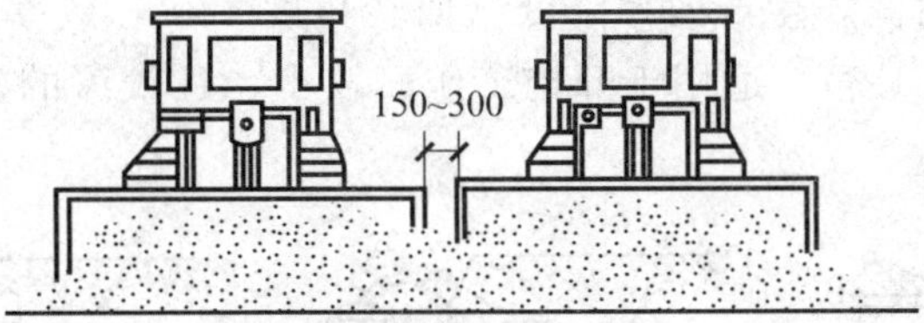

图 7-33　并列推土法

在硬质土中，切土深度不大，可将土先积聚在一个或数个中间点，然后整批推送到卸土区，使铲刀前保持满载（图 7-34）。堆积距离不宜大于 30 m，推土高度以 2 m 内为宜，法能提高生产效率 15%左右。该法适于运送距离较远，而土质又比较坚硬，或长距离分段送土时采用。

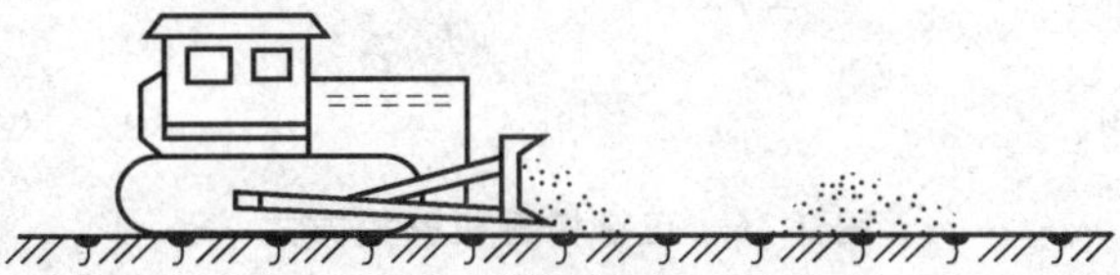

图 7-34　分堆集中一次推送法

将铲刀斜装在支架上或水平放置，并与前进方向成一倾斜角度（松土为 60°，坚实土为 45°）进行推土（图 7-35），可减少机械来回行驶，提高生产效率，但推土阻力较大，需较大功率的推土机。该法适于管沟推土回填、垂直方向无倒车余地或在坡脚及山坡下推土用。

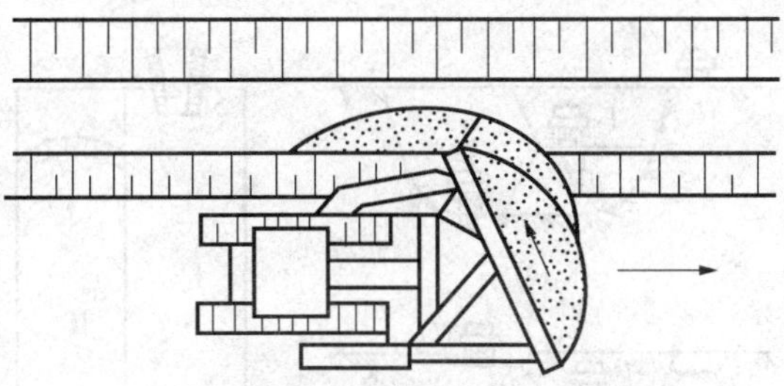

图 7-35　斜角推土法

正铲挖掘机

2）挖掘机

（1）正铲挖掘机

正铲挖掘机的挖土特点是“前进向上，强制切土”。根据开挖路线与运输汽车相对位置的不同，一般有以下两种方法。

①正向开挖、侧向装土法　正铲向前进方向挖土，汽车位于正铲的侧向装车（图 7-36(a)(b)）。正向开挖、侧向装土法、铲臂卸土回转角度最小（小于 90°），装车方便，循环时间短，生产效率高，适用于开挖工作面较大、深度不大的边坡、基坑（槽）、沟渠和路堑等，为最常用的开挖方法。

②正向开挖、后方装土法　正铲向前进方向挖土，汽车停在正铲的后面（图 7-36(c)）。本法开挖工作面较大，但铲臂卸土回转角度较大（在 180°左右），且汽车要侧向行车，增加工作循环时间，生产效率降低（回转角度 180°，效率约降低 23%，回转角度 130°，效率约降低 13%），适用于开挖工作面较小，且较深的基坑（槽）、管沟和路堑等。

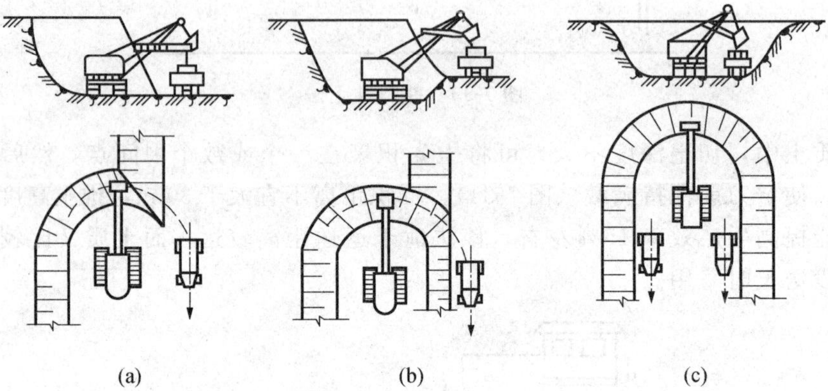

图 7-36　正铲挖掘机开挖方式

(a)、(b) 正向开挖、侧向装土；(c) 正向开挖、后方装土

为提高效率可将开挖面按机械的合理高度分为多层开挖（图 7-37(a)）；当开挖面高度不能成为一次挖掘深度的整数倍时，则可在挖方的边缘或中部先开挖一条浅槽作为第一次挖土运输的线路（图 7-37(b)），然后逐次开挖直至基坑底部。该法用于开挖大型基坑或沟渠，在工作面高度大于机械挖掘的合理高度时采用。

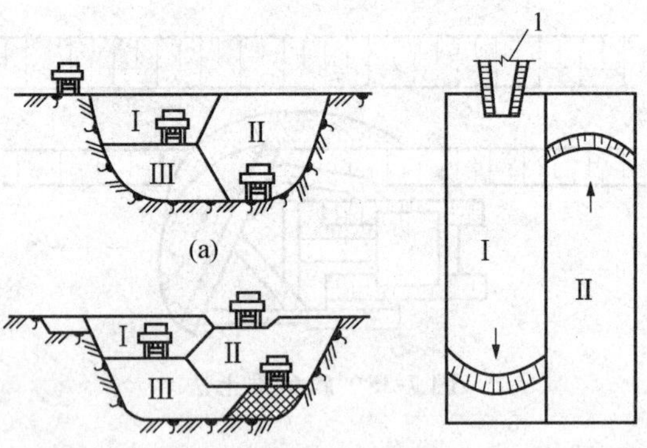

图 7-37　分层挖土法

(a) 分层挖土法；(b) 设先锋槽分层挖土法

1—下坑通道；Ⅰ、Ⅱ、Ⅲ—一、二、三层

开挖高边坡或大型基坑时，将开挖面按机械的合理开挖高度分为多层同时开挖，以加快开挖速度，土方可以分层运出，也可以分层递送至最上层（或下层）用汽车运出（图 7-38）。但两台挖土机沿前进方向，上层应先开挖，与下层保持 30～50 m 距离。

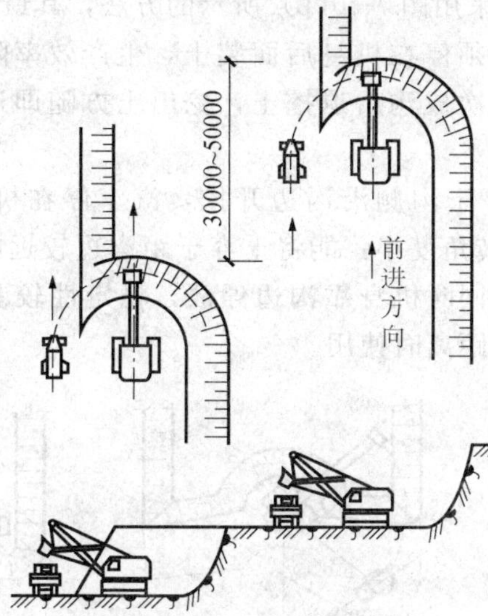

图 7-38　多层挖土法

开挖较宽的山坡地段或基坑、沟渠等时采用中心开挖法。正铲先在挖土区的中心开挖，当向前挖至回转角度超过 90°时，转向两侧开挖，运土汽车按八字形停放装土(图 7-39)。本法开挖移位方便，回转角度小（小于 90°），挖土区宽度宜在 40 m 以上，以便于汽车靠近正铲装车。

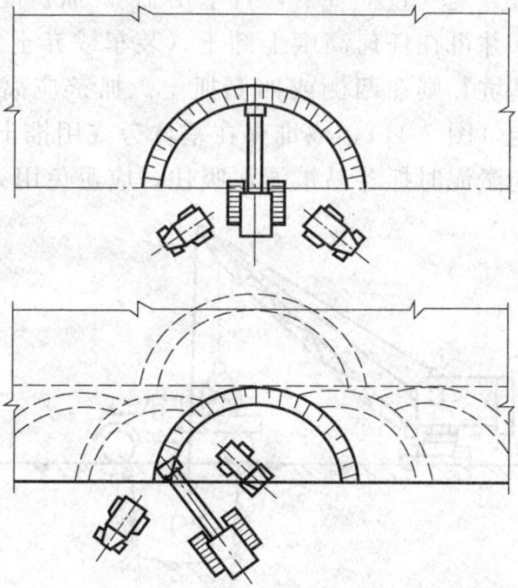

图 7-39　中心开挖法

反铲挖掘机

(2) 反铲挖掘机

反铲挖掘机的挖土特点是“后退向下，强制切土”。根据挖掘机的开挖路线与运输汽车的相对位置不同，一般有以下几种方法。

①沟端开挖法　反铲停于沟端，后退挖土，同时往沟一侧弃土或装汽车运走（图

7-40(a))。对较宽的基坑可采用图 7-40(b) 所示的方法，其最大一次挖掘宽度为反铲有效挖掘半径的两倍，但汽车须停在机身后面装土，生产效率降低，或采用几次沟端开挖法完成作业。该法用于一次成沟后退挖土，挖出土方随即运走时采用，或就地取土填筑路基或修筑堤坝等。

②沟侧开挖法　反铲停于沟侧沿沟边开挖，汽车停在机旁装土或往沟一侧卸土(图 7-40(c))。此法铲臂回转角度小，能将土弃于距沟边较远的地方，但挖土宽度比挖掘半径小，边坡不好控制，同时机身靠沟边停放，稳定性较差。该法用于横挖土体和需将土方甩到离沟边较远的距离时使用。

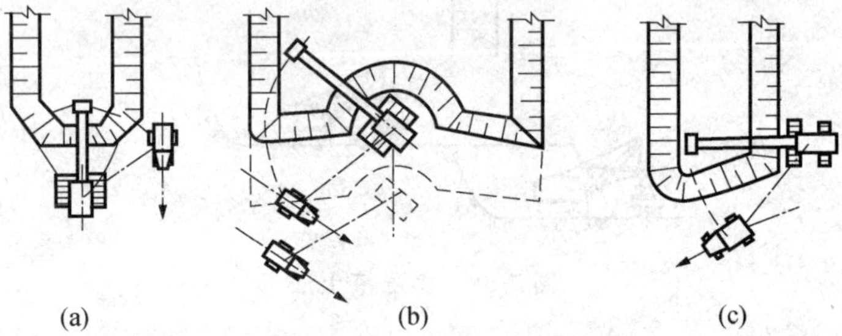

图 7-40　反铲沟端及沟侧开挖法

(a)、(b) 沟端开挖法；(c) 沟侧开挖法

(3) 抓铲挖掘机

抓铲挖掘机的挖土特点是“直上直下，自重切土”。抓铲能在回转半径范围内开挖基坑上任何位置的土方，并可在任何高度上卸土（装车或弃土）。对小型基坑，抓铲立于一侧抓土；对较宽的基坑，则在两侧或四侧抓土。抓铲应离基坑边一定距离，土方可直接装入自卸汽车运走（图 7-41），或堆弃在基坑旁或用推土机推到远处堆放。抓铲施工一般均需加配重，挖淤泥时抓斗易被淤泥吸住，应避免用力过猛，以防翻车。

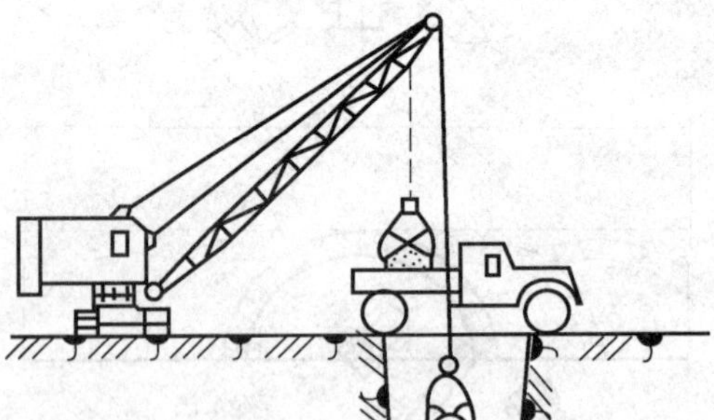

图 7-41　抓铲挖土机挖土

3) 压路机

压路机又称压土机（图 7-42），是一种修路、压土的设备。压路机在工程机械中属于道路设备的范畴，广泛用于高等级公路、铁路、机场跑道、大坝、体育场等大型工

程项目的填方压实作业，可以碾压沙性、半黏性及黏性土壤、路基稳定土及沥青混凝土路面层。压路机以机械本身的重力作用，适用于各种压实作业，使被碾压层产生永久变形而密实。压路机又分钢轮式和轮胎式两类。

图 7-42　压路机

4）蛙式打夯机

蛙式打夯机是利用冲击和冲击振动作用分层夯实回填土的压实机械。蛙式打夯机是一种结构简单、操作方便的夯实机械，在建筑施工中采用比较广泛，可用于小范围的填土夯实。

蛙式打夯机

图 7-43　蛙式打夯机

2. 土方机械化施工与组织

土方开挖前，应根据施工方案的要求，将施工区域内的地下、地上障碍物清除和处理完毕，建筑物或构筑物的位置或场地的定位控制线（桩），标准水平桩及基槽的灰线尺寸，必须经检验合格，并办完预检手续。熟悉施工图纸，绘制土方开挖图（图 7-44），确定开挖路线、顺序、范围、基底标高、边坡坡度、排水沟、集水井位置以及挖出的土方堆放地点等。绘制土方开挖图应尽可能使机械多挖，减少机械超挖和人工挖方，做好技术交底。

选择土方机械，应根据施工区域的地形与作业条件、土的类别与厚度、总工程量和工期综合考虑，以能发挥施工机械的效率来确定，编好施工方案。施工区域运行路线的布置，应根据作业区域工程的大小、机械性能、运距和地形起伏等情况加以确定。

大面积基础群，基坑底部标高不一时，机械开挖次序一般采取先整片挖至平均标高，然后挖个别较深部位。当一次开挖深度超过挖土机最大挖掘深度时，宜分两层或三层开挖，并修筑 10%～15%坡道，以便挖土及运输车辆进出。基坑边角部位，机械开挖不到之处，应用少量人工配合清坡，将松土清至机械作业半径范围内，再用机械掏取运走。

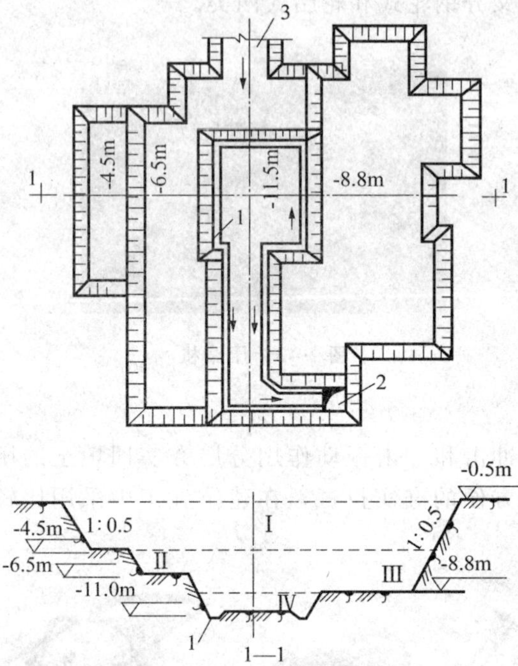

图 7-44　土方开挖图

1—排水沟；2—集水井；3—土方机械进出口

Ⅰ、Ⅱ、Ⅲ、Ⅳ—开挖次序

挖掘机、运土汽车进出基坑的运输道路，应尽量利用基础一侧或两侧相邻的基础（以后需开挖的）部位，使它互相贯通作为车道，或利用提前挖除土方后的地下设施部位作为相邻的几个基坑开挖地下运输通道，以减少挖土量。

夜间施工时，应有足够的照明设施；在危险地段应设置明显标志，并合理安排开挖顺序，防止错挖或超挖。开挖有地下水的基坑槽、管沟时，应根据当地工程地质资料，采取措施降低地下水位，一般要降至开挖面以下 0.5 m，才能开挖。基坑土方开挖可能影响邻近建筑物、管线安全使用，必须有可靠的保护措施。

机械开挖施工时，应保护井点、支撑等不受碰撞或损坏，同时应对平面控制桩、水准点、基坑平面位置、水平标高、边坡坡度等定期进行复测检查。雨期开挖土方，工作面不宜过大，应逐段分期完成。如果是软土地基，进入基坑行走需铺垫钢板。坑面、坑底排水系统应保持良好；汛期应有防洪措施，防止雨水浸入基坑。冬期开挖基坑，如挖完土后要隔一段时间进行基础施工，需预留适当厚度的松土，以防基土遭受冻结。

7.4.3　土方开挖

基坑（槽）或管沟在地质条件和周围环境允许时，可采用放坡开挖，深基坑采用放坡开挖时，会大量增加土方量。如果在建筑稠密地区施工或受周围市政设施的限制，不宜采用放坡开挖方式，则需要先设置支护结构，然后开挖土方，以保证施工安全。

土方边坡坡度 $=h/b=1/(b/h)=1:m$（见图 7-45），$m=b/h$ 称为边坡系数。土方边坡坡度一般在设计文件上有规定，若设计文件上无规定，则可按照《建筑地基基础工程施工质量验收规范》相关规定执行。坡度应保证土体稳定、施工安全以及节省土方。

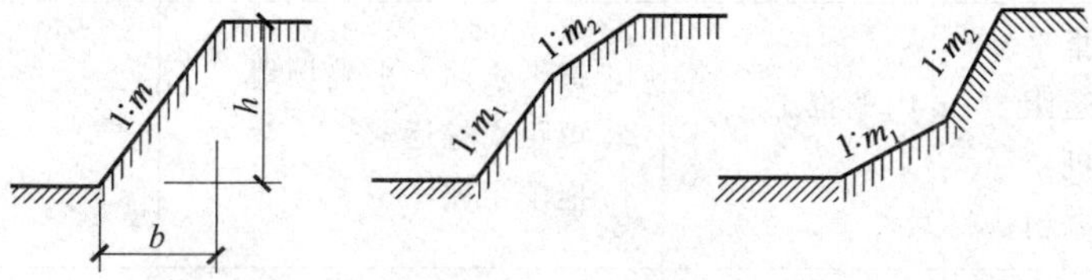

图 7-45　土方边坡

(a) 直线边坡；(b) 不同土层折线边坡；(c) 相同土层折线边坡

当地质条件良好、土质均匀且地下水位低于基坑（槽）或管沟底面标高时，挖方边坡可做成直立壁不加支撑，但深度不宜超过下列规定：密实、中密的砂土和碎石类土（充填物为砂土），深度小于 1.0 m；硬塑、可塑的粉土及粉质黏土，深度小于 1.25 m；硬塑、可塑的黏土和碎石类土（充填物为黏性土），深度小于 1.5 m；坚硬的黏土，深度小于 2 m。当地质条件良好、土质均匀，且地下水位低于基坑（槽）或管沟底面标高时，挖方深度在 5 m 以内且不加支撑的边坡的最陡坡度应符合表 7-7 规定。

表 7-7　深度在 5 m 内的基坑（槽）、管沟边坡的最陡坡度（不加支撑）

土 的 类 别	边坡坡度（高：宽）		
	坡顶无荷载	坡顶有静载	坡顶有动载
中密的砂土	1：1.00	1：1.25	1：1.50
中密的碎石类土（充填物为砂土）	1：0.75	1：1.00	1：1.25
硬塑的粉土	1：0.67	1：0.75	1：1.00
中密的碎石类土（充填物为黏性土）	1：0.50	1：0.67	1：0.75
硬塑的粉质黏土、黏土	1：0.33	1：0.50	1：0.67
老黄土	1：0.10	1：0.25	1：0.33
软土（经过井点降水后）	1：1.00	—	—

注：1. 静载指堆土或材料等，动载指机械挖土或汽车运输作业等。静载或动载应距挖方边缘 0.8 m以外，堆土或材料高度不宜超过 1.5 m。

2. 当有成熟经验时，可不受本表限制。

基坑（槽）或管沟挖好后，应及时进行基础工程或地下结构工程施工。在施工过程中，安全员应经常检查坑壁的稳定情况。当挖地基坑较深或晾槽时间较长时，应根据实际情况采取护面措施，常用的坡面保护方法有帆布、塑料薄膜覆盖法，坡面拉网或挂网法。

1. 场地开挖

土方开挖一般由上而下、分层分段：由一端向另一端进行开挖。大面积开挖宜用推土机、装卸机、铲运机或挖掘机等大型土方机械，机具的选用可参考表 7-8。

表 7-8　一般常用土方开挖机械的适用范围

机械名称	作业特点	适用范围	辅助机械
推土机	1. 推平 2. 运距 80 m 内的推土 3. 助铲 4. 牵引	1. 找平表面，平整场地 2. 短距离挖运 3. 拖羊足碾	
铲运机	1. 找平 2.800 m 内的挖运土 3. 填筑堤坝	1. 场地平整 2. 运距 100～800 m 3. 距离最小 10 m	开挖坚土时需要用推土机助铲
正铲挖掘机	1. 开挖上掌子面 2. 挖方高度 1.5m 以上 3. 装车外运	1. 大型管道基槽 2. 数千方以上的挖土	1. 外运应配自卸汽车 2. 工作面应有推土机配合
反铲挖掘机	1. 开挖下掌子面 2. 挖深随装置决定 3. 可装车和甩土两用	1. 管沟和基槽 2. 独立基坑	1. 外运应配自卸汽车 2. 工作面应有推土机配合
抓铲挖掘机	1. 可直接开挖直井 2. 可装车也可甩土 3. 钢绳牵拉，工效不高 4. 液压式的深度有限	1. 基坑、基槽 2. 排水不良也能开挖	外运应配自卸汽车
装载机	1. 开挖停机面以上土方 2. 轮胎式只能装松散土方，履带式装普通土方 3. 要装车运走	1. 外运多余土方 2. 履带式改换挖斗时可用于开挖	1. 按运距配自卸汽车 2. 作业面经常用推土机平整，并推松土方
多斗挖沟机	1. 连续开挖管沟 2. 一次掘成不放坡 3. 可外运或堆在沟边	一定宽度和深度的管沟	1. 外运时配自卸汽车 2. 挖沟机行驶道路应平坦坚实

2. 边坡开挖

边坡开挖应沿等高线自上而下分层分段依次进行。边坡台阶应做成一定坡度，以利泄水。边坡下部设有护脚及排水沟时，在边坡修完之后，应立即处理台阶的反向排水坡，并进行护脚矮墙和排水沟的砌筑、疏通，否则应采取临时性排水措施，避免积水影响边坡稳定。

3. 基坑开挖

基坑开挖一般程序：测量放线→分层开挖→排水、降水→修坡→整平。应先进行测量定位、抄平放线，定出开挖宽度，按放线分块、分段、分层挖土。根据土质和地下水采取在四侧或两侧直立开挖或放坡开挖，以保证施工操作安全。放坡后基坑上口宽度由基础底面宽度及边坡坡度决定，坑底宽度每边应比基础宽出 15～30 cm，以便于基础支模施工操作。基槽、管沟上部应有排水措施，防止地面水流入坑内冲刷边坡而造成塌方和破坏基土。当土壤含水量大且不稳定，或基坑较深，受到周围场地限制而需用较陡的边坡或直立开挖但土质较差时，应采用临时性支撑加固。坑、槽宽度按基础底宽每边加 10～15 cm，挖土时，土壁要求平直，挖好一层，支一层支撑，挡土板要紧贴土面，并用小木桩或横撑木顶住挡板。开挖宽度较大的基坑，当在局部地段无法放坡，或下部土方受到基坑尺寸限制不能放较大坡度时，则应在下部坡脚采取加固措施。

相邻基坑开挖时，应遵循先深后浅或同时进行的原则。挖土应自上而下水平分段分层进行，每层 0.3 m 左右，边挖边检查坑底宽度，不够时及时修整。每 3 m 左右修一次坡，至设计标高，再统一进行一次修坡清底，检查坑底宽和标高，要求坑底凹凸不超过 1.5 cm。应尽量防止扰动基底地基土，当用人工挖土，基坑挖好后不能立即进行下道工序时，应预留 15～30 cm 厚的一层土不挖，待下道工序开始再用人工挖至设计标高。采用机械开挖基坑时，为避免扰动基底土壤，应在基底标高以上预留一层土用人工清理。使用铲运机、推土机或多斗挖土机时，保留土层厚度为 20 cm；使用正铲、反铲或拉铲挖土时留置土层厚度为 30 cm。

雨期施工时，基坑应分段开挖，挖好一段浇筑一段垫层，并在基槽两侧围以土堤或挖排水沟，以防地面雨水流入基坑，同时应经常检查边坡和支护情况，以防止坑壁受水浸泡造成塌方。在基坑（槽）边缘上侧堆土或堆放材料以及移动施工机械时，应与基坑边缘保持 1.0 m 以上距离，以保证坑边直立壁或边坡的稳定。当土质良好时，堆土或材料应距挖方边缘 0.8 m 以外，高度不宜超过 1.5 m，并应避免在已完基础一侧过高堆土，使基础、墙、柱位移，而酿成事故。如开挖的基坑槽深于邻近建筑基础，开挖应保持一定的距离和坡度，以免影响邻近建筑基础的稳定。如果不能满足要求，则应采取在坡脚设挡墙或支撑进行加固处理。

基坑挖完后应进行验槽，作好记录，如发现地基土质与地质勘探报告、设计要求不符，应与有关人员研究并时处理。

4. 深基坑开挖

深基坑工程的挖土方案，主要有放坡挖土、中心岛式（也称墩式）挖土、盆式挖土和逆作法挖土。

(1) 放坡挖土

开挖深度较大的基坑，采用放坡挖土时，宜设置多级平台分层开挖，每级平台的宽度不宜小于 1.5 m。放坡开挖要验算边坡稳定、边坡安全系数，可根据土层性质和基坑大小等条件结合相关施工规程确定。当含有可能出现流砂的土层时，挖土前宜采用井点降水措施，降低坑内水位和排除地表水，严防地表水或坑内排出的水倒流渗入基坑。

对土质较差且施工工期较长的基坑，边坡宜采用钢丝网水泥喷浆或用高分子聚合材料覆盖等措施进行护坡。坑顶不宜堆土或堆载（材料或设备），遇有不可避免的附加荷载时，需进行边坡稳定验算。在地下水位较高的软土地区，应在降水达到要求后，再采用分层开挖的方式进行开挖。分层挖土厚度不宜超过 2.5 m。挖土时要注意保护工程桩，防止碰撞或因挖土过快、高差过大而使工程桩受侧压力挤压而倾斜。挖至设计标高后，应清除浮土，经验槽合格后，及时进行细石混凝土垫层施工。

(2) 中心岛（墩）式挖土

中心岛（墩）式挖土，适用于大型基坑，支护结构的支撑形式为角撑、环梁式或边桁（框）架式。中间具有较大空间的情况，施工时可利用中间的土墩作为支点搭设栈桥，挖土机利用栈桥下到基坑挖土，运土的汽车亦可利用栈桥进入基坑运土，这样可以加快挖土和运土的速度（图 7-46）。这种挖土方法由于首先挖去基坑四周的土，支护结构受荷时间长，在软黏土中时间效应显著，有可能增大支护结构的变形量，对于支护结构受力不利。开挖期间安全员应对平面控制桩、水准点、基坑平面位置、水平标高边坡等经常进行检查。

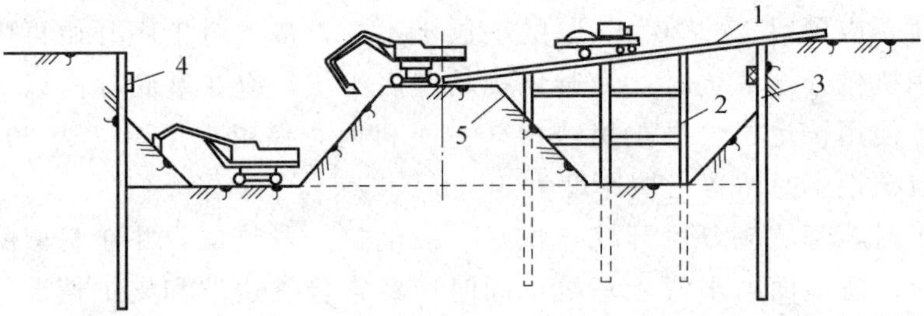

图 7-46　中心岛（墩）式挖土示意图

1—栈桥；2—支架（尽可能利用工程桩）；3—围护墙；4—腰梁；5—土墩

中间土墩的留土高度、边坡的坡度、挖土层次与高差都要经过仔细研究确定。雨期土墩边坡易滑坡，必要时对边坡尚需进行加固。常用反铲挖土机分层开挖，一般先全面挖去第一层，然后中间部分留置土墩，周围部分分层开挖（图 7-47）。如基坑深度大，则用向上逐级传递方式进行装车外运（图 7-48）。土方开挖顺序必须与支护结构的设计工况严格一致，并遵循开槽支撑、先撑后挖、分层开挖、严禁超挖的原则。挖土时，除支护结构设计允许外，挖土机和运土车辆不得直接在支撑上行走和操作。还应尽量缩短围护墙无支撑的暴露时间。

土方挖至设计标高后，对有钻孔灌筑桩的工程，宜边破桩头边浇筑垫层。破桩头是把桩头钢筋剥出，以便锚入承台连接上部结构。应尽可能早一些浇筑垫层，以便利用垫层（必要时可加厚作配筋垫层）对围护墙起支撑作用，以减少围护墙的变形。同一基坑内，当深浅不同时，土方开挖宜先从浅基坑处开始，如条件允许可待浅基坑处底板浇筑后，再挖基坑较深处的土方。如两个深浅不同的基坑同时挖土时，土方开挖宜先从较深基坑开始，待较深基坑底板浇筑后，再开始开挖较浅基坑的土方。

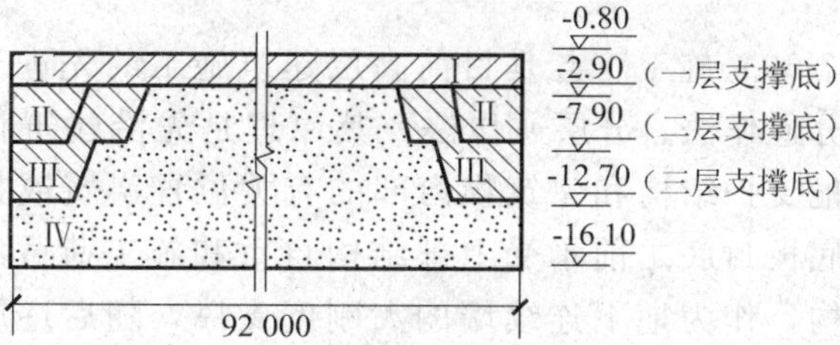

图 7-47　某工程墩式土方开挖顺序

Ⅰ—第一次挖土；Ⅱ—第二次挖土；Ⅲ—第三次挖土；Ⅳ—第四次挖土

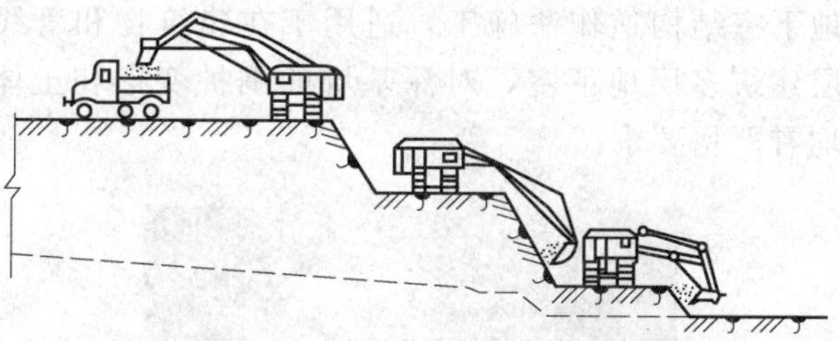

图 7-48　挖除中心土墩时挖土机布置

（3）盆式挖土

盆式挖土（图 7-49）是先开挖基坑中间部分的土，周围四边留土坡，土坡最后挖除。周边的土坡预留对支护结构（如围护墙、钢板桩、管桩支护等）有内支撑反压作用，有利于支护结构的安全性和减少变形盆式挖土。常见于设计内支撑支护结构工程的土方开挖，内侧土方开挖完成后，底板先行施工，在底板上施工内斜撑支撑混凝土台，为内斜撑提供支撑点。盆式挖土的缺点是大量的土方不能直接外运，需集中提升后装车外运。

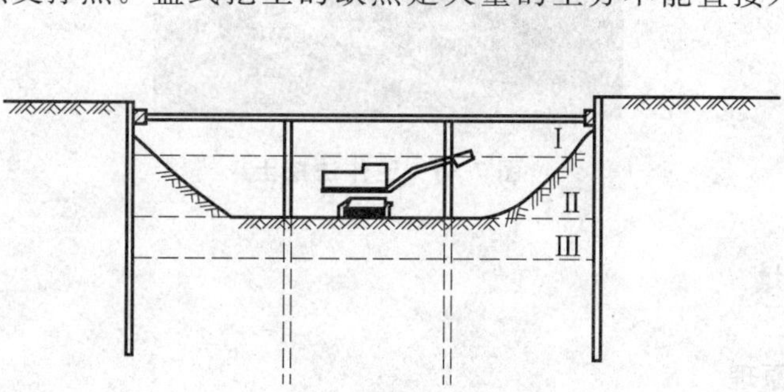

图 7-49　盆式挖土

Ⅰ—第一次挖土；Ⅱ—第二次挖土；Ⅲ—第三次挖土

盆式挖土周边留置的土坡，其宽度、高度和坡度大小均应通过稳定验算确定。如果留得过小，则对围护墙支撑作用不明显，失去盆式挖土的意义。如果坡度太陡边坡不稳定，则在挖土过程中可能发生失稳滑动，不但失去对围护墙的支撑作用，影响施工，而且有损于工程桩的质量。

(4) 逆作法挖土

逆作法挖土（图 7-50）施工工艺是目前高层建筑施工的先进工艺，可以分为全逆作法、半逆作法、部分逆作法、分层逆作法。其原理是先沿建筑物地下室轴线或周围施工地下连续墙或其他支护结构和建筑物内部的有关位置浇筑或打下中间支承桩和柱子，作为施工期间在底板封底之前承受上部结构自重和施工荷载的支撑；然后施工地面一层的梁板楼面结构，作为地下连续墙的大刚度支撑，随后逐层向下开挖土方和浇筑各层地下结构，直至底板封底；由于地面一层的楼面结构已完成，为上部结构施工创造了条件，所以可以同时向上逐层进行地上结构的施工。如此地面上、下同时进行施工，直至工程结束。

高层建筑多层地下室结构逆作法施工，适用于在建筑物和管线密集的地下高水位软土地基上建造高层建筑多层地下室，对深基坑的围护变形和土体的位移、地表和管线沉降等各项指标均有严格要求。

逆作法动画演示

图 7-50　逆作法挖土

7.4.4　土方回填

土方回填

1. 土的压实原理

当黏性土含水量较小时，其粒间引力较大，在一定的外部压实功能作用下，如还不能有效地克服引力而使土粒相对移动，这时压实效果就比较差。当增大土样含水量时，结合水膜逐渐增厚，减小了引力，土粒在相同压实功能作用下易于移动而挤密，所以压实效果较好。但当土样含水量大到一定程度后，孔隙中出现自由水，自由水填充在孔隙中阻止土粒移动，所以压实效果又趋下降。因而施工时要选择一个“最优含水量”，这就是土的压实机理。

在工程实践中，对垫层的碾压质量的检验是要求能获得填土的最大干密度 ρ_{dmax}，与之相对应的制备含水量为最优含水量，其最大干密度可用室内击实试验确定。

击实试验的操作步骤如下。

(1) 将具代表性的风干土样或在低于 60 ℃温度下烘烤干的土样放在橡皮板上，用木碾碾散，过 5 mm 筛，拌匀备用。

(2) 测定土样风干含水量，按土的塑限估计其最优含水量，按依次相差约 2%的含水量制备一组（不少于 5 个）试样，其中有两个大于和小于最优含水量，计算所需加水量。

(3) 按预定含水量制备试样。称取土样，每个约 2.5 kg，平铺于一不吸水的平板上，用喷水设备往土样上均匀喷洒预定的水量，稍静置一段时间再装入塑料袋内或密封盛样器内浸润备用。浸润时间对高塑性黏土不得少于一昼夜，对低塑性黏土可酌情缩短，但不少于 12 h。

(4) 将直径 9.125 cm、高 15 cm 的击实筒放在坚实地面上，将制备好的试样 600～800 g（其数量应使击实后的试样略大于筒高的 1/3）倒入筒内，整平其表面，并用圆木板稍加压紧，然后用锤（锤重 2.5 kg，锤底直径 5 cm）进行击实，锤击时锤应自由铅直落下，落距 46 cm，对砂土和粉土，每层为 20 击，对粉质黏土和黏土，每层为 30 击。锤迹必须均匀分布于土面。然后安装套环，把土面刨成毛面，重复上述步骤进行第二层及第三层的击实，击实后超出击实筒的余土高度不得大于 10 mm。

(5) 用修土刀沿套环内壁削挖后，扭动并取下套环，对齐筒顶细心削平试样，拆除底板。

(6) 用推土器推出击实筒内试样，从试样中心处取 2 个各 15～30 g 土样，测定其含水量。

(7) 按步骤 (4) ～ (6) 重复进行其他不同含水量试样的击实试验。

计算上述五个不同含水量 w 试样的相应干密度 ρ_d，以干密度为纵坐标，含水量为横坐标，绘制 ρ_d 和 w 关系曲线，如图 7-51 所示。在曲线上，ρ_d 的峰值即为最大干密度 ρ_{dmax}，与之相对应的制备含水量为最优含水量 w_{op}。

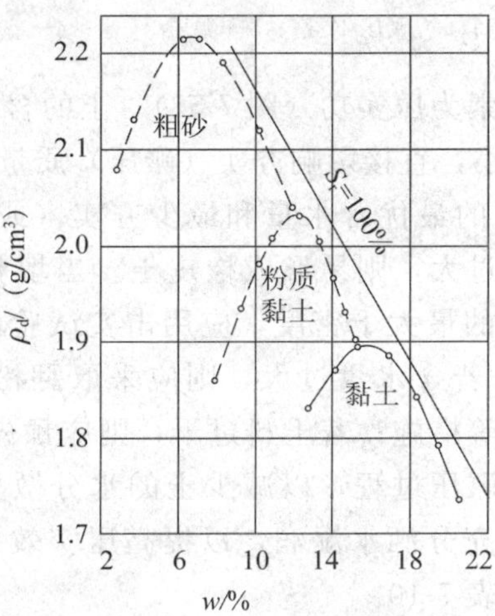

图 7-51　砂土和黏土的压实曲线

上述分析是对某一特定的压实功能而言的。如果改变压实功能，则曲线的基本形态不变，其最大干密度位置却发生移动，随着压实功能增大，曲线向上方移动，即在加大压实功能时，最大干密度增大，而最优含水量减小。因为压实功能越大，越容易克服粒间引力，所以在较低含水量下就可达到更大的密实程度。相同的压实功能对于不同土料的压实效果并不完全相同，黏粒含量较多的土，土粒间的引力就越大，只有在比较大的含水量时，才能达到最大干密度的压实状态。

击实试验是用锤击法使土的密度增加，以模拟现场土压实的室内试验。实际上，击实试验是土样在有侧限的击实筒内进行试验，因此不可能发生侧向位移。施工现场的土料，土块大小不一，含水量和铺填厚度又很难控制均匀，因此对现场土的压实，应以压实系数 λ_c（土的控制干密度 ρ_d 与最大干密度 ρ_{dmax} 之比）与施工含水量（最优含水量 $w_{op}\pm2\%$）来进行检验。

图 7-52 为羊足碾（接触压力为 170 kPa）不同碾压遍数的工地试验与室内击实试验结果的比较，由此决定现场的碾压遍数。由图可知，用室内击实试验来模拟工地压实是可靠的，但施工参数（如施工机械、虚铺土厚度、碾压遍数与填筑含水量等）必须由工地试验确定。

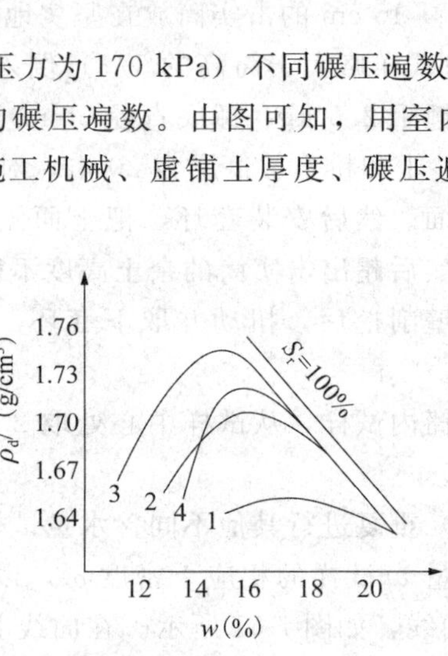

图 7-52　工地试验与室内击实试验的比较

1—碾压 6 遍；2—碾压 12 遍；3—碾压 24 遍；4—室内击实试验

填土压实的主要影响因素为压实功（图 7-53）、土的含水量以及每层铺土厚度（表 7-9）。填土土料含水量的大小，直接影响夯实（碾压）质量，在夯实（碾压）前应预试验，以得到符合密实度要求的最优含水量和最少夯实（或碾压）遍数。含水量过小，夯压（碾压）不实；含水量过大，则易形成橡皮土。当填料为黏性土或排水不良的砂土时，其最优含水量与相应的最大干密度，应用击实试验测定。土料含水量一般以手握成团，落地开花为适宜。若含水量过大，则应采取翻松、晾干、风干、换土回填、掺入干土或其他吸水性材料等措施；若土料过干，则应预先洒水润湿。在气候干燥时，须加速挖土、运土、平土和碾压过程，以减少土的水分散失。当填料为碎石类土（充填物为砂土）时，碾压前应充分洒水湿润，以提高压实效果。土的最佳含水量和最大干密度之间的关系，可参考表 7-10。

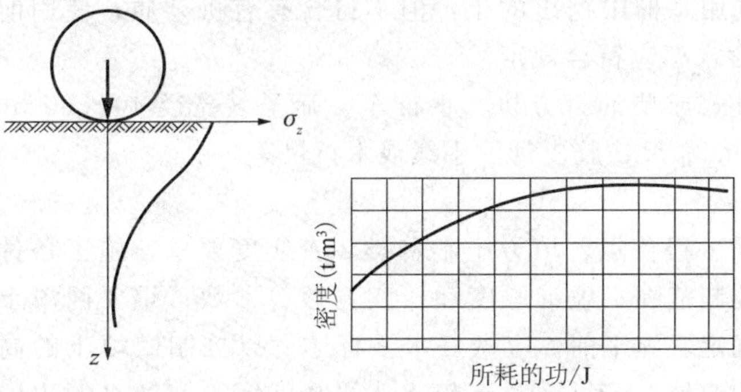

图 7-53　土的干密度与压实功的关系示意图

表 7-9　填土施工时的分层厚度及压实遍数

压实机具	分层厚度/mm	每层压实遍数
平碾	250～300	6～8
振动压实机	250～350	3～4
柴油打夯机	200～250	3～4
人工打夯	＜200	3～4

表 7-10　土的最佳含水量和最大干密度参考表

项次	土的种类	变动范围	
		最佳含水量/%（质量比）	最大干密度/(g/cm³)
1	砂土	8～12	1.80～1.88
2	黏土	19～23	1.58～1.70
3	粉质黏土	12～15	1.85～1.95
4	粉土	16～22	1.61～1.80

2. 土方回填施工

大面积填方土料应符合设计要求，保证填方的强度和稳定性，如设计无要求，应符合以下规定。

(1) 碎石类土、砂土和爆破石渣（粒径不大于每层铺土厚的 2/3），可用于表层下的填料；

(2) 含水量符合压实要求的黏性土，可作各层填料；

(3) 淤泥和淤泥质土，一般不能用作填料，但在软土地区含水量符合压实要求的，可用于填方中的次要部位；

(4) 有机质含量大于 5%的土，只能用在无压实要求的填方；

(5) 不得使用冻土、盐渍土、膨胀性土作填料。

1) 施工准备

土：宜优先选用基槽中挖出的土，但不得含有有机杂质；使用前应过筛，其粒径不大于 50 mm，含水率应符合规定。

主要机具：蛙式或柴油打夯机、手推车、筛子（孔径 40～60 mm）、木耙、铁锹（尖头与平头）、2 m 靠尺、胶皮管、小线或木折尺等。

2）技术准备

施工前应根据工程特点、填方土料种类、密实度要求、施工条件等，合理地确定填方土料含水率控制范围、虚铺厚度和压实遍数等参数；重要回填土方工程的参数应通过压实试验来确定。施工前，应做好水平标志，以控制回填土的高度或厚度，如在基坑（槽）或管沟边坡上，每隔 3 m 钉上水平橛，室内和散水的边墙上弹上水平线或在地坪上钉上标高控制木桩。回填前应对基础结构、箱型基础墙或地下防水层、防水保护层等进行检查验收，并且要办好隐蔽工程检查验收手续。房心和管沟的回填应在完成上下水、煤气管道安装和管沟墙间加固后再进行，并将沟槽、地坪上的积水和有机物等清理干净。

3）施工工艺

基坑（槽）底地坪清理→检验土质→分层铺土、耙平→夯打密实→检验密实度→修整找平→验收。

填土前应将基坑（槽）底或地坪上的垃圾等杂物清理干净，将回落的松散垃圾、砂浆、石子等杂物清除干净。检验回填土有无杂物，粒径是否符合规定，含水量是否在控制的范围内。若含水量偏高，则可采用翻松、晾晒或均匀掺入干土等措施；若遇回填土的含水量偏低，则采用预先洒水润湿等措施。

回填土应分层铺摊，每层铺土厚度应根据土质、密实度要求和机具性能确定。一般蛙式打夯机每层铺土厚度为 200～250 mm，人工打夯每层铺土厚度不大于 200 mm。每层铺摊后，随之耙平。回填土每层至少夯打三遍，打夯应一夯压半夯，夯夯相接，行行相连，纵横交叉。

深浅两基坑（槽）相连时，应先填夯较深部分；填至浅基坑相同标高时，再与浅基础一起填夯。如果必须分段填夯，则交接处应填成阶梯形，梯形的高宽比一般为 1∶2,上下层错缝距离不小于 1.0 m。基坑（槽）回填应在相对两侧或四周同时进行。基础墙两侧填土标高不可相差太多，以免把墙挤歪；较长的管沟墙，应采用内部加支撑的措施，然后再在外侧回填土方。回填房心及管沟时，为防止管道中心线位移或损坏管道，应用人工先在管子两侧填土夯实，并应由管道两侧同时进行，直至管顶 0.5 m 以上时，在不损坏管道的情况下，方可采用蛙式打夯机夯实。在管道接口处，防腐绝缘层或电缆周围应回填细粒料。

基坑（槽）或管沟的回填土应连续进行，尽快完成。施工中注意雨情，雨前应及时夯完已填土层或将表面压光，并做成一定坡势，以利排除雨水。冬期回填土每层铺土厚度应比常温施工时减少 20%～50%；其中冻土块体积不得超过填土总体积的 15%，其粒径不得大于 150 mm。铺填时，冻土块应均匀分布，逐层压实。填土前应清除基底上的冰雪和保温材料，填土的上层应用未冻土填铺，其厚度应符合设计要求。

管沟底至管顶 0.5 m 范围内，不得用含有冻土块的土回填。室内房心、基坑（槽）

或管沟不得用含冻土块的土回填。回填土施工应连续进行，防止基土或已填土层受冻，应及时采取防冻措施。

回填土每层填土夯实后，应按规定进行环刀取样，测出干土的质量密度，达到要求后，再进行上一层的铺土。

3. 质量控制与验收

房建工程土方回填质量应符合《建筑地基基础工程施工质量验收规范》（GB 50202—2018）的规定。土方回填前应清除基底的垃圾、树根等杂物，抽除坑穴积水、淤泥，验收基底标高。如果在耕植土或松土上填方，则应在基底压实后再进行。对填方土料应按设计要求验收合格后方可填入。填方施工过程中应检查排水措施、每层填筑厚度、含水量控制、压实程度。填筑厚度及压实遍数应根据土质、压实系数及所用机具确定。

填筑前，首先对回填段进行地形、剖面的测量复核，并把测量资料报送工程师复检；其次对测量后的基槽进行基础面的清理，然后报工程师进行回填前的验收，验收合格后方可回填。土方填筑时，应选派有经验的工程技术人员在现场填筑中进行监督。在土方填筑过程中，根据批准的土方填筑检测计划对每步土进行检测，复检合格并经批准后方可进行上层土的回填。在堆土料场，应不定期对土料的含水量进行检查，对于含水量较高的土料必须翻晒，待其含水量达到要求后方可进行回填。土方填筑完工后，先对工程全部填筑部位按国家有关规范规程规定的有关内容进行自检，自检合格后报请监理单位进行验收，并填写相关验收资料。

填土压实后必须要达到密实度要求，填土密实度以设计规定的控制干密度 ρ_d（或规定的压实系数 λ）作为检查标准。检测方法是采用环刀法测定土的实际干密度。其取样组数：基坑回填每 20～50 m^3 取一组（每个基坑不少于一组）；基槽或管沟回填每层按长度 20～50 m 取一组；室内填土每层按 100～500 m^2 取一组；场地平整填土每层按 400～900 m^2 取一组。土的实际干密度大于或等于控制干密度时，符合要求。

习　题

1. 土的可松性对土方工程施工有何影响？

2. 场地平整的一般要求有哪些？确定场地的设计标高要考虑哪些因素？

3. 用方格网法计算场地平整土方工程量时，确定零点的方法有哪几种？

4. 简述土方调配的原则。土方调配区应如何划分？

5. 地下水对基础工程施工有哪些影响？哪种地质条件容易发生流砂现象？

6. 集水井排水法适用于哪些情况？选择排水设备时主要考虑哪些问题？

7. 轻型井点降水系统的设备有哪些？

8. 简述井点降水操作要点。如何判断井点降水系统是否正常工作及如何排除因堵管引起的系统故障？

9. 在基础工程施工过程中支护结构有何作用？

10. 支护结构有哪些类型，各类支护结构破坏的原因有哪些？

11. 排桩支护结构的施工和检测有哪些要求？

12. 土方开挖施工前应进行哪些准备工作？

13. 无支护土方开挖为什么要进行放坡，对放坡坡度有何要求？

14. 中心岛式开挖、盆式挖土、逆作法挖土分别有何特点？

15. 建筑工程常用的挖土机械有哪些？简述正铲挖土机的作业特点。

16. 填土施工质量的影响因素有哪些，如何控制填土的施工质量？

第 8 章　地基处理

学习目标

通过本章的学习，了解软弱土的类型以及不良地基可能造成的危害，熟悉常见的地基处理方法；能够根据地质勘察报告及现场实际情况，选择切实可行的地基处理方案；会按照地基处理施工方案指导施工作业。

学习要求

知识要点	能力目标	相关知识	权重
软弱土的种类	1. 了解软弱土的种类 2. 理解软弱土的工程特点 3. 理解软弱土地基的危害	1. 软弱土 2. 软弱土的工程特性 3. 地基承载力及沉降变形原理	30%
常见地基处理方法	1. 了解常见地基处理方法 2. 熟悉各种地基处理方法的适用范围 3. 会选择地基处理方案	1. 地基处理方法 2. 地基处理的目的	20%
地基处理施工工艺	1. 熟悉各种常见地基处理工艺 2. 理解地基处理施工的主要技术参数 3. 掌握地基处理后的质量验收要求	1. 土的压实原理 2. 地基处理工艺 3. 地基验收标准	50%

学习导入

地基处理主要针对软弱土地基和特殊土地基。地基处理的目的是选择合理的地基处理方法，对不能满足直接使用的天然地基进行有针对性的处理，以解决不良地基存在的承载力低、沉降大、易液化及渗透等问题，从而满足工程建设的要求。在基坑土方开挖至设计标高时，若天然地基不能满足强度和变形要求，则必须经过人工处理后再建造基础。

8.1 软弱土的种类

软弱土一般指工程特性较差的土，如淤泥、淤泥质土、冲填土、杂填土或其他高压缩性土，这些土的土质疏松、压缩性高、抗剪强度低。为确保建筑物安全，需对地基进行必要的加固或改良，提高地基的强度，保证地基的稳定，降低软弱土的压缩性，减少基础的沉降或不均匀沉降；防止地震时地基土的振动液化，消除特殊土的湿陷性、胀缩性和冻胀性等。地基处理可用于拟建建筑物，也可用于已建工程的地基加固。针对不同土质以及不同工程要求，地基处理方法主要有换土垫层法、深层密实法、振密挤密法、排水固结法、化学加固法、加筋法、冻结法、托换技术、树根桩等，处理方法的选择与软弱土的种类有关。

1. 淤泥及淤泥质土

淤泥及淤泥质土的特点是天然含水量高、孔隙比大、抗剪强度低、压缩系数高、渗透系数小。当天然孔隙比大于 1.5 时，为淤泥；当天然孔隙比大于 1.0 而小于 1.5 时，为淤泥质土。

这类土构成的地基承载力低，基础沉降变形大，容易产生较大的不均匀沉降，沉降稳定需经历较长时间（往往持续几年甚至几十年），是工程建设中遇到最多的软弱地基。淤泥及淤泥质土广泛地分布在我国沿海地区内陆平原及山区，如连云港、上海、杭州、宁波、温州、福州、厦门、湛江、广州等沿海地区，以及昆明、武汉、南京等内陆地区。

2. 冲填土

冲填土是在治理和疏通江河航道时，用挖泥船通过泥浆泵将泥沙夹带大量水分吹填到江河两岸而形成的沉积土。在我国长江、黄浦江、珠江两岸均分布着不同性质的冲填土，如江西南昌市的红谷滩新区就是利用赣江泥沙多年吹填堆积而成（图 8-1）。冲填土的物质成分比较复杂。若以黏性土为主，由于土中含有大量水分，且难以排出，土体在形成初期处于流动状态，强度要经过一定固结时间，才能逐渐提高。因而，这类土属于强度低和压缩性较高的欠固结土。若主要以砂或其他粗颗粒土为主所组成的冲填土就不属于软弱土。冲填土的工程性质主要取决于颗粒组成、均匀性和排水固结条件，与自然沉积的同类土相比，强度低，压缩性高，常产生触变现象。

3. 杂填土

杂填土是由于人类长期的生活和生产活动而形成的地面填土层，其填筑物随着地区的生产和生活水平的不同而异。杂填土的厚度一般变化较大。在大多数情况下，这类土由于填料物质不一，颗粒尺寸相差较为悬殊，颗粒之间的孔隙大小不一，是任意堆填而成，其必然存在结构松散、密实度低的缺陷。其工程性质表现为强度低、压缩性高，往往均匀性也差。尤其是含生活垃圾或有机质废料的填土，其成分复杂，内含腐殖质及亲水性和水溶性物质，将导致地基产生大的沉降及浸水湿陷性。目前，城市垃圾附近都建有垃圾填埋场，这些填埋场服役期满后，都有可能重新封场作为建设用地使用，如杭州的天子岭垃圾填埋场部分地区就改造成公园景区，需要在其上建造建筑物（图 8-2）。杂填土地基在同一场地不同位置，地基承载力和压缩性也可能有较大的差异。杂填土的性质随着堆填龄期而变化，其承载力随着时间增长而提高。一般这类填土未经处理不宜作为建筑物地基。遇有面广层厚、性能稳定的工业废料堆积物，也包括部分堆积年代久远的建筑垃圾，宜先对其进行详尽的勘察，然后研究其处理的技术可能性和利用的经济合理性。同时，应该注意的是，工业废料中可能包含某些对人体、建筑材料或环境有害的成分。如果加以利用，则应通过研究确定可靠的防治措施。

冲填作业

图 8-1　江西南昌红谷滩新区

图 8-2　杭州天子岭垃圾填埋场

4. 其他高压缩性土

饱和松散粉细砂及部分粉土，虽然在静载作用下具有较高的强度，但在机械振动、车辆荷载、波浪或地震的反复作用下，有可能发生液化或震陷变形。地基会因砂土液化而丧失承载力，基坑开挖且地下水位较高时易产生管涌。该类地基也属于软弱地基的范畴。

另外，湿陷性黄土、膨胀土和季节性冻土等特殊性土组成的地基，都属于需要进行地基处理的软弱地基范畴。对软弱地基进行勘察时，应查明软弱土层的均匀性、组成、分布范围和土质情况。对软土、冲填土尚应了解排水固结条件。进行软弱地基设计时，应考虑上部结构和地基的共同作用，对建筑体型、荷载情况、结构类型和地质条件进行综合分析，以确定合理的建筑措施和地基处理方法。

8.2 常见的地基处理技术

当软弱地基或不良地基不能满足沉降或稳定的要求时，往往采用地基处理技术先进行地基处理，再建造建筑物的基础。地基处理的方法很多，并且新的地基处理方法还在不断发展。虽然从地基处理加固原理、目的、性质、时效、动机等不同的角度均可对地基处理方法进行分类，通常按地基处理的加固原理可将地基处理方法分为以下几类。

1. 排水固结法

排水固法适用于孔隙比大，含水量高的软土。其方法是通过外部措施排除土中水分，使土体在一定荷载作用下固结，孔隙比减小，强度提高，达到提高地基承载力、减少施工后沉降的目的。它主要包括加载预压法、超载预压法、砂井法（包括普通砂井、袋装砂井和塑料板排水法）、真空预压法、联合法、降低地下水位法、电渗法等。

2. 振密、挤密法

振密、挤密法指采用爆破、夯击、挤压和振动等方法，使土体密实、土体抗剪强度提高、压缩性减小的一类地基处理方法。挤密和振密作用分为纵向和横向两种。常采用的方法有振动水冲法（振冲法）、挤密砂桩法、石灰桩挤密法、灰土桩挤密法。通过振密或挤密的方法使未饱和土密实，以达到提高地基承载力和减少沉降的目的。

3. 置换法

置换法是以砂、碎石等材料置换软弱地基中部分软弱土体，形成复合地基，或在软弱地基中部分土体内掺入水泥、水泥砂浆等固化剂形成加固体，与未加固部分形成复合地基，达到提高地基承载力和减少建筑物沉降的目的。它主要包括垫层法、局部换土垫层法、振冲置换法（又称碎石桩法）、高压喷射注浆法、深层搅拌法、石灰桩法、褥垫法、EPS 超轻质料填土法等。

4. 灌浆法

灌浆法是用气压、液压或电化学方法等把某些能固化的浆液注入土体的裂缝或孔隙，以达到地基处理的目的。它可用于防渗、堵漏、加固和纠正结构物偏斜，适用于砂及砂砾石地基以及湿陷性黄土地基等，主要包括渗入性灌浆法、劈裂灌浆法、压密灌浆法、电动化学灌浆法等。

5. 加筋法

加筋法是通过在土层中设置强度较高的土工格栅及织物、拉筋、钢筋混凝土等达到提高地基承载力和减小沉降的目的。它主要包括加筋土法、土钉墙法、锚固法、树根桩法、低强度混凝土桩复合地基和钢筋混凝土桩复合地基法等。

6. 冻结法

冻结法通过冻结土体改变土体物理力学性质以达到地基处理的目的。主要利用人工制冷技术，使地层中的水结冰，把天然岩土变成冻土，增加其强度和稳定性，隔绝地下水与地下工程的联系，以便在冻结壁的保护下进行井筒或地下工程掘砌施工的特殊施工技术。它最早用于俄国金矿开采，后由德国工程师用于煤矿矿井建设并获得专利技术而趋于成熟，现在已广泛应用于地铁、深基坑、矿井建设等工程中。

7. 托换技术

对既有建筑物的地基需要处理和加固基础的，或既有建筑物基础下需要修建地下工程及其邻近需要建造新工程而影响到既有建筑物的安全问题的均可采用托换技术。它主要包括基础加宽法、墩式托换法、桩式托换法、地基加固法以及综合加固法等。

8. 纠偏

纠偏指对由于沉降不均匀造成倾斜的建筑物进行校正的手段，主要包括加载纠偏法、掏土纠偏法、顶升纠偏法和综合纠偏法等。

选用地基处理方法的原则是力求技术先进、经济合理、因地制宜、安全适用、确保质量。具体选用时要根据场地的工程地质条件、地基加固的目的要求以及拟采用处理方案的适用性、技术经济指标、工期等多方面因素综合考虑，最后选择其中一种较合理的地基处理措施或两种以上地基处理方法组合的综合处理方案。

地基处理大多是隐蔽工程，在施工前，现场人员必须了解所采用的地基处理方法的原理、技术标准和质量要求、施工方法等；在施工过程中，经常进行施工质量和处理效果的检验，同时应做好监测工作；施工结束后，应尽量采用可能的手段来检验处理的效果，并继续做好监测工作，从而保证施工质量。

8.3 换土垫层法

8.3.1 加固机理及适用范围

1. 加固机理

换土垫层法是将天然软弱土层挖去或部分挖去，分层回填强度高、压缩性较低且无腐蚀性的砂石、素土、灰土、工业废料等材料，夯实至要求的密度后作为地基持力层。换土垫层法也称为开挖置换法。换土垫层主要有以下几个作用。

(1) 提高基底持力层的承载力　地基中的剪切破坏是从基础底面以下边角处开始，随着基底压力的增大而逐渐向纵深发展，因此当基底面以下浅层范围可能被剪切破坏的软弱土被强度较大的垫层材料置换后，可以提高承载力。

(2) 减少沉降量　一般情况下，基础下浅层的沉降量在总沉降量中所占的比例较大，以垫层材料代替软弱土层，可以大大减少沉降量。

(3) 加速地基的排水固结　用砂石作为垫层材料时，由于其渗透性大，在地基受压后垫层便是良好的排水体，可使下卧层中的孔隙水压力加速消散，从而加速其固结。

(4) 防止冻胀　采用颗粒粗大的材料如碎石、砂等作为垫层，可以降低甚至不产生毛细水上升现象，因而可以防止固结冰而导致的冻胀。

(5) 消除地基的湿陷性和胀缩性　在湿陷性黄土地基中，采用素土或灰土垫层置换基础底面下一定范围内的湿陷性土层，可免除土层浸水后湿陷变形的发生或减少土层湿陷沉降量。同时，垫层还可作为地基的防水层，减少下卧天然黄土层浸水的可能性。采用非膨胀性的黏性土、砂、灰土及矿渣等置换膨胀土，可以减少地基的胀缩变形量。

2. 适用范围

换土垫层法适用于淤泥、淤泥质土、湿陷性黄土、膨胀土、素填土、杂填土、季节性冻土地基以及暗沟、暗塘等的浅层处理。

8.3.2 垫层设计要点

垫层设计的主要内容是确定垫层厚度 z 和垫层宽度 b'（图 8-3）。其校核条件是必须满足下卧层承载力要求。

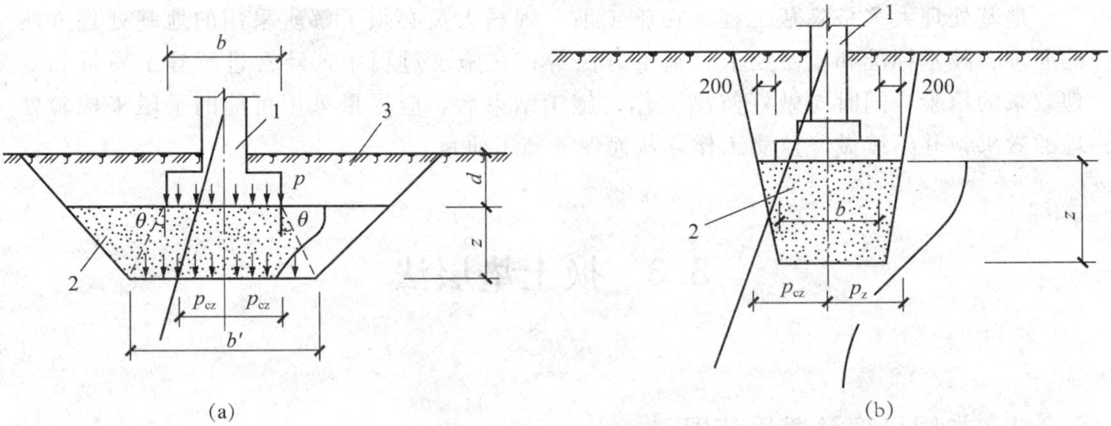

图 8-3　垫层内应力的分布

(a) 下卧层承载力较低；(b) 下卧层承载能力良好

1—基础；2—持力层；3—填土

1. 确定垫层的厚度

垫层的厚度应根据垫层底部软弱土层的承载力确定，即作用在垫层底面处土的自重压力值与附加压力值之和不大于软弱土层经深度修正后的地基承载力特征值，并应符合下式要求

$$p_z + p_{cz} \leqslant f_z \tag{8-1}$$

式中　f_z——下卧层地基经深宽修正后承载力设计值/kPa；

p_{cz}——下卧层顶面的自重压力/kPa；

p_z——下卧层顶面的附加压力/kPa。

p_z 可按下式简化计算。

条形基础

$$p_z = \frac{b(p_k - p_c)}{b + 2z\tan\theta} \tag{8-2}$$

矩形基础

$$p_z = \frac{bl(p_k - p_c)}{(b + 2z\tan\theta)(l + 2z\tan\theta)} \tag{8-3}$$

式中　b——矩形基础或条形基础底面的宽度/m；

l——矩形基础底面的长度/m；

p_k——基础底面压力设计值/kPa；

p_c——基础底面处土的自重压力标准值/kPa；

z——基础底面下垫层的厚度/m；

θ——垫层的压力扩散角（°），可按表 8-1 采用。

表 8-1　压力扩散角 θ

z/b	换填材料		
	中砂、粗砂、砾砂、圆砾、石屑、角砾、卵石、碎石、矿渣	粉质黏土和粉煤灰（$8<I_P<14$）	灰土
0.25	20°	6°	28°
≥0.50	30°	23°	

注：1. 当 $z/b<0.25$ 时，除灰土取 $\theta=28°$ 外，其余材料均取 $\theta=0$，必要时宜由试验确定。

2. 当 $0.25<z/b<0.50$ 时，θ 值可用内插法求得。

3. 灰土 θ 值按一定要求的 3：7 或 2：8 的灰土的 28 d 强度考虑。

2. 确定垫层的宽度

垫层的宽度应满足基础底面应力扩散的要求，根据垫层侧面土的承载力，防止垫层向两侧挤出。垫层顶面每边超出基础底边不小于 300 mm，或从垫层底面两侧向上，按当地开挖基坑经验的要求放坡。垫层的底宽按下式计算或根据当地经验确定

$$b' \geqslant b + 2z\tan\theta \tag{8-4}$$

式中　b'——垫层底面宽度/m；

b——矩形基础或条形基础底面的宽度/m；

θ——垫层的压力扩散角（°），可按表 8-1 采用。

当 $z/b>0.5$ 时，垫层的宽度也可根据当地经验及基础下应力等值线的分布，按倒梯形剖面确定。垫层的承载力宜通过现场试验确定，并应验算下卧层的承载力。对重要建筑或存在较弱下卧层的建筑应进行地基变形计算。

8.3.3 垫层材料选择

（1）砂石　宜选用中粗砾砂，也可用碎石（粒径小于 2 mm 的部分不应超过总量的 45%）；应级配良好，不含植物残体、垃圾等杂质，含泥量不宜超过 3%。当使用粉细砂或石粉（粒径小于 0.075 mm 的部分不超过总量的 9%）时，应掺入不少于 30%的碎石或卵石，且最大粒径不宜大于 50 mm。对湿性黄土地基，不得选用砂石等透水材料。

（2）黏土（均质土）　土料中有机质含量不得超过 5%，也不得含有冻土或膨胀土。当含有碎石时，其粒径不宜大于 50 mm。用于湿陷性黄土或膨胀土地基的垫层，土料中不得夹有砖、瓦和石块等。

（3）灰土　体积配合比宜为 2∶8 或 3∶7，土料宜用黏性土及塑性指数大于 4 的粉土，不得含有松软杂质，并应过筛，粒径不得大于 15 mm。灰土宜用新鲜消石灰，土料中不得夹有砖、瓦和石块等。

（4）粉煤灰　可分为湿排灰和调湿灰，可用于道路、堆场和中小型建筑、构筑物换填垫层。粉煤灰垫层上宜覆土 0.3～0.5 m。

（5）矿渣　垫层使用的矿渣指高炉重矿渣，可分为分级矿渣、混合矿渣及原状矿渣。矿渣垫层主要用于堆场、道路和地坪，也可用于中小型建筑、构筑物地基。

（6）其他工业废渣在有可靠试验结果或成功工程经验时，对质地坚硬、性能稳定的工业废渣均可用于换填垫层。

（7）土工合成材料加筋垫层是分层铺设土工合成材料及地基土的换填垫层，用于垫层的土工合成材料包括机织土工织物、土工格栅、土工垫、土工格室（图 8-4）等。其选型应根据工程特性、土质条件与土工合成材料的原材料类型、物理力学性质、耐久性及抗腐蚀性等确定。

（a）　　（b）　　（c）

图 8-4　土工合成材料

（a）土工格栅；（b）土工垫；（c）土工格室

土工合成材料在垫层中受力时延伸率不宜大于 4%～5%，且不应该被拔出。当铺设多层土工合成材料时，层间应填以中砂、粗砂、砾砂，也可填细粒碎石类土等能增加垫层内摩阻力的材料。在软土地基上使用加筋垫层时，应考虑保证建筑物的稳定性和满足容许变形的要求。对于工程量较大的换填垫层，应根据选用的施工机械、换填材料及场地的天然土质条件进行现场试验，再确定压实效果。垫层材料的选择必须满足无污染、无侵蚀性及无放射性等。

8.3.4　垫层施工及注意事项

垫层施工应根据不同的换填材料选择施工机械。素填土、灰土宜采用平碾、振动碾或羊足碾，中小型工程可采用蛙式夯、柴油夯。砂石土宜用振动碾和振动压实机，粉煤灰宜采用平碾、振动碾、平板振动器、蛙式夯（图 8-5）。矿渣宜采用平板振动器或平碾，也可采用振动碾。

a)　　b)　　c)

图 8-5　垫层施工机械

(a) 蛙式夯；(b) 平板夯；(c) 柴油夯

垫层的施工方法、分层铺填厚度、每层压实遍数等宜通过试验确定。除接触下卧软土层的垫层底层应具有足够的厚度外，一般情况下，垫层的分层铺垫厚度可取 200～300 mm。为保证分层压实质量，应控制机械碾压速度。素土和灰土垫层土料的施工含水量宜控制在最优含水量 $w_{op}\pm2\%$ 的范围内，粉煤灰垫层的施工含水量控制在 $w_{op}\pm4\%$ 的范围内。当垫层底部存在古井、古墓、洞穴、旧基础、暗塘等软硬不均的部位时，应根据建筑对不均匀沉降的要求予以处理，并经检验合格后，方可铺填垫层。

基坑开挖时应避免坑底土层受扰动，可保留约 200 mm 厚的土层暂不挖，待铺填垫层前再挖至设计标高。严禁扰动垫层下的淤泥或淤泥质土层，防止其被踩踏、受冻或受浸泡。在碎石或卵石垫层底部宜设置 150～300 mm 厚的砂垫层，以防止淤泥或淤泥质土层表面的局部破坏，同时必须防止基坑边坡坍土混入垫层。

对淤泥或淤泥质土层厚度较小，在碾压或强夯下抛石能挤入该层底面的工程，可采用抛石挤淤处理，即先在软弱土面下堆填块石、片石等，然后将其碾压入或夯入土层以置换和挤出软弱土。在滨河海开阔地带，可利用爆破挤淤法进行处理，即在淤泥面堆块石，在其侧边下部淤泥中按设计量放入炸药，通过爆炸挤出淤泥，使块石沉落底部坚实土层之上。

换填垫层施工要注意基坑排水，必要时采用降低地下水位的措施，严禁水下换填。

垫层底面宜设在同一标高上，如果深度不同，则基坑底土面应挖成阶梯或斜坡搭接，并按先深后浅的顺序进行垫层施工，搭接处应碾压密实。素土及灰土垫层分段施工时，不得在柱基、墙角及承重窗间墙下接缝，上下两层的缝距不得小于 500 mm，接缝处应夯击密实。灰土应拌和均匀并应当日铺填夯实。灰土夯实后 3 日内不得受水浸泡。粉煤灰垫层宜铺填后当天压实，每层验收后应及时铺填上层或封层，防止干燥后松散造成起尘污染，同时应禁止车辆碾压通行。换填垫层竣工后，应及时进行基础施工与基坑回填。

铺设土工合成材料，下卧层顶面应均匀平整，防止土工合成材料被刺穿顶破。铺设时端头应固定，如回折锚固，应避免长时间曝晒或暴露，边沿宜用搭接法，即缝接法和胶结法。缝接法的搭接长度宜为 300～1 000 mm，基底较软者应选取较大的搭接长度；当采用胶结法时，搭接长度应不小于 100 mm，并保证主要受力方向的连接强度不低于所采用材料的抗拉强度。当碾压或夯击振动对邻近既有或正在施工的建筑产生有害影响时，必须采取有效预防措施。

8.3.5 垫层质量检验

对素土、灰土、粉煤灰和砂垫层可用贯入仪、轻型动力触探或标准贯入试验检验，对砂和粉煤灰垫层也可用钢筋检验，对砂石、矿渣垫层可用重型动力触探检测，均应通过现场试验以控制压实系数所对应的贯入度为合格标准。压实系数的检验可采用环刀法、灌水法或其他方法。

垫层的质量检验必须分层进行，每夯实完一层，应检验该层的平均压实系数。当压实系数符合设计要求后，才能铺填上层。当采用贯入仪、钢筋或动力触探检验垫层的质量时，每分层检验点的间距应小于 4 m。当取样检验垫层的质量时，对大基坑每 50～100 m^2 应不少于 1 个检验点；对基槽每 10～20 m 应不少于 1 个点；每个单独柱基应不少于 1 个点。

对换填垫层的总体质量验收，可通过载荷试验进行；在有工程对应合格压实系数的贯入指标时，也可采用静力触探、动力触探或标准贯入试验进行验收。

8.4 压实法及强夯法

8.4.1 压实法

1. 土的压实原理

换土层的主要作用是改善原地基土的承载力并减少其沉降量。这一目的通常是通过外界的压（夯、振）实功来实现的。在一定的压（夯、振）实能量作用下，土最容易被压（夯、振）密，并能达到最大的干密度，这时土所具有的含水量即为最优含水量，通常用 w_{op} 表示。当土的含水量大于或小于这一界限时，都不易被压实。

建筑物地基表层的松散填土、杂填土或换土垫层，要求压实后才能作为地基的持力层。按施工方法的不同可分为机械碾压法、重锤夯实法、振动压实法。

2. 机械碾压法

机械碾压法是一种采用平碾、羊足碾、压路机、推土机或其他机械压实松散土的方法。机械碾压法主要使用于大面积的回填土方工程的压实和杂填土地基的处理，一般用于处理浅层地基。

碾压的效果主要取决于被压实土的含水量是否符合最优含水量和压实机械的压实能量；施工时应控制碾压土的含水量，选择适当的碾压分层厚度和碾压遍数。

黏性土的碾压通常用 80～100 kN 的平碾或 120 kN 的羊足碾，每层铺土厚度为 20～30 cm，碾压 8～12 遍。杂填土的碾压，应先将建筑范围内一定深度的杂填土挖除，开挖深度视设计要求而定。用 80～120 kN 压路机或其他压实机械将槽底碾压几遍，再将原土分层回填碾压。每层土的虚铺厚度约为 30 cm。有时还可在原土中掺入部分碎石、碎砖、白灰等，以提高地基强度。

由于杂填土的性质比较复杂，碾压后的地基承载力相差较大。根据一些地区的经验，用 80～120 kN 压路机碾压后的杂填土地基，承载力为 80～120 kPa。

碾压的质量标准，以分层检验压实土的干重度和含水量来衡量。如果控制干重度为 γ_d，最大干重度为 γ_{max}（由试验确定），则 γ_d 与 γ_{max} 的比值 D_y 称为压实系数。压实系数和现场含水量的控制值应符合表 8-2 的规定。

表 8-2　填土地基质量控制值表

结构类型	填土部位	压实系数 D_y	控制含水量
砖石结构和框架结构	在地基主要受力层范围内	＞0.96	$w_{op}\pm 2\%$
	在地基主要受力层范围以下	0.93～0.96	
简支结构和排架结构	在地基主要受力层范围内	0.94～0.97	$w_{op}\pm 2\%$
	在地基主要受力层范围以下	0.91～0.93	

3. 重锤夯实法

重锤夯实是利用起重机将重锤提到一定的高度，然后使其自由落下，重复打夯，把地基表面夯实，以提高浅层地基的强度，减少其压缩性和不均匀性。这种方法可用于处理非饱和黏性土或杂填土，也可用于处理湿陷性黄土，以消除其湿陷性。

重锤夯实的效果与锤重、锤底直径、落距、夯击遍数、夯实土的种类和含水量有一定的关系。施工中宜由现场夯击试验决定有关参数。当土质和含水量变化时，这些参数应相应加以调整。夯锤一般为截头圆锥体，锤重大于 15 kN，锤底直径为 0.7～1.5 m，影响深度与锤径相当。拟加固土层必须高出地下水位 0.8 m 以上，且该范围内不宜存在饱和软土层，否则可能将表层土夯成橡皮土，反而破坏土的结构和加大压缩性，因此当地下水位埋藏在夯击的影响深度范围内时，必须采取降水措施。

4. 振动压实法

振动压实法是利用振动压实机在表面施加振动，把浅层松散土振密的方法。振动压实的效果主要决定于被压实土的成分和振动时间。振动的效果，开始时振密作用较为显著，随着时间推移变形渐趋稳定，因此施工前应先进行现场试验，根据振实的要求确定振实的时间。有效的振实深度为 1.2～1.5 m。如果地下水位太高，将影响振实效果。此外，还应注意振动对周围建筑物的影响，振源与建筑物的距离应大于 3 m。

振动压实法主要适用于处理砂土、炉渣、碎石等无黏性土或黏粒含量少和透水性好的杂填土地基。

振动压实作业

8.4.2 强夯法

强夯法又称动力固结法，它是用大吨位的起重机，把很重的锤（一般 100～600 kN）从高处自由落下（落距为 6～40 m），给地基以冲击和振动（图 8-6）。巨大的冲击能量在地基中产生很大的冲击波和动应力，引起地基土的压缩和振动，从而提高地基土的强度并降低其压缩性，还可以改善地基土抵抗振动液化能力和消除湿陷性黄土的湿陷性等作用。

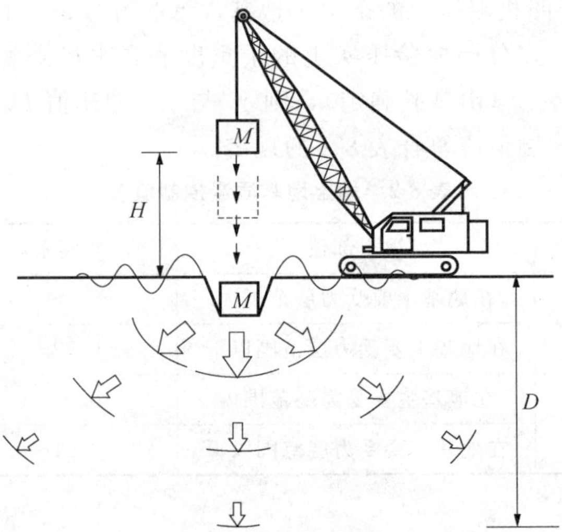

图 8-6 强夯法

强夯作业

1. 强夯法的加固机理及适用范围

强夯法加固地基的机理，与重锤夯实法有着本质的不同。强夯法主要是将势能转化为夯击能，在地基中产生强大的应力和冲击波，对土体产生加密作用、液化作用、固结作用和时效作用。

土体中大多含有以微气泡形式出现的气体，其含量为 1%～4%。强夯时强大的冲击能，使气体压缩、孔隙水压力升高，随后在气体膨胀、孔隙水排出的同时，孔隙水压力减小。这样每夯击一遍，孔隙水和气体的体积都有所减少，土体得到加密。在巨大的冲击应力作用下，土中孔隙水压力迅速提高，当孔隙水压力上升到与覆盖压力相等时，土体即产生液化，土的强度消失，土粒可自由地重新排列。强夯时在地基中所产生的超孔隙水压力大于土粒间的侧向压力，土粒间便会出现裂隙，形成排水通道。此时，土的渗透性增大，孔隙水得以顺利排出，加速了土的固结。随着时间的推移，孔隙水压力消散，土颗粒又重新紧密接触，自由水也重新被土颗粒吸附而变成结合水，土的强度逐渐恢复。这种触变强度的恢复，称为时间效应，其作用称为时效作用。

强夯法适用于杂填土、碎石土、砂土、黏性土、湿陷性黄土及人工填土等地基的施工，对淤泥和淤泥质土等饱和黏性土地基，需经试验证明有效时方可采用。它不仅能在陆地上施工，还可以在不深的水下夯实地基。

2. 强夯法设计要点

强夯法进行地基加固所取得的效果与施工参数有关，如夯点距离、击数、间歇时间等。强夯法加固地基的深度与夯击能有关，可按以下经验公式计算

$$H = \alpha\sqrt{\frac{Wh}{10}} \tag{8-5}$$

式中　h——锤的落距/m；

α——修正系数，与地基土性质有关，一般为 0.34～0.80；

W——锤重/kN；

H——有效加固深度/m。

根据加固土层的深度和选择的锤重，即可按上式确定锤的落距。夯击能量相同时，锤的落距越大，着地时的速度越大，相应对地基的加固效果越好。为使深层土得到加固，两夯击点的距离应大一些，使夯击能量传递到土的深层，第一遍夯距为夯锤直径的 3～4 倍，第二遍夯距可略小些。夯击次数应按现场试夯的夯击次数和夯沉量关系曲线确定，且应满足：最后两击的平均沉降量不大于 500 mm，夯坑周围不应发生过大隆起，不因夯坑过深而起锤困难。一般情况下，每一点可夯击 5～10 击。夯击遍数应根据地基土的性质确定，一般情况下可采用 2～3 遍，最后以低能量满夯一遍，对于渗透性弱的细颗粒土，必要时夯击遍数可适当增加。夯击的间歇时间视孔隙水压力消散的情况确定，对于黏性土，孔隙水压力消散时间较长，在一遍夯击后，一般需间隔 2～4 周才能进行下一遍夯击作业；对于砂性土，孔隙水压力的峰值出现在夯完后的瞬间，消散时间只有 2～4 min，故对渗透性较大的砂性土，可连续夯击。夯击范围应大于建筑物基础范围，每边超出基础外缘的宽度宜为设计处理深度的 1/3～1/2，且不宜小于 3 m。

3. 强夯法施工及质检要点

强夯法施工的夯锤起重机械，一般采用履带式起重机和自动脱钩装置，并设有辅助门架或其他安全装置。夯锤底面形式宜采用圆形，并对称设置若干排气孔与锤顶面相通。

当地下水位较高时，宜采用人工降低地下水位或铺一定厚度的松散性材料，并及时排除夯坑或场地积水。强夯法施工一般按以下步骤进行：

(1) 清理并平整场地；

(2) 标出首遍夯点位置，测量场地高程；

(3) 起重机就位，使夯锤对准夯点标记；

(4) 测量夯前锤顶高程；

(5) 起吊夯锤至预定高度，释放夯锤，测量锤顶高程，及时整平坑底；

(6) 重复步骤 (5)，按设计夯击次数及控制标准完成夯点的夯击；

(7) 重复步骤 (3) ～ (6)，完成第一遍夯击；

(8) 用推土机填平夯坑，测量场地高程；

(9) 重复步骤 (2) ～ (8)，完成全部夯击遍数，最后用低能量满夯，将地表层松土夯实，并测量夯后场地高程。

在施工过程中，应做好各项测试数据和施工记录，强夯结束后，视土质情况隔一定时间对地基质量进行检验，可采用室内土工试验、场地原位测试，也可做现场静载荷试验。

8.5 挤密法和振冲法

8.5.1 挤密及振冲作用机理

在砂土中通过机械振动挤压或加水振动可以使土密实。挤密法和振冲法就是利用这个原理发展起来的两种地基加固方法。

1. 挤密法

挤密法是以振动或冲击的方法成孔，然后在孔中填入砂、石、土、石灰、灰土或其他材料，并加以捣实成为桩体。按其填入的材料不同分为砂桩、砂石桩、石灰桩、灰土桩等。挤密桩主要靠桩管打入地基中，对土产生横向挤密作用，在一定挤密功能作用下，土粒彼此移动，小颗粒进入大颗粒的空隙，颗粒间彼此靠近，空隙减少，使土密实，地基土的强度也随之增强。

挤密桩主要应用于处理松软砂类土和消除湿陷性。挤密砂桩适用于处理松砂、杂填土和黏粒含量不多的黏性土地基，砂桩能有效防止砂土地基振动液化，但对饱和黏性土地基，由于土的渗透性较小，抗剪强度低，灵敏度大，夯击沉管过程中土内产生的超孔隙水压力不能迅速消散，挤密效果差，且将土的天然结构破坏，使土的抗剪强度降低，故施工时须慎重对待。

挤密砂桩和排水砂桩虽然都在地基中形成砂柱体，但两者作用不同。砂桩是为了加固地基，桩径大而间距小；砂井是为了排水固结，桩径小而桩距大。

挤密桩的施工可采用振动式或冲击式，还可以采用爆破成孔的方法（图 8-7），施工从外围或两侧向中间进行。设置砂桩时，基坑应在设计标高以上预留三倍桩径覆土，打桩时坑底发生隆起，施工结束后挖除覆土。

图 8-7　灰土挤密桩的施工

制作砂桩宜采用中、粗砂，含泥量不大于 5%，含水量依土质及施工机具确定。砂桩的灌砂量按井孔体积和砂在中密状态时的干容重计算，实际灌砂量应不低于计算灌砂量的 95%。桩身及桩与桩之间挤密土的质量，均可采用标准或轻便触探检验，也可用锤击法检查密实度，必要时进行荷载试验。

2. **振冲法**

振冲法的主要设备为振冲器，由潜水电机、偏心块和通水管三部分组成。振冲器（图 8-8）内的偏心块在电动机带动下高速旋转而产生高频振动，在高压水流的联合作用下，可使振冲器贯入土中，当达到设计深度后，关闭下喷水口，打开上喷水口，然后向振冲形成的孔中填以粗砂、砾石或碎石。振冲器振一段上提一段，最后在地基中形成一根密实的砂、砾石或碎石桩体。

图 8-8　振冲器

振冲法加固黏性土的机理与加固砂土的机理不相同。加固砂土地基时，通过振冲与水冲使振冲器周围一定范围内的砂土产生振动液化。液化后的砂土颗粒在重力、上覆土压力及填料挤压作用下重新排列而密实。其加固机理是利用砂土液化的原理。振冲后的砂土地基不但承载力与变形模量有所提高，而且预先经历了人工振动液化，提高了抗震能力。砂（碎石）桩的存在还提供了良好的排水通道，降低了地震时的超孔隙水压力，也是抗震能力提高的又一个原因。

加固黏性土地基时，尤其是饱和黏性土地基，在振动力作用下，土的渗透性小，土中水不易排出，填入的碎石在土中形成较大直径的桩体与周围土共同作用组成复合地基，其中大部分荷载由碎石桩承担，被挤密的黏性土也可承担一部分荷载。这种加固机理主要是置换作用。

8.5.2 设计与施工

振冲法按照作用机理分为振冲置换法和振冲挤密法两类；挤密法根据使用材料不同又分为土或灰土挤密桩法、砂石挤密桩法等。下面分别简单介绍其设计和计算要点。

1. 振冲置换法设计要点

振冲置换法加固处理地理范围应大于基底面积；对于一般地基，在基础外缘宜扩大 1～2 排桩；其对可液化地基，在基础外缘应扩大 2～4 排桩。桩位布置，对大面积满堂处理宜采用等边三角形布置；对独立或条形基础，宜采用正方形、矩形或等腰三角形布置。桩的间距应根据荷载大小和原土的抗剪强度确定，可为 1.5～2.5 m。当荷载大或原土强度低时，宜取较小的间距；对桩端未达相对硬层的短桩应取小间距；当相对硬层埋藏深度较大时，应按建筑物地基的变形允许值确定间距。桩长不宜短于 4 m。在可液化的地基中，桩长应按要求的抗震处理深度确定。桩的直径可按每根桩所用的填料计算，一般为 0.8～1.2 m。桩体材料可用含泥量不大的碎石、卵石、角砾、圆砾等硬质材料。材料的最大粒径不宜大于 80 mm，对于碎石常用的粒径为 20～50 mm。在桩顶部应铺设一层 200～500 mm厚的碎石垫层。振冲置换后的复合地基的承载力特征值应按现场复合地基载荷试验来确定，也可按单桩和桩间土的载荷试验结果来确定，即

$$f_{sp,k} = m' f_{p,k} + (1 - m') f_{s,k} \tag{8-6}$$

式中 $f_{sp,k}$——复合地基的承载力标准值/kPa；

$f_{p,k}$——桩体单位截面面积承载力标准值/kPa；

$f_{s,k}$——桩间土的承载力标准值/kPa；

m'——面积置换率。

$$m' = \frac{d^2}{d_e^2} \tag{8-7}$$

式中 d——桩的直径/m；

d_e——等效影响圆的直径/m。

对于等边三角形布置

$$d_e = 1.05s \tag{8-8}$$

对于正方形布置

$$d_e = 1.13s \tag{8-9}$$

对于矩形布置

$$d_e = 1.13\sqrt{s_1 s_2} \tag{8-10}$$

式中 s、s_1、s_2 为桩的间距、纵向间距和横向间距/m。

对于小型工程的黏性土地基，如无现场载荷试验资料，复合地基的承载力标准值可按下式计算

$$f_{sp,k} = [1 + m'(n - 1)] f_{p,k} \tag{8-11}$$

或

$$f_{sp,k}=[1+m'(n-1)](3s_v) \tag{8-12}$$

式中　n——桩土应力比，无实测资料时可取2～4，原土强度低取大值，原土强度高取小值；

s_v——桩间土的十字板抗剪强度（kPa），也可用处理前地基土的十字板抗剪强度代替。

地基在处理后的变形计算应按《建筑地基基础设计规范》的有关规定执行。复合地基的压缩模量可按下式计算

$$E_{sp}=[1+m'(n-1)]E_s \tag{8-13}$$

式中　E_{sp}——复合地基土层的压缩模量/MPa；

E_s——桩间土的压缩模量/MPa。

桩土应力比 n 在无实测资料时，对黏性土可取2～4，对粉土可取1.5～3，原土强度低取大值，原土强度高取小值。

2. 振冲挤密法设计要点

振冲挤密法加固处理地基范围应大于建筑物基础范围，在建筑物基础外缘每边放宽不得小于5 m。当可液化土层不厚时，振冲深度应穿透整个可液化土层；当可液化土层较厚时，振冲深度应按要求的抗震处理深度确定。振冲点宜按等三角形或正方形布置，间距与土的颗粒组成、要求达到的密实程度、地下水位、振冲器功率、水量等有关，应通过现场试验确定。试验时可取桩距为1.8～2.5 m，每一振冲点需要的填料量随地基土要求达到的密实程度的振冲点间距而定，应通过现场试验确定。填料宜选用碎石、卵石、角砾、圆砾、砾砂、粗砂等。复合地基承载力、变形计算与振冲置换法计算方法一样，只不过有些设计参数取值不同而已，可参阅《建筑地基处理技术规范》(JGJ 79—2012)。

3. 砂石挤密桩设计要点

砂石挤密桩的加固范围应超出基础的宽度，每边放宽不应少于1～3排；砂石桩用于防止砂层液化时，每边放宽不应小于处理深度的1/2，且不应小于5 m。当可液化土层上覆盖有厚度大于3 m的非液化层时，每边放宽不宜小于液化层厚度的1/2，且不应小于3 m。桩孔位布置形式宜采用等边三角形或正方形布置。桩的直径应根据地基土质情况、成桩设备等因素确定，一般采用300～800 mm。对于饱和黏性土的地区宜选用较大的直径。桩的间距应通过现场试验确定，但不宜大于砂石桩直径的4倍。在没有经验的地区，砂石挤密桩的间距也可按下述方法计算。

(1) 对于松散砂土地基

等边三角形布置

$$s=0.95D\sqrt{\frac{1+e_0}{e_0-e_1}} \tag{8-14}$$

正方形布置

$$s=0.90d\sqrt{\frac{1+e_0}{e_0-e_1}} \tag{8-15}$$

$$e_1 = e_{max} - D_{r1}(e_{max} - e_{min}) \tag{8-16}$$

式中 s——砂石挤密桩间距/m；

D——砂石挤密桩直径/m；

e_0——地基处理前砂土的孔隙比，可按原状土样试验确定；

e_1——地基挤密后要求达到的孔隙比；

e_{max}、e_{min}——砂土的最大、最小孔隙比，可按《土工试验方法标准》（GB/T 50123—1999）的有关规定确定；

D_{r1}——地基挤密后要求砂土达到的相对密实度，可取0.70～0.85。

(2) 对于黏性土地基

等边三角形布置

$$s=1.08\sqrt{A_e} \tag{8-17}$$

正方形布置

$$s=\sqrt{A_e} \tag{8-18}$$

式中 A_e——每根砂石挤密桩承担的处理面积/m²，

$$A_e=\frac{A_p}{m}$$

A_p——砂石挤密桩的截面面积/m²；

m——面积置换率。

砂石挤密桩的长度，当地基中的松软土层厚度不大时，砂石桩宜穿过松软土层，当松软土层厚度较大时，桩长应根据建筑地基的允许变形值确定。对可液化砂层，桩长宜穿透可液化层，或按《建筑抗震设计规范》（GB 50011—2010）的有关规定执行。砂石挤密桩孔内充填的砂石量可按下式计算

$$S=\frac{A_p l d_s}{1+e_1}(1+0.01w) \tag{8-19}$$

式中 S——充填砂石量/m³；

A_p——砂石挤密桩的截面面积/m²；

l——桩长/m；

d_s——砂石料的相对密度；

w——砂石料的含水量。

桩孔内的填料宜用砾砂、粗砂、中砂、圆砾、角砾、卵石、碎石等。填料中含泥量不得大于5%，并不宜含有粒径大于50 mm的颗粒。

砂石挤密桩复合地基的承载力特征值，应按现场复合地基载荷试验确定，也可通过下列方法确定：对砂石桩处理的复合地基，可用单桩和桩间土的载荷试验按式(8-11)计算；对于砂桩处理的砂土地基，可根据挤密后砂土的密实状态，按《建筑地基基础设计规范》的有关规定确定。

砂石挤密桩复合地基的变形计算，可按《建筑地基基础设计规范》的有关规定进行。

4. 振冲挤密法施工工艺

振冲挤密法施工工艺如图 8-9 所示，施工顺序为定位→成孔→分段振动→挤密。

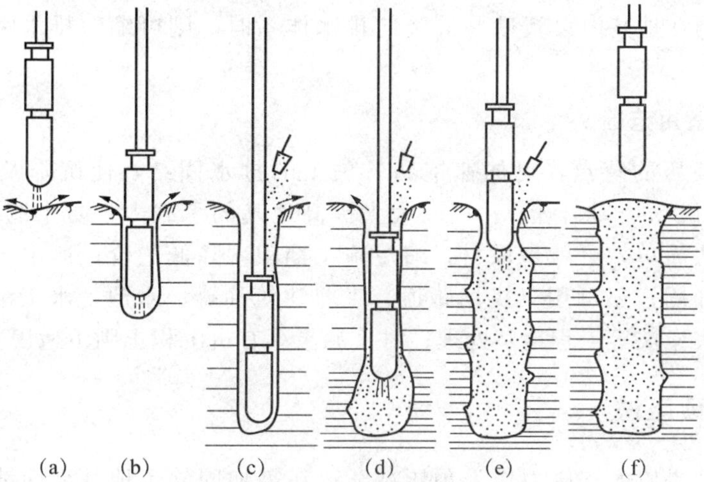

图 8-9　振冲挤密法施工工艺

(a) 定位；(b) 振冲下沉；(c) 振冲至设计标高，加填料或不加填料；
(d)、(e) 边振边加料或不加料，边上提；(f) 成桩

8.6　排水固结法

8.6.1　加固原理及适用范围

排水固结法就是利用地基土排水固结规律，采用各种排水技术措施处理饱和软黏土的一种方法。地基受压固结时，一方面，孔隙比减少，土体被压缩，抗剪强度相应提高；另一方面，卸荷再压缩时，土体已变为超固结状态的压缩，抗剪强度也相应有所提高。排水固结法就是利用这一规律来处理软弱土地基，以达到提高土体强度和减少沉降量的目的。

8.6.2　砂井堆载预压法

砂井排水堆载预压法是在软弱地基中用钢管打孔、灌砂，设置砂井作为竖向排水通道，并在砂井顶部设置砂垫层作为水平排水通道，在砂垫上部压载以增加土中附加应力，附加应力产生超静水压力，使土体中孔隙水较快地通过砂井、砂垫层排出，以达到加速土体固结和提高地基土强度的目的。

1. 加固机理

一般软黏土的结构呈蜂窝状或絮状，在固体颗粒周围充满水，当受到应力作用时，

土体中孔隙水慢慢排出，孔隙体积变小而发生体积压缩，常称为固结。由于黏土的渗透系数介于 $10^{-3}\sim10^{-2}$ cm/s，当地基黏土层厚度很大时，仅用堆载预压而不改变土层的边界条件，黏土层固结将十分缓慢，地基土的强度增长过慢而不能快速堆载，使预压时间很长。当在地基内设置砂井等竖向排水体系时，则可缩短排水距离，有效加速土的固结。

2. 特点及适用范围

砂井堆载预压的特点：可加速饱和软黏土的排水固结，使沉降及早完成和稳定(下降速度可加快 2.0～2.5 倍)，同时大大提高地基的承载力，防止地基土滑动破坏；施工机具、方法简单，可就地取材，缩短施工期限，降低造价；适用于透水性低的饱和软弱黏性土加固；还可用于机场跑道、工业建筑油罐、水池、水工结构、道路、路堤、堤坝、码头岸坡等工程地基处理；对于泥炭等有机沉积土则不适用。

8.6.3 真空预压法

真空预压法是以大气压力作为预压载荷，在需加固软土地基表面铺设一层透水砂垫层或砂砾层，再在其上覆盖一层不透气的塑料薄膜或橡胶布，四周密封使其与大气隔绝，在砂垫层里埋设渗水管道，然后与真空泵连通进行抽气，使透水材料保持较高的真空度，在土的孔隙水中产生负的孔隙水压力，将土中孔隙水和空气逐渐吸出，从而加速土体固结（图 8-10）。对于渗透系数小的软黏土，为加速孔隙水的排出，也可在加固部位设置砂井、袋装砂井或塑料排水板等竖向排水系统。

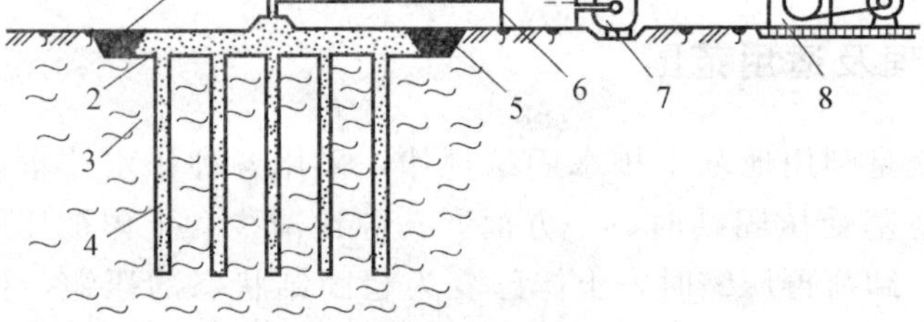

图 8-10 真空预压法

1—橡胶布；2—砂垫层；3—淤泥；4—砂井；
5—黏土；6—集水罐；7—抽水泵；8—真空泵

真空堆载排水

1. 加固机理

真空预压在抽气前，薄膜内外均承受一个大气压 p_a 的作用，抽气后薄膜内气压逐渐下降，薄膜内外形成一个气压差。首先是砂垫，其次是砂井中的气压降至 p_v，使薄膜紧贴砂垫层，由于土体与砂垫层和砂井间的气压差，从而发生渗流，使孔隙水沿着砂井或塑料排水板上升流入砂垫层内，被排出塑料薄膜外；地下水在上升的同时，形成塑料带附近的真空负压，使土内的孔隙水压形成压差，促使土中的孔隙水压力不断下降，地基有效应力不断增加，从而使土体固结，土体和砂井间的压差，开始时为 $p_a - p_v$，随着抽气时间的增长，压差逐渐变小，最终趋向于零，此时渗流停止，土体固结完成，因此真空预压过程实质上为利用大气压差作为预压荷载，使土体逐渐排水固结的过程。

真空预压使地下水位降低，相当于增加一个附加应力，加速土体的固结过程。

2. 特点及适用范围

真空预压法的特点：不需要大量堆载，可省去加载和卸载工序，节省大量原材料、能源和运输能力，缩短预压时间；所产生的负压使地基上的孔隙水加速排出，可缩短固结时间；同时由于孔隙水排出，渗流速度增大，提高了加固效果；且负压可通过管路送到任何场地，适应性强。孔隙水的流向及渗流力引起的附加应力均指向被加固土体，土体在加固过程中的侧向变形很小，真空预压可一次加足，地基不会因发生剪切破坏而引起地基失稳，可以有效缩短总的排水固结时间。该法适用于超软黏性土、边坡、码头、岸边等地基稳定性要求较高的工程地基加固，土越软，加固效果越明显。其所用设备和施工工艺比较简单，无须大量的大型设备，便于大面积使用，无噪声、无振动、无污染，可做到文明施工。

该处理方法技术经济效果显著，根据国内在天津新港区的大面积实践，当真空度达到 80 kPa，经 60 d 抽气，不少井区土的固结度都达到 80%以上，地面沉降达 57 cm，同时能耗降低 1/3，工期缩短 2/3，与一般堆载预压相比造价降低 1/3。

真空预压法适用于饱和均质黏性土及含薄层砂夹层的黏性土，特别适用于新吹填土、超软性土地基的加固，但不适用于对在加固范围内有足够的水源补给的透水土层以及无法堆载的倾斜地面和施工场地狭窄的工程进行地基处理。为加快软土的固结速度，也可在真空预压的基础上进行堆载，如图 8-11 所示。

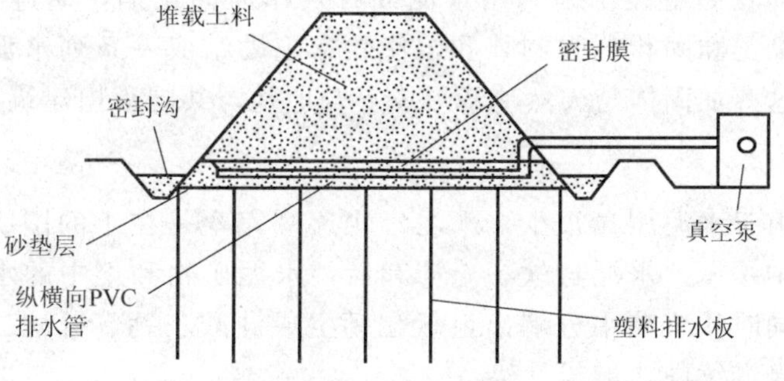

图 8-11　真空堆载联合预压示意图

8.6.4　降水预压法

降水预压法是借助于井点抽水降低地下水位以增加土的有效自重应力，从而达到预压的目的。井点降水一般是先用高压射水将外径为 38～50 mm 的下端具有长约 1.7 m滤管的井管沉到所需深度，并将井管顶部用管路与真空泵相连，通过吸水使地下水位下降，形成漏斗状的水位线。井管间距视土质而定，一般为 0.8～2.0 m，井点可按实际情况进行布置。滤管长度一般取 1～2 m，滤孔面积应占滤管表面积的 20%～25%，滤管外设置可靠滤层以防止滤管被堵塞。

降水 5～6 m 时降水预压荷载可达 50～60 kPa，相当于堆高 3 m 左右的砂石，而其工程量却小得多。如果采用多层轻型井点或喷射井点等其他降水方法，则其效果将更显著。

降水预压法与真空预压法一样，无须堆载作为预压荷载；而且降水预压使土中孔隙水压力降低，渗流附加力指向固结区，所以不会使土体发生破坏，因而不需控制加荷速度，可一次降水至预定深度，从而缩短固结时间。降水预压的缺点是降低地下水位可能会引起邻近建筑物间的附加差异沉降。这一问题其他方法在不同程度上也存在。

8.7 化学加固法

化学加固法是将化学溶液或胶结剂灌入土中，把土粒胶结起来，以提高地基处理强度和减小沉降量的一种加固方法。目前采用化学浆液有以下几种：①水泥浆液，即用高标号的硅酸盐水泥和速凝剂组成的浆液；②硅酸盐（水玻璃）为主的浆液：常用水玻璃和氯化钙溶液；③丙烯酸氨为主的浆液；④纸浆为主的浆液。

化学加固法的施工方法有深层搅拌法、高压喷射注浆法、压力灌注法和电渗硅化法等。

8.7.1 深层搅拌法

深层搅拌加固软黏土技术是利用水泥或石灰作为固化剂，通过特制的搅拌机械，在地层深处将软黏土和固化剂强制拌和，使软黏土硬结成一系列水泥（或石灰）土桩或地下连续墙，这些加固体与天然地基形成复合地基，共同承担建筑物的荷载。

1. 加固机理

水泥加固土由于水泥用量很少，水泥水化反应完全是在土的围绕下产生的，凝结速度比在混凝土中缓慢。水泥与软黏土拌和后，水泥矿物和土中的水分发生强烈的水解和水化反应，同时从溶液中分解出氢氧化钙生成硅酸三钙、硅酸二钙、铝酸三钙等水化物，有的自身继续硬化形成骨架。

2. 施工工艺

深层搅拌法的施工工艺为①将搅拌机的搅拌头定位对中，启动电动机；②搅拌轴带动搅拌头边旋转边下沉；③当搅拌头沉到设计深度后，略为提升搅拌头，由灰浆泵输送配制的水泥浆，通过中心管，压开球形阀，使水泥浆进入软土；④边喷浆、边搅拌、边提升，使水泥浆和土体充分拌和，直至地面；⑤停止喷浆，将搅拌头重复下沉、提升一次，使软土和水泥浆搅拌均匀。

由于深层搅拌法将固化剂和原地基黏性土搅拌混合，因而减少了水对周围地基的影响，也不使地基侧向挤出，所以对已有建筑物不产生有害的影响；与砂井堆载预压法相比，其在短时间内即可获得很高的地基承载力；与换土法相比，其减少了大量土方工程量；土体处理后容重基本不变，不会使软弱下卧层产生附加沉降。

3. 适用范围

深层搅拌法适用于处理淤泥、淤泥质土、粉土和含水较高且地基承载力标准值不大于 120 kPa 的黏性土地基。当用于处理泥炭土或地下水具有侵蚀性的地基时，宜通过试验确定其适用性，冬期施工时应注意负温对处理效果的影响。

经深层搅拌法加固后的地基承载力，可按复合地基确定。

8.7.2　高压喷射注浆法

高压旋喷法是用钻机钻孔至所需深度后，用高压冲脉泵通过安装在钻杆底端的喷嘴向四周喷射化学浆液，同时钻杆旋转提升，高压射流使土体结构破坏并与化学浆液混合、胶结硬化后，形成圆柱体状的旋喷桩。

高压喷射注浆法的特点：能够比较均匀地加固透水性很小的细粒土；不会发生浆液从地下流失；能在室内或洞内净空很小的条件下对土层深部进行加固施工。

高压喷射注浆法适用于砂土、黏性土、湿陷性黄土、人工填土等地基的加固。其用途较广，可以提高地基的承载力，可做成连续墙防止渗水，可防止基坑开挖对相邻结构物的影响，增加边坡的稳定性，防止板桩墙渗水或涌砂，也可应用于托换工程的事故处理。

高压喷射注浆法的旋喷管分为单管、二重管、三重管三种。单管法只喷射水泥浆液，一般形成直径为 0.3～0.8 m 的旋喷柱。二重管法开始先从外管喷射水，然后外管喷射瞬时固化剂材料，内管喷射胶凝时间较长的渗透性材料，两管同时喷射，形成直径为 1 m 的旋喷桩。三重管法为三根同心管子，内管通水泥浆，中管通 20～25 MPa 的高压水和压缩空气阀门。施工时先用钻机成孔，然后把三重旋喷管吊放到孔底，随即打开高压水和压缩空气阀门，通过三重旋喷管底端侧壁上直径 2.5 mm 的喷嘴，射出高压水、气，把孔壁的土体冲散。同时，泥浆泵把高压水泥浆从另一喷嘴压出，使水泥浆与冲散土体拌和，三重管慢速旋转提升，把孔周围地基加固成直径为 1.3～1.6 m 的坚硬桩柱。

高压喷射注浆法加固后的地基承载力，一般可按复合地基或桩基考虑，由于加固后的桩柱直径上下不一致，且强度不均匀，若单纯按桩基考虑则偏不安全，在条件许可情况下，尽可能做现场载荷试验来确定地基承载力。

8.7.3　水泥注浆法

水泥注浆

水泥压力注浆是将水泥通过压浆泵、注浆管均匀地注入岩土层中，以充填、渗透和挤密等方式，驱走岩石裂隙中或土颗粒中的水分和气体，并充填其位置，硬化后将岩土胶结成一个整体，形成强度较大、压缩性低、抗渗性高和稳定性良好的岩土体，从而使地基得到加固，可防止或减少渗透和不均匀的沉降，在建筑工程中应用较为广泛。

水泥浆液一般都采用普通硅酸盐水泥为主剂，它是一种悬浊液，能形成强度较高和渗透性较小的结石。由于这种浆液取材容易、配方简单、价格便宜、无毒性、对环境无污染，故为常用的浆液。

水泥浆的水灰比一般变化范围为0.6～2.0，常用的水灰比为1∶1。要求快凝时，可采用快硬水泥或在水中掺入水泥用量1%～2%的氯化钙；当要求缓凝时，可掺加水泥用量0.1%～0.5%的木质素磺酸钙；也可掺加其他外加剂，以调节水泥浆性能。

水泥压力注浆适用于加固有裂隙、孔隙、溶洞的岩石、松散砂砾、粗砂、已建工程局部松软地基，用作坝基防渗帷幕、边坡整治、混凝土基础裂缝处理以及地下结构管道的补漏、建筑物纠偏等方面，但不适用于地下水承压水头大和地下水流速大于80 m/d以及岩石和土粒孔隙小于0.75 mm的情况，对于一般中、细砂和黏土类土，由于其孔隙过小，水泥难以通过，不宜采用。

8.7.4 硅化法

硅化加固法指利用硅酸盐（水玻璃）为主剂的混合溶液进行地基土化学加固的方法，也称硅化注浆法。硅化法根据浆液注入的方式分为压力硅化法、电动硅化法和加气硅化法三类。

1. 压力硅化法

压力硅化根据溶液不同，可分为压力双液硅化、压力单液硅化、压力混合液硅化三种。

(1) 压力双液硅化法　将水玻璃与氯化钙溶液用泵或压缩空气通过注液管轮流压入土中，溶液接触反应后生成硅胶，将土颗粒胶结在一起，使其具有强度和不透水性。

(2) 压力单液硅化法　将水玻璃单独压入含有盐类的土中，同样使水玻璃与土中钙盐起反应生成硅胶，将土粒胶结。

(3) 压力混合液硅化法　将水玻璃和铝酸钠混合液一次压入土中，水玻璃与铝酸钠反应生成硅胶和硅酸铝盐的凝胶物质，黏结砂土，起到加固和堵水作用。

2. 电动硅化法

电动硅化法又称电动双液硅化法、电化学加固法。它是在压力双液硅化法的基础上设置电极通入直流电，经过电渗作用扩大溶液的分布半径。施工时，把有孔注浆管作为阳极，铁棒作为阴极，将水玻璃和氯化钙溶液先后由阳极压入土中，通电后孔隙水由阳极流向阴极，而化学溶液也随之渗流分布于土的孔隙中，经化学反应后生成硅胶。

3. 加气硅化法

加气硅化法先在地基中注入少量二氧化碳气体，使土中空气部分被二氧化碳所取代，然后将水玻璃压入土中，其后又注入二氧化碳气体，由于碱性水玻璃溶液强烈地吸收二氧化碳，促使水玻璃溶液在土中能够均匀分布，并渗透到土的微孔隙中形成硅胶，在土中起到胶结作用，从而使地基得到加固。

硅化法的特点：设备工艺简单、使用机动灵活，技术易于掌握；加固效果好，可提高地基强度，消除土的湿陷性，降低压缩性。

硅化法适用范围，根据被加固土的种类、渗透系数而定。硅化法多用于局部加固新建或已建的建（构）筑物基础、边坡处治以及防渗帷幕等。但硅化法不宜用于沥青、油脂和石油化合物所浸透和地下水 pH 值大于 9.0 的土。

习　题

1. 地基处理的意义和目的是什么？
2. 简述换土垫层法的加固机理及适用范围。换土垫层有哪些作用？
3. 需要进行地基处理的软弱土地基有哪些，常用的地基处理方法有哪些？
4. 垫层法设计的原则是什么，主要解决哪些方面的问题，其设计要点是什么？
5. 强夯法加固地基的机理是什么，它与重锤夯实法有何不同？
6. 挤密法加固地基的机理是什么，振冲法加固地基的机理是什么？
7. 高压喷射注浆法的加固机理是什么，有哪些特点，适用范围如何？
8. 深层搅拌法的加固机理是什么，有哪几种主要作用？
9. 真空堆载预压法可以处理哪种软弱地基，真空预压有哪些施工注意事项？

第 9 章　浅基础设计及施工

学习目标

通过本章的学习，学生应该知道浅基础的类型及各种基础类型的特点；知道影响基础埋置深度选择的因素；熟悉浅基础设计的基本知识；掌握浅基础施工的工艺，并能指导浅基础施工；理解地下室基础防水的重要性，并掌握基础防水施工工艺。

学习要求

知识要点	能力目标	相关知识	权重
浅基础设计	1. 知道浅基础的类型，熟悉各种基础类型的特点 2. 了解浅基础设计流程及相关计算要求 3. 掌握浅基础的构造要求	1. 基础设计等级 2. 浅基础设计规定 3. 浅基础类型	40%
浅基础施工	1. 熟悉各种类型的浅基础施工工艺 2. 掌握基础工程质量验收要求	1. 浅基础施工工艺 2. 基础工程质量验收标准	40%
基础防水	1. 理解基础防水的作用 2. 熟悉基础防水材料及使用要求 3. 掌握基础防水常规工艺	1. 基础防水材料 2. 基础防水构造 3. 基础防水施工工艺	20%

学习导入

基础根据埋置深度不同可分为浅基础和深基础。通常把埋置深度不大（一般小于 5 m），只需经过一般施工方法就可施工的基础称为浅基础。在天然地基上修建浅基础，其施工简单、造价较低，所以在保证建筑物的安全和正常使用的前提下，应首先选用天然地基上浅基础设计方案。本章主要内容包括浅基础设计流程简介。浅基础的类型及各型基础的构造，刚性基础及扩展基础，减轻地基不均匀沉降的一般措施以及浅基础施工及防水施工等。

9.1　浅基础设计基本知识

天然地基上的浅基础设计一般步骤如下。

(1) 准备资料，包括场地地形图；地质勘测报告；建筑物的平面、立面、剖面图，设备管道布置图以及使用要求，荷载大小；建筑材料供应情况；施工单位设备和技术力量等资料。

(2) 选择基础的结构类型和材料。

(3) 选择持力层，确定合适的基础埋置深度。

(4) 确定地基承载力。

(5) 根据地基承载力，确定基础底面尺寸。

(6) 进行必要的验算（包括变形和稳定性验算）。

(7) 基础的结构和构造设计。

(8) 绘制基础施工图。

9.1.1　建筑物地基基础设计等级

根据地基复杂程度、建筑物规模和功能特征以及由于地基问题可能造成建筑物破坏或影响正常使用的程度，《建筑地基基础设计规范》将地基基础设计分为甲、乙、丙 3 个设计等级，设计时应根据具体情况，按表 9-1 选用。

表 9-1　地基基础设计等级

设计等级	建筑和地基类型
甲级	1. 重要的工业与民用建筑物 2. 30 层以上的高层建筑 3. 体型复杂、层数相差超过 10 层的高低层连成一体的建筑物 4. 大面积的多层地下建筑物（如地下车库、商场、运动场等） 5. 对地基变形有特殊要求的建筑物 6. 复杂地质条件下的坡上建筑物（包括高边坡） 7. 对原有工程影响较大的新建建筑物 8. 场地和地质条件复杂的一般建筑物 9. 位于复杂地基条件及软土地区的二层及二层以上地下室的基坑工程
乙级	除甲级、丙级以外的工业与民用建筑物
丙级	场地及地基条件简单、荷载分布均匀的 7 层及 7 层以下民用建筑及一般工业建筑物；次要的轻型建筑物

地基基础的设计内容和要求与建筑物的地基基础设计等级有关。

9.1.2　设计基本规定

根据建筑物地基基础设计等级及长期荷载作用下地基变形对上部结构的影响程度，地基基础设计应符合《建筑地基基础设计规范》的下列规定。

（1）所有建筑物的地基均应满足承载力计算的有关规定。

（2）设计等级为甲级、乙级的建筑物，均应按地基变形设计。

（3）表 9-2 所列范围内设计等级为丙级的建筑物可不作变形计算，如有下列情况之一时，仍应作变形验算：

①地基承载力特征值小于 130 kPa，且体型复杂的建筑；

②在基础上及附近有地面堆载或相邻基础荷载差异较大，可能引起地基产生过大的不均匀沉降时；

③软弱地基上的建筑物存在偏心荷载时；

④相邻建筑物距离过近，可能发生倾斜时；

⑤地基内有厚度较大或厚薄不均的填土，其自重固结未完成时。

（4）对经常受水平荷载作用的高层建筑、高耸结构和挡土墙等以及建造在斜坡上或边坡附近的建筑物和构筑物，尚应验算其稳定性。

（5）基坑工程应进行稳定性验算。

（6）当地下水埋藏较浅，建筑地下室或地下构筑物存在上浮问题时，还应进行抗浮验算。

表 9-2　设计等级为丙级可不作地基变形计算的建筑物范围

<table>
<tr><td rowspan="2">地基主要受力层情况</td><td colspan="3">地基承载力特征值 f_{ak}/kPa</td><td>$60\leqslant f_{ak}<80$</td><td>$80\leqslant f_{ak}<100$</td><td>$100\leqslant f_{ak}<130$</td><td>$130\leqslant f_{ak}<160$</td><td>$160\leqslant f_{ak}<200$</td><td>$200\leqslant f_{ak}<300$</td></tr>
<tr><td colspan="3">各土层坡度/%</td><td>≤5</td><td>≤5</td><td>≤10</td><td>≤10</td><td>≤10</td><td>≤10</td></tr>
<tr><td rowspan="6">建筑类型</td><td colspan="3">砌体承重结构、框架结构/层数</td><td>≤5</td><td>≤5</td><td>≤10</td><td>≤10</td><td>≤10</td><td>≤10</td></tr>
<tr><td rowspan="4">单层排架结构（6m 柱距）</td><td rowspan="2">单跨</td><td>桥式起重机额定起重量/t</td><td>5～10</td><td>10～15</td><td>15～20</td><td>20～30</td><td>30～50</td><td>50～100</td></tr>
<tr><td>厂房跨度/m</td><td>≤12</td><td>≤18</td><td>≤24</td><td>≤30</td><td>≤30</td><td>≤30</td></tr>
<tr><td rowspan="2">多跨</td><td>桥式起重机额定起重量/t</td><td>3～5</td><td>5～10</td><td>10～15</td><td>15～20</td><td>20～30</td><td>30～75</td></tr>
<tr><td>厂房跨度/m</td><td>≤12</td><td>≤18</td><td>≤24</td><td>≤30</td><td>≤30</td><td>≤30</td></tr>
<tr><td colspan="2">烟囱</td><td>高度/m</td><td>≤30</td><td>≤40</td><td>≤50</td><td>≤75</td><td colspan="2">≤100</td></tr>
</table>

表 9-2（续）

地基主要受力层情况	地基承载力特征值 f_{ak}/kPa		$60\leqslant f_{ak}<80$	$80\leqslant f_{ak}<100$	$100\leqslant f_{ak}<130$	$130\leqslant f_{ak}<160$	$160\leqslant f_{ak}<200$	$200\leqslant f_{ak}<300$
	各土层坡度/%		≤5	≤5	≤10	≤10	≤10	≤10
建筑类型	水塔	高度/m	≤15	≤20	≤30	≤30	≤30	
		容积/m^3	≤50	50～100	100～200	200～300	300～500	500～1000

注：1. 地基主要受力层是指条形基础底面下深度为 $3b$（b 为基础底面宽度），独立基础下深度为 $1.5b$，且厚度均不小于 5 m 的范围（两层以下一般的民用建筑除外）。

2. 地基主要受力层中如有承载力特征值小于 130 kPa 的土层，表中砌体承重结构的设计，应符合软弱地基的有关要求。

3. 表中砌体承重结构和框架结构均指民用建筑，对于工业建筑可按厂房高度、荷载情况折合成与其相当的民用建筑层数。

4. 表中桥式起重机额定起重、烟囱高度和水塔容积的数值是指最大值。

9.1.3　荷载效应最不利组合与相应的抗力限值

在进行地基基础设计时，所采用的荷载效应最不利组合与相应的抗力限值，应符合《建筑地基基础设计规范》的下列规定。

(1) 按地基承载力确定基础底面积及埋深或按单桩承载力确定桩数时，传至基础或承台底面上的荷载效应按正常使用极限状态下荷载效应的标准组合。相应的抗力限值应采用地基承载力特征值。

(2) 计算地基变形时，传至基础底面上的荷载效应应按正常使用极限状态下荷载效应的准永久组合，不应计入风荷载和地震作用。相应的抗力限值应为地基变形允许值。

(3) 计算挡土墙土压力、地基或斜坡稳定及滑坡推力时，荷载效应应按承载能力极限状态下荷载效应的基本组合，但其分项系数均为 1.0。

(4) 在确定基础或桩承台高度、支挡结构截面、计算基础或支挡结构内力、确定配筋和验算材料强度时，上部结构传来的荷载效应组合和相应的基底反力，应按承载力极限状态下荷载效应的基本组合，采用相应的分项系数。当组合值由永久荷载控制时，分项系数取 1.35。当需要验算基础裂缝宽度时，应按正常使用极限状态荷载效应标准组合。

(5) 基础设计安全等级、结构设计使用年限、结构重要性系数应按有关规范的规定采用，但结构重要性系数 γ_0 不应小于 1.0。

在进行荷载计算时，各种荷载组合的表达式与所包含的系数等执行《建筑结构荷载规范》(GB 50009—2012) 有关规定。对于永久荷载效应控制的基本组合，可采用简化规则，荷载效应基本组合的设计值 S 按下式确定

$$S=1.35S_k\leqslant R \tag{9-1}$$

式中　R——结构构件抗力的设计值，按有关建筑结构设计规范的规定确定；

S_k——荷载效应基本组合的标准值。

9.2 浅基础的类型

按照《建筑地基基础设计规范》，浅基础形式可以分成无筋扩展基础、扩展基础、柱下钢筋混凝土条形基础、高层结构筏形基础、岩石锚杆基础、箱型基础、壳体基础等。

9.2.1 无筋扩展基础

无筋扩展基础是由砖、毛石、混凝土或毛石混凝土、灰土和三合土等材料组成的墙下条形基础或柱下独立基础。无筋扩展基础所用材料的抗拉强度很低，不能承受较大的弯曲应力和剪应力，适用于6层或6层以下（三合土基础不宜超过四层）民用建筑和轻型厂房（图9-1）。

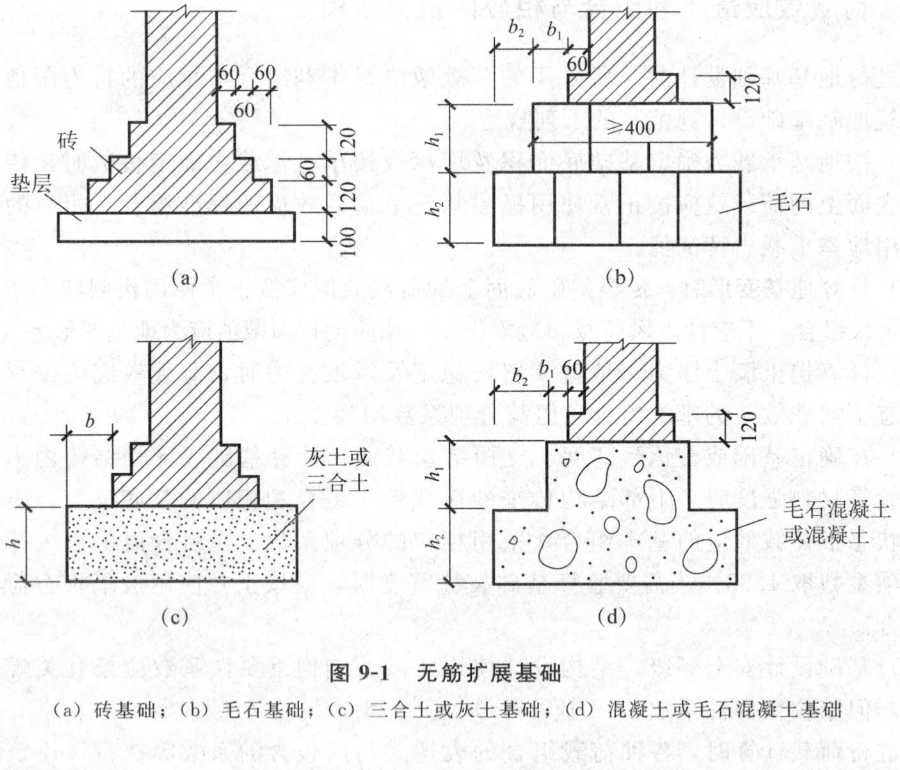

图9-1 无筋扩展基础

(a) 砖基础；(b) 毛石基础；(c) 三合土或灰土基础；(d) 混凝土或毛石混凝土基础

1. 砖基础

砖基础（图9-1(a)）取材容易、施工简单，其剖面通常做成阶梯形，称为大放脚。大放脚从垫层上开始砌筑，为保证其刚度，应采取等高式和间隔式。等高式大放脚是砌两皮砖两边各收进1/4砖长；间隔式大放脚是两皮砖一收与一皮砖一收相间隔，两边各收进1/4砖长；砖基底面以下一般做100 mm厚垫层。砖基础所用的材料具有一定的抗压强度，但抗拉和抗剪强度较低，按照《砌体结构设计规范》的规定，所用材料的最低强度等级不得低于表 9-3 的要求。

表 9-3　基础用砖、石料及砂浆最低标号

基土潮湿程度	黏土砖		混凝土砌体	石材	混合砂浆	水泥砂浆
	严寒地区	一般地区				
稍潮湿	MU10	MU10	MU5	MU20	M5	M5
很潮湿	MU15	MU10	MU7.5	MU20	—	M5
含水饱和	MU20	MU15	MU7.5	MU30	—	M7.5

注：1. 石材的重度不应低于 18 kN/m^3。

2. 地面以下或防潮层以下的砌体，不宜采用空心砖。当采用混凝土空心砌体时，其孔洞应采用强度不低于 C15 的混凝土灌实。

3. 各种硅酸盐材料及其他材料制作，应根据相应材料标准的规定选择采用。

2. 毛石基础

毛石基础（图 9-1(b)）是选用未经风化的硬质岩石砌筑而成。毛石和砂浆的强度等级应符合表 9-3 的要求。为了保证锁结力，每一阶梯宜用三排或三排以上的毛石。阶梯形毛石基础每一阶梯伸出宽度不宜大于 200 mm，台阶高度不宜小于 400 mm。

3. 三合土基础

三合土基础（图 9-1(c)）是由石灰、砂和骨料（碎石、碎砖或矿渣等）按体积比 1∶2∶4～1∶3∶6 的比例，加水拌匀后分层铺放夯实而成。分层夯实时，第一层应铺 220 mm，以后每层铺 200 mm，每层均夯打成 150 mm。其厚度不小于 300 mm，宽度不小于 700 mm，一般用于地下水位较低的 4 层或 4 层以下民用建筑。

4. 灰土基础

灰土基础（图 9-1(c)）是用石灰和土料按体积比为 3∶7 或 2∶8，加适量水拌匀，然后铺入基槽内分层夯实，方法与三合土基础基本相同。夯实时灰土应控制最优含水量（用手将灰土握成团，两指轻捏即碎为宜）。其厚度不小于 300 mm，条形基础宽度不小于 600 mm，独立基础不小于 700 mm。灰土基础在地下水位较高时不宜采用，且宜埋置在冰冻线以下，一般可用于 5 层或 5 层以下的民用建筑。

5. 混凝土和毛石混凝土基础

混凝土基础（图 9-1(d)）一般是用强度等级为 C7.5 或 C10 的混凝土浇筑而成。为了节约水泥用量，可在混凝土内掺入体积分数为 25%～30%的毛石，即成为毛石混凝土基础。这种基础的强度、耐久性、抗冻性都比前几种基础要好。

9.2.2　扩展基础

扩展基础（图 9-2）是指柱下钢筋混凝土现浇独立基础（或预制杯形独立基础）和墙下钢筋混凝土条形基础。这种基础抗弯和抗剪性能良好，在设计中广泛使用，特别适用于需要“宽基浅埋”的场所，因此当建筑物的荷载较大或地基较软弱时，常采用此基础。

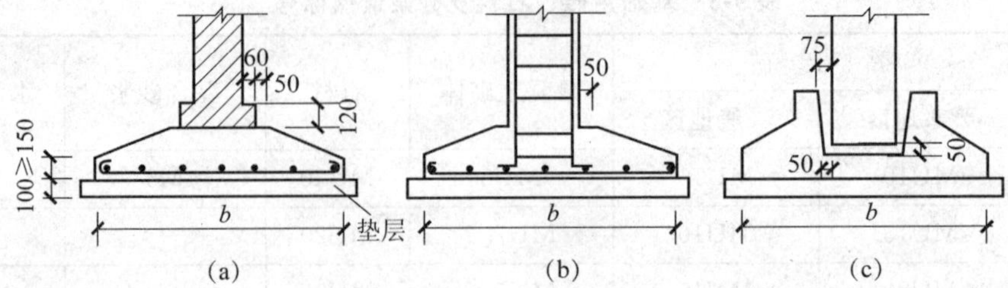

图 9-2　扩展基础

(a) 墙下钢筋混凝土条形基础；(b) 柱下钢筋混凝土现浇独立基础；(c) 预制杯形独立基础

1. 柱下独立基础

柱下独立基础（图 9-3）是柱基础的主要类型。现浇柱下钢筋混凝土独立基础的截面可做成梯形或锥形；预制柱下独立基础一般做成杯形，常用在单层工业厂房。

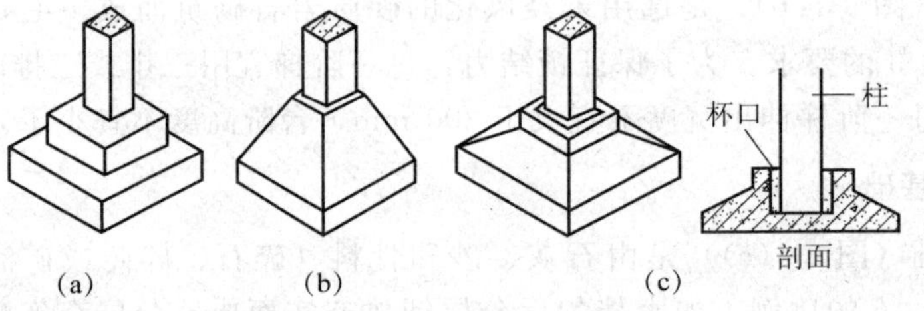

图 9-3　柱下独立基础

(a) 阶梯形；(b) 锥形；(c) 杯形

2. 墙下条形基础

条形基础指基础长度远大于基础宽度的一种基础形式。条形基础是承重墙基础的主要形式。墙下钢筋混凝土条形基础（图 9-4）一般做成无肋式；若地基土质不均匀，为了增强基础整体性，减少不均匀沉降，也可做成有肋式的条形基础。

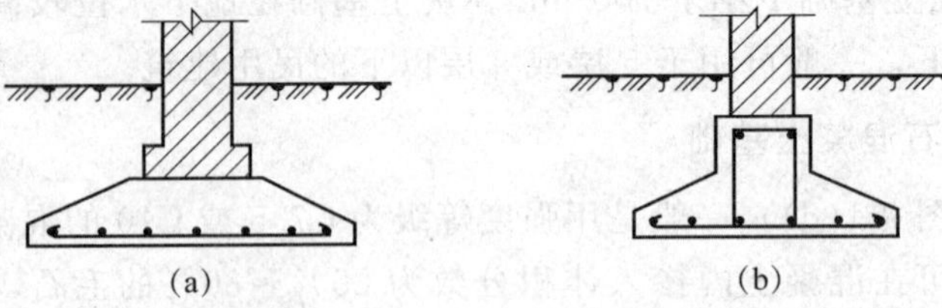

图 9-4　墙下钢筋混凝土条形基础

(a) 无肋式；(b) 有肋式

9.2.3　柱下钢筋混凝土条形基础

柱下钢筋混凝土条形基础主要用于柱距较小的框架结构，也可用于排架结构。当地基较弱而柱荷载较大时，为加强基础之间的整体性和减少不均匀沉降；或柱距较小，基础面积较大，相邻基础十分接近时，可以单向在整排柱子下做一条钢筋混凝土梁，将各柱子联合起来，就成为柱下条形基础（图 9-5），在柱网下纵横两方向均设有柱下条形基础时，便成为十字交叉基础（图 9-6）。

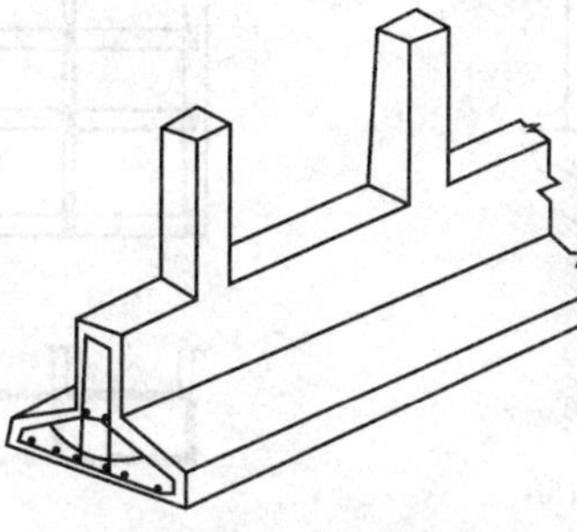

图 9-5　柱下条形基础

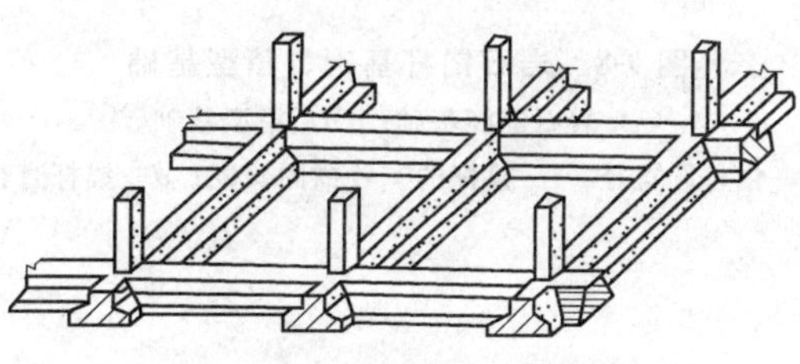

图 9-6　十字交叉基础

9.2.4　筏形基础

当上部结构传来的荷载很大，采用十字交梁基础不能提供足够的承载力时，可采用钢筋混凝土筏形基础，即用钢筋混凝土做成连续整片基础。筏形基础由于基底面积大，所以可减少基底压力至最小值，同时增大了基础的整体刚度。筏形基础在构造上犹如倒置的钢筋混凝土楼盖。筏形基础可分为平板式和梁板式两类（图 9-7）。

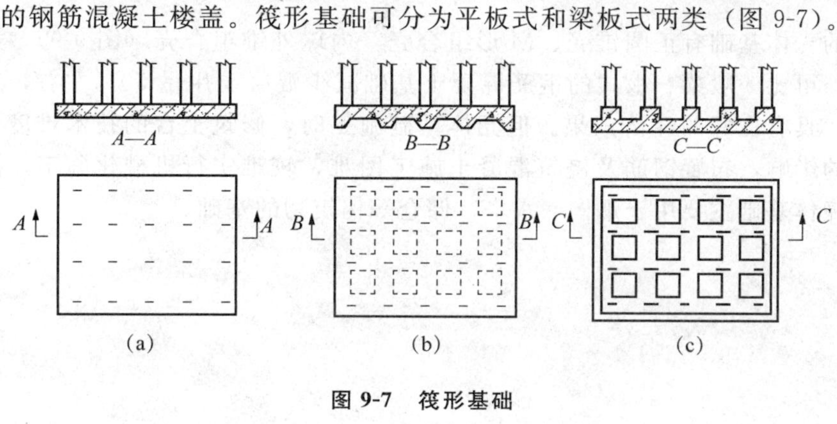

图 9-7　筏形基础

（a）平板式；（b）下翻梁板式；（c）上翻梁板式

9.2.5 岩石锚杆基础

岩石锚杆基础（图 9-8（a））适用于直接建在基岩上的柱基以及承受拉力或水平力较大的建筑物基础。岩石锚杆基础对锚杆孔直径、锚杆的构造、锚杆插入上部结构的长度、锚杆材料、灌浆材料等都有一定的要求，以确保钢筋锚杆基础与基岩连成整体。

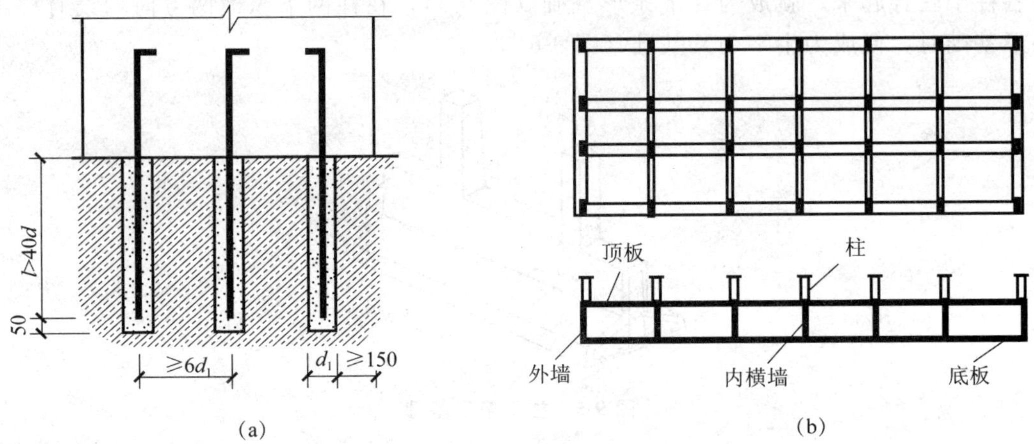

图 9-8　岩石锚杆基础、箱型基础

（a）岩石锚杆基础；（b）箱型基础

d_1—锚杆孔直径；l—锚杆的有效锚固长度；d—锚杆直径

9.2.6 箱型基础

箱型基础是由片筏基础演变而成，它是由钢筋混凝土顶板、底板和纵横交叉的隔墙组成的空间整体结构（图 9-8(b)）。其基础内空可用作地下室，与实体基础相比可减少基底压力。箱型基础较适用于地基软弱、平面形状简单的高层建筑物基础。某些对不均匀沉降有严格要求的设备或构筑物，也可采用箱型基础。

9.2.7 壳体基础

常用的壳体基础有正圆锥壳、M 形组合壳、内球外锥组合壳（图 9-9）。这类基础结构合理，可比一般梁、板式的钢筋混凝土基础减少混凝土用量 50%左右，节约钢筋 30%以上，具有良好的经济效果。但壳体基础施工时，修筑土台的技术难度大，易受天气因素的影响，布置钢筋及浇筑混凝土施工困难，较难实行机械化施工，操作技术要求高。壳体基础主要用于烟囱、水塔、储仓等构筑物的基础。

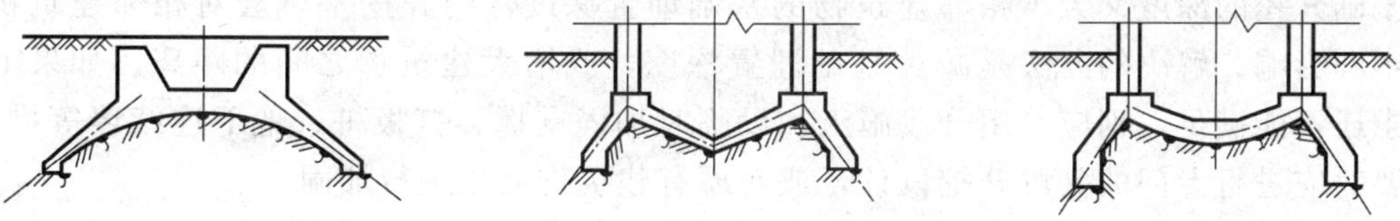

(a)　　(b)　　(c)

图 9-9　壳体基础

(a) 正圆锥壳；(b) M 形组合壳；(c) 内球外锥组合壳

9.3　基础埋置深度的确定

基础的埋置深度指基础底面到天然地面的垂直距离。选择基础埋置深度，实质上是选择合适的持力层。选择合适的持力层关系到建筑物的稳定与安全。在满足地基稳定和变形要求的前提下，基础应尽量浅埋。影响基础埋置深度的因素很多，应综合考虑以下因素加以确定。

(1) 满足建筑物的功能和使用条件　根据建筑设计的要求，确定最小的埋置深度。如果需要设置地下室，则基础的埋置深度受地下室空间高度的控制，一般埋置较深；又如大型设备的基础需要一定的空间布置管线，也要求埋置较深。如果在基础范围内有管道或其他地下设备通过，则基础顶板原则上应低于这些设施的底面，通常可将基础整体加深或局部加深。不同类型的基础，其构造特点不同，对埋置深度也会有不同的要求。靠近地面的土层易受自然条件的影响而性质不稳定，故基础埋深一般不少于 0.5 m。

(2) 作用于地基上荷载的大小和性质　一般要求基础置于较好的土层上，对于承受较大水平荷载的基础，必须加大埋置深度以获得土的侧向抗力，保证结构的稳定性。高层建筑对地基稳定性及变形要求更高，在抗震设防区，除岩石地基外，基础埋置深度要求不小于建筑物高度的 1/5。对承受上拔力的基础也要求有较大埋置深度以提供足够的抗拔力。对于承受振动荷载的基础，则不宜选用易于液化的土层作为持力层。

(3) 工程地质和水文地质条件　工程地质条件是影响基础埋置深度的最基本条件之一，在实际工程中，常遇到上下各层土软弱不相同、厚度不均匀、层面倾斜等情况。当地基上层较好、下层较软弱时，基础尽量浅埋。反之，当上层土软弱、下层土坚实时，需要区别对待。当上层软弱土较薄时，可将基础置于下层坚实土上；当上层软弱土较厚时，可考虑采用宽基浅埋的方法，也可考虑人工加固处理或桩基础方案。必要时，应从施工难易、材料用量等方面进行比较确定。基础底面宜埋置在地下水位以上，以免施工时排水困难，并可减轻地基的冻害，当必须埋在地下水位以下时，应采取措施保证地基土在施工时不受扰动。当地下水有侵蚀时，应对基础采取防护措施。

(4) 相邻建筑物的基础埋置深度　如果新建的建筑物与已有的建筑物距离过近，

而基础开挖的深度又大于相邻建筑物的基础埋置深度，则开挖基坑会对相邻建筑物产生不利影响。解决的办法是减少基础埋置深度，或增大建筑物之间的距离。如果上述要求还不能满足，则应采用分段施工和设临时加固支撑、打板桩、地下连续墙等措施，必要时应进行专门的基坑开挖设计，或对原有建筑物地基进行加固。

（5）地基土冻胀和融陷的影响　确定基础埋置深度要考虑地基土的冻胀性。在季节性冻土地区，地基土会因冻结而造成体积增大，引起土体发生膨胀和隆起现象，称为冻胀；冻土融化引起沉陷称为融陷。《建筑地基基础设计规范》根据冻土层的平均冻胀率的大小，把地基冻胀性分为不冻胀、弱冻胀、冻胀、强冻胀和特强冻胀 5 个等级，可查《建筑地基基础设计规范》附录 G 确定。

对于不冻胀土的基础埋深，可不考虑季节性冻土的影响；对于弱冻胀、冻胀和强冻胀土的基础，最小埋置深度 d_{min} 可按下式确定

$$d_{min}=z_d-h_{max} \tag{9-2}$$

式中　h_{max}——基础底面以下允许残留冻土层的最大厚度（m），可按《建筑地基基础设计规范》附录 G 查取；

z_d——设计冻深（m），见《建筑地基基础设计规范》。

在季度性冻土地区的建筑物应根据《建筑地基基础设计规范》的要求，采取必须的防冻害措施。

冻土的危害

9.4　基础底面尺寸的确定

在选择基础类型，确定基础埋置深度后，就可以根据结构的上部荷载和地基土层的承载力计算基础的底面尺寸。

作用在基础上的竖向荷载包括上部结构物的自重、屋面荷载、楼面荷载和基础（包括基础台阶上填土）的自重等；水平荷载包括土压力、水压力、风压力等。荷载计算按《建筑地基基础设计规范》要求进行。

计算荷载时应按传力系统，自建筑物顶面开始，自上而下累计至设计地面。当室内外地坪有高差时，对于外墙或外柱可累计至室内外设计地坪高差的平均值。计算作用在墙下条形基础上的荷载时，要注意计算段的选取，通常有以下几种情况。

（1）墙体没有门窗，而且作用在墙上的荷载是均布荷载（如一段内横墙），可以沿墙的长度方向取 1 m 长的一段墙计算。

（2）有门窗的墙体且作用在墙上的荷载是均布荷载（如一段外纵墙），可以沿墙的长度方向，取门或窗中线至中线间的一段，即一个开间长为计算段，计算出的荷载再均分到全段上，得到作用在每米长度上的荷载。

（3）对于有梁等集中荷载作用的墙体，需考虑集中荷载在墙内的扩散作用，计算段的选取应根据实际情况选定。

9.4.1　按持力层承载力确定基础底面尺寸

进行地基基础设计时，要求作用在基础底面上的压力设计值小于或等于修正后地基承载力特征值，即

$$p_k \leqslant f_a \tag{9-3}$$

式中　p_k——相应于荷载效应标准组合时，基础底面处的平均压力设计值/kPa；

f_a——修正后的地基承载力特征值/kPa。

基底压力分布与基底形状、刚度等因素有关。一般情况下，当基底尺寸较小、刚度较大时，可假定基底压力分布为直线形，在这种情况下，可以利用材料力学的基本公式来计算基底压力。根据荷载作用的不同组合，基底压力可分为对基础产生轴心荷载和偏心荷载两种情况，以下分别对两种情况进行计算。

1. 轴心荷载作用下的基础

轴心荷载作用下的基础，所受的合力通过基底形心，如图 9-10 所示。基底压力假定为均匀分布，此时基底平均压力按下式计算：

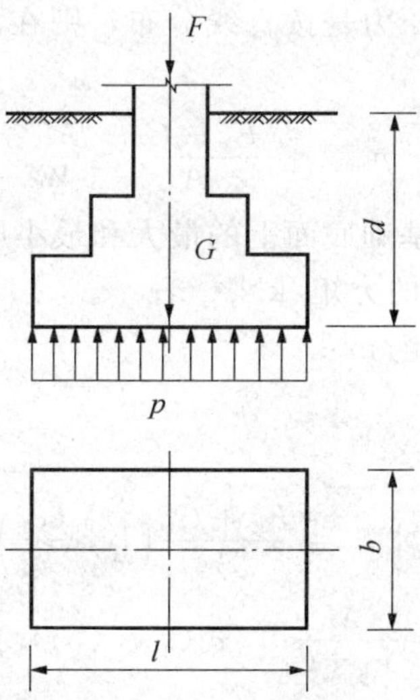

图 9-10　轴心受压基础的基底反力

$$p_k = \frac{F_k + G_k}{A} \tag{9-4}$$

式中　p_k——轴心荷载作用下的基底平均压力/kPa；

F_k——相应于荷载效应标准组合时，上部结构传至基础顶面的竖向荷载/kN；

G_k——基础自重和基础上的土重/kN。

对一般实体基础，可近似取

$$G_k = \gamma_G A d$$

式中　γ_G——基础及回填土的平均重度，一般取 20 kN/m^3，在地下水位以下部分，应扣除水的浮力；

d——基础埋置深度/m；

A——基底面积（m^2），$A=bl$。

将式(9-4)代入式(9-3)有

$$A\geqslant\frac{F_k}{f_a-\gamma_G d} \tag{9-5}$$

对于条形基础，取基础长度 $l=1$ m 计算，F_k 为单位墙长的荷载，此时 $A=lb=b$，由式(9-5)得

$$b\geqslant\frac{F_k}{f_a-\gamma_G d} \tag{9-6}$$

若荷载较小且地基承载力比较大，则按上式计算可能基础宽度较小，为保证安全和便于施工，承重墙下的基础宽度不小于 600～700 mm。如果用上述公式计算得到的基础宽度（矩形）$b>3$ m，需要修正承载力 f_a 后，再用式(9-5)和式(9-6)重新计算，直到求得比较精确的基底面积。

2. 偏心荷载下作用的基础

竖向荷载偏心，或在基础顶面有力矩或有水平荷载作用，均会引起基底反力不均匀分布。如果近似地认为基底压力是按直线分布，则在满足 $p_{min}>0$ 条件下，p 为梯形分布，基底边缘压应力为

$$p_{kmin}^{kmax}=\frac{F_k+G_k}{A}\pm\frac{M_k}{W} \tag{9-7 (a)}$$

式中　p_{kmin}^{kmax}——偏心荷载下的基础底面上的最大和最小压应力/kPa；

M_k——作用于基础底面的力矩/kN·m；

W——基础底面的抵抗矩/m^3；

其他符号含义同上。

对于矩形基础

$$p_{kmin}^{kmax}=\frac{F_k+G_k}{A}\left(1\pm\frac{6e_0}{l}\right) \tag{9-7 (b)}$$

式中　e_0——偏心矩（m），$e_0=\dfrac{M_k}{F_k+G_k}$，式(9-7（b）) 适用条件为 $e_0\leqslant l/6$，当 $e_0>l/6$ 时，按式（2-10）计算 p_{kmax}；

l——基础底面偏心方向边长（m）；

其他符号含义同上。

偏心荷载作用时，除要满足式(9-3)外，尚应满足下式要求

$$p_{kmax}\leqslant 1.2f_a \tag{9-8}$$

式中 f_a 为地基承载力/kPa。

根据上述按承载力计算的要求，在计算偏心荷载作用下的基础底面尺寸时，通常通过试算确定，其计算步骤如下。

（1）按中心受压确定基础底面积，即按式(9-5)求出 A_0。

（2）根据偏心的大小把基础底面积 A_0 提高 10%～40%，即 $A=(1.1\sim1.4)A_0$。

（3）按假定的基础底面积 A，用下式进行验算

$$p_{kmax}=\frac{F_k+G_k}{A}+\frac{M_k}{W}\leqslant 1.2f_a$$

$$p=\frac{F_k+G_k}{A}\leqslant f_a$$

如果不满足要求，则需重新假设一个基底尺寸，再进行验算，直至满足要求为止。

9.4.2　软弱下卧层的验算

当地基受力层范围内有软弱下卧层时，按持力层承载力计算得出的基础底面尺寸后，还应进行软弱下卧层承载力验算，即满足

$$p_z+p_{cz}\leqslant f_{az}\tag{9-9}$$

式中　p_z——相应于荷载效应标准组合时，软弱下卧层顶面处的附加压力值/kPa；

p_{cz}——软弱下卧层顶面处的自重压力值/kPa；

f_{az}——软弱下卧层顶面处经深度修正后地基承载力特征值（kPa），$f_{az}=f_{ak}+\eta_d\gamma_m(d-0.5)$。

对条形基础和矩形基础，式(9-9)中的 p_z 值可按下列公式简化计算（图 9-11）。

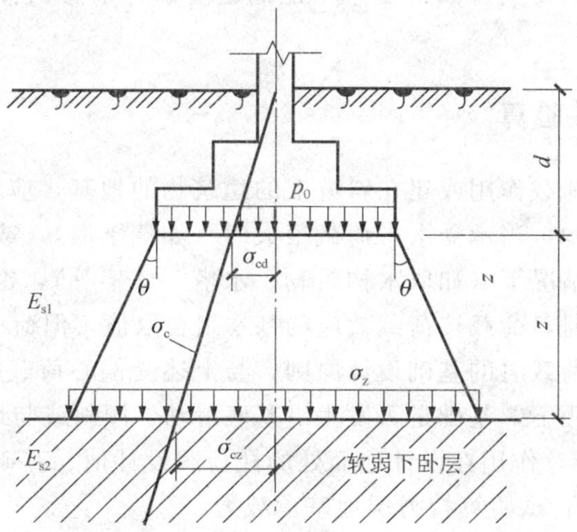

图 9-11　压力扩散角法计算土中附加应力

条形基础

$$p_z=\frac{b(p-p_c)}{b+2z\tan\theta}\tag{9-10}$$

矩形基础

$$p_z=\frac{lb(p-p_c)}{(b+2z\tan\theta)(l+2z\tan\theta)}\tag{9-11}$$

式中　b——矩形基础或条形基础底边的宽度/m；

l——矩形基础底边的长度/m；

p——基底压力设计值/kPa；

p_c——基础底面处土的自重压力标准值/kPa；

z——基础底面至软弱下卧层顶面的距离/m；

θ——基底压力扩散角（°），即压力扩散线与垂直线的夹角，可按表 9-4 选用。

表 9-4　地基压力扩散角 θ

$\alpha=E_{s1}/E_{s2}$	$z=0.25b$	$z=0.50b$
3	6°	23°
5	10°	25°
10	20°	30°

注：1. E_{s1} 为上层土压缩模量；E_{s2} 为下层土压缩模量。

2. 当 $z<0.25b$ 时，一般取 $\theta=0°$，必要时由试验确定；当 $z>0.50b$ 时，θ 值不变。

9.4.3　地基的变形验算

如果要求计算地基变形，则在基础底面尺寸初步确定后，还应进行地基变形验算，设计时要满足地基变形值不超过其允许值的条件，以保证不致因地基变形过大而影响建筑物正常使用或危害安全。如果变形不能满足要求，则需调整基础底面尺寸或采取其他措施。

9.4.4　地基稳定性验算

对于经常受水平荷载作用或建在斜坡上的建筑物的地基，应验算其稳定性。此外，某些建筑物的独立基础，当承受水平荷载很大时（如挡土墙），或建筑物较轻而水平力的作用点又比较高的情况下（如取水构筑物、水塔、塔架等），也要验算建筑物的稳定性。验算地基稳定性时，荷载按荷载效应的基本组合取值，但荷载分项系数均取 1.0。

承受垂直与水平荷载时的基础设计原则，与上述受偏心荷载时的基础基本上相同，但需验算在水平力作用下，基础是否发生沿基底滑动、倾斜或与地基一起滑动。

例 9-1　某柱基础，作用在设计地面处的柱荷载设计值、基础尺寸、埋置深度及地基条件如图 9-12 所示，试验算持力层地基承载力。

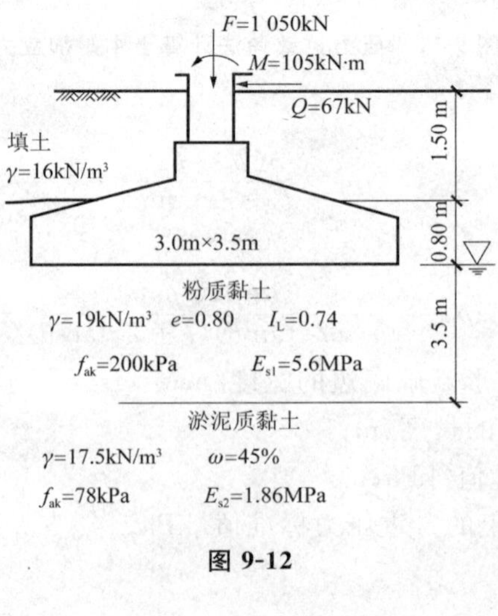

图 9-12

解　因 $b=3$ m，$d=2.3$ m，土的孔隙比 $e=0.80<0.85$，土的液性指数 $I_L=0.74<0.85$，查表得 $\eta_b=0.3$，$\eta_d=1.6$。

基底以上土的平均重度

$$\gamma_m=\sum\gamma_i h_i/h=\frac{16\times1.5+19\times0.8}{2.3}=17.0\ \text{kN/m}^3$$

地基承载力的深宽修正

$$\begin{aligned}f_a&=f_{ak}+\eta_b\gamma(b-3)+\eta_d\gamma_m(d-0.5)\\&=200+0.3\times(19-10)\times(3-3)+1.6\times17\times(2.3-0.5)\\&=249.0\text{kPa}\end{aligned}$$

基底平均压力计算

$$p_k=\frac{F_k+G_k}{A}=\frac{1\ 050+3\times3.5\times2.3\times20}{3\times3.5}=f_a=146\ \text{kPa}\leqslant249.0\ \text{kPa}\text{（满足）}$$

基底最大压力计算

$M_k=105+67\times2.3=259.1$ kN·m

$$\begin{aligned}p_{kmax}&=\frac{F_k+G_k}{A}+\frac{M_k}{W}=146+\frac{259.1}{3\times3.5^2/6}=188.3\ \text{kPa}\leqslant1.2f_a=1.2\times249.0\ \text{kPa}\\&=298.8\ \text{kPa}\text{（满足要求）}\end{aligned}$$

所以持力层地基承载力满足要求。

例 9-2　同上题条件，验算软弱下卧层的承载力。

解　（1）软弱下卧层的承载力特征值计算

因为下卧层是淤泥质黏土，且 $f_{ak}=78\ \text{kPa}>50\ \text{kPa}$，查表可得 $\eta_b=0$，$\eta_d=1.1$，所以下卧层顶面埋深

$$d'=d+z=2.3+3.5=5.8\ \text{m}$$

土的平均重度

$$\begin{aligned}\gamma_m&=\sum\gamma_i h_i/h\\&=[16\times1.5+19\times0.8+(19-10)\times3.5]/(1.5+0.8+3.5)\\&=12.19\ \text{kN/m}^3\end{aligned}$$

于是下卧层地基承载力特征值

$$\begin{aligned}f_{az}&=f_{ak}+\eta_d\gamma_m(d-0.5)=78+1.1\times12.19\times(5.8-0.5)\\&=149.1\ \text{kPa}\end{aligned}$$

（2）下卧层顶面处应力计算

自重应力 $p_z=16\times1.5+19\times0.8+(19-10)\times3.5=70.7$ kPa

附加应力 p_{cz} 按扩散角计算。由 $E_{s1}/E_{s2}=3$，$z/b=3.5/3=1.17>0.5$，查表 9-4 得 $\theta=23°$，则

$$p_0=p-p_c=146-(16\times1.5+19\times0.8)=106.8\ \text{kPa}$$

$$\begin{aligned}p_z&=\frac{lbp_0}{(b+2z\tan\theta)(l+2z\tan\theta)}\\&=3.5\times3\times106.8/[(3+2\times3.5\times\tan23°)(3.5+2\times3.5\times\tan23°)]\\&=29.03\ \text{kPa}\end{aligned}$$

作用在软弱下卧层顶面处的总应力为

$$p_z + p_{cz} = 29.03 + 70.7 = 99.73\ \text{kPa} \leqslant f_{az} = 149.1\ \text{kPa}$$

所以软弱下卧层地基承载力满足要求。

例 9-3 某厂房墙下条形基础，上部轴心荷载 $F_k = 180\ \text{kN/m}$，埋深 1.1 m；持力层及基底以上地基土为粉质黏土，$\gamma_m = 19.0\ \text{kN/m}^3$，$\gamma_G = 20\ \text{kN/m}^3$；$e = 0.80$，$I_L = 0.75$，$f_{ak} = 200\ \text{kPa}$，地下水位位于基底处，试确定所需基础宽度。

解 (1) 先用未经深宽修正的地基承载力特征值式(9-6)初步计算基础底面尺寸

$$b \geqslant \frac{F_k}{f_a - \gamma_G d} = \frac{180}{200 - 20 \times 1.1} = 1.01\text{m}，取\ b = 1\ \text{m}$$

(2) 地基承载力特征值的深宽修正

由于 $I_L = 0.75 < 0.85$，$e = 0.80 < 0.85$，查表可得 $\eta_b = 0.3$，$\eta_d = 1.6$；$b < 3\ \text{m}$，取 $b = 3\ \text{m}$，则

$$\begin{aligned} f_{az} &= f_{ak} + \eta_d \gamma_m (d - 0.5) = 200 + 1.6 \times 19.0 \times (1.1 - 0.5) \\ &= 218.2\ \text{kPa} \end{aligned}$$

(3) 地基承载力验算

$p_k = F_k / A + \gamma_G d = 180/1 \times 1 + 20 \times 1.1 = 202\ \text{kPa} < f_{az} = 218.2\ \text{kPa}$（满足要求）

所以所需基础宽度为 1 m。

例 9-4 已知厂房基础上的荷载（图 9-13），持力层及基底以上地基土为粉质黏土，$\gamma_0 = 19\ \text{kN/m}^3$，基础及回填土的平均重度 $\gamma_G = 20\ \text{kN/m}^3$，地基承载力 $f_{ak} = 230\ \text{kPa}$，试设计矩形基础底面尺寸。

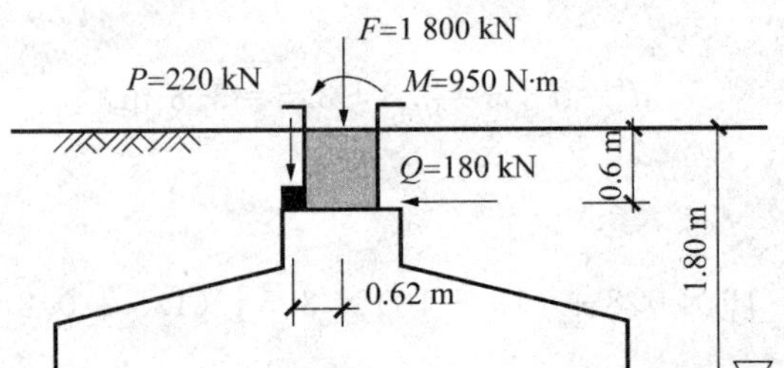

图 9-13

解 (1) 按轴心荷载初步确定基础底面积

$$A_0 \geqslant \frac{F_k}{f_a - \gamma_G d} = \frac{1\,800 + 220}{230 - 20 \times 1.8} = 10.4\ \text{m}^2$$

考虑偏心荷载的影响，将 A_0 增大 30%，即 $A = 1.3A_0 = 1.3 \times 10.4 = 13.5\ \text{m}^2$，设长宽比 $n = l/b = 2$，则 $A = lb = 2b^2$，从而进一步有 $b = 2.6\ \text{m}$；$l = 2b = 2 \times 2.6 = 5.2\ \text{m}$。

(2) 计算基底最大压力 p_{kmax}

基础及回填土重 $G_k = \gamma_G A d = 20 \times 2.6 \times 5.2 \times 1.8 = 487\ \text{kN}$

基底处竖向力合力 $F_k + G_k = 1800 + 220 + 487 = 2\,507\ \text{kN}$

基底处总力矩：

$M_k = 950 + 220 \times 0.62 + 180 \times (1.8 - 0.6) = 1\ 302\ \text{kN}\cdot\text{m}$

偏心距 $e_0 = \dfrac{M_k}{F_k + G_k} = 1302/2507 = 0.52\ \text{m} < l/6 = 0.87\ \text{m}$

所以偏心力作用点在基础截面内。

基底最大压力：

$$p_{kmax} = \frac{F_k + G_k}{A} + \frac{M_k}{W} = \frac{2507}{2.6 \times 5.2} + \frac{1302}{2.6 \times 5.2^2/6} = 296.7\ \text{kPa}$$

(3) 地基承载力特征值及地基承载力验算

根据 $e = 0.73$，$I_L = 0.75$，查表可得 $\eta_b = 0.3$，$\eta_d = 1.6$，且 $b < 3$ m，取 $b = 3$ m，故

$$\begin{aligned} f_a &= f_{ak} + \eta_b \gamma (b-3) + \eta_d \gamma_0 (d - 0.5) \\ &= 230 + 0 + 1.6 \times 19 \times (1.8 - 0.5) = 269.5\ \text{kPa} \end{aligned}$$

$p_{kmax} = 296.7 \leqslant 1.2 f_a = 1.2 \times 269.5\ \text{kPa} = 323.4\ \text{kPa}$（满足要求）

$p_k = F_k G_k / lb = 2507/(5.2 \times 2.6) = 185.4\ \text{kPa} \leqslant f_a = 269.5\ \text{kPa}$（满足要求）

所以基础采用底面尺寸 5.2m×2.6m 是合适的。

9.5 刚性基础设计

刚性基础指用有较好的抗压强度，而抗拉、抗弯性能较差的材料所建造的基础。例如砖、灰土、混凝土基础等都属刚性基础。刚性基础设计主要包括基础底面尺寸、基础剖面尺寸及其构造要求。

9.5.1 基础底面宽度

基础底面宽度除满足上一节介绍的地基承载力要求外，还受材料刚性角的限制，即基础底面的宽度应符合下式要求（图 9-14）

$$b \leqslant b_0 + 2h_0 \tan\alpha \tag{9-12}$$

式中 b——基础底面宽度/m；

b_0——基础顶面的砌体宽度/m；

h_0——基础高度/m；

$\tan\alpha$——基础台阶宽高比的允许值，$\tan\alpha = b_2/h_0$，可按表 9-5 选取。

按地基承载力要求计算的基础底面宽度 b，若不能满足式(9-12)要求，则可改用强度较高的基础或增加台阶总高度，使之满足式(9-12)的要求。

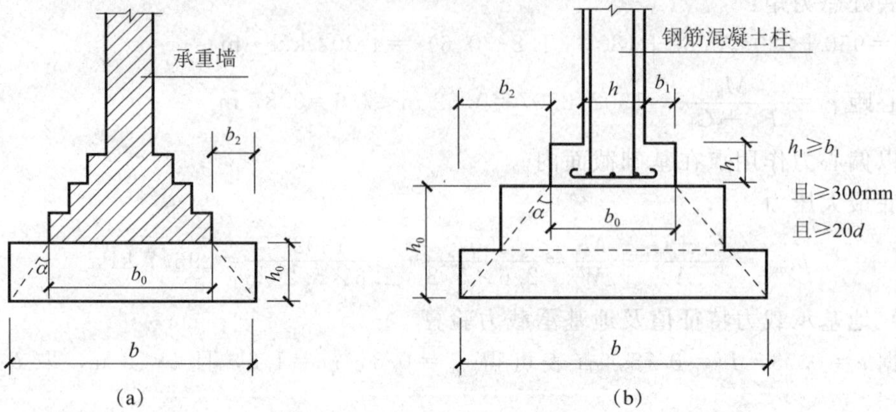

图 9-14　刚性基础构造示意

(a) 承重墙基础；(b) 钢筋混凝土柱基础

表 9-5　刚性基础台阶宽高比的允许值

基础材料	质量要求	台阶宽高比的允许值		
		$p_k \leqslant 100$ kPa	100 kPa$< p_k \leqslant$200 kPa	200 kPa$< p_k \leqslant$300 kPa
混凝土基础	C15 混凝土	1∶1.00	1∶1.00	1∶1.25
毛石混凝土基础	C15 混凝土	1∶1.00	1∶1.25	1∶1.50
砖基础	砖不低于 MU10，砂浆不低于 M5	1∶1.50	1∶1.50	1∶1.50
毛石基础	砂浆不低于 M5	1∶1.25	1∶1.50	—
灰土基础	体积比为 3∶7 或 2∶8 的灰土，其最小干密度：粉土 1.55 t/m³；粉质黏土 1.50 t/m³；黏土 1.45 t/m³	1∶1.25	1∶1.50	—
三合土基础	体积比为 1∶2∶4～1∶3∶6（石灰∶砂∶骨料），每层约虚铺 220 mm，夯至 150 mm	1∶1.50	1∶2.00	—

注：p_k 为荷载效应标准组合时基础底面处的平均压力值/kPa。

9.5.2　基础剖面尺寸

基础剖面尺寸主要有基础高度 h、总外伸长度 b_2 以及每一台阶的宽度和高度。基础总是埋置于地下一定深度（基础顶面至地面 100～200 mm），因此基础高度通常小于埋深；同时为了保证基础内的拉应力不超过材料的抗强度，基础高度应满足下式要求

$$b_2/h_0 \leqslant \tan\alpha \tag{9-13}$$

式中　h_0——基础有效高度（m），为基础高度减去混凝土保护层厚度；

α——基础的刚性角；

b_2——基础总外伸宽度/m。

刚性基础通常做成台阶形，不仅要求基础总外伸宽度 b_2 和基础高度 h 符合上式要求，还要求各级台阶的内缘处于刚性角 α 的斜线以外（包括与斜线相交）。若台阶的内缘有处于刚性角 α 的斜线以内的，则这类基础是不安全的。

常用的砖基础，其习惯砌筑方法为“等高法”或“间隔法”，根据表 9-5，其剖面均符合上述两方面要求。

刚性基础底部常浇筑一个垫层，一般用灰土、三合土或素混凝土为材料，厚度大于或等于 100 mm。薄的垫层不作为基础考虑。对于厚度为 150～200 mm 的垫层，可作为基础的一部分考虑。若垫层材料小于基础材料强度，则需对垫层作抗压验算。

例 9-5　某承重砖墙混凝土基础的埋深为 1.5 m，上部结构传来的轴向压力 $F_k=200$ kN/m，持力层为粉质黏土，其天然重度 $\gamma_0=17.5$ kN/m^3，基础及回填土的平均重度 $\gamma_G=20$ kN/m^3，土的孔隙比 $e=0.843$，土的液性指数 $I_L=0.76$，地基承载力特征值 $f_{ak}=150$ kPa，地下水位在基础底面以下，试设计此刚性基础。

解　(1) 地基承载力特征值的深宽修正　先按基础宽度 $b<3$ m 考虑，不作宽度修正。由于持力层土的孔隙比及液性指数均小于 0.85，查表可得 $\eta_d=1.6$，而 $\gamma_0=\gamma=17.5$ kN/m^3，$d=1.5$ m，则

$$f_a=f_{ak}+\eta_d\gamma_0(d-0.5)=150+1.6\times17.5\times(1.5-0.5)=178.0\ \text{kPa}$$

(2) 按承载力要求初步确定基础宽度

$$b_{min}=\frac{F_k}{f_a-\gamma_G d}=\frac{200}{178-20\times1.5}=1.35\ \text{m}$$

初步选定基础宽度为 1.40 m。

(3) 基础剖面布置　初步选定基础高度 $h=0.3$ m。大放脚采用标准砖砌筑，每皮宽度 $b_1=60$ mm，$h_1=120$ mm，共砌 5 皮；大放脚的底面宽度 $b_0=240+2\times5\times60=840$ mm，如图 9-15 所示。

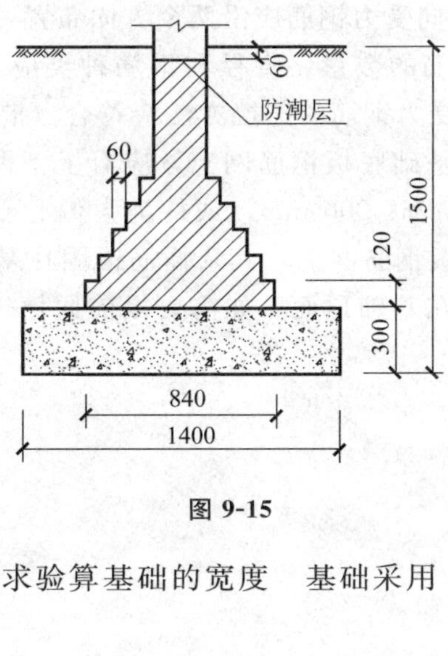

图 9-15

(4) 按台阶的宽高比要求验算基础的宽度　基础采用 C15 素混凝土砌筑，而基底的平均压力为

$$p_k=\frac{F_k+G_k}{A}=\frac{200+20\times1.4\times1.5}{1.4\times1.0}=172.8\ \text{kPa}$$

查表 9-5，得基础台阶的允许宽高比 $\tan\alpha=b_2/h=1.0$，于是

$$b_{max}=b_0+2h\tan\alpha=0.84+2\times0.3\times1.0=1.44\ \text{m}$$

所以取基础宽度为 1.4m，满足设计要求。

9.6 扩展基础设计

扩展基础指柱下钢筋混凝土独立基础和墙下钢筋混凝土条形基础。扩展基础的构造应符合下列要求。

(1) 锥形基础的边缘高度，不宜小于 200 mm，坡度 $i\leqslant1:3$；阶梯形基础每阶高度，宜为 300～500 mm。

(2) 垫层的厚度不宜小于 70 mm；垫层的混凝土强度等级应为 C10。

(3) 扩展基础底板受力钢筋的最小直径不宜小于 10 mm，间距不宜大于 200 mm，也不宜小于 100 mm。墙下钢筋混凝土条形基础纵向分布钢筋的直径不小于 8 mm；间距不大于 300 mm，每延米分布钢筋的截面面积应不小于受力钢筋截面面积的 1/10。当有垫层时钢筋保护层的厚度不小于 40 mm；无垫层时不小于 70 mm。

(4) 混凝土强度等级不应低于 C20。

(5) 当柱下钢筋混凝土独立基础的边长和墙下钢筋混凝土条形基础的宽度 $b\geqslant2.5$ m 时，底板受力钢筋的长度可取边长或宽度 b 的 9/10 倍，并宜交错布置，如图 9-16 (a) 所示。

(6) 钢筋混凝土条形基础底板在 T 形及十字形交接处，底板横向受力钢筋仅沿一个主要受力方向通长布置，另一方向的横向受力钢筋可布置到底板宽度 b 的 1/4 处（图 9-16 (b)）；在拐角处底板横向受力钢筋应沿两个方向布置（图 9-16 (c)）。

(7) 现浇柱基础，其插筋的数量、直径和钢筋种类应与柱内纵向受力钢筋相同。插筋的锚固长度与柱的纵向受力钢筋的连接方法应符合《混凝土结构设计规范》要求。插筋的下端宜做成直钩放在基础底板钢筋网上，应有上下两个箍筋固定。当柱为轴心受压或小偏心受压基础高度 $h\geqslant1\ 200$ mm，或柱为大偏心受压基础高度 $h\geqslant1\ 400$ mm 时，可将四角的插筋伸到底板钢筋网上，其余插筋锚固在基础顶面下 l_a 处（图 9-17）。插筋与柱筋的搭接位置一般在基础顶面，如需要提前回填土，搭接位置也可以在室内地面处。

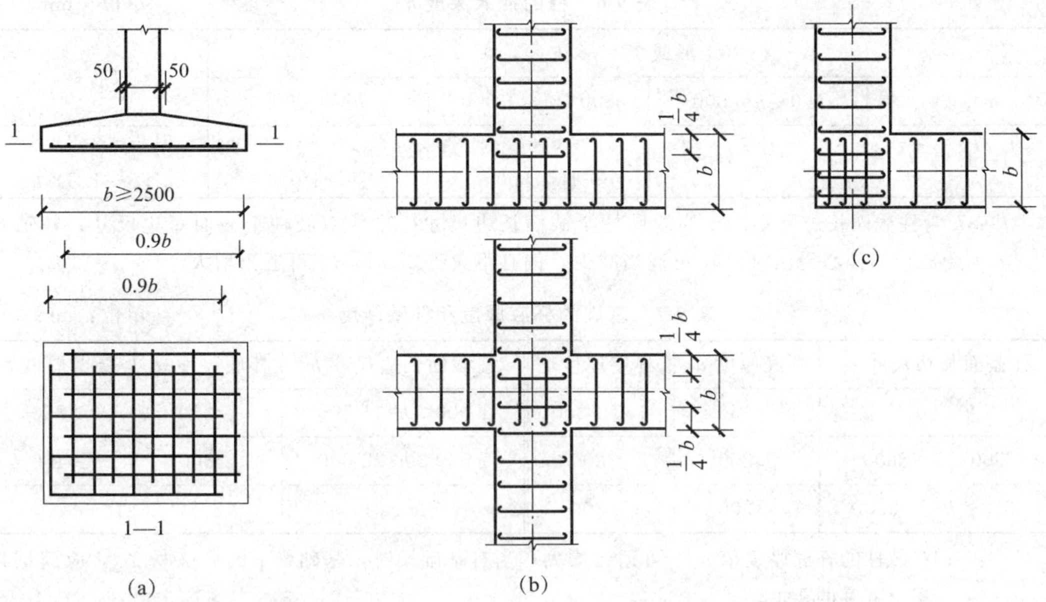

图 9-16　扩展基础底板受力钢筋布置示意

(a) 底板钢筋长度及布置；(b) T 形及十字形交接处底板横向受力钢筋；

(c) 拐角处底板横向受力钢筋

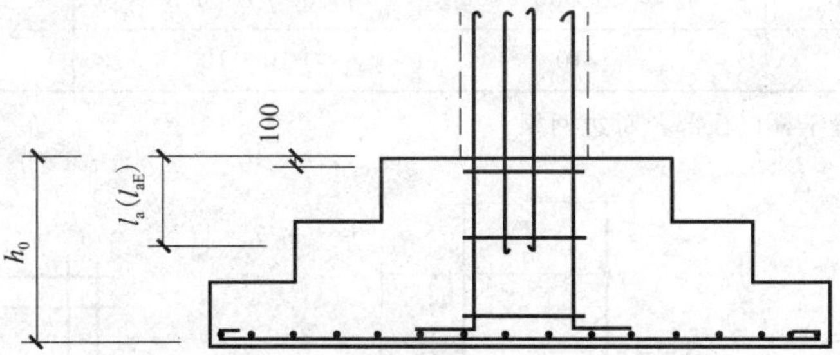

图 9-17　现浇柱的基础中插筋构造示意

l_{aE}—纵向受力钢筋的最小锚固长度；l_a—纵向受拉钢筋的锚固长度

(8) 预制钢筋混凝土柱与杯口基础的连接，应符合下列要求（图 9-18）：柱的插入深度 h_1 可按表 9-6 选取，并满足钢筋锚固长度要求和吊装时柱的稳定性要求；基础的杯底厚度和杯壁厚度可按表 9-7 选取；当柱为轴心受压或小偏心受压且 $t/h_2 \geqslant 0.65$ 时，或大偏心受压且 $t/h_2 \geqslant 0.75$ 时，杯壁可不配筋；当柱为轴心受压或小偏心受压且 $t/h_2 \geqslant 0.65$ 时，或大偏心受压且 $0.5 \leqslant t/h_2 < 0.65$ 时，杯壁可按表 9-8 构造配筋。其他情况应按计算配筋。

表 9-6　柱的插入深度 h_1　　单位：mm

矩形或工字形柱				双肢柱
$h<500$	$500\leqslant h<800$	$800\leqslant h\leqslant 1\ 000$	$h>1\ 000$	
(1～1.2) h	h	$0.9h$ 且≥800	$0.8h$ 且≥1 000	(1/3～2/3) h_a (1.5～1.8) h_b

注：h 为柱截面长边尺寸；h_a 为双肢柱全截面长边尺寸；h_b 为双肢柱全截面短边尺寸；柱轴心受压或小偏心受压时，h_1 可适当减少，偏心距大于 $2h$ 时，h_1 可适当增大。

表 9-7　基础的杯底厚度和杯壁厚度　　单位：mm

柱截面长边尺寸 h	杯底厚度 a_1	杯壁厚度 t	柱截面长边尺寸 h	杯底厚度 a_1	杯壁厚度 t
$h<500$	≥150	150～200	$1\ 000\leqslant h<1\ 500$	≥250	≥350
$500\leqslant h<800$	≥200	≥200	$1\ 500\leqslant h<2\ 000$	≥300	≥400
$800\leqslant h\leqslant 1\ 000$	≥200	≥300			

注：1. 双肢柱的杯底厚度值 a_1，可适当增大；当有基础梁时，基础梁下的杯壁厚度 t，应满足其支承宽度的要求。

2. 柱子插入杯口的表面应凿毛，柱子与杯口之间的空隙，应用比基础混凝土强度等级高一级的细石混凝土充填密实，当材料强度达到 70%以上时，方能进行上部吊装。

表 9-8　杯壁构造配筋　　单位：mm

柱截面长边尺寸	$h<1\ 000$	$1\ 000\leqslant h<1\ 500$	$1\ 500\leqslant h<2\ 000$
钢筋直径	8～10	10～12	12～16

注：表中钢筋置于杯口顶部，每边两根。

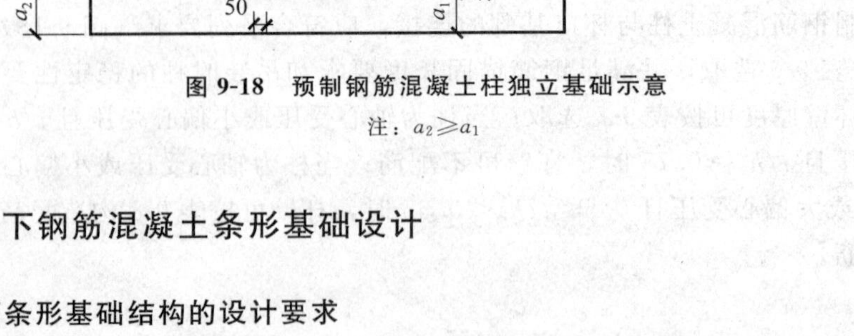

图 9-18　预制钢筋混凝土柱独立基础示意

注：$a_2\geqslant a_1$

9.6.1　墙下钢筋混凝土条形基础设计

1. 墙下条形基础结构的设计要求

墙下钢筋混凝土条形基础的内力计算一般可按平面应变问题处理，在长度方向上取单位长度计算。其设计的内容主要包括基础底面宽度 b 和基础的高度 h 及基础底板配筋等。

2. **基础截面的设计步骤**

(1) 计算地基净反力

如图 9-19 所示，基础底板的受力情况犹如一倒置的悬臂梁，由自重 G 产生的均布压力与相应的地基反力相抵消，底板仅受到上部结构传来的荷载设计值产生的地基净反力的作用。地基净反力以 p_j 表示，可用下式计算

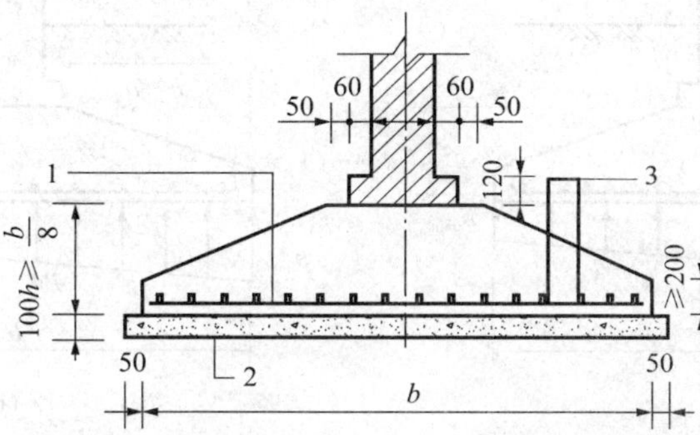

图 9-19　墙下钢筋混凝土条形基础的构造示意

1—受力钢筋；2—C15 混凝土垫层；3—构造钢筋

$$p_{\text{jmin}}^{\text{jmax}}=\frac{F}{b}\pm\frac{6M}{b^2}=\frac{F}{b}\left(1\pm\frac{6e_0}{b}\right) \tag{9-14}$$

式中　F——相应于荷载效应基本组合时，上部结构传至基础顶面的每延米竖向力值/(kN/m)；

M——相应于荷载效应基本组合时，对基底中心每延米的力矩总和/（kN·m/m)；

b——基础宽度/m；

e_0——偏心距（m），$e_0=\sum M/F$，荷载 F（kN/m）和力矩 M（kN·m/m）均为单位长度数值。

(2) 最大内力设计值（取墙边截面）

基础验算截面Ⅰ的剪力设计值 V_{I}（kN/m）为

$$V_{\text{I}}=\left(\frac{p_{\text{jmax}}+p_{\text{jI}}}{2}\right)b_{\text{I}}=\frac{b_{\text{I}}}{2b}[(2b-b_{\text{I}})p_{\text{jmax}}+b_{\text{I}}\,p_{\text{jmin}}] \tag{9-15}$$

式中 b_{I} 为验算截面Ⅰ距基础边缘的距离（m）。

如图 9-20 所示，当墙体材料为混凝土时，验算截面Ⅰ在墙脚处，b_{I} 等于基础边缘至墙脚的距离 a_1；当墙体材料为砖墙且墙脚伸出不大于 1/4 砖长时，验算截面Ⅰ在墙面处，$b_{\text{I}}=a_1+1/4$（砖长）。

当轴心荷载作用时，基础验算截面Ⅰ的每延米剪力设计值 V_{I} 可简化为如下形式

$$V_{\text{I}}=\frac{b_{\text{I}}}{b}F \tag{9-16}$$

基础验算截面Ⅰ每延米的弯矩设计值 M_{I}（kN·m/m）可按下式计算

$$M_{\mathrm{I}}=\frac{1}{2}V_{\mathrm{I}}b_{\mathrm{I}} \tag{9-17}$$

式中 V_{I}——基础验算截面Ⅰ每延米的剪力设计值/（kN/m）；

M_{I}——基础验算截面Ⅰ每延米的弯矩设计值/（kN·m/m）；

b_{I}——验算截面Ⅰ距基础边缘的距离/m。

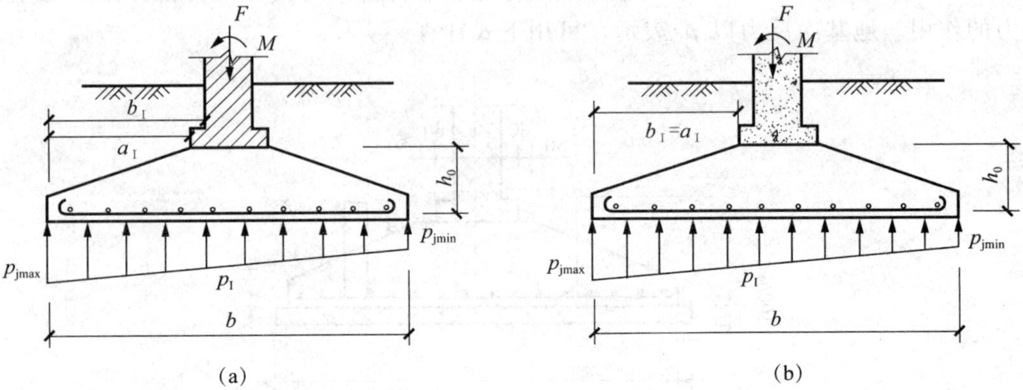

图 9-20 墙下条形基础的计算

（a）砖墙；（b）混凝土墙

（3）基础底板厚度

为了防止因剪力作用使基础底板发生剪切破坏，要求底板应有足够的厚度。因基础底板内不配置箍筋和弯筋，所以基础底板应满足下式要求

$$V_{\mathrm{I}}\leqslant 0.07f_{c}h_{0} \tag{9-18}$$

或

$$h_{0}\geqslant V/0.07f_{c} \tag{9-19}$$

式中 f_{c}——混凝土轴心抗压强度设计值/（N/mm^2）；

h_0——基础底板有效厚度（mm），当有垫层时 $h_0=h-40$ mm，当无垫层时 $h_0=h-70$mm。

（4）基础底板配筋

$$A_{s}=M/0.9f_{y}h_{0} \tag{9-20}$$

式中 M——基础底板每延米最大弯矩设计值/（kN·m/m）；

A_s——条形基础每延米基础底板受力钢筋面积/（mm^2/m）；

f_y——钢筋抗拉强度设计值/（N/mm^2）。

例 9-6 某厂房采用钢筋混凝土条形基础，墙厚 240 mm，上部结构传至基础顶部的轴心每延米荷载 $F=300$ kN/m，每延米弯矩 $M=28.0$ kN·m/m，条形基础底面宽度 b 已由地基承载力条件确定为 2.0 m。试设计基础的高度并进行底板配筋。

解 ①选用混凝土的强度等级为 C15，查得 $f_c=7.5$ MPa；采用Ⅰ级钢筋，查得 $f_y=210$ MPa。

②基础边缘处的最大和最小地基净反力

$$p_{\text{jmin}}^{\text{jmax}}=\frac{F}{b}\pm\frac{6M}{b^2}=\frac{300}{2.0}\pm\frac{6\times28.0}{2.0^2}=\frac{192.0}{108.0}\ \text{kPa}$$

③验算截面Ⅰ距基础边缘的距离

$b_Ⅰ=(2.0-0.24)/2\ \text{m}=0.88\ \text{m}$

④验算截面的每延米剪力设计值

$$V_Ⅰ=\frac{b_Ⅰ}{2b}[(2b-b_Ⅰ)p_{\text{jmax}}+b_Ⅰ p_{\text{jmin}}]$$

$$=\frac{0.88}{2\times2.0}[(2\times2.0-0.88)\times192.0+0.88\times108.0]$$

$$=152.7\ \text{kN/m}$$

⑤基础计算有效高度

$$h_0\geqslant V_Ⅰ/0.07f_c=152.7/(0.07\times7.5)=290.9\ \text{mm}$$

故取基础设计高度 $h=350$ mm。

(6) 基础验算截面每延米的弯矩设计值

$$M_Ⅰ=\frac{1}{2}V_Ⅰ b_Ⅰ=\frac{1}{2}\times152.7\times0.88=67.2\ \text{kN}\cdot\text{m/m}$$

(7) 基础每延米的受力钢筋截面面积

$$h_0=350-40=310\ \text{mm}$$

$$A_s=M_Ⅰ/0.9f_yh_0=67.2\times10^6/(0.9\times210\times310)=1\ 147\ \text{mm}^2$$

选配受力钢筋 $\phi16@170$，$A_s=1\ 183\ \text{mm}^2$，沿垂直于砖墙长度方向配置，在砖墙长度方向配置 $\phi8@250$ 的分布钢筋。基础配筋如图 9-21 所示。

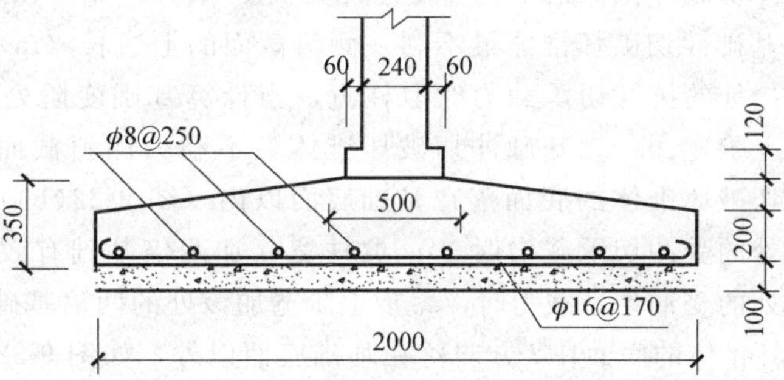

图 9-21

9.6.2　柱下钢筋混凝土独立基础设计

根据地基承载能力确定柱下独立基础的底面尺寸后，可根据其内力计算结果进行基础截面的设计验算。其主要内容包括基础截面的抗冲切验算和纵横方向的抗弯验算，并由此确定基础的高度和底板纵横方向的配筋量。截面的设计计算步骤如下。

1. 地基净反力计算

矩形基础在轴心或单向偏心荷载作用下地基净反力可用下式计算。

轴心受压

$$p_j = F/A \tag{9-21}$$

偏心受压

$$p_{jmin}^{jmax} = \frac{F}{A} \pm \frac{M}{W} = \frac{F}{A}\left(1 \pm \frac{6e_0}{l}\right) \tag{9-22}$$

式中 p_j、p_{jmin}^{jmax}——轴心或单向偏心荷载作用下地基净反力/kPa；

F——相应于荷载效应基本组合时，上部结构传至基础顶面的竖向力值/kN；

M——相应于荷载效应基本组合时，对基底中心的力矩总和/（kN·m）；

e_0——偏心距（m），$e_0 = \sum M/F$。

2. 基础高度确定

（1）轴心受压基础

基础高度由抗冲切条件确定，当沿柱周边（或变阶处）的基础高度不够时，底板将发生如图 9-22 所示的冲切破坏。为防止发生这种破坏，基础应有足够的高度，使基础冲切面以外的地基净反力产生的冲切力 F_l 不大于基础冲切面混凝土的抗冲切强度，即

$$F_l \leqslant 0.7 f_t \beta_{hp} a_m h_0 \tag{9-23}$$

式中 f_t——混凝土抗拉强度设计值/kPa；

β_{hp}——受冲切承载力截面高度影响系数，当基础冲切破坏锥体的高度 $h \leqslant 800$ mm 时，取 $\beta_{hp}=1.0$，当基础冲切破坏锥体的高度 $h \geqslant 2\ 000$ mm 时，取 $\beta_{hp}=0.9$，其间按线性内插取用；

a_m——基础冲切破坏锥体最不利一侧的计算长度（m），$a_m=(a_t+a_b)/2$

a_t 为基础冲切破坏锥体最不利一侧斜截面的上边长（m），当计算柱与基础交接处的抗冲切承载力时取柱宽，当计算基础变阶处的受冲切承载力时取上阶宽；a_b 为基础冲切破坏锥体最不利一侧斜截面的下边长（m），当冲切破坏锥体的底面落在基础底面以内（图 9-22(b)），计算柱与基础交接处的受冲切承载力时，a_b 取柱宽 a 加两倍基础有效高度；计算基础变阶处的受冲切承载力时，a_b 取上阶宽加该处的两倍基础有效高度；当冲切破坏锥体的底面在 l 方向落在基础底面以外，如图 9-22（c）所示，即 $a+2h_0 \geqslant l$ 时，$a_b=l$；

h_0——基础冲切破坏锥体的有效高度/m²；

F_l——基础受冲切承载力设计值（kN），相当于荷载效应基础组合时在 A_l 上的地基土净反力设计值，$F_l = p_j A_l$

p_j 为地基净反力设计值/kPa；A_l 为冲切截面的水平投影面积（图 9-22 中阴影面积）/m²。

对于矩形基础，由于矩形基础的两个边长情况不同，冲切破坏时所引起的 A_l 也不同，往往基础短边一侧冲切破坏的可能性比长边一侧大，所以一般只需根据短边冲切破坏条件确定基础高度。

当 $l \geqslant a_t + 2h_0$ 时（图 9-22(b)）：

$$A_1=\left(\frac{b}{2}-\frac{b_c}{2}-h_0\right)l-\left(\frac{l}{2}-\frac{a_t}{2}-h_0\right)^2 \tag{9-24}$$

当 $l<a+2h_0$ 时（图 9-22(c)）：

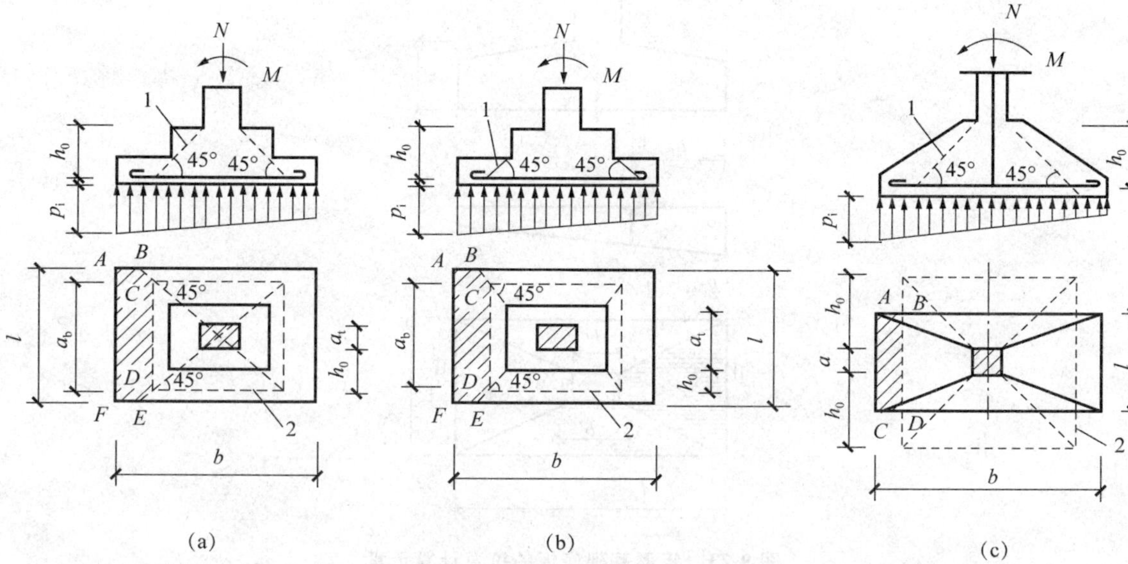

图 9-22　柱下独立基础的抗冲切验算

(a) 柱与基础交接处；(b) 基础变阶处（$l\geqslant a_t+2h_0$）；(c) 基础变阶处（$l<a+2h_0$）

1—冲切破坏锥体最不利一侧的斜截面；2—冲切破坏锥体的底面线

$$A_1=(a/2-b_c/2-h_0)l \tag{9-25}$$

式中　b、l——基础长边和短边长/m；

a、b_c——l 及 b 方向的柱边长/m。

(2) 偏心受压基础

偏心荷载作用下基础高度的计算方法与中心荷载作用时基本相同，仅需将式(9-23)中 $F_1=p_jA_1$ 改为 $F_1=p_{jmax}A_1$ 即可，此时 $p_{jmax}=F/A(1+6e_0/l)$。

(3) 基础底板配筋

基础底板在地基净反力作用下沿柱周边向上弯曲，所以两个方向均需配筋。底板可看作固定在柱边梯形的悬臂板，计算截面取柱边或变阶处。如图 9-23 所示，在轴心或单向偏心荷载作用下，底板可按下列简化方法计算。

对于矩形基础，当台阶的宽高比小于或等于 2.5 和偏心距小于或等于 1/6 基础宽度时，任意截面的弯矩可按下列公式计算。

长边方向

$$M_{\mathrm{I}}=\frac{1}{12}a_1^2[(2l+a')(p_{max}+p_{\mathrm{I}}-2G/A)+(p_{max}-p_{\mathrm{I}})l] \tag{9-26}$$

短边方向

$$M_{\mathrm{II}}=\frac{1}{48}(l-a')^2(2b+b')(p_{max}+p_{min}-2G/A) \tag{9-27}$$

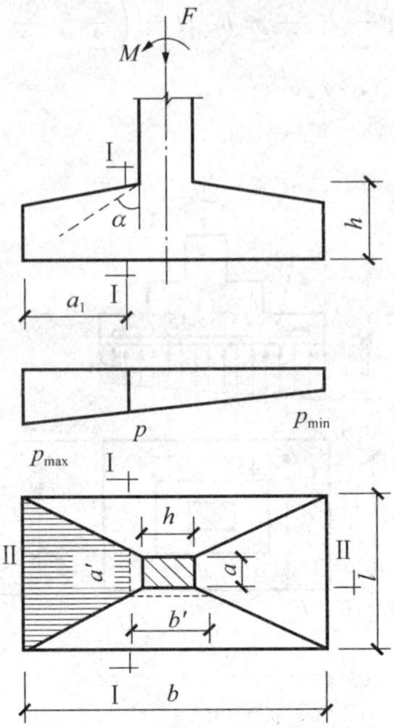

图 9-23　矩形基础底板的抗弯计算示意

式中　$M_{Ⅰ}$、$M_{Ⅱ}$——任意截面Ⅰ—Ⅰ、Ⅱ—Ⅱ处的弯矩设计值/（kN·m）；

p_{max}、p_{min}——相应于荷载效应基本组合时，基底边缘最大与最小地基反力设计值/kPa；

a_1——任意截面至基底边缘最大反力处的距离/m；

l、b——基础底面的长度和宽度/m；

$p_{Ⅰ}$——相应于荷载效应基本组合时，Ⅰ—Ⅰ截面处基础底面地基反力设计值/kPa；

G——考虑荷载分项系数的基础自重及其上的土自重，当组合值由永久荷载控制时，$G=1.35G_k$，其中 G_k 为基础及其上土的标准自重/kN。

柱下独立基础的抗弯验算截面通常可取在柱与基础交接处，此时 a' 和 b' 取柱截面的宽度 a 和高度 h；当对变阶处进行抗弯验算时，a' 和 b' 取相应台阶的宽度和长度。

柱下独立基础的底板应在两个方向配置钢筋，底板长边方向和短边方向的受力钢筋面积 $A_{sⅠ}$ 和 $A_{sⅡ}$ 分别为

$$A_{sⅠ}=M_{Ⅰ}/0.9f_yh_0 \tag{9-28}$$

$$A_{sⅡ}=M_{Ⅱ}/0.9f_yh_0 \tag{9-29}$$

同一方向有柱周和台阶处抗弯验算时，取钢筋面积较大值。

例 9-7　图 9-24 所示为某柱下锥形独立基础，其底面尺寸为 2 200 mm×3 000 mm，上部结构柱荷载 $F=750$ kN，$M=110$ kN·m，柱截面尺寸为 400 mm×400 mm，基础采用 C20 级混凝土和Ⅰ级钢筋。试确定基础高度，并进行基础配筋。

解　(1) 设计基本数据　根据构造要求，可在基础下设置 100 mm 厚的混凝土垫

层，强度等级为 C10；假设基础高度为 $h=500$ mm，则基础有效高度 $h_0=0.5-0.04=0.46$ m；C20 级混凝土的 $f_t=1.1\times10^3$ kPa，Ⅰ级的钢筋的 $f_y=210$ MPa。

(2) 基底净反力按式(9-22)计算

$$p_{\text{jmin}}^{\text{jmax}}=\frac{F}{A}\pm\frac{M}{W}=\frac{750}{3.0\times2.2}\pm\frac{110}{2.2\times3.0^2/6}=\begin{matrix}147.0\\80.3\end{matrix}\ \text{kPa}$$

(3) 基础高度验算　基础短边长度 $l=2.2$ m，柱截面的宽度和高度 $a=b_c=0.4$ m，$\beta_{hp}=1.0$，$a_t=a=0.4$ m，$a_b=a+2h_0=1.32$ m，故

$$a_m=\frac{a_t+a_b}{2}=\frac{0.4+1.32}{2}=0.86\ \text{m}$$

由于 $l>a_t+2h_0$，由式(9-24)得

$$\begin{aligned}A_1&=\left(\frac{b}{2}-\frac{b_c}{2}-h_0\right)l-\left(\frac{l}{2}-\frac{a}{2}-h_0\right)^2\\&=\left(\frac{3.0}{2}-\frac{0.4}{2}-0.46\right)\times2.2-\left(\frac{2.2}{2}-\frac{0.4}{2}-0.46\right)^2\\&=1.65\ \text{m}^2\end{aligned}$$

$$F_1=p_{\text{jmax}}A_1=147.0\times1.65=242.6\ \text{kN}$$

$$0.7f_t\beta_{hp}a_mh_0=0.7\times1.1\times10^3\times1.0\times0.86\times0.46=304.6\ \text{kN}$$

满足 $F_1\leqslant0.7f_t\beta_{hp}a_mh_0$ 条件，选用基础高度 $h=500$ mm 合适。

(4) 内力计算与配筋　设计控制截面在柱边处，此时相应的 a'，b'，a_1 和 $p_{j\text{I}}$ 值为

$$a'=b'=0.4\ \text{m},\ a_1=(b-b')/2=(3.0-0.4)/2=1.3\ \text{m}$$

$$p_{j\text{I}}=p_{\text{jmin}}+(p_{\text{jmax}}-p_{\text{jmin}})\times\frac{b-a_1}{b}=80.3+(147-80.3)\times\frac{3.0-1.3}{3.0}=118.1\ \text{kPa}$$

长边方向 $M_\text{I}=\frac{1}{12}a_1^2[(2l+a')(p_{\max}+p_\text{I}-2G/A)+(p_{\max}-p_\text{I})l]=182.4\ \text{kN}\cdot\text{m}$

短边方向 $M_\text{II}=\frac{1}{48}(l-a')^2(2b+b')(p_{\max}+p_{\min}-2G/A)=99.5\ \text{kN}\cdot\text{m}$

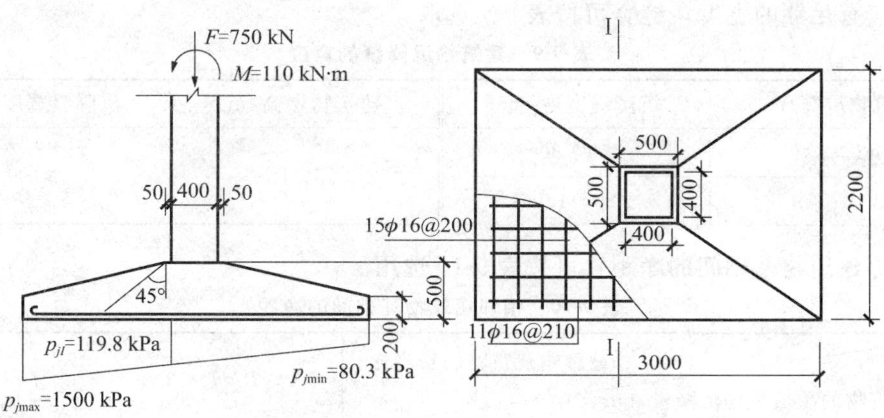

图 9-24

长边方向配筋 $A_{s\text{I}}=M_\text{I}/0.9f_yh_0$

选用 11ϕ16@210（$A_{s\mathrm{I}}=2\ 211\ \mathrm{mm}^2$）

短边方向配筋 $A_{s\mathrm{II}}=M_{\mathrm{II}}/0.9f_y h_0$

选用 15ϕ10@200（$A_{s\mathrm{II}}=1\ 178\ \mathrm{mm}^2$）

基础的配筋如图 9-24 所示。

9.7 减少不均匀沉降的一般措施

当建筑物的不均匀沉降过大时，将使建筑物开裂损坏并影响使用，对于高压缩性土、膨胀土、湿陷性黄土以及软硬不均等不良地基上的建筑物，由于总沉降量大，故不均匀沉降相应也大。如何防止或减轻不均匀沉降，是设计中必须认真思考的问题。通常减少不均匀沉降的方法有采用桩基础或其他深基础；对地基进行处理，以提高原地基的承载力和压缩模量；在建筑、结构和施工中采取措施。总之，采取措施的目的，一方面是减少建筑物的不均匀沉降；另一方面是增强上部结构对沉降和不均匀沉降的适应能力。

9.7.1 建筑措施

在满足使用和其他要求的前提下，建筑体型力求简单。当建筑体型比较复杂时，宜根据其平面形状和高度差异情况，在适当部位设置沉降缝；当高度差异或荷载差异较大时，可将两者隔开一定距离，或采用自由沉降的连接构造。

建筑物的下列部位，宜设置沉降缝：①建筑平面的转折部位；②高度差异或荷载差异较大处；③长高比过大的砌体承重结构或钢筋混凝土框架的适当部位；④地基土的压缩性有明显差异处；⑤建筑结构或基础类型不同处；⑥分期建造房屋的交界处。沉降缝应有足够的宽度，缝宽可按表 9-9 选取。

表 9-9 建筑物沉降缝的宽度

建筑物层高/m	沉降缝宽度/mm	建筑物层高/m	沉降缝宽度/mm
2～3	50～80	5 以上	≥120
4～5	80～120		

相邻建筑物基础间的净距，可按表 9-10 选用。

表 9-10 相邻建筑物基础间的净距

被影响建筑物的长高比 影响建筑物的预估平均沉降量/mm	$2.0\leqslant L/H_f<3.0$	$3.0\leqslant L/H_f<5.0$
70～150	2～3	5～6

表9-10（续）

影响建筑物的预估平均沉降量/mm ＼ 被影响建筑物的长高比	$2.0 \leqslant L/H_f < 3.0$	$3.0 \leqslant L/H_f < 5.0$
160～250	3～6	6～9
260～400	6～9	9～12
＞400	9～12	≥12

注：1. 表中 L 为建筑物长度或沉降缝分隔的单元长度（m）；H_f 为自基础底面起算的建筑物高度（m）。

2. 当被影响建筑物的长高比为 $1.5 < L/H_f < 2.0$ 时，其间隔净距离可适当缩小。

相邻高耸结构或对倾斜要求严格的构筑物的外墙间隔距离，应根据倾斜允许值计算确定。建筑物各组成部分的标高应根据可能产生的不均匀沉降采取下列相应措施：①室内地坪和地下设施的标高，应根据预估沉降量予以提高，建筑物各部分（或设备之间）有联系时，可将沉降较大者标高提高；②建筑物与设备之间，应留有净空，当建筑物有管道穿过时，应预留孔洞，或采用柔性的管道接头等。

9.7.2 结构措施

为了减少建筑物沉降和不均匀沉降，可采取下列措施：①选用轻型结构，减少墙体自重，采用架空地板代替室内填土；②设置地下室或半地下室，采用覆土少、自重轻的基础形式；③调整各部分的荷载分布、基础宽度或埋置深度。

对于体型复杂、荷载差异较大的框架结构，可采用箱基、桩基、筏基等加强基础整体刚度，减少不均匀沉降。

对于砌体承重结构的房屋，宜采用下列措施增强整体刚度和强度：①对于砌体承重结构的房屋，其长高比 L/H_f 宜小于或等于2.5，当房屋的长高比为 $2.5 < L/H_f \leqslant 3.0$ 时，宜做到纵墙不转折或少转折，并控制其内横墙间距或增强基础刚度和强度，当房屋的预估最大沉降小于或等到120 mm时，其长度比可不受限制；②墙体内宜设置钢筋混凝土或钢筋砖圈梁；③在墙体上开洞时，宜在开洞部位配筋或采用构造柱及圈梁加强。

9.7.3 施工措施

对于淤泥及淤泥质黏土等软土地基以及高灵敏度的黏土，均要注意施工时不要扰动其原状结构。开挖基坑时，可保留一定的原土（约200 mm厚），待垫层施工时才挖除。如果坑底已被扰动，则应挖去被扰动部分，或在其上先铺中砂，然后用碎砖（或碎石）等夯实处理。基础完成后，及时进行回填。

在软弱地基上建筑房屋时，通常重、高的房屋先施工，使其有一定的沉降后再施工轻、低的房屋，或先施工主体部分，再施工附属部分，均能减少部分沉降差。如果在高低层之间使用连接体，则应最后修建连接体，这样可以减少或调整部分不均匀沉降。活荷载较大的构筑物或构筑群（如料仓、油罐等），使用前期应根据沉降情况控制加载速率，掌握加载间隔时间，或调整活荷载分布，避免过大倾斜。

9.8 浅基础施工技术

9.8.1 无筋扩展基础施工

1. 砖基础

(1) 施工工艺

基底土质验槽→垫层施工→在垫层上弹线抄平→确定组砌方式→排砖撂底→砖基础砌筑。

(2) 施工要点

①找平　根据龙门板上的±0.000标高控制线，用水准仪对基底垫层的平整度进行复核，如有偏差，用M7.5水泥砂浆或C10混凝土找平。

②定位、放线　根据龙门板上标记的基础定位轴线和边线，用经纬仪及吊线坠，将其投放在基础垫层上并做好标点，用墨线弹出两标点之间的连线。按基础大样图和设计尺寸放出基础中心轴线和基础墙身的组砌方式。

③确定组砌方法　大放脚一般采用一顺一丁的组砌方式。

④排砖撂底　排砖就是按照基底尺寸线和已定的组砌方式，不用砂浆，把砖在基底一段长度上干摆一层。一般先排在内外墙、附墙垛的交接部位，排时考虑竖缝的宽度，错缝搭接，灰缝均匀。排砖结束后，用砂浆把干摆的砖砌起来，就叫撂底。撂底时不能改变已排好砖的平面位置，要一铲灰一块砖的砌筑好。

⑤砌筑　砌筑时盘角位置垂直，收分台阶要准确。墙宽大于240 mm要双面带线，附墙垛统一拉线，并与墙同时砌筑。

2. 素混凝土基础

(1) 施工工艺

浇筑前的准备工作→混凝土浇筑→混凝土振捣→混凝土养护→混凝土拆模。

(2) 施工要点

①浇筑前的准备工作　浇筑前应将基底表面的杂物清除干净。对设置有混凝土垫层的基础，垫层表面应用清水清扫干净，并排除积水。

②混凝土浇筑　按照由远及近、由边角向中间的顺序进行混凝土浇筑。浇筑前根据构件特点确定好浇筑方案，根据基础深度分段、分层连续浇筑混凝土，一般不留施工缝。当不能连续浇筑时，应留施工缝。施工缝位置及处理方法要符合设计或规范要求。

③振捣　条形基础的振捣宜采用插入式振动器，插点以交错式为好，操作时应快

插慢拔。当新浇筑的混凝土表面翻浆，且无气泡时，振捣结束。

④养护　混凝土终凝后，应用湿润的草帘、草袋等覆盖，并洒水养护不少于 7 昼夜。

3. 灰土基础

（1）施工工艺

基槽清理→底夯→灰土拌和→控制虚铺厚度→机械夯实→质量检查→逐皮交替完成。

（2）施工要点

①配合比　灰土的配合比除设计有特殊要求外，一般为 2∶8 或 3∶7（体积比）。基础垫层灰土必须标准过筛，严格执行配合比，且必须拌和均匀，至少翻拌两次，拌好的灰土颜色一致。

②含水量控制　灰土施工时应控制含水量。工地检验方法是用手将灰土紧握成团，两指轻捏即碎为宜。如土料水分过多或不足，应晾干或洒水润湿。

③灰土厚度　灰土摊铺厚度为 200～250 mm。

④接缝　灰土分段施工时，不得在墙角、柱基及承重墙下接缝。上下两层灰土的接缝距离不得大于 500 mm，当灰土基础标高不同时，应做成阶梯形，接槎应将槎子垂直切齐。

9.8.2　扩展基础施工

扩展基础施工

1. 施工工艺

混凝土垫层→钢筋绑扎→支模板→混凝土浇筑→混凝土振捣→混凝土养护。

2. 施工要求

（1）垫层　地基验槽完成后，清除表层浮土及扰动土，立即进行垫层施工，混凝土垫层必须振捣密实、表面平整，严禁晾晒基土。

（2）钢筋绑扎　垫层达到一定强度后，在其上弹线、支模，铺放钢筋网片。上下部垂直钢筋绑扎牢，将钢筋弯钩朝上。基础上有插筋时，应采取措施加以固定，保证插筋位置的正确，防止浇捣混凝土时发生位移。铺放钢筋网片时，底部用与混凝土保护层厚度相同的水泥砂浆垫塞，以保证位置正确。

（3）模板安装　钢筋绑扎及相关专业完成后，立即进行模板安装，浇筑混凝土前，应清除模板上的垃圾、泥土和钢筋上的油污等杂物，模板应浇水加以湿润。锥形基础的斜面部分模板应随混凝土浇捣分段支设并顶压紧，以防模板上浮变形，边角处混凝土应注意捣实。严禁斜面部分不支撑或采用铁锹拍实的方法。

（4）混凝土浇筑　基础混凝土宜分层连续浇筑完成。阶梯形基础的每一台阶高度内应分层浇捣，每浇筑完一台阶应稍停 0.5～1.0 h，待其初步获得沉实后再浇筑上层，以防止下台阶混凝土溢出而在上台阶根部出现“烂脖子”的情况，台阶表面应基本抹平。

(5) 基础上有插筋时，要加以固定，保证插筋位置的正确，防止浇捣混凝土发生移位。混凝土浇筑完毕，外露表面应覆盖浇水养护。

(6) 杯形基础的杯口模板要固定牢固，防止浇捣混凝土时发生位移，并应考虑便于拆模和周转使用。浇筑混凝土时应先将杯底混凝土振实，待其沉实后，再浇筑杯口四周混凝土。注意四侧要对称均匀进行，避免将杯口模板挤向一侧。基础浇捣完毕，在混凝土初凝后终凝前将杯口模板取出，并将杯口内侧表面混凝土凿毛。高杯口基础施工时，可采用后安装杯口模板的方法，即当混凝土浇捣接近杯底时，再安装固定杯口模板，浇筑杯口四周混凝土。

9.8.3 片筏基础施工

1. 片筏基础构造要求

片筏基础由钢筋混凝土底板、梁等组成，适用于地基承载力较低而上部结构荷载较大的情况。其外形和构造像倒置的钢筋混凝土楼盖，整体刚度较大，能使各柱子的沉降较为均匀。片筏基础构造要求如下。

(1) 混凝土强度等级不宜低于 C30，钢筋无特殊要求，钢筋保护层厚度不小于 35 mm。

(2) 基础平面布置应尽量对称，以减小基础荷载的偏心距。底板厚度不宜小于 200 mm，梁截面和板厚按计算确定，梁顶高出底板顶面不小于 300 mm，梁宽不小于 250 mm。

(3) 底板下一般宜设厚度为 100 mm 的 C10 混凝土垫层，每边伸出基础底板不小于 100 mm。

2. 片筏基础施工要求

(1) 施工前，如果地下水位较高，可采用人工降低地下水位至基坑底不少于 500 mm,以保证在无水情况下进行基坑开挖和基础施工。

(2) 施工时，可采用先在垫层上绑扎底板、梁的钢筋和柱子锚固插筋，浇筑底板混凝土，待其达到 25%设计强度后，再在底板上支梁模板，继续浇筑完梁部分的混凝土；也可采用底板和梁模板一次同时支好，混凝土一次连续浇筑完成，梁侧模板采用支架支承并固定牢固。

(3) 混凝土浇筑时一般不留施工缝，必须留设时，应按施工缝要求处理，并应设置止水带。

(4) 基础浇筑完毕，表面应覆盖和洒水养护，并防止地基被水浸泡。

9.8.4 箱型基础施工

1. 箱型基础构造要求

箱型基础具有整体性好，刚度大，调整不均匀沉降能力及抗震能力强，可消除因地基变形使建筑物开裂的可能性，减少基底处原有地基自重应力，降低总沉降量等特点。箱型基础的构造要求如下。

(1) 箱型基础在平面布置上尽可能对称，以减少荷载的偏心距，防止基础过度倾斜。

(2) 混凝土强度等级不应低于 C30，基础高度一般取建筑物高度的 1/12～1/8，不宜小于箱型基础长度的 1/18～1/16，且不小于 3 m。

(3) 底、顶板的厚度应满足柱或墙冲切验算要求，并根据实际受力情况通过计算确定。底板厚度一般取隔墙间距的 1/10～1/8，通常为 300～1 000 mm，顶板厚度为 200～400 mm，内墙厚度不宜小于 200 mm，外墙厚度不应小于 250 mm。

(4) 为保证箱型基础的整体刚度，平均每平方米基础面积上墙体长度应不小于 400 mm，或墙体水平截面面积不得小于基础面积的 1/10，其中纵墙配置量不得小于墙体总配置量的 3/5。

2. 箱型基础施工要求

(1) 基坑开挖，如地下水位较高，应采取措施降低地下水位至基坑底以下 500 mm 处，并尽量减少对基坑底土的扰动。当采用机械开挖基坑时，基坑底面以上 200～400 mm厚的土层应用人工挖除并清理，基坑验槽后，应立即进行基础施工。

(2) 施工时，基础底板、内外墙和顶板的支模、钢筋绑扎和混凝土浇筑，可采取分块进行，其施工缝的留设位置和处理应符合钢筋混凝土工程施工及验收规范有关要求，外墙接缝应设止水带。

(3) 基础的底板、内外墙和顶板宜连续浇筑完毕。为防止出现温度收缩裂缝，一般应设置贯通后浇带，带宽不宜小于 800 mm，在后浇带处钢筋应贯通，顶板浇筑后，相隔 2～4 周，用比设计强度提高一级的细石混凝土将后浇带填灌密实，并加强养护。

(4) 基础施工完毕，应立即进行回填土。停止降水时应验算基础的抗浮稳定性，抗浮稳定系数不宜小于 1.2，如不能满足，应采取有效措施，例如继续抽水直至上部结构荷载加上后能满足抗浮稳定系数要求为止，或在基础内采取灌水或加重物等，防止基础上浮或倾斜。

9.9　基础防水施工

基础长期受地下水的影响，会降低基础的耐久性和使用功能，所以对有地下室的基础须做好基础的防水施工。基础防水可以采用刚性防水和柔性防水，也可以两者并用。基础刚性防水施工是指以水泥、砂石为原材料，或其内掺入少量外加剂、高分子聚合物等材料，采用适当配合比，配制成具有一定抗渗透能力的防水混凝土或防水砂浆等刚性材料，进行基础工程防水的施工工艺。柔性防水施工是用防水卷材和胶结材料胶合而成的一种多层或单层防水层。卷材的优点是防水性能好，具有一定的韧性和延伸性，能适应结构的振动和微小变形，不易渗水，并能抗酸碱盐介质的侵蚀；缺点是耐久性差、吸水率高、机械强度低、施工工序多，且发生渗漏时难以修补。

9.9.1 防水材料

1. 防水混凝土

防水混凝土是以调整混凝土的配合比、掺外加剂或使用新品种水泥等方法提高自身的密实性、憎水性和抗渗性，使其成为满足抗渗压力大于 0.6 MPa 的憎水性混凝土。防水混凝土可兼起承重、围护、防水三重作用，也可满足一定的耐冻融与耐侵蚀的要求。

(1) 防水混凝土的一般要求

①防水混凝土的种类　防水混凝土一般分为普通防水混凝土、添外加剂防水混凝土和膨胀水泥防水混凝土三种，其种类与适用范围见表 9-11。

表 9-11　不同类型防水混凝土的适用范围

种类		最高抗渗压/MPa	特点	适用范围
普通防水混凝土		＞3.0	施工简便、材料来源广泛	适用于一般工业、民用建筑及公共建筑的地下防水工程
添外加剂防水混凝土	引气剂防水混凝土	＞2.2	抗冻性好	适用于北方高寒地区，抗冻性要求较高的防水工程及一般防水工程；不适用于抗压强度等级＞20 MPa 或耐磨性要求较高的防水工程
	减水剂防水混凝土	＞2.2	拌和物流动性好	适用于钢筋密集或捣固困难的薄壁型防水构筑物，也适用于对混凝土凝结时间和流动性有特殊要求的防水工程
	三乙醇胺防水混凝土	＞3.8	早期强度高	适用于工期紧迫，要求早强及抗渗性较高的防水工程及一般防水工程
	氯化铁防水混凝土	＞3.8	抗渗性能好、抗压强度高、施工方便、成本低	适用于水中结构的无筋、少筋、厚大防水混凝土工程及一般地下防水工程；砂浆修补抹面工程。在接触直流电源或预应力混凝土及重要的薄壁结构上不宜使用
膨胀水泥防水混凝土		＞3.6	密实性好、抗裂性好	适用于地下工程和地上防水构筑物、山洞、非金属油罐和主要工程的后浇带

②防水混凝土抗渗等级　防水混凝土抗渗等级应根据结构厚度及地下水的最大水头选用，见表 9-12。抗渗性能试验应符合《普通混凝土长期性能和耐久性能试验方法标准》(GB/T 50082—2009) 的有关规定。

表 9-12　防水混凝土抗渗等级选用

最大水头（H）与防水混凝土壁厚（h）的比值（H/h）	设计抗渗等级/MPa
＜10	P6（0.6）
10～15	P8（0.8）
15～25	P12（1.2）
25～35	P16（1.6）
＞35	P20（2.0）

（2）防水混凝土与外加剂

外加剂可以提高混凝土的防水质量。依据现行规范要求，外加剂的技术性能应达到国家或行业标准一等品及以上的质量要求。

①减水剂　可在防水混凝土中掺用各种减水剂，以降低混凝土拌和用水量来提高混凝土的密实性和抗渗性。由于减水剂对水泥有强烈的分散作用，所以使混凝土的和易性得到大大改善。在混凝土配合比相同的情况下，掺用减水剂的混凝土的坍落度明显增大，增大量与减水剂品种、掺量、水泥品种等因素有关，见表 9-13。

表 9-13　不同品种减水剂对混凝土坍落度的影响

减水剂品种	坍落度增长量/mm
MF、JN、FDN、UNF	100～150
木钙及糖密	80～100

掺有减水剂的防水混凝土施工，坍落度一般控制在 50～100 mm 为宜。在相同坍落度的情况下，掺加减水剂的混凝土结构，其抗渗性可提高 1 倍以上，见表 9-14。

表 9-14　减水剂防水混凝土的抗渗性

减水剂		水泥胶结材料		水灰比	坍落度	抗渗性	
品种	掺量/%	标号及品种	用量/（kg/m³）		/cm	等级/MPa	渗透高度/cm
未使用	0	42.5 级普通硅酸盐水泥	360	0.6	1～3	S8	全透
NNO	1		264	0.6	1～3	S15	全透
未使用	0	42.5 级普通硅酸盐水泥	380	0.54	5.2	S6	全透
木钙	0.25		380	0.48	5.6	S30	全透
未使用	0	42.5 级普通硅酸盐水泥	350	0.57	3.5	S8	全透
MF	0.5		350	0.49	8.0	S10	全透
木钙	0.25		350	0.51	3.5	＞S20	10.5

②防水剂　在混凝土中按比例掺入一定量的防水剂，可达到混凝土防水目的。常用防水剂的品种和性能见表 9-15。

表 9-15　常用防水剂的品种和性能

种类	技术指标	砂浆及混凝土性能	掺用占比/%	适用范围
D-G 氯化铁防水剂	主要成分是氯化铁、氯化铝、氯化钙等，pH 值为 1～2，密度不小于 1.4 g/cm^3，深棕色水溶液	提高强度 13%～15%，不锈蚀钢筋	3	可配制防水砂浆和防水混凝土，用于地下室、水池、水塔及设备基础等处刚性防水、防潮等
防水粉	由氢氧化铝、硫酸亚铁、硫酸铜、硬脂酸钡、氧化钙等材料组成，320 目筛余 5%以下，初凝 2h40min，终凝 4h，标准稠度 26.75%	受力性能（试验用水泥 42.5 级，加占水泥用量 10%的防水粉），3 天抗拉强度为 2.19 MPa、抗压强度为 29.6 MPa，28 天抗拉强度为 2.32 MPa，抗压强度为 44.0 MPa，抗渗性合格	一般为 2.5～5，地下防空洞、地下仓库为 8～12	防水砂浆或防水混凝土
LHT 型防水剂	深棕色黏稠状的水溶性液体，无毒呈碱性，在 10%水溶液中 pH 值为 8～9，密度为 1.09～1.1 g/cm^3，减水率为 10.7%，抗渗比为 300%	28 天抗压强度比基准混凝土提高 10%以上，28 天混凝土的抗渗性比基准混凝土提高 3 倍以上	0.1	广泛应用于储水池、水塔及其他水下建筑物
709 防水剂	可溶性金属皂液体，含固量为 20%～26%，密度为 1.2 g/cm^3	砂浆吸水率为 4.6%，收缩为 0.023%～0.039%，初凝 3h，终凝 4h，抗渗压力不小于 4 MPa	1.5～5	防水涂料或防水砂浆
无机铝盐防水剂	以铝和碳酸钙为主要原料，通过多种无机化学原料化合反应而成的油状液体，颜色呈淡黄色或褐色，相对密度不小于 1.3，抗渗压力 1.5～2.5 MPa	掺入混凝土和砂浆中，能产生促进水泥构件密实的复盐，填充水泥砂浆和混凝土在水化过程中形成的孔隙及毛细通道，形成刚性防水层	3～7	适用于仓库、人防工程、卫生间、隧洞、沟道中的防水混凝土和防水砂浆
JK－7 防水剂	暗红色粉末，175 目筛余不大于 15%，pH 值为 7～9	混凝土减水率 10%～15%，引气量小于 4%，抗渗比大于 2，抗压强度比大于 130%，砂浆抗压强度比大于 110%，不锈蚀钢筋	2.5	防水砂浆或防水混凝土

表 9-15（续）

种类	技术指标	砂浆及混凝土性能	掺用量/%×C	适用范围
PC防水剂	由有机材料、无机材料复合而成的一种粉状高效防水剂	掺入混凝土拌和物中，能提高硬化混凝土的抗裂性能、抗压强度、抗渗性能、抗冻性；减水率不小于10%，空气含量不大于40%，初凝不小于45min，终凝不大于12h，抗渗标号不小于S20，对钢筋无腐蚀性	混凝土：8 砂浆：6	地下建筑物，各种水池、电站、大坝等抗渗要求较高的工程，防水屋面防水层、防潮层等
水必克—2型防水剂	以无机材料和少量有机材料为基料制成，外观呈灰黄色粉剂，无载体、无毒，不含有害成分	减水率12%～20%，泌水率为0，抗渗标号不小于S40，28天抗压强度比为102%，不锈蚀钢筋	8	防水混凝土工程、防水砂浆工程和伸缩缝灌浆等
FS-Ⅱ混凝土防水剂	高效防水剂，外观为灰黄色粉剂，不含载体，不含氯盐	掺入混凝土或砂浆中，能提高强度、抗渗性和抗裂性，还有减水和节约水泥的作用；减水率5%～10%，初凝8.25h，终凝12～13h，抗渗标号可达S40以上	6～8	适用于蓄水池、贮罐、水电站大坝等对抗渗要求较高的工程，也适用于地下工程、屋面工程和补强工程等
FS-Ⅲ混凝土防水剂	一种早强抗冻性防水剂，除具有明显抗渗能力外，还有早强、抗冻多重效果，并对混凝土有明显补偿作用，减水率18.2%，初凝206min，终凝269min	抗压强度比3天为213%，28天为124%，抗冻融次数不小于200次，抗渗标号不小于S20，施工环境允许下限温度为−10℃	9	各种钢筋混凝土、预应力混凝土、泵送混凝土、现浇混凝土
FS-Ⅳ混凝土防水剂	缓凝型减水剂，除具有明显抗渗功能外，还有缓凝降低水化热的效果，对混凝土收缩有明显补偿作用；该防水剂不含氯盐，对钢筋无锈蚀作用	减水率15%～19%；初凝320min，终凝505min，抗压强度比3天为16%，28天为26%；抗渗标号不小于S20	10	南方和北方夏季商品混凝土、泵送混凝土、现浇混凝土和高标号混凝土

③其他防水剂　其他防水剂的品种还有很多，如三乙醇胺、氯化铁等。防水剂的品种较多，使用不同品种的防水剂时，混凝土施工配合比均不相同，应根据设计和产品说明进行使用，添加防水剂时应该考虑防水剂的使用不能造成钢筋腐蚀，以免影响结构的耐久性。

(3) 补偿收缩混凝土

补偿收缩混凝土是采用膨胀水泥或在普通混凝土中掺入适量膨胀剂，配制而成的一种微胀混凝土。补偿收缩混凝土可用于地下防水结构，水池、水塔等结构建筑物，人防、洞库、压力灌浆和混凝土后浇带等。

补偿收缩混凝土是依靠水泥水化过程中形成（或掺入微量膨胀剂形成）大量膨胀性结晶水化物，其固相体积可增大1.22～1.75倍，使混凝土产生一定的膨胀能。这些膨胀能在相邻物体、基础或钢筋的约束下，转变为自应力，使混凝土处于受压状态，从而提高混凝土的抗裂能力，并改善混凝土的孔隙结构，使大孔减小，孔隙率降低，抗渗性提高。

常用的膨胀水泥品种分为硫铝酸钙型和氧化钙型，其固相体积膨胀率为0.98～1.75。在普通混凝土内掺入一定量的膨胀剂也能使混凝土体积在水化过程中产生一定膨胀，以补偿混凝土收缩，达到抗裂目的。

2. 防水砂浆

防水砂浆是在水泥砂浆中掺入适量的防水剂、高分子聚合物等材料，提高砂浆的密实性，以达到抗渗防水目的的一种刚性防水材料，水泥砂浆防水层一般称为防水抹面。利用高分子聚合物材料制成聚合物改性砂浆，可提高材料的拉伸强度和韧性，聚合物品种主要有氯丁胶乳、天然胶乳、丁苯胶乳、氯偏胶乳、丙烯酸酯胶乳以及布胶硅水溶性聚合物等。

1) 刚性多层抹面防水层砂浆

(1) 原材料及要求

①水泥　宜采用普通硅酸盐水泥、火山灰质硅酸盐水泥或膨胀水泥，也可用矿渣硅酸盐水泥，水泥等级不能低于32.5级。在受侵蚀物质作用时，使用的水泥应按设计要求采用，严禁使用受潮、过期和结块的水泥；且不同品种和等级的水泥，不得混合使用。

②砂　宜采用中砂，粒径一般在1～3 mm，最大粒径不得大于3 mm，含泥量不应大于1%，有机杂质等不应大于3%。

(2) 配合比要求　刚性多层抹面防水层水泥浆和水泥砂浆的配合比要根据防水要求、原材料性能与施工工艺确定，可按表9-16选用。

表9-16　水泥砂浆和水泥浆的配合比

名称	配合比（质量比）		水灰比	适用范围	配制方法
	水泥	砂			
水泥浆	1	—	0.55～0.6	水泥防水砂浆的第一层	将水泥放于容器中，然后加水搅拌
	1	—	0.37～0.4	水泥防水砂浆的第三、五层	
水泥砂浆	1	1.5～2.0	0.6～0.65	水泥防水砂浆的第二、四层	宜用机械搅拌，将水泥和砂拌到色泽一致时，再加水搅拌1 min

2）掺外加剂水泥砂浆防水层

常用的外加剂有防水剂、膨胀剂和聚合物等，其品种和技术性能见表 9-17。

表 9-17　外加剂的常用品种和性能特点

名　称	主要成分	性　能　特　点
氯化物金属盐类防水剂	氯化钙、氯化铝	加入水泥浆后，与水泥和水起作用生成含水氯硅酸钙、氯铝酸钙等化合物，能填补砂浆中孔隙，增强防水性能
金属皂类防水剂	硬脂酸、氢氧化钾、碳酸钠	该防水剂有塑化作用，可降低水灰比，同时在水泥浆中生成不溶性物质，堵塞毛细孔道，提高抗渗性
氧化铁防水剂	三氯化铁、氯化亚铁	掺入水泥浆中，三氯化铁等氯化物能与水泥水化生成的氢氧化钙作用，生成不溶于水的氢氧化铁等胶体，堵塞砂浆中的微孔及毛细管道，提高抗渗性
无机铝盐防水剂	铝和碳酸钙	掺入水泥砂浆或混凝土中，产生促进水泥构件密实的复盐，填充水泥砂浆和混凝土在水化过程中形成的孔隙及毛细孔通道，形成刚性防水层
WJ1 防水剂	以无机盐为主体的多种无机盐类混合而成，淡黄色液体	掺入水泥砂浆中，与水泥水化过程中生成的氢氧化钙发生化学反应，生成氢氧化铝、氢氧化铁等不溶于水的胶体物质，同时与水泥中水化铝酸钙作用，生成具有一定膨胀性的复盐硫铝酸钙晶体
有机硅	甲基硅醇钠，高沸硅醇钠	该防水剂为无色透明液体，是外墙饰面的良好保护剂，耐高低温，可冬期施工，具有良好的通风性和防污染性
氯丁胶乳聚合物	氯丁胶乳	氯丁胶乳可改善砂浆的抗折性能、韧性，掺量适宜效果才能理想，但不能改变普通水泥砂浆的干缩性能，与匹配助剂一起使用
丙烯酸共聚乳液聚合物	丙烯酸共聚乳液	掺入水泥砂浆中可大大改善砂浆拌和物的和易性，相同条件下可减水 35%～43%，可提高砂浆的抗裂性和抗渗性，提高砂浆黏结强度 1 倍以上，与匹配助剂一起使用

3）防水卷材

卷材防水层是用防水卷材和胶结材料胶合而成的一种多层或单层防水层。卷材防水一般在重要建筑基础中与钢筋混凝土自防水共同设防，刚性和柔性防水共同作用。防水卷材应选用强度高、延伸率大、具有良好的韧性和不透水性、膨胀率小且具有良好的耐腐蚀性的品种，如合成高分子防水卷材或高聚物改性沥青防水卷材。对于特别重要的建筑，优先选用合成高分子防水卷材，还可增加其他防水措施，如夹壁墙等；对于一般工业民用建筑，应尽量采用合成高分子防水卷材或高聚物改性沥青防水卷材。

(1) 合成高分子防水卷材

合成高分子防水卷材是无胎体的卷材，也称片材，特性是拉伸率大、断裂伸长率高、抗撕裂强度大、耐高低温性能好，因而对环境温度变化和结构基层伸缩、变形、开裂等状况具有较强的适应性，并且耐腐蚀性和抗老化性好，可延长卷材的使用寿命，降低建筑防水的综合费用。

①分类　合成高分子防水卷材按原料的品质分为橡胶类、树脂类和橡塑共混类，按加工工艺又可将橡胶类划分为硫化型、非硫化型，塑料类划分为交联型、非交联型；按是否增强或复合分为均质型和复合型。橡胶类的有三元乙丙橡胶（EPDM）防水卷材，树脂类的有聚氯乙烯（PVC）防水卷材，还有以氯丁橡胶、丁基橡胶、硫磺化聚乙烯为原料生产的防水卷材。树脂类防水卷材的主要品种是聚氯乙烯防水卷材，产品分为两种型号，P 型以增塑 PVC 树脂为基料，S 型以 PVC 树脂等煤焦油的混溶料为基料。

合成高分子防水卷材主要品种的性能特点和适用范围见表 9-18。

表 9-18　合成高分子防水卷材主要品种的性能特点和适用范围

名　称	性　能　特　点	适用范围
聚氯乙烯（PVC）防水卷材	具有良好的弹塑性、不透水性（耐渗透压 30 N 以上）、耐高低温及耐老化性，接合性好，无污染，便于施工，使用寿命达 15 年之久	可用于新建屋面大面积覆盖和旧屋面防水修复，也可做防空洞、地下室及设备基础的防潮层以及仓库、水池、贮水槽、污水处理池和基础工程的防水材料
氯化聚乙烯橡胶共混防水卷材	有较高的强度和延伸率，良好的耐燃、耐油、耐寒、耐酸碱性（尤其是耐臭氧性能），适应范围广（−40～80 ℃），对基层变形适应性强，冷施工、工艺简单，操作方便	可用于屋面等各类工程的防水、基层防潮和无法使之干燥的环境
三元乙丙橡胶防水片材	防水性能优良，耐候性好，质量轻（2 kg/m²），使用温度范围为−40～80 ℃，使用寿命为 30～50 年，抗拉强度高（7.5 MPa 以上），延伸率大（450%以上），对基层的伸缩或开裂适应性强	用于耐日光、耐腐蚀的屋面，也可用于基础工程，储水池、水库，排灌渠道和污水处理池等处的隔水
彩色三元乙丙复合卷材	具有高弹性、高延伸性，强度高，耐气候性、耐低温性好，使用寿命可长达 20 年以上，可减少对太阳辐射热的吸收，降低表面温度，卷材背面复合有弹性的压敏橡胶黏结剂，具有强内聚力、高黏性，撕去背面隔离纸即可粘贴于基层，施工简便，不污染环境	可用于屋面、地面、基础工程的防水、防潮、隔气，与混凝土、金属、木质材料等基层黏结牢固，适应温度范围为−40～80 ℃

②规格和物理性能　合成高分子防水卷材的规格和物理性能应符合《地下防水工程质量验收规范》（GB 50208—2011）的要求。

③辅助材料　合成高分子防水卷材辅助材料的选用见表 9-19。

表 9-19　合成高分子防水卷材辅助材料的选用

配套材料	三元乙丙防水卷材	氯化聚乙烯—橡胶共混防水卷材	氯化聚乙烯防水卷材
基层处理剂	聚氨酯甲、乙组分，二甲苯稀释剂	聚氨酯涂料稀释或水乳型涂料喷涂处理	稀释黏结剂，乙酸乙酯：汽油（1：1）
基层胶黏剂	CX-404 胶	CX-404 胶或 409 胶	LXY-603-3 号胶，淡黄色透明黏稠液体，剥离强度不小于 20 N/2.5 cm
卷材接缝胶黏剂	丁基橡胶黏结剂甲、乙组分或单组分丁基橡胶黏剂	氯丁系胶黏剂： CX-404 胶 CX-401 胶	LXY-603-2 号胶，灰色黏稠液体，剥离强度不小于 25 N/2.5 cm
增强密封膏	聚氨酯嵌缝膏（甲、乙组分）	聚氨酯嵌缝膏	聚氨酯嵌缝膏
着色剂	着色涂料（银灰色）	着色涂料（银灰色）	着色涂料（银灰色）
自硫化胶带		丁基胶带或其他橡胶	

（2）高聚物改性沥青防水卷材

通过在石油沥青中添加聚合物，可以改善沥青性能，得到性能优于沥青的高聚物改性沥青类材料。其抗老化性能好，使用年限长，在低温柔韧性、耐高温性、抗腐蚀性等方面均具有优异性能。

①分类　高聚物改性沥青防水卷材的主要品种有苯乙烯—丁二烯—苯乙烯共聚物（SBS）弹性体改性沥青防水卷材、无规聚丙烯（APP）塑性体改性沥青防水卷材和橡胶沥青冷自粘防水卷材、PEE 改性沥青聚乙烯胎防水卷材等。SBS 防水卷材的特点为低温柔性好，弹性和延伸率大，纵向强度均匀性好，不仅可以在低寒、高温气候条件下使用，而且在一定程度上可以避免结构层由于伸缩开裂对防水层构成的威胁。

②规格和物理性能　高聚物改性沥青防水卷材的规格和物理性能应符合《地下防水工程质量验收规范》（GB 50208—2011）的要求。

③辅助材料　高聚物改性沥青防水卷材辅助材料主要包括基层处理剂、胶结材料、嵌缝膏和辅助防水涂料。各类辅助材料可参考表 9-20 选用。

表 9-20　高聚物改性沥青防水卷材辅助材料的选用

名称	橡胶改性沥青冷胶黏剂	橡胶沥青玛蹄脂	橡胶沥青乳液
产品概要与适用范围	属溶剂基改性沥青黏结剂，具有极好的黏附力和抗老化性，是防水卷材的专用黏结剂，可冷施工黏结到混凝土、陶瓦、木材等基面上	属沥青橡胶基嵌缝膏，能在各种气候条件下使用，具有极好的延伸、黏结、密封和耐久性能；适宜于各种建、构筑物的伸缩缝、穿墙管、水池、挡水墙等的密封防水	属水溶性沥青橡胶防水涂料，具有很高的黏度，能够支持施工，干燥后可形成一层高质量的弹性防水膜；可以单独用作隔墙、水池、卫生间的防水层，也可用作基层衬层和隔潮层

表 9-20 （续）

名称	橡胶改性沥青冷胶黏剂	橡胶沥青玛蹄脂	橡胶沥青乳液
对黏附基层的要求	对于铺设防水卷材的基层，一般是在基底上做 20 mm 厚的水泥砂浆找平层，要求表面平整干燥，不允许有松动、起砂、掉灰等现象	对于混凝土、水泥砂浆、陶瓦等都有很好的黏附性，基面上的油污、尘土要清除干净，为了保证黏附，最好先涂一层改性沥青黏结剂打底	对于混凝土、砖石、金属、陶瓦、木材等，只要表面平整，即使稍潮湿也可很好黏附，但一定要清除油污尘土，去掉基面上松弛颗粒
使用方法	用专用滚刷，将黏结剂涂在基面和卷材上，风干 20～30 min；待手按不粘时，将卷材展放到涂好黏结剂的基面上，然后赶平压实即可	先涂一层改性沥青黏结剂打底，待干燥后（需 20～30 min）用手和专用工具配合，将沥青橡胶玛蹄脂嵌入缝隙处，并压实粘牢	先涂一层乳水比为 1∶3 的稀释混合物打底，待干燥后再涂纯乳液 2～3 层；干燥时间取决于环境温度；一般需 2～3 h（湿度较大时约需 24 h）
用量	0.5 kg/m^2	取决于密封部位尺寸	1～2 kg/m^2
安全卫生	含可燃溶剂，注意通风防火	不含可燃溶剂，不易燃	不含可燃溶剂，不易燃
包装贮存	桶装、库内储存期限一年	桶装、库内储存期限半年	桶装、库温 0℃ 储存期限一年

9.9.2 基础防水构造要求

外部设备与房屋内部设备进行连接时，必须有管道穿过基础结构，所以必须处理好设备与基础结构的构造，避免构造不当而漏水。

1. 穿墙管（盒）与穿墙对拉螺栓

（1）穿墙管（盒）应在浇筑混凝土前埋设。

（2）结构变形或管道伸缩量较小时，穿墙管可采用主管直接埋入混凝土的固定式防水法。主管埋入前，应加止水环，止水环与主管应满焊或黏结密实，如图 9-25 所示。

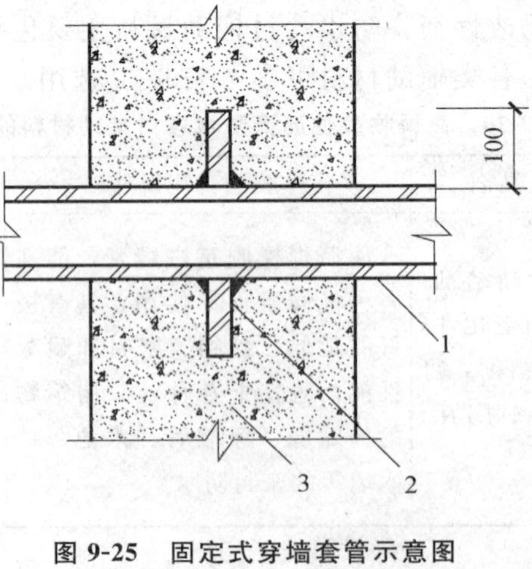

图 9-25 固定式穿墙套管示意图

1—主管；2—止水环；3—围护结构

(3) 结构变形或管道伸缩量较大或有更换要求时，应采用套管式防水法，套管应加止水环，如图 9-28 所示。

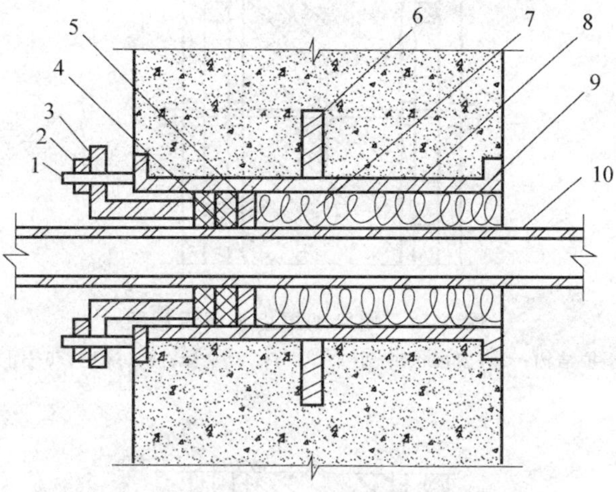

图 9-26　套管式穿墙管示意图

1—双头螺栓；2—螺母；3—压紧法兰；4—橡胶圈；5—挡圈；6—止水环；7—嵌填材料；8—套管；9—翼环；10—主管

(4) 当穿墙管线较多时，宜相对集中，采用穿墙盒方式，穿墙盒的封口钢板应与墙上的预埋角钢焊牢，并从钢板上的浇注孔注入柔性密封材料，如图 9-27 所示。

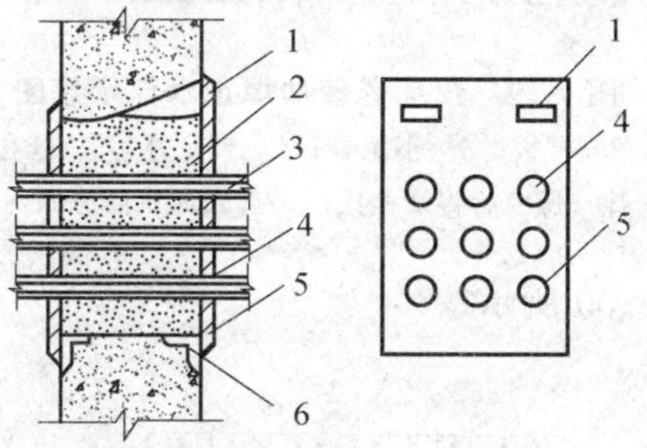

图 9-27　群管做法示意图

1—浇注孔；2—柔性材料；3—穿墙管；4—穿管预留孔；5—封口钢板；6—固定角钢

(5) 防水混凝土结构内部设置的各种钢筋或绑扎铁丝，均不得接触模板。如果固定模板用的螺栓必须穿过混凝土结构，则可采用下列止水措施。

①在螺栓或套管上加焊止水环，止水环必须满焊，如图 9-28 和图 9-29 所示。

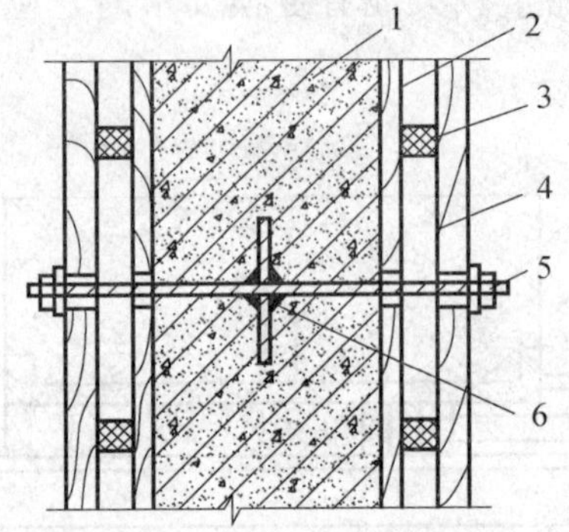

图 9-28　螺栓加焊止水环示意图

1—围护结构；2—模板；3—小龙骨；4—大龙骨；5—螺栓；6—止水环

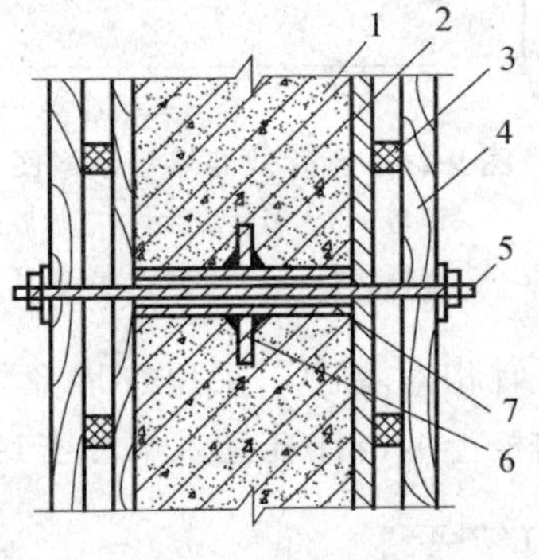

图 9-29　预埋套管加焊止水环示意图

1—围护结构；2—模板；3—小龙骨；4—大龙骨；5—螺栓；6—止水环；
7—套管（拆模后将螺栓拔出，套管内用膨胀水泥封堵）

②螺栓加堵头，如图 9-30 所示。

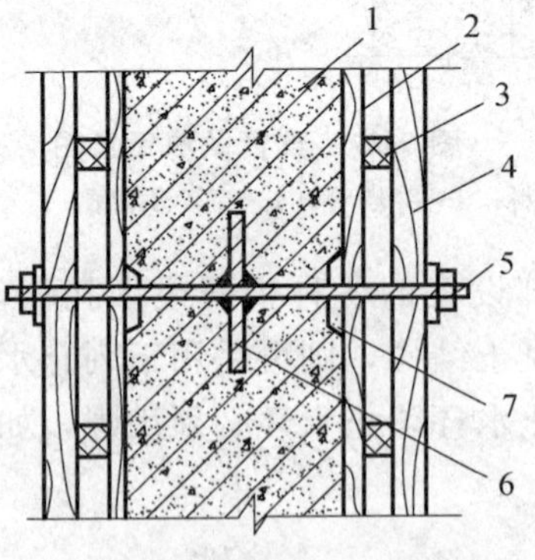

图 9-30　螺栓加堵头示意图

1—围护结构；2—模板；3—小龙骨；4—大龙骨；5—螺栓；6—止水环；
7—套管（拆模后将螺栓沿平凹底割去，再用膨胀砂浆封堵）

2. 预埋件

(1) 围护结构上的预埋件应在混凝土浇筑前预埋准确，浇筑后严禁打洞。预埋件端部或预留孔（槽）底部的混凝土厚度不得小于 200 mm。当其厚度小于 200 mm 时，必须局部加厚或采取其他防水措施，如图 9-31 所示。

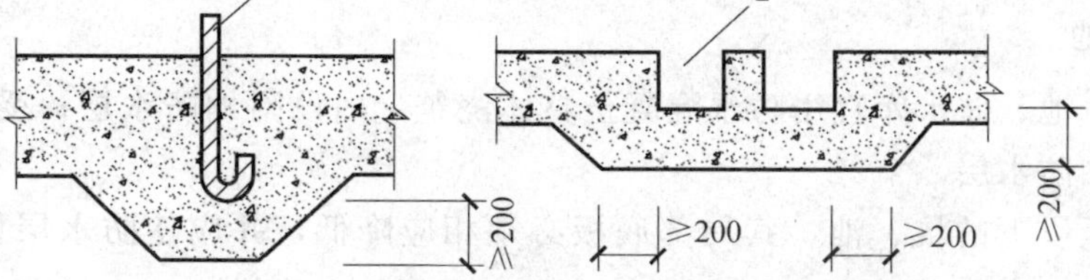

图 9-31　预埋件或预留孔（槽）处理示意图

1—预埋件；2—预留孔槽

(2) 预留孔（槽）内的防水层应与孔（槽）外的结构附加防水层保持连续。

3. 孔口

(1) 地下工程通向地面的各种孔口应设置预防地下水倒灌的措施，出口处应高出地面不小于 300 mm，并应有防雨措施。

(2) 窗井的底部在最高地下水位以上时，窗井的底板和墙宜与主体断开，如图 9-32(a)所示。

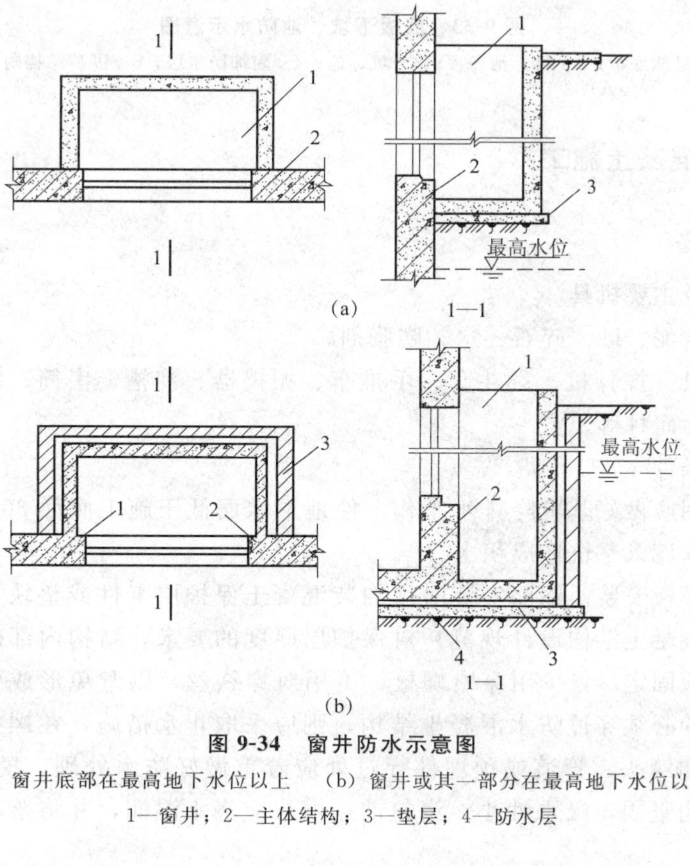

图 9-34　窗井防水示意图

(a) 窗井底部在最高地下水位以上　(b) 窗井或其一部分在最高地下水位以下

1—窗井；2—主体结构；3—垫层；4—防水层

（3）窗井或穿井的部分在最高地下水位以下时，窗井应与主体结构连成整体，如果采用附加防水层，其防水层也应连成整体，如图 9-32(b)所示。

（4）窗井内的底板，必须比窗下缘低 200～300 mm，窗井墙高出地面不得小于 300 mm，窗井外的地面宜做散水。

（5）通风口应与窗井同样处理，竖井窗下缘离室外地面高度不得小于 500 mm。

4. 坑、池

（1）坑、池、储水库宜用防水混凝土整体浇筑，内设附加防水层；受振动作用时，应设柔性附加防水层。

（2）底板以下的坑、池，其局部底板必须相应降低，并应使防水层保持连续，如图 9-33 所示。

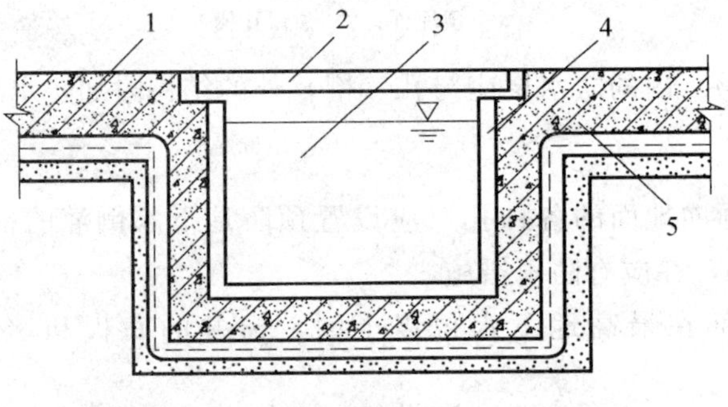

图 9-33　底板下坑、池防水示意图

1—围护结构底板；2—坑、池盖板；3—坑、池；4—附加防水层；5—围护结构附加防水层

9.9.3　防水混凝土施工

1. 施工准备

（1）材料及主要机具

①材料　水泥、砂、碎石、水、膨胀剂。

②主要机具　搅拌机、翻斗车、手推车、振捣器、溜槽、串筒、铁板、铁锹、吊斗、计量器具、磅秤等。

（2）作业条件

①施工期间应做好基坑降排水工作，使地下水面低于施工底面 30 cm 以下，严禁地下水和地表水流入基坑造成积水。

②钢筋、模板安装。钢筋安装时须加装混凝土保护层卡件或垫块，确保钢筋保护层厚度符合《混凝土结构设计规范》对保护层厚度的要求，结构内部的钢筋须用铁丝绑扎牢固。模板固定尽量少用穿墙螺栓、不用对穿铁丝，以避免形成引水通路，如果固定模板的螺栓必须穿过防水混凝土结构，则应采取止水措施，在螺栓或套管上加焊止水环或螺栓加堵头。管道或预埋件穿过处应着重做好防水处理。模板应表面平整，拼缝严密，结构坚固，吸水性小。浇筑前，模板应浇水湿润，并将落在横板内的杂物

清理干净。

③根据施工方案，做好技术交底。大体积防水混凝土浇筑，应选择低水化热的水泥品种，并采取措施降低温差，分区浇筑，减少温度裂缝的形成，尽可能一次连续浇筑完成。

2. 施工作业

（1）工艺流程

作业准备→混凝土搅拌→运输→混凝土浇筑→养护。

（2）施工要点

①混凝土搅拌　按照施工配合比，原材料必须准确称量。称量允许偏差：水泥、水、外加剂、掺和料为±1%；砂、石为±2%。在雨季，砂、石必须每天测定含水率，以调整用水量。

投料顺序为碎石→砂→水泥→膨胀剂→水。投料后，先干拌 0.5～1 min 再加水，水分三次加入，加水后搅拌 1～2 min（比普通混凝土搅拌时间长 0.5 min），按要求控制混凝土的坍落度。

②细部构造处理　细部构造处理是防水的重点环节，施工前应审核图样，特殊部位如变形缝、施工缝、穿墙管、预埋件等细部要精心处理，隐蔽前全数检查，浇筑时预埋件周围混凝土要细心振捣密实，防止漏振，主管与套管按设计要求用防水密封膏封严。

③混凝土运输　运输混凝土应保持连续均衡，间隔不应超过 1.5 h，夏季施工或运距较远时可适当掺入缓凝剂。如果出现离析，则浇筑前可进行二次拌和。

④混凝土浇筑　防水混凝土构件最小厚度应在 250 mm 以上，应保证迎水面钢筋保护层达到 50 mm。一般按设计要求，顶板、底板应连续浇筑，不留施工缝。墙体一般只留设水平施工缝，宜留在高出底板表面不少于 200 mm 的墙身上。墙体如有孔洞，施工缝距孔洞边缘不宜少于 300 mm。水平施工缝形式有凸缝（墙厚大于 300 mm）、阶梯缝或平直缝加金属止水片（墙厚小于 300 mm）。施工缝宜做成企口缝，并用止水条处理。垂直施工缝宜与后浇带、变形缝相结合。结构变形缝应严格按设计要求进行处理，止水带位置要固定准确，周围混凝土要细心浇筑振捣、保证密实，止水带不得偏移，变形缝内填沥青木丝板或聚乙烯泡沫棒，缝内填防水密封膏，在迎水面上加铺一层防水卷材，并抹 20 mm 厚防水砂浆保护。

在施工缝上继续浇筑混凝土前，应将混凝土表面凿毛，清除杂物，冲净并湿润，再补一层 2～3 cm 厚水泥砂浆。浇筑第一步的高度为 40 cm，以后每步浇筑 50～60 cm，严格按施工方案规定的顺序浇筑。

混凝土入模自由倾落高度不应大于 1.5 m，否则须用串筒、溜槽等辅助工具送入混凝土。浇筑和振捣困难的部位，严格按分层浇筑、分层振捣的要求操作。结构断面较小，可从侧模预留口处浇筑；管线或钢筋密集的部位，可用相同抗渗标号的细石混凝土进行浇筑。结构浇筑到最上层表面必须用木抹抹平，使表面密实平整。应采用机械振捣，以保证混凝土密实，振捣时间一般以 10 s 为宜，不应漏振或过振。振捣延续时间应使混凝土表面开始泛浆、无气泡、不下沉为止。铺灰和振捣应选择对称位置开始，防止模板移动。

⑤混凝土养护　常温（20～25 ℃）浇筑后终凝（4～6 h）即应开始覆盖浇水养护，要保持混凝土表面湿润，养护不少于14天。防水混凝土的地下结构部分，拆模后应及时回填土，以利于混凝土后期强度的增长和获得预期的抗渗性能。

⑥冬期施工　防水混凝土冬期施工，水泥要用普通硅酸盐水泥，施工时可在混凝土中掺入早强剂、抗冻剂；原材料可采用预热法，应保证混凝土入模温度不低于5 ℃。水和骨料及混凝土的最高允许温度见表9-21。

表9-21　冬期施工防水混凝土及材料最高允许温度

水泥种类	最高允许温度/℃		
	水进搅拌机时	骨料进搅拌机时	混凝土出搅拌机时
32.5级普通水泥	70	50	40
42.5级普通水泥	60	40	35

浇筑好的混凝土需保温养护，不宜过早拆模，拆模时混凝土表面温度与环境温度差不应大于15 ℃。防水混凝土冬季养护宜采用蓄热法，采用暖棚法应保持一定湿度，防止混凝土早期脱水。

大体积防水混凝土工程以蓄热法施工时，要防止水化热过高，内外温差过大，以免造成混凝土表面开裂。混凝土浇筑后应及时用草袋覆盖保持温度，控制内外温差不超过25 ℃。

⑦后浇带施工　后浇带留设的位置和宽度应符合设计要求，其浇筑应待其两侧混凝土浇筑完毕42天后再进行施工；应采用补偿收缩混凝土，浇筑前应将接缝处凿毛并清理干净，保持湿润；浇筑时宜选择较低的施工温度，浇筑后养护时间不应少于28天。

（3）添加减水剂的防水混凝土施工

按施工需要控制水灰比，在满足施工和易性和坍落度的前提下，尽量降低水灰比，水灰比越小，防水混凝土的抗渗性能越好。

施工中要严格控制减水剂掺量，误差宜控制在1%内；应进行现场施工配合比试验，确定适宜掺量；减水剂掺入时严禁将干粉直接加入，宜将干粉先溶化在60 ℃左右的热水中搅拌，制成20%浓度的均匀溶液再加入，同时应从混凝土拌和水量中扣除配制减水剂溶液的用水量。

当混凝土内掺入粉煤灰时，由于粉煤灰中含有一定量的碳，可降低减水效果，应调整减水剂掺量。添加减水剂的防水混凝土浇筑完毕要注意养护，特别是早期养护。

（4）补偿收缩混凝土的施工

补偿收缩混凝土搅拌时间要比普通混凝土稍长，用强制式搅拌机搅拌，要比普通混凝土延长30 s以上；采用自落式搅拌机搅拌，要延长1 min以上，搅拌时间的长短，以拌和均匀为准。

浇筑温度不宜高于35 ℃，也不宜低于5 ℃。当施工温度低于5 ℃时，应采取保温措施。施工时，若温度超过30℃或混凝土运输、停放时间超过30～40 min，应加强防止坍落度加大的措施。混凝土搅拌后，不得随意加水。

浇筑完的混凝土，应避免阳光直射，及时用草袋等覆盖，常温下8～12 h后进行浇水养护，养护时间不少于 14 天，使混凝土经常保持湿润状态，也可采用塑料薄膜覆盖或喷涂养护剂的方法养护。

3. 质量要求与检验

（1）过程质量检验

防水混凝土拌制和浇筑过程中的质量，应按下列要求进行检查。

①检查拌制混凝土所用材料的品种、规格和用量，每工作班检查不应少于两次。每盘混凝土各组成材料计量结果的偏差应控制在：水泥、掺和料为每盘±2%，粗、细骨料为每盘±3%，水、外加剂为每盘±2%。

②在拌和地点和浇筑地点测定混凝土坍落度，每班不应少于两次。实测坍落度与要求坍落度之间偏差应符合规定。

③防水混凝土抗渗性能的试件留置应符合下列规定：连续浇筑混凝土每 500 m^3 应留置一组抗渗试件，每组 6 块，且每项工程不得少于两组。如果使用的原材料、配合比或施工工艺有变化，则均应另行留置试块。试件在浇筑地点制作，采用标准条件下养护混凝土抗渗试件的试验结果评定。抗渗性能试验应符合《普通混凝土长期性能和耐久性能试验方法标准》（GB/T 50082—2009）的有关规定。

（2）工后质量检验

①防水混凝土的施工质量检验数量，按混凝土外露面积每 100 m^2 抽查 1 处，每处 10 m^2，且不少于 3 处，细部构造应按全数检查。

②防水混凝土的质量要求及检验方法应符合表 9-22 的规定。

表 9-22　防水混凝土的质量要求及检验方法

项目	质量要求	检验方法
主控项目	原材料、配合比及坍落度必须符合设计要求	检查出厂合格证、质量检验报告、计量措施和现场抽样试验报告
	防水混凝土的抗渗压力和抗压强度必须符合设计要求	检查防水混凝土抗压、抗渗试验报告
	防水混凝土的施工缝、变形缝、后浇带、穿墙管道、预埋件等设置和构造，均须符合设计要求，严禁有渗漏	观察检查和检查隐蔽工程验收记录
一般项目	防水混凝土表面应坚实、平整，不得有露筋、蜂窝等缺陷，预埋件位置应正确	观察和尺量检查
	防水混凝土结构表面的裂缝宽度不应大于 0.2 mm 并不得贯通	用刻度放大镜检查
	防水混凝土结构厚度不应小于 250 mm，其允许偏差为＋15 m、－10 mm；迎水面钢筋保护层厚度不应小于 50 mm，允许偏差为±10 mm	尺量检查和检查隐蔽工程验收记录

9.9.4 基础砂浆防水施工

砂浆防水仅适用于结构刚度较大，建筑物变形小、埋深不大，对防水要求相对较低的工程。水泥砂浆防水与混凝土、卷材等其他防水材料相比，不仅具有一定的防水功能，还具有施工操作简便、造价低、容易修补等优点。但由于其韧性差、抗拉强度较低、易开裂，而难以满足较高要求的防水工程。

1. 施工准备

1）施工工具

(1) 清理基层用工具　铁锤、錾子、剁斧、钢丝刷、胶皮管、水桶、扫帚等。

(2) 抹灰工具　灰浆搅拌机或拌盘、铁锹、筛子、灰桶、水桶、毛刷、胶皮手套等。

2）施工环境条件

环境温度应在 5 ℃以上、40 ℃以下，风力在 4 级以下，否则就要采取相应的保温或降温、挡风措施，夏天露天施工必须做好防晒、防雨工作。工程在地下水位以下施工时，施工前须将水位降到抹面层以下，并将地面积水排除。施工期间，做好排水工作，直至防水工程全部完工为止。

3）作业条件

结构验收合格，已办好验收手续；基层混凝土和砌筑砂浆强度应达到设计值的 80%，才能开始防水砂浆施工。

2. 施工工艺

1）刚性防水多层抹面施工

普通水泥砂浆防水层是由不同配合比的水泥浆和水泥砂浆通过分层抹压构成防水层，因而又称为刚性防水多层抹面。

(1) 工艺流程

墙、地面基层处理→刷水泥浆→抹底层砂浆→刷水泥浆→抹面层砂浆→抹水泥浆→养护。

(2) 施工要点

①基层处理　基层表面如有蜂窝及松散的混凝土，要去除并用水冲刷干净，然后用 1∶3 水泥砂浆抹平，或用 1∶2 干性水泥砂浆压实；表面油污应用 10% 的 NaOH 溶液刷洗干净；混凝土表面应凿毛，当凹凸不平处的深度大于 10 mm 时，应剔成慢坡形，并浇水清洗干净，抹水泥浆 2 mm，再抹水泥砂浆找平，如图 9-34(a)所示。

当基层表面有蜂窝孔洞时，应先用錾子将松散石子去掉，并将洞周边剔成斜坡，浇水清洗干净，然后用 2 mm 厚水泥浆和 10 mm 厚水泥砂浆交替抹到与基层面相平，如图 9-34(b)所示；当蜂窝麻面不深，只需用水冲洗干净，用 2 mm 厚水泥浆打底，用水泥砂浆压实抹平，如图 9-34(c)所示。混凝土施工缝要沿缝剔成八字形凹槽，用水冲洗后，再用水泥浆打底，并用水泥砂浆压实找平，如图 9-35 所示。

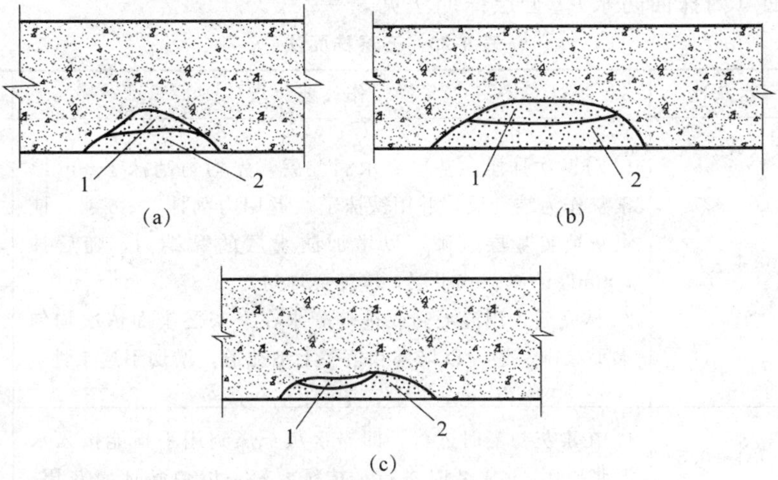

图 9-34　混凝土基层处理

(a) 基层凹凸不平；(b) 基层蜂窝孔洞；(c) 基层麻面

1—素灰；2—砂浆层

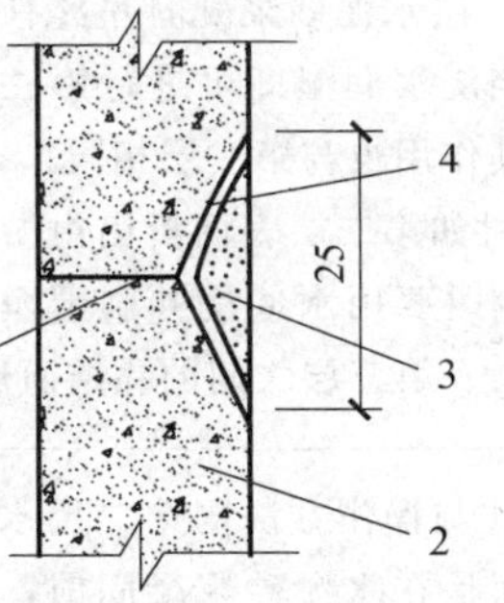

图 9-35　混凝土结构施工缝的处理示意图

1—施工缝；2—混凝土结构；3—水泥砂浆；4—素灰

当基层为砖砌体时，必须在砌砖时划缝，缝深为 10～12 mm，穿墙预埋管露出基层，并在其周围剔成 20～30 mm 宽、50～60 mm深的槽，用 1∶2 干硬性水泥砂浆压实，管道穿墙应按设计要求做好防水处理。对于新砌体，应将其表面残留的灰浆等污物清除干净，并浇水冲洗；对于旧砌体，需将砌体疏松表皮及污物清除干净，露出坚硬的砖面，并浇水冲洗干净；对于石灰砂浆或混合砂浆的砖砌体，需将砖砌缝剔成 10 mm 深的直角沟槽，如图 9-36 所示。

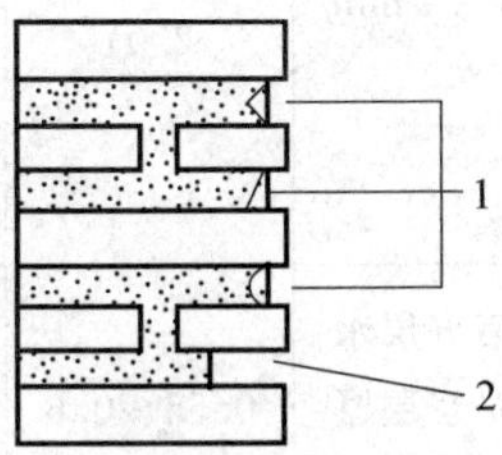

图 9-36　砖砌体剔缝

1—剔缝不合格；2—剔缝合格

②抹灰程序　一般先抹立墙后抹地面，分层铺抹或喷涂，铺抹时应压实、抹平和表面压光，使表面坚固、密实、平整。

③防水层做法　刚性防水多层抹面水泥砂浆防水层一般采用四层抹面法或五层抹面。五层抹面法主要用于防水工程的迎水面（外抹面防水），四层抹面法主要用于防水

工程的背水面（内抹面防水）。五层抹面法见表 9-23。

表 9-23　五层抹面法

层次	水灰比	操 作 要 求	作用
第一层素灰层厚 2 mm	0.4～0.5	1. 分两次抹压，基层浇水润湿后，先均匀刮抹 1 mm 厚素灰作为结合层，并用铁抹子往返用力刮抹 5～6 遍，使素灰填实基层空隙，以增加防水层的黏结力，随后抹 1 mm厚的素灰找平层，厚度要均匀 2. 抹完后，用湿毛刷或排笔蘸水在素灰层表面依次均匀水平涂刷一遍，以堵塞和填平毛细孔道，增加不透水性	起到与基层黏结和防水作用
第二层水泥砂浆层厚 4～5 mm	0.4～0.5（水泥：砂＝1：1.5～2.0）	1. 在素灰初凝时进行，即当素灰干燥到用手指能按入水泥浆层 1/4～1/2 时进行，抹压要轻，以免破坏素灰层，但要使水泥砂浆层薄薄压入素灰层约 1/4，以使第一、第二层结合牢固 2. 水泥砂浆初凝前，用扫帚将表面扫成横条纹	起骨架和保护素灰作用
第三层素灰层厚 2 mm	0.37～0.4	1. 待第二层水泥砂浆凝固并具有一定强度后（一般隔 24 h），适当浇水润湿即可进行第三层抹面，操作方法同第一层，其作用也与第一层相同 2. 施工时如第二层表面析出由游离氢氧化钙形成的白色薄膜，则需要用水冲洗并刷干净后再进行第三层，以免影响第二、第三层之间的黏结而形成空鼓	防水作用
第四层水泥砂浆层厚 4～5 mm	0.4～0.5（水泥：砂＝1：1.5～2.0）	1. 配合比与操作方法同第二层水泥砂浆，但抹完后不扫条纹，而是在水泥砂浆凝固前，水分蒸发过程中，分次用铁抹子抹压 5～6 遍，以增加密实性，最后压光 2. 每次抹压间隔时间应视施工现场湿度大小、温度高低及通风条件而定，一般抹压前三遍的间隔时间为 1～2 h，最后从抹压到压光，夏季 10～12 h，冬季最长14 h，以免因砂浆凝固后反复抹压而破坏表面的水泥结晶，而使强度降低，产生起砂现象	起保护第三层素灰和骨架作用，同时还有防水作用
第五层水泥浆层厚 1 mm	0.55～0.6	在第四层水泥砂浆抹压两遍后，用毛刷均匀涂刷水泥浆一道，随第四层压光	防水作用

五层抹面法与四层抹面法的区别在于多一道水泥浆。五层抹面法前四层与四层抹面法做法相同，只是第四层砂浆抹压两遍后，用毛刷均匀地将水泥浆涂刷在第四层表面，并随第四层抹压压光。防水层各层应紧密贴合，每层应连续施工，必须留施工缝时应采用阶梯坡形槎，但离开阴阳角处不得小于 200 mm，接槎要依次顺序操作，层层

搭接紧密。各层抹灰槎子不得留在一条线上，底层与面层搭槎在 15～20 cm，接槎时要先刷水泥浆。所有墙的阴角都要做成半径 50 mm 的圆角，阳角做成半径 10 mm 的圆角，地面上的阴角都要做成半径 50 mm 以上的圆角，半用阴角抹子压光、压实。

防水砂浆一般干缩性大，夏天施工时最好在傍晚温度较低、无阳光直射下施工，以免水分蒸发太快，表面出现龟裂。

④养护　待砂浆终凝（12～24 h）后要及时进行养护，表面覆盖麻袋或草袋，并经常浇水保持湿润，养护时间不得少于 14 天。此期间不得受静水压作用，冬季养护环境温度不宜低于＋5 ℃，且要防止踩踏。

2）掺防水剂的防水层施工

掺防水剂的水泥砂浆防水层，由防水水泥浆和防水砂浆分层交叉铺抹而成，一般须抹一道防水水泥浆和两道防水砂浆。一般防水砂浆施工有两种方法：抹压法和扫浆法。

抹压法施工是在处理好的基层上涂刷一层水泥浆，随后分层铺抹防水砂浆，每层厚度控制在 5～10 mm，累加总厚度小于 20 mm，每层均应抹压密实，待下层养护凝固后，再铺抹上一层。

扫浆法施工是在处理好的基层上先薄摊一层防水净浆，随即用棕刷或马连根刷往复涂擦，然后分层铺刷防水砂浆，待第一层防水砂浆经养护凝固后再涂刷第二层，每层厚度约 10 mm，两层铺刷方向应相互垂直，最后将防水砂浆表面扫出条纹。

3. 细部构造

（1）结构阴阳角的防水层均需抹成圆角，阴角直径 50 mm，阳角直径 10 mm。

（2）防水层的施工缝应留斜坡阶梯形槎，槎的搭接应按照层次操作顺序层层搭接，留槎的位置一般在地面或墙面，并应离阴阳角 200 mm 以上，如图 9-37 所示。平面留槎、转角留槎分别如图 9-38 和图 9-39 所示。

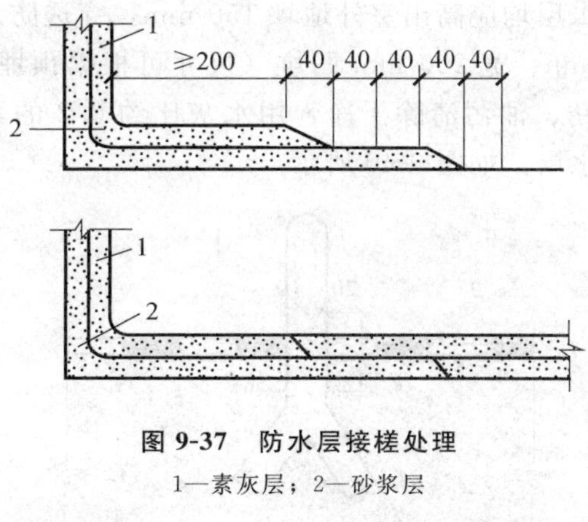

图 9-37　防水层接槎处理

1—素灰层；2—砂浆层

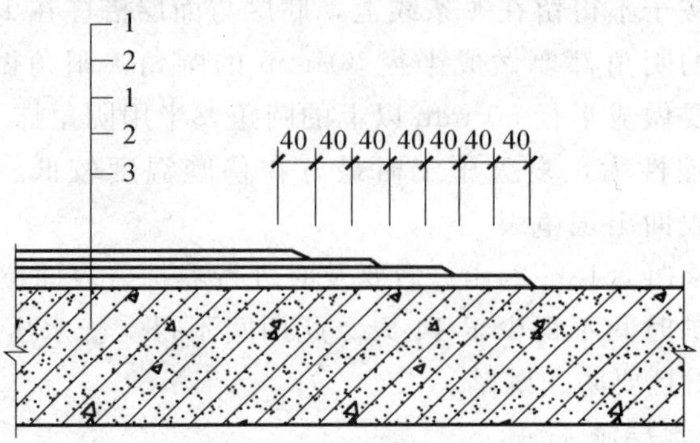

图 9-38 平面留槎示意图

1—砂浆层；2—水泥浆层；3—围护结构

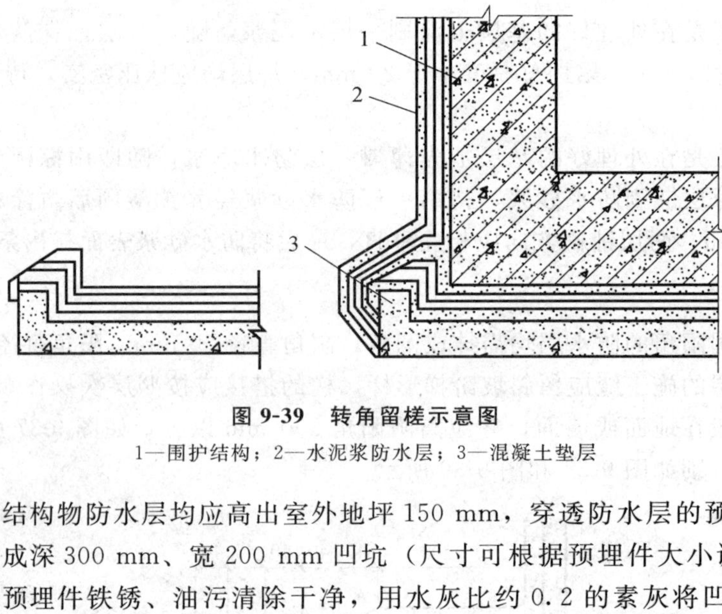

图 9-39 转角留槎示意图

1—围护结构；2—水泥浆防水层；3—混凝土垫层

(3) 各种结构物防水层均应高出室外地坪 150 mm，穿透防水层的预埋螺栓等，可沿螺栓四周剔成深 300 mm、宽 200 mm 凹坑（尺寸可根据预埋件大小调整）。在防水层施工前，将预埋件铁锈、油污清除干净，用水灰比约 0.2 的素灰将凹槽嵌实，然后随其他部位一起抹上防水层，如图 9-40 所示。

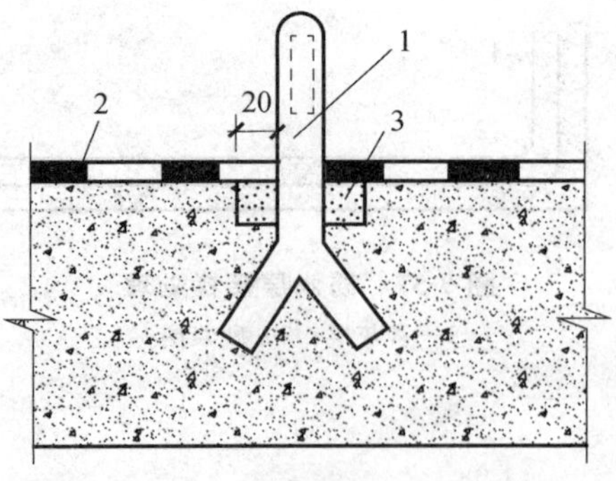

图 9-40 预埋铁件的埋设

1—螺栓；2—防水层；3—素灰嵌槽

4. 质量要求和检验方法

（1）过程质量检验

①基层要清理干净，表面平整、坚实、粗糙，施工前充分浇水湿润。

②材料及各层灰浆配合比应符合设计要求，检查防水层层次是否清楚，厚度是否均匀一致。

③施工缝位置和做法严格按要求处理，应接槎清楚、搭接严密，阴阳角做成圆角。

④预埋管道、预埋件周围要采取相应防水措施，保证防水层的严密。

⑤防水层要浇水养护，一般养护期为 14 天，对有阳光直晒部位要覆盖湿草席或草袋，冬期要采取防冻保温措施。

（2）工后质量检验

①检查数量，每 100 m^2 抽查一处，但应不少于三处。

②水泥砂浆防水层的外观质量应符合表 9-24 的规定。

表 9-24　水泥砂浆防水层的质量要求及检验方法

项目	质量要求	检验方法
主控项目	原材料、配合比必须符合设计要求	检查出厂合格证、质量检验报告和现场抽样试验报告
	水泥砂浆防水层各层之间必须结合牢固、无空鼓	观察和用小锤轻击检查
一般项目	防水层表面密实、平整，无裂纹、起砂、麻面等缺陷，阴阳角应做成圆弧形	观察检查
	防水层施工缝留槎位置应正确，接槎应按层次顺序操作，层层搭接紧密	观察检查和检查隐蔽工程验收记录
	防水层的平均厚度应符合设计要求，最小厚度不小于设计值的 85%	观察和尺量检查

9.9.5　基础卷材防水施工

在重要建筑基础中一般采用防水卷材与钢筋混凝土自防水共同设防。防水卷材应选用强度高、延伸率大、具有良好韧性和不透水性、膨胀率小且具有良好耐腐蚀性的品种，如合成高分子防水卷材或高聚物改性沥青防水卷材。对于特别重要的建筑，优先选用合成高分子防水卷材，还可增加其他防水措施，如夹壁墙等；对于一般工业民用建筑，应尽量采用合成高分子防水卷材或高聚物改性沥青防水卷材。铺贴卷材的结构要求坚固，结构形式简单，基层表面要干净、平整。防水卷材适合承受的压力不大于0.5 MPa，否则应采取结构措施。

1. 施工条件

1）前续工作

（1）前期结构经过验收合格后，方可开始基础工程防水卷材的施工。

（2）地面或墙面的管道、预埋件、变形缝均应施工完毕，并做好防水处理，严禁在防水层上打眼开洞，同时应进行隐蔽工程检查验收。

（3）外防水内贴法施工时，应在立墙防水层的外侧，按设计要求砌筑永久性保护墙，防水层的立墙面抹 1∶3 水泥砂浆找平层，表面干燥后，方可进行防水层的施工。

（4）外防水外贴法施工时，清理防水层的接槎部位，待找平层干燥后才能做防水层。

（5）在钢筋混凝土底板下铺贴油毡卷材防水层前，应在垫层上抹好水泥砂浆找平层，待干燥后方可进行防水层施工。

2）地下水排降

为保证基础工程施工质量，应先做好排水和降低地下水位的工作，将地下水位降至垫层标高 500 mm 以下，并保持到防水层施工完毕。

3）基层要求

（1）铺贴防水层的基层应牢固，无松动、空鼓、起砂等缺陷。

（2）基层表面应平整光滑，用 2 m 直尺检查，基层与直尺间最大空隙不应超过 5 mm，空隙处只允许平缓变化，且每米长度内不得多于 1 处，阴阳角处应做成圆弧形或钝角。

（3）基层应干燥，含水率不应大于 9%。

4）施工环境

（1）铺贴卷材宜在 5～35 ℃下施工，高聚物改性沥青和高分子防水卷材不应在0 ℃以下施工，热熔法铺贴卷材可以在－10 ℃以上施工，冬期和雨、霜、雾、及湿度过大或大风天气均不宜露天作业。若要施工，则应采取保温、防雨等措施。

（2）因材料多属易燃物品，储存、运输、操作须注意安全，应隔绝火源，并配有消防器材。

2. 防水层施工

1）卷材防水层的铺贴方式

基础工程防水卷材的铺贴方式分为外防外贴法和外防内贴法两种，视具体施工情况选用。

（1）外防外贴法　先在垫层上铺贴底层卷材，四周留出接头，待底板混凝土和立面混凝土浇筑完毕，将立面卷材防水层直接铺设在防水结构的外墙表面，如图 9-41 所示。具体施工步骤如下。

①浇筑防水结构底板混凝土垫层，在垫层上抹 1∶3 水泥砂浆找平层，抹平压光。

②在底板垫层上砌永久性保护墙，保护墙的高度为 $B+(200\sim500\ \text{mm})$（$B$ 为底板厚度），墙下平铺卷材条一层。

③用石灰砂浆在永久性保护墙上砌临时性保护墙，保护墙的高度为 150 mm×（油

毡层数＋1)。

④在永久性保护墙和垫层上抹 1∶3 水泥砂浆找平层，转角抹成圆弧形。在临时性保护墙上抹石灰砂浆做找平层，并刷石灰浆。若用模板代替临时性保护墙，则应在其上涂刷隔离剂。

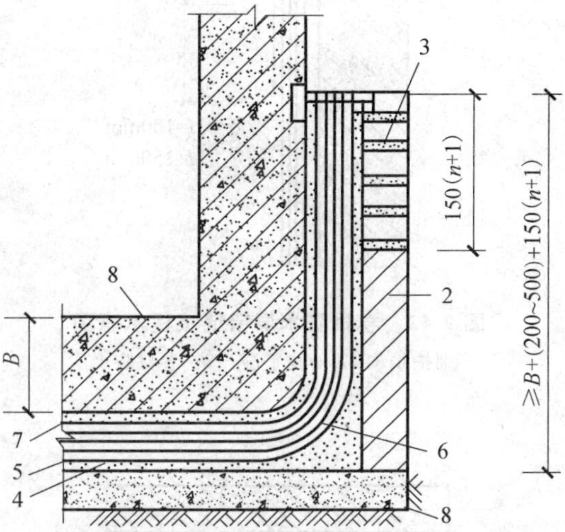

图 9-41　外防外贴防水层做法

1—混凝土垫层；2—永久性保护墙；3—临时性保护墙；4—找平层；
5—卷材防水层；6—卷材附加层；7—保护层；8—防水结构

⑤保护墙找平层基本干燥后，满涂冷底子油一道，但临时性保护墙不涂冷底子油。

⑥在垫层及永久性保护墙上铺贴卷材防水层，转角处加贴卷材附加层。铺贴时应先底面、后立面，四周接头甩槎部位应交叉搭接，并贴于保护墙上。从垫层折向立面的卷材，与永久性保护墙的接触部位，应用胶结材料紧密贴严；与临时性保护墙（或围护结构模板）的接触部位，应分层临时固定在该墙（或模板）上。

⑦卷材铺贴完成，在底板垫层和永久性保护墙卷材面上抹热沥青或玛蹄脂，并趁热撒上干净的热砂，冷却后在垫层、永久性保护墙和临时性保护墙上抹 1∶3 水泥砂浆，作为卷材防水层的保护层。

⑧浇筑防水结构的混凝土底板和墙身混凝土时，保护墙作为墙体外侧的模板。

⑨防水结构混凝土浇筑完工并检查验收后，拆除临时保护墙，清理出甩槎接头的卷材，如有破损处应进行修补，再依次分层铺贴防水结构外表面的防水卷材。此处卷材可错缝接槎，上层卷材盖过下层卷材不应小于 150 mm，接缝处加盖条，如图 9-42。

⑩卷材防水层铺贴完毕，立即进行渗漏检验，有渗漏立即修补，无渗漏继续砌永久性保护墙。永久性保护墙每隔 5～6 m 及转角处应留缝，缝宽不小于 20 mm，缝内用油毡条或沥青麻丝填塞。保护墙与卷材防水层之间的缝隙，随砌砖随用 1∶3 水泥砂浆填满。保护墙留缝做法如图 9-43 所示。

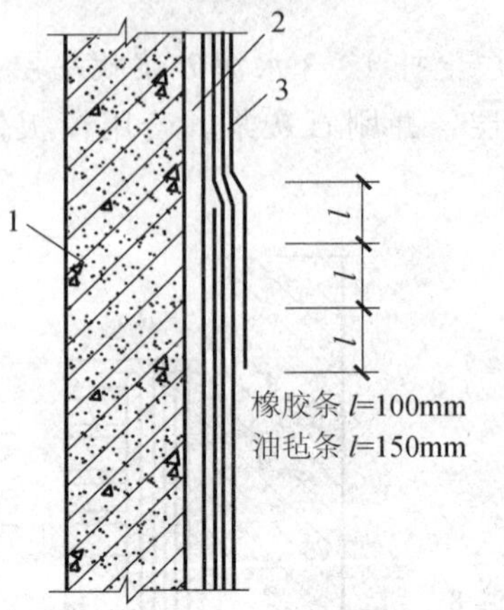

图 9-42　卷材防水层错缝接槎示意图

1—围护结构；2—找平层；3—卷材防水层

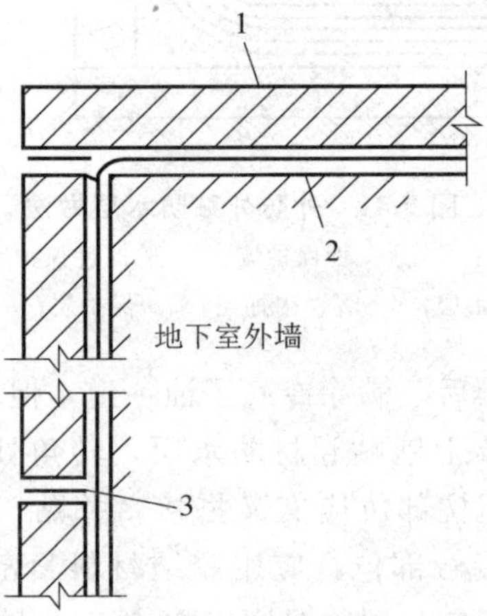

图 9-43　保护墙留缝做法示意图

1—保护墙；2—卷材防水层；3—油毡或沥青麻丝

⑪保护墙施工完毕，随即回填土。

（2）外防内贴法　先浇筑混凝土垫层，在垫层上将永久性保护墙全部砌好，抹水泥砂浆找平层，将卷材防水层直接铺贴在垫层和永久性保护墙上，做法如图 9-44 所示。具体施工顺序如下。

①做混凝土垫层，如果保护墙较高，则可采取加大永久性保护墙下垫层厚度的做法，必要时可配置加强钢筋。

②在混凝土垫层上砌永久性保护墙，保护墙厚度为 1 砖厚，其下干铺卷材一层。

③保护墙砌筑好后，在垫层和保护墙表面抹 1∶3 水泥砂浆找平层，阴阳角处应抹成钝角或圆角。

④找平层干燥后，刷冷底子油 1～2 遍，冷底子油干燥后，将卷材防水层直接铺贴在保护墙和垫层上。铺贴卷材防水层时应先铺立面，后铺平面；铺贴立面时，应先转

角，后大面。

⑤卷材防水层铺贴完毕，及时做好保护层，平面上可浇一层 30～50 mm 厚的细石混凝土或抹一层 1∶3 水泥砂浆，立面保护层可在卷材表面刷一道沥青胶结料，趁热撒一层热砂，冷却后再在其表面抹一层 1∶3 水泥砂浆保护层 10～20 mm 厚，并搓成麻面，以利于与混凝土墙体的黏结。

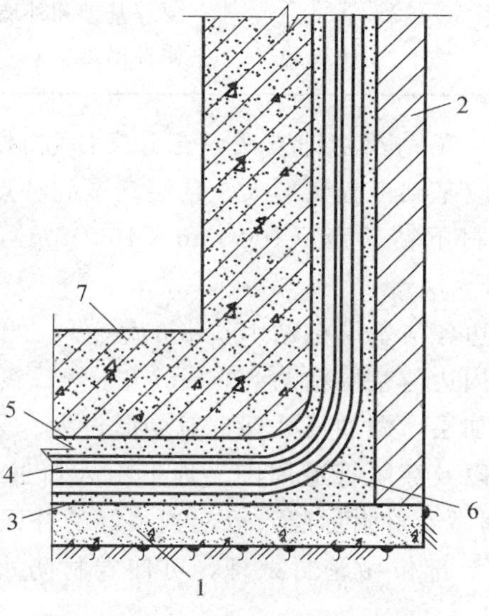

图 9-44 外防内贴防水层做法

1—混凝土垫层；2—永久性保护墙；3—找平层；4—卷材防水层；
5—保护层；6—卷材附加层；7—防水结构

⑥浇筑防水结构的底板和墙体混凝土。

⑦回填土。

(3) 外防外贴法和外防内贴法的比较，两类方法的优缺点见表 9-25。

表 9-25 外防外贴法和外防内贴法的比较

项目	外防外贴法	外防内贴法
土方量	开挖土方量较大	开挖土方量较小
施工条件	需有一定工作面，四周无相邻建筑物	四周有无建筑物均可施工
混凝土质量	浇捣混凝土时，不易破坏防水层，易检查混凝土质量，但模板耗费量大	浇捣混凝土时，易破坏防水层，混凝土质量不易检查，模板耗费量小
卷材粘贴	预留卷材接头不易保护好，基础与外墙卷材转角处易弄脏受损，操作困难，易产生漏水	底板和外墙卷材一次铺完，转角处卷材施工质量容易保证

表 9-25（续）

项目	外 防 外 贴 法	外 防 内 贴 法
工期	工期长	工期短
漏水试验	防水层做完后，可进行漏水试验，有问题及时处理	防水层做完后，不能立即进行漏水试验，要等基础和外墙施工完后才能试验，有问题修补困难

卷材铺贴可采用点粘、条粘及空铺方法，充分发挥卷材的延伸性能，有效减少卷材被拉裂的可能性，能适应基础工程变形大、基层潮湿的特点，在施工中使用较广。

点粘法：每平方米卷材下粘 5 点（100 mm×100 mm），粘贴面积不大于总面积的 6%。

条粘法：每幅卷材两边各与基层粘贴 150 mm 宽。

空铺法：卷材防水层周边与基层粘贴 800 mm 宽。

复杂部位增加卷材附加层，做加强处理，对变形较大、易被破坏或易老化的部位，如变形缝、转角、三面角以及穿墙管道周围、地下出入口通道等处，采用同种卷材加铺 1～2 层或使用其他材料做卷材附加层，可起到很好的补强作用。在分隔缝、穿墙管道周围、卷材搭接缝和收头部位做密封处理，可使卷材防水层增强适应变形的能力，提高防水层整体质量。

2）卷材防水层施工工艺

Ⅰ. 合成高分子卷材防水层施工工艺

（1）施工工艺　基层清理→聚氨酯底胶配制→涂刷聚氨酯底胶→特殊部位进行增补处理 $\xrightarrow{\text{附加层}}$ 卷材粘贴面涂胶 $\xrightarrow{\text{卷材晾胶}}$ 基层表面涂胶 $\xrightarrow{\text{晾胶}}$ 铺贴防水卷材 $\xrightarrow{\text{排气、压实、接收头处理}}$ 做保护层。

（2）主要用具

①基层处理用具　高压吹风机、平铲、钢丝刷、扫帚。

②材料容器　大小铁桶。

③弹线用具　量尺、小线、色粉袋。

④裁剪卷材用具　剪刀。

⑤涂刷用具　滚刷、油刷、压辊、刮板。

（3）施工要点

①涂刷聚氨酯底胶，按甲：乙＝1：3（质量比）的比例配制聚氨酯底胶，搅拌均匀即可进行涂刷施工。在大面积涂刷前，先在阴角、管根等复杂部位均匀涂刷一遍，然后用长把滚刷大面积顺序涂刷底胶，且厚度要均匀一致，不得露底，涂刷底胶 4 h 干燥后，手摸不粘时，方可进行下道工序。

②特殊部位增铺处理，或进行附加层施工。增铺涂膜可采用聚氨酯防水涂料，分甲、乙两组分，按甲：乙＝1：1.5（质量比）配制搅拌均匀后，即可在地面、墙体的

管根、伸缩缝、阴阳角部位均匀涂刷一层，作为薄弱部位的防水附加层，涂膜固化后可进行下道工序。

③阴阳角、管根等部位，可用三元乙丙卷材铺贴一层作附加层处理。

④在基层面上弹线，使其铺贴正确、平直。

⑤卷材粘贴面涂胶，将卷材铺展在干净的基层上，用长把滚刷蘸 CX－404 胶涂匀，应留出搭接部位不涂胶，晾胶至基本干燥不粘手。

⑥基层表面涂胶，底胶干燥后，在清理干净的基层面上，用长把滚刷蘸 CX－404 胶涂匀，涂刷面不宜过大，然后晾胶。

⑦卷材粘贴，在基层面及卷材粘面已涂刷好 CX－404 胶的前提下，将卷材用 ϕ30 mm、长 1.5 的圆心棒（圆木或塑料管）卷好，由两人抬至铺设端头，注意位置要正确。先黏结固定端头，然后沿弹好的标准线向另一端铺贴，操作时卷材不要拉得太紧，并注意方向沿标准线进行，以保证卷材搭接宽度。

⑧卷材不得在阴阳角处接头，接头处应间隔错开。操作时要排气，每铺完一张卷材，应立即用干净的滚刷从卷材的一端开始，横向用力滚压一遍，以便将空气排出。排出空气后，为使卷材黏结牢靠，应用带橡皮的铁辊滚压一遍或几遍，但不得损坏卷材。

⑨接头处理，搭接的长边与端头短边的 100 mm 范围，用丁基胶黏剂黏结，将甲、乙两组分，按 1∶1 质量比配合搅拌均匀，用毛刷蘸丁基胶黏剂，涂于搭接卷材的两个面，待其干燥 15～30 min 即可进行压合，挤出空气，不许有皱褶，然后用铁辊滚压一遍。凡遇有卷材重叠三层的部位，必须用聚氨酯嵌缝膏填密封严。

⑩收头处理，防水层周边用聚氨酯嵌缝，并在其上涂刷一层聚氨酯涂膜。

⑪防水层做完后，应按设计要求做好保护层，一般平面为水泥砂浆或细石混凝土保护层，立面为保护墙或水泥砂浆保护层。

Ⅱ.高聚物改性沥青油毡防水层施工工艺

（1）施工工艺　基层清理→涂刷基层处理剂→铺贴附加层→热熔铺贴卷材→热熔封边→做保护层。

（2）主要机具　高压吹风机、小平铲、扫帚、电动搅拌器、油毛刷、铁桶、汽油喷灯或专用火焰喷枪、压子、手持压辊、铁辊、剪刀、量尺、长 1 500 mm 及直径 30 mm管（铁、塑料）。

（3）施工要点

①涂刷基层处理剂，在基层表面满刷一道用汽油稀释的氯丁橡胶沥青胶黏剂，应涂刷均匀、不透底。

②铺贴附加层，管根、阴阳角部位加铺一层卷材，按规范及设计将卷材裁成相应尺寸形状进行补贴。

③铺贴卷材，将改性沥青防水卷材按铺贴长度进行裁剪并卷好备用，操作时将已经卷好的卷材，用 ϕ30 mm 的管子穿入卷芯，卷材端头对齐铺贴起点。点燃汽油喷灯或专用火焰喷枪，加热基层与卷材交接处，喷枪距加热面保持 300 mm 左右的距离，往返喷烤，待卷材的沥青刚刚熔化时，手扶管芯两端向前缓缓滚动铺设，要求用力均匀，

并将空气挤出。

④铺设压边宽度应掌握好，满贴法搭接宽度为 80 mm，条粘法搭接宽度为 100 mm。

⑤热熔封边，卷材搭接缝处用喷枪加热，压合至边缘挤出沥青粘牢。卷材末端收头用橡胶沥青嵌缝膏嵌固填实。

⑥保护层施工，平面做水泥砂浆或细石混凝土保护层；立面防水层施工完，应及时稀撒石渣后抹水泥砂浆保护层。

3. 特殊部位的施工

1）转角部位的施工

平立面的交角处包括阴角、阳角、三面角，卷材铺贴困难，是防水的薄弱环节，应按以下方法加强处理。

（1）两面角

①底板与墙的交角处，先增贴 1～2 层和大面相同的卷材或抗拉强度较高的卷材作附加层（可采用玻璃布卷材或再生胶卷材），然后铺贴卷材，如图 9-45 所示。

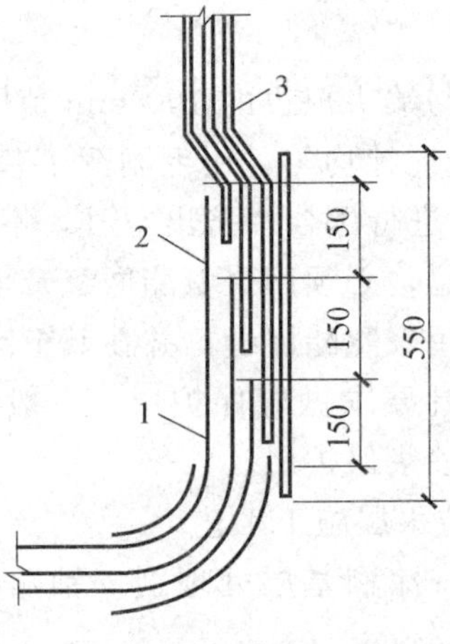

图 9-45　两面角卷材铺贴加强处理

1—转角处交叉接法；2—预留外贴搭接头；3—外贴卷材

②在主墙阳角处，先铺一条宽为 200 mm 的卷材条作附加层，各层卷材铺贴完后，其上再铺一层 200 mm 宽的卷材附加层，如图 9-46(a)所示。

③在主墙阴角处，先将卷材对折，然后自下而上粘贴左边部分卷材，左边贴好后，用刷油法粘贴右边卷材，如图 9-46(b)所示。

（2）三面角。由三面组成的阴阳角处，先铺两层与大面相同的卷材或一层再生橡胶沥青卷材或沥青玻璃丝布卷材作附加层。附加层尺寸为 300 mm×300 mm，折成图 9-47(a)的形状。折叠层之间应满涂沥青胶。附加两层卷材时，先贴一层卷材，另一层则待防水层做完后再贴，如图 9-47(b)所示。

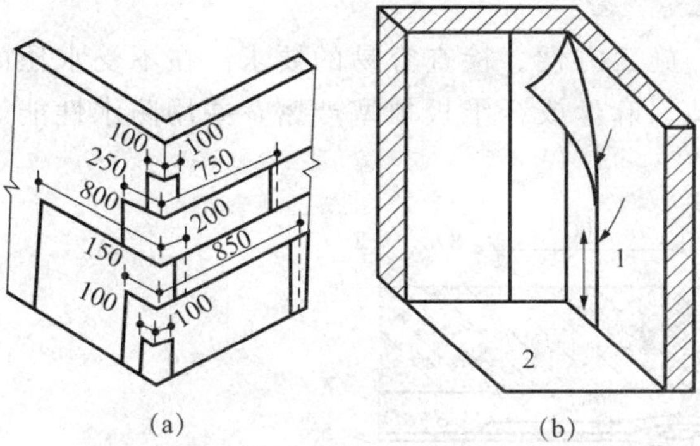

图 9-46　主墙两面角卷材铺贴加强处理

（a）主墙阳角增铺附加层；（b）主墙阴角刷油法铺贴

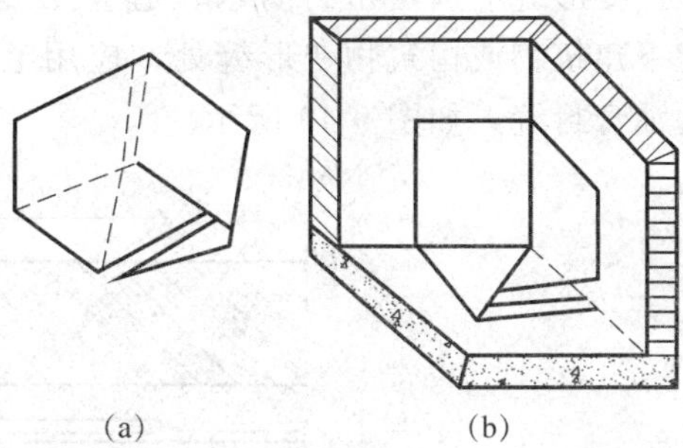

图 9-47　三面角卷材附加层示意图

（a）附加层形状；（b）附加二层卷材做法

附加层铺好后，再铺贴第一层卷材。铺贴第一层卷材时，卷材的压边距转角处一侧为 1/3 幅宽，另一侧为 2/3 幅宽，第一层粘贴好后，再粘贴第二层卷材，第二层卷材与第一层卷材长边错开 1/3 幅宽，接头错开 300～500 mm。在立面与底面的转角处，卷材的接缝应留在底面上，距离不小于 600 mm。

2）穿墙管部位施工

穿墙管处应埋设带有法兰盘的套管。施工时先将穿墙管穿入套管，然后在套管的法兰盘上做卷材防水层。首先将法兰盘及夹板上的污垢和铁锈清除干净，刷上沥青，其上再逐层铺贴卷材，卷材的铺贴宽度至少为 100 mm，铺贴完后表面用夹板夹紧。为防止夹板将油毡压坏，夹板下可衬垫软金属片、石棉纸板、油毡等。具体管道埋设处卷材防水层做法如图 9-48 所示。

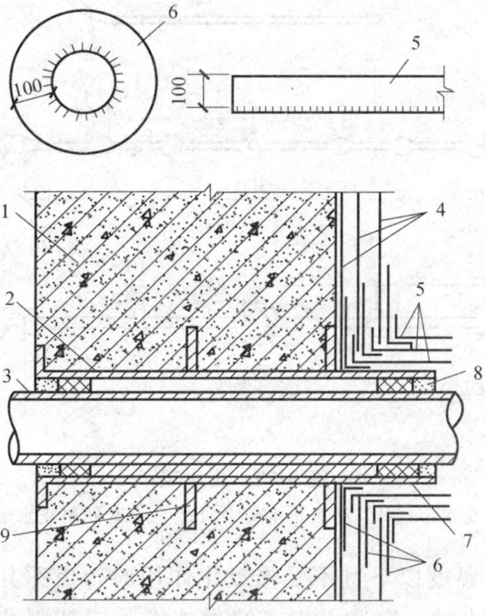

图 9-48　管道埋设处卷材防水层做法

1—防水结构；2—预埋套管；3—管道；4—三毡四油；

5、6—附加卷材；7—沥青麻丝；8—铅捻口；9—止水环

3）变形缝施工

变形缝应满足密封防水、适应变形、施工方便、检查容易的要求。在不受水压的地下建筑物或构筑物变形缝处，应用毛毡、麻丝或纤维板填塞严密，并用防水性能好的油膏封缝，如图 9-49 所示。

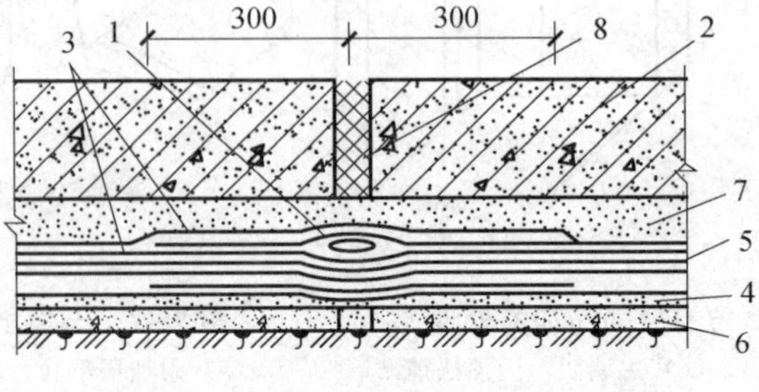

图 9-49　不受水压结构的变形缝做法

1—浸过沥青的垫卷；2—底板；3—加铺的油毡；4—砂浆找平层；
5—卷材防水层；6—混凝土垫层；7—砂浆结合层；8—填缝材料

在受水压的地下建筑物或构筑物变形缝处，变形缝不仅要填塞防水材料，还要装入止水带，以保证结构变形时有良好的防水能力。变形缝处通常可采用橡胶、塑料止水带以及紫铜板或不锈钢板制成的金属止水带等，如图 9-50 所示。

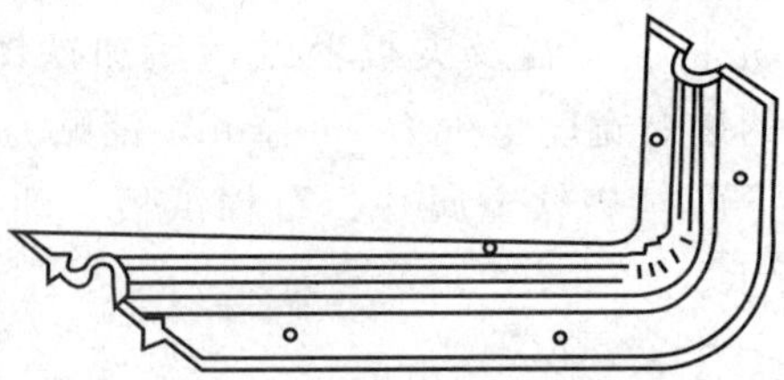

(a)

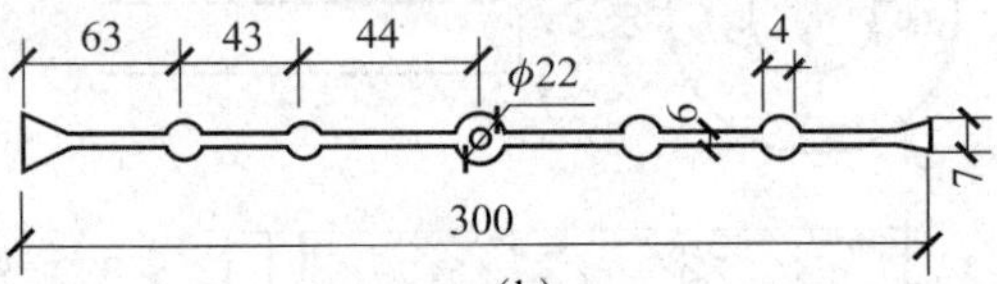

(b)

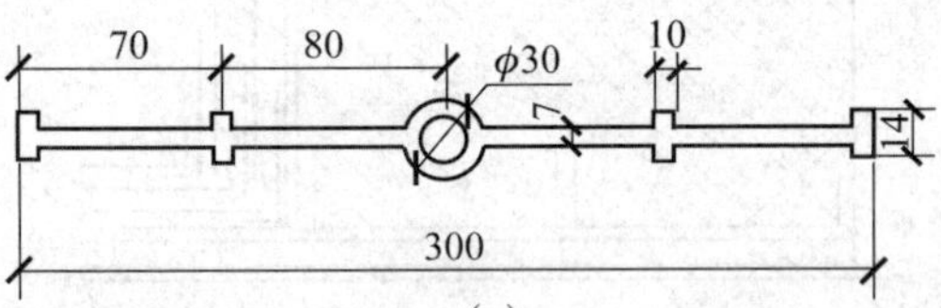

(c)

图 9-50　止水带

(a) 金属止水带；(b) 橡胶止水带（剖面）；(c) 塑料止水带（剖面）

当变形缝处于 50 ℃温度以下且不受强氧化作用时，宜采用橡胶或塑料止水带，如图 9-51 所示。当有油侵蚀时，应选用相应的耐油橡胶或塑料止水带；当受高压和水压作用时，变形缝处应采用 1～2 mm 厚的紫铜板或不锈钢板制成的金属止水带，金属止水带转角处应做成圆弧形，用螺栓安装，如图 9-52 所示。

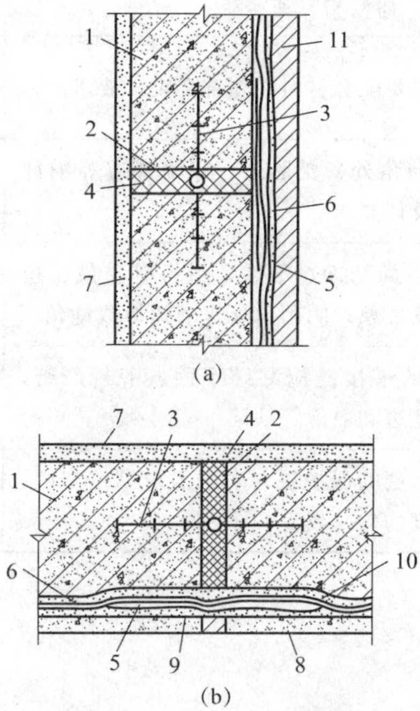

图 9-51　橡胶、塑料止水带的埋设

(a) 墙身变形缝；(b) 底板变形缝

1—结构体；2—浸过沥青的木丝板；3—止水带；4—填缝油膏；5—卷材附加层；6—卷材防水层；7—砂浆面层；8—混凝土垫层；9—砂浆找平层；10—砂浆结合层；11—保护墙

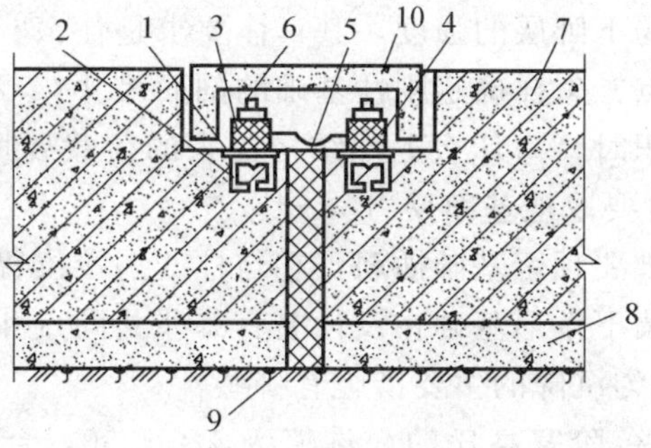

图 9-52　金属止水带的埋设

1—预埋铁板；2—锚筋；3—垫圈；4—衬垫材料；5—金属止水带；6—螺栓；7—钢筋混凝土底板；8—混凝土垫层；9—填缝材料；10—盖板

4. 质量要求和检验方法

(1) 基础工程卷材防水层施工质量的检验数量按铺贴面积每 100 m^2 抽查 1 处，每处 10 m^2，但不少于 3 处。

(2) 基础工程卷材防水层的质量要求及检验方法见表 9-26。

表 9-26　基础工程卷材防水层的质量要求及检验方法

项　目	质　量　要　求	检验方法
主控项目	防水卷材及主要配套材料必须符合设计要求	检查出厂合格证、质量检验报告、现场抽样试验报告
	防水层及其转角处、变形缝、穿墙管道等细部做法必须符合设计要求	观察检查和检查隐蔽工程验收记录
一般项目	基层牢固，表面洁净、平整，不得有空鼓、松动、起砂和脱皮现象；阴阳角处呈圆弧形或钝角	观察检查和检查隐蔽工程验收记录
	卷材防水层的搭接缝应黏结牢固、密封严密，不得有皱褶、翘边和鼓泡等缺陷	观察检查
	侧墙卷材防水层的保护层与防水层应黏结牢固、结合紧密，厚度均匀一致	观察检查和尺量检查

习　题

1. 地基基础设计方案有几种类型，设计时为何优先选用天然地基上浅基础设计方案？

2. 浅基础有哪些类型，各有何特点？

3. 什么是基础的埋置深度，选择基础埋置深度时应考虑哪些因素？

4. 如何按地基承载力确定基础底面尺寸？

5. 为什么要验算软弱下卧层的强度，其具体要求是什么？

6. 刚性基础有何特点？怎样确定刚性基础的剖面尺寸？

7. 在计算基础底面积时，为什么上部结构传来的荷载要用设计值，而计算基础底板高度和基础底板配筋时要取地基净反力？

8. 为什么现浇柱基础要预留基础插筋，它与柱的搭接位置在何处为宜？

9. 柱下条形基础与墙下条形基础在设计上有哪些共同点和不同点？

10. 减少建筑物不均匀沉降的主要措施有哪些？

11. 已知某刚性基础台阶宽高比的允许值为 1∶1.50，台阶的高度为 300 mm 时，宽应为多少，如宽度采用 100 mm 是否可以？

12. 地下工程刚性防水有哪些种类？

13. 防水混凝土和防水砂浆有哪些种类，适用范围有哪些？

14. 防水混凝土和防水砂浆常用的外加剂有哪些？

15. 简述防水混凝土和防水砂浆的施工工艺。

16. 简述防水混凝土和防水砂浆的质量通病和防治措施。

第 10 章　桩基础设计与施工

学习目标

通过本章的学习，了解桩基础的作用及类型，熟悉桩基础设计的基本原理，了解预制桩制作工艺及运输要求，熟悉常用桩基础施工设备，掌握预制桩和灌注桩的施工工艺及施工质量验收标准。

学习要求

知识要点	能力目标	相关知识	权重
桩基础设计	1. 了解桩基础的作用和类型 2. 理解桩基承载力的计算方法 3. 掌握桩基础的设计方法	1. 桩基础的工作原理 2. 桩基的类型 3. 桩基承载力计算 4. 桩基设计步骤	40%
预制桩施工工艺	1. 了解预制桩的施工机械及其适用桩型 2. 熟悉打入桩和静压桩的工艺要点 3. 掌握预制桩基础的质量验收标准	1. 预制桩施工设备及性能 2. 沉桩工艺 3. 预制桩基础的质量验收	30%
灌注桩施工工艺	1. 熟悉灌注桩的成孔方法 2. 理解常见灌注桩施工工艺 3. 掌握灌注桩的质量验收标准	1. 泥浆护壁技术 2. 水下混凝土浇筑技术 3. 灌注桩质量验收标准	30%

学习导入

当建筑场地浅层土质不能满足建筑物对地基承载力和变形的要求，也不宜采用地基处理措施时，往往需要以地基深层坚实土层或岩层作为持力层，采用深基础方案，其中桩基础是当前应用最广泛的基础形式。随着建设用地日趋紧张，房屋建筑的建设场地的地质状况越来越复杂，建筑的高度也越来越高，多数情况下浅基础已经不能满足承载力和地基沉降变形的要求。桩基础可利用深层较坚硬土层作为持力层，从而提供更大的承载能力，且能减少地基的沉降变形。桩基础能够解决许多浅基础不能克服的问题，尤其适用于不良地基上建造的高层建筑。深基础主要有桩基础、沉井基础、墩基础和地下连续墙等几种类型，其中以桩基础的历史最为悠久，应用最为广泛。我国秦代的渭桥、隋朝的郑州超化寺、五代的杭州湾大海堤以及南京的石头城和上海的龙华塔等，都是我国古代桩基础应用的典范。近年来，随着生产技术的进步和科技水平的提高，桩基础在设计理论、桩基础类型、施工技术、应用范围等方面都得到了很大的发展。

10.1 基础概述

桩基础由桩和位于桩顶部的承台组成。桩是深入土层的柱形受力构件，由桩顶、桩身、桩端（尖）三部分组成。桩与承台组成深基础（图 10-1），桩和柱子的钢筋锚入承台，从而使之能够有效地传递荷载。上部结构的荷载通过墙或柱传给承台，承台将荷载传给桩，桩将荷载经由桩周或桩尖传递给土层。根据承台是否设于地面以下，可分为高承台桩基础和低承台桩基础。低承台基础指承台埋设于室外设计地坪以下的桩基础，常用于陆地上的工业与民用建筑中；高承台桩基础指承台底面高出地面的桩基础，主要用于海洋、港湾等水域工程结构中。

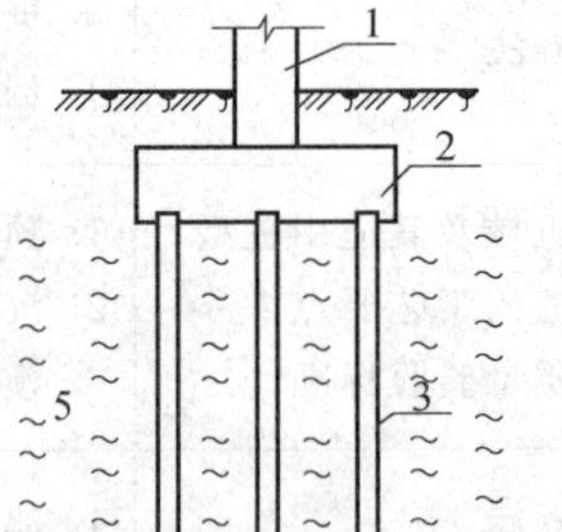

图 10-1 桩基础的组成

1—上部结构（墙或柱）；2—承台（承台梁）；3—桩身；
4—坚硬土层；5—软弱土层

10.1.1 桩基础的适用范围

桩基础将上部结构的荷载传至深层的坚硬土层或利用桩身长度与软弱土层形成摩

擦力，从而具有较高的承载力和稳定性，沉降量小且均匀。与其他深基础相比，桩基础的技术最成熟，适用范围最广。在下列情况下，可考虑应用桩基础方案。

(1) 荷载大、对沉降要求有严格限制的建筑物，如高层建筑或其他重要的建筑。

(2) 软弱地基，采用地基加固措施技术上不可行或经济上不合理，也不适于采用沉井、沉箱、地下连续墙等深基础。

(3) 地震区，在可液化地基中，采用桩基础可增加结构物的抗震能力，桩基础穿越可液化土层并伸入下部密实稳定土层，可消除或减轻地层对结构物的危害。地基土性质不稳定，存在液化性、震陷性、湿陷性、冻胀性或侵蚀性等不良土层时，均可采用桩基础。

(4) 建筑物荷载较大，上部土层软弱，适宜的地基持力层位置较深，不适宜采用浅基础。

(5) 承受较大的水平荷载、上拔荷载和力矩荷载的高耸结构物，如烟囱、水塔、电视发射塔、高压输电塔等。

(6) 建筑物受到相邻建筑物或地面堆载影响，采用浅基础将会产生过量沉降或倾斜。

(7) 当途经江河湖海、峡谷、滩涂等交通设施的工程结构跨越范围大，地质条件及荷载情况变化也较大时，可通过灵活调整桩的类型、长短、布置等来适应环境与结构的要求。

(8) 在流动水域中的新建码头、沿岸平台、栈桥及海上采油平台、输油（气）管道支架等水上结构物的基础（图10-2）。

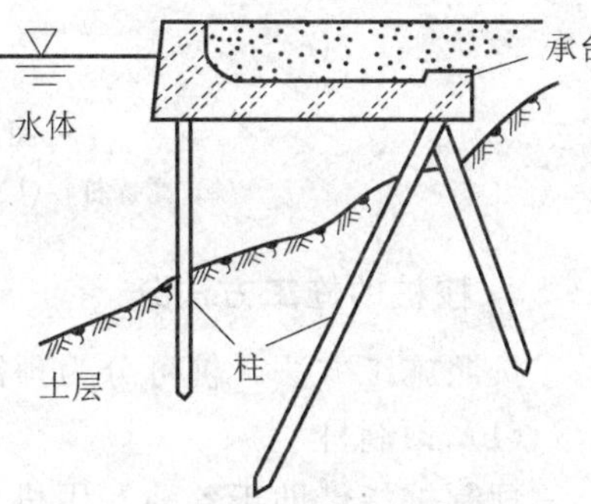

图10-2　水上结构物基础

(9) 需要减震的动力设备基础。

10.1.2　桩基础的类型

1. 按桩的承载类别分

桩分为竖向抗压桩、竖向抗拔桩、水平受荷桩和复合受荷桩。竖向抗压桩主要承受上部结构传来的竖向荷载，绝大部分建筑桩基都为竖向抗压桩。竖向抗拔桩主要承受竖向拉拔荷载，如高耸结构物、地下抗浮结构及板桩墙后的锚桩等。水平受荷桩如基坑支护、港口码头等工程中的各种支护桩主要承受水压力、土压力等水平荷载，其垂直荷载很小。复合受荷桩如高耸建筑（构造）物的桩基，既要承受很大的垂直荷载，又要承受很大的水平荷载（风荷载和地震力）。

2. 按桩的承载性状分

(1) 摩擦型桩　摩擦型桩分为摩擦桩和端承摩擦桩。摩擦桩指在极限承载力状态下桩顶荷载由桩侧阻力承受的桩，如图10-3(a)所示。在极限承载力状态下，桩顶荷载主要由桩侧阻力承受，桩端阻力很小，这种桩称为端承摩擦桩，如图10-3(b)所示。

(2) 端承型桩　端承型桩分为端承桩和摩擦端承桩。端承桩的桩身长度一般比摩擦型桩短，在极限承载力状态下，桩顶荷载由桩端阻力承受。例如通过软弱土层桩尖嵌入基岩的桩，桩的承载力由桩的端部提供，桩侧摩阻力很小，不予考虑，如图 10-3(c)所示。摩擦端承桩在极限承载力状态下，桩顶荷载主要由桩端阻力承受，桩侧摩擦力很小。例如图 10-3(d)中的预制桩，桩周土为流塑状态黏性土，桩端土为密实状态粗砂，桩侧摩擦力约占单桩承载力的 20%。

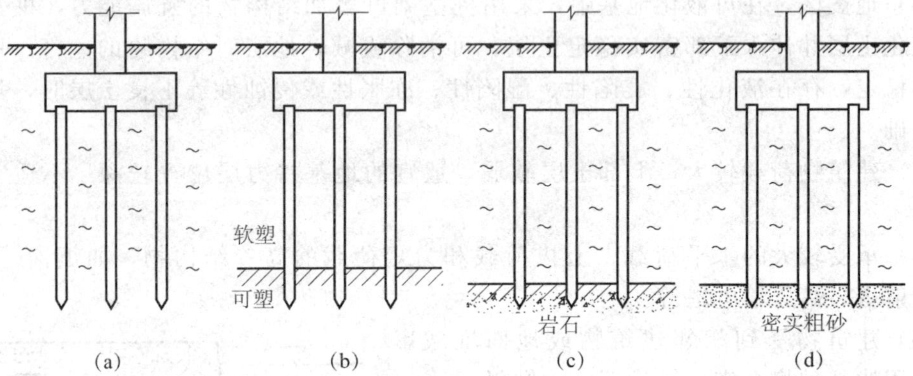

图 10-3　摩擦型桩与端承型桩

(a) 摩擦桩；(b) 端承摩擦桩；(c) 端承桩；(d) 摩擦端承桩

3. 按桩的施工方法分

按照施工方法，桩可分为预制桩和灌注桩。

(1) 预制桩

预制桩指借助于各种专用机械设备将预先制作好的具有一定形状、刚度与构造的桩打入、压入或振入土中的桩型。按材料的不同，主要有钢筋混凝土预制桩、钢桩和木桩。混凝土预制桩具有制作方便、桩身强度高、耐腐蚀性能好、单桩承载力高的优点。按截面形状分为方形的和圆形的两种。实际工程中，有以下类型。

①普通实心方桩，断面边长一般为 300～500 mm，桩长 25～30 m，单节桩长≤12 m，可根据需要将单节桩连接成所需桩长。

②大截面实心方桩，如江苏连云港某桩厂研制成功的边长为 700 mm 的方桩。大截面桩自重较大，其配筋受起吊、运输和沉桩各阶段的应力控制，因而用钢量较大。一般采用预应力混凝土桩，以节约钢材、提高单桩承载力和抗裂度。

③预应力混凝土管桩可分为后张法预应力管桩和先张法预应力管桩。先张法预应力管桩是采用先张法预应力工艺和离心成型法制成的一种空心筒体细长混凝土预制构件，主要由圆筒形桩身、端头板和钢套箍等组成。经高压蒸汽养护生产的为 PHC 管桩，桩身混凝土强度等级≥C80；未经高压蒸汽养护生产的为 PC 管桩，桩身混凝土强度等级≥C60。其外径尺寸一般为 350～600 mm，壁厚为 80～100 mm，单节长度为 5～13 m。如图 10-4 所示，桩的下端设置开口的钢桩尖或封口十字刀刃钢桩尖，沉桩时桩节处通过焊接端头板接长。

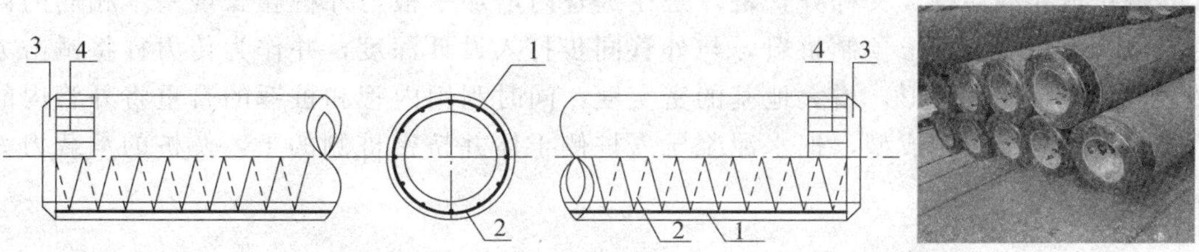

图 10-4　预应力混凝土空心管桩

1—预应力钢筋；2—螺旋箍筋；3—端头板；4—钢套箍

钢桩材料强度高，桩身表面积大，截面面积小，在沉桩时贯透能力强且挤土影响小，在饱和软黏土地区可减少对邻近建筑物的影响，但价格较高，耐腐蚀性能差，应用受到一定的限制，主要有钢管桩和 H 型钢桩。组合材料桩，即一根桩由两种以上的材料组成，如钢管混凝土桩。

（2）灌注桩

灌注桩指在工程现场通过机械钻孔、钢管挤土或人工挖掘等手段在地基土中形成的孔内放置钢筋笼、灌注混凝土而制成的桩。灌注桩依照成孔方法分为沉管灌注桩、钻孔灌注桩和挖孔灌注桩等。

①泥浆护壁钻孔灌注桩　在成孔过程中，为防止孔壁坍塌，在孔内注入制备泥浆或利用钻削的黏土与水混合自制泥浆保护孔壁；护壁泥浆与钻孔的土屑混合，边钻孔边排出泥浆，同时进行孔内补浆或补水；当钻孔达到规定深度后，清除孔底泥渣，然后吊放钢筋笼，通过管道在泥浆下浇注混凝土，如图 10-5。

泥浆护壁钻孔灌注桩

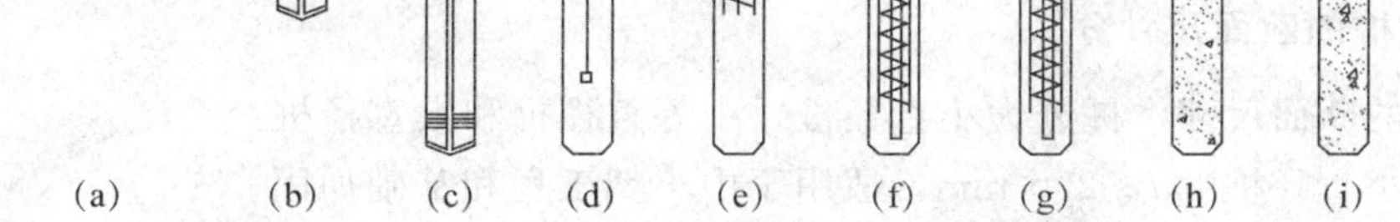

图 10-5　正、反循环钻孔灌注桩施工工艺示意图

(a) 埋设护筒；(b) 安装钻机并钻进；(c) 第一次清孔；(d) 测定孔壁和回淤厚度；(e) 吊放钢筋笼；(f) 插入导管；(g) 第二次清孔；(h) 灌注水下混凝土，拔出导管；(i) 拔出护筒

②沉管灌注桩　沉管灌注桩是采用与桩的设计尺寸相适应的钢套管，在端部套上桩尖后沉入土中，在套管内吊放钢筋骨架，然后边浇筑混凝土边振动或锤击拔管，利用拔管时的振动捣实混凝土而形成灌注桩，如图 10-6。这种施工方法适用于有地下水、流砂、淤泥的情况。

夯扩成孔灌注桩，又称夯扩桩，是在桩管内增加一根与外桩管长度基本相同的内夯管以代替钢筋混凝土预制桩靴，与外管同步打入设计深度，并作为传力杆将锤击力传至桩端夯扩成大头形，增大地基的密实度，同时利用内管和桩锤的自重将外管内的现浇桩身混凝土压密成型，把水泥浆压入桩侧土体并挤密桩侧的土，使桩的承载力大幅度提高。

沉管灌注桩

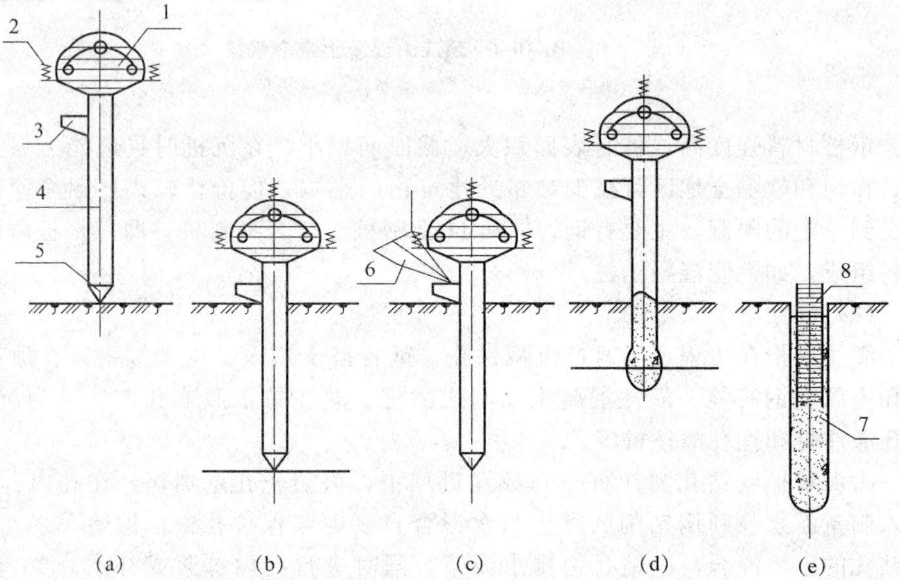

图 10-6　振动沉管灌注桩施工程序

(a) 桩机就位；(b) 沉管；(c) 浇灌混凝土；

(d) 边拔管、边振动、边浇灌混凝土；(e) 插入钢筋笼并灌满混凝土成桩

1—振动锤；2—加压减振弹簧；3—加料口；4—传管；5—活瓣桩靴；6—上料斗；7—混凝土；8—钢筋笼

③干作业成孔灌注桩　干作业成孔灌注桩不需要泥浆或套管护壁，直接利用机械或人工成孔，下钢筋笼、浇筑混凝土成桩。干作业成孔灌注桩按成孔机具设备和工艺方法的不同有干作业钻孔灌注桩、钻孔扩底灌注桩、多级扩孔灌注桩、机动洛阳铲成孔灌注桩、钻孔压浆灌注桩、人工挖孔灌注桩等。

4. 按桩的断面尺寸分

按桩的断面尺寸，桩分为小直径桩、中等直径桩和大直径桩。

(1) 小直径桩　$d \leqslant 250$ mm，适用于中小型工程和基础加固。

(2) 中等直径桩　250 mm$<d<$800 mm，采用最多。

(3) 大直径桩　$d \geqslant 800$ mm，通常用于高层建筑、重型设备基础，并可实现一柱一桩的结构形式。大直径桩每一根桩的施工质量都必须切实保证，要求对每一根桩作施工记录，桩孔成孔后，应有专业人员下孔底检验桩端持力层土质是否符合设计要求，并将虚土清除干净后再下钢筋笼，混凝土一次浇筑完成，不得留施工缝。

5. 按桩对土体的影响程度分

按桩对土体的影响程度可分为非挤土桩、部分挤土桩和挤土桩（排土桩）。

(1) 非挤土桩也称为置换桩，施工时用钢筋混凝土或钢材将与桩基体积相同的土置换出来，所以桩身下沉对周围土体扰动很少，缺点是有应力松弛现象。非挤止桩包括人工挖孔桩和冲孔、钻孔、抓掘成孔桩等。

(2) 部分挤土桩在成桩过程中，周围土体仅受到轻微挤压扰动，土体原状结构及工程性质没有大的变化，包括预钻孔打入式预制桩、打入式敞口桩和部分挤土灌注桩等。

(3) 挤土桩在成桩过程中，桩周围的土被挤密或挤开，桩周围的土受到严重的扰动，土的原始结构遭到破坏，土的工程性质发生很大变化。挤土桩主要包括各种打入、压入、振入、旋入灌注桩和预制桩等。

10.2 桩的承载力

桩基础是建筑的下部结构，所属构件均属重要的受力构件，需要严谨的设计和绘制施工图，才能施工。在桩基础设计中，一旦确定了桩的类型，接下来就需要确定桩的截面尺寸和桩的数量，这就需要先确定单根桩的承载力。根据桩受荷性质的不同，单桩的承载力有竖向承载力和水平承载力之分。承台下面通常不止一根桩（称为群桩）。群桩基础因承台、桩、土的相互作用使其桩侧阻力、桩端阻力、沉降等性状发生变化而与单桩明显不同，其承载力往往小于各单桩承载力之和，称为群桩效应，因此在确定桩基础承载力时，必须根据具体情况考虑群桩效应后最终确定。

10.2.1 单桩竖向承载力

单桩竖向承载力取决于桩身的材料强度和地层的支承力两方面。《建筑桩基技术规范》(JGJ 94—2008) 规定设计等级为甲级的建筑桩基，应通过单桩静载试验确定；设计等级为乙级的建筑桩基，当地质条件简单时，可参照地质条件相同的试桩资料，结合静力触探等原位测试和经验参数综合确定，其余均应通过单桩静载试验确定；设计等级为丙级的建筑桩基，可根据原位测试和经验参数确定。

单桩竖向极限承载力标准值、极限侧阻力标准值和极限端阻力标准值应按下列规定确定。

(1) 单桩竖向静载试验应按现行行业标准《建筑桩基检测技术规范》(JGJ 106—2016) 执行。

(2) 对于大直径端承型桩，也可通过深层平板（平板直径应与孔径一致）载荷试验确定极限端阻力。

(3) 对于嵌岩桩，可通过直径为 0.3 m 岩基平板载荷试验确定极限端阻力标准值，也可通过直径为 0.3 m 嵌岩短墩载荷试验确定极限侧阻力标准值和极限端阻力标准值。

(4) 桩的极限侧阻力标准值和极限端阻力标准值宜通过埋设桩身轴力测试元件由静载试验确定，并通过测试结果建立极限侧阻力标准值和极限端阻力标准值与土层物理指标、岩石饱和单轴抗压强度以及与静力触探等土的原位测试指标间的经验关系，以经验参数法确定单桩竖向极限承载力。

《建筑桩基技术规范》提供了原位测试方法及经验参数法确定单桩竖向极限承载力。设计时应根据具体的桩型、桩身材料等来选择计算方法，合理确定单桩竖向承载力。

《建筑地基基础设计规范》规定：单桩竖向承载力特征值应通过现场单桩竖向静载荷试验确定。在同一条件下的试桩量，不宜小于总桩数的1%，并不应少于3根。当桩端持力层为密实砂卵石或其他承载力类似的土层时，对单桩竖向承载力很高的大直径端承型桩，可采用深层平板载荷试验确定桩端土的承载力特征值。

静载荷试验是在工程现场进行的，其原理是对桩施加轴向静荷载并量测桩顶沉降量，根据荷载和沉降关系曲线确定桩的竖向承载力。挤土桩在施工后必须隔一段时间才能开始载荷试验。这是由于打桩时土中产生的孔隙水压力有待消散，且土体因打桩扰动而降低的强度也有待随时间而部分恢复。所需的间歇时间：在桩身强度达到设计要求的前提下，对于砂类土不得少于10天；对于粉土和黏性土不得少于15天；对于饱和软黏土不得少于25天；灌注桩应在桩身强度达到设计强度后才能进行。

单桩极限承载力的静载荷试验占主导地位，直接应用于工程设计。同时，得到单桩沉降与荷载关系曲线。其他直接试验方法，各有特点，可作为静载荷试验的补偿，特定条件下有重要意义。

地基基础设计等级为丙级的建筑物，可采用静力触探及标贯试验参数结合工程经验确定单桩竖向承载力特征值。初步设计时，单桩竖向承载力特征值可用下式估算

$$R_a = q_{pa}A_p + u_p \sum q_{sia}l_i \tag{10-1}$$

式中 R_a——单桩竖向承载力特征值/kN；

q_{pa}、q_{sia}——桩端土的承载力特征值和第 i 层桩侧阻力特征值（kPa），可按当地静载荷试验结果统计分析算得；

A_p——桩底横截面面积/m^2；

u_p——桩身周边长度/m；

l_i——第 i 层岩土的厚度/m。

当桩端嵌入完整及较完整的硬质岩中时，可按下式估算单桩竖向承载力特征值

$$R_a = q_{pa}A_p \tag{10-2}$$

式中 q_{pa}——桩端岩石承载力特征值/kPa；

A_p——桩端横截面面积/m^2；

其他符号含义同前。

单桩水平承载力特征值应通过现场水平载荷试验确定，必要时可进行带承台桩的载荷试验。当作用于桩基上的外力主要为水平力或高层建筑承台下为软弱土层、液化土层时，应根据桩顶位移的限制，对桩基的水平承载力进行验算。当外力作用面的桩距较大时，桩基的水平承载力可视为各单桩的水平承载力的总和。当承台侧面的土未经扰动或回填密实时，可计算土抗力的作用。当水平推力较大时，宜设置斜桩。

10.2.2　单桩轴向抗拔力

抗拔桩的设计，目前仍套用抗压桩的方法，即以桩的抗压侧阻力乘以一个经验折减系数后的侧摩阻力作为抗拔承载力。

一般认为，抗拔的侧摩阻力小于抗压的侧摩阻力，而且抗拔侧阻力在受荷后经过一段时间会因土层松动和残余强度等因素有所降低，所以抗拔承载力更要通过抗拔荷载试验来确定。我国有些行业如港口、电网工程规范规定的抗拔侧阻力为抗压侧阻力的0.6～0.8；有的规定为0.4～0.7，有的相当于0.6（交通），并将桩身自重考虑在抗拔容许承载力之内。

影响单桩抗拔承载力的因素主要有桩的类型、施工方法、桩的长度、地基土的类别、土层的形成过程、桩形成后承受荷载的历史、荷载特性（只受上拔力或其他类型荷载组合）等。确定抗拔承载力时，要考虑上述因素的影响，来选用计算方法与参数，具体计算可参照《建筑桩基技术规范》的有关规定。

10.2.3　群桩承载力

对端承型桩基，桩的承载力主要是桩端较硬土层的支承力。由于受压面积小，各桩间相互影响小，其工作性状与独立单桩相近，桩基的承载力就是各单桩承载力之和。

对摩擦型桩基，由于桩周摩擦力要在桩周土中传递，并沿深度向下扩散，桩间土受到压缩，产生附加应力。在桩端平面，附加压力的分布直径 D（$D=2l\tan\theta$）比桩径 d 大得多，当桩距小于 D 时，在桩尖处将发生应力叠加（图10-7），因此在相同条件下，群桩的沉降量比单桩的大，称为群桩效应。

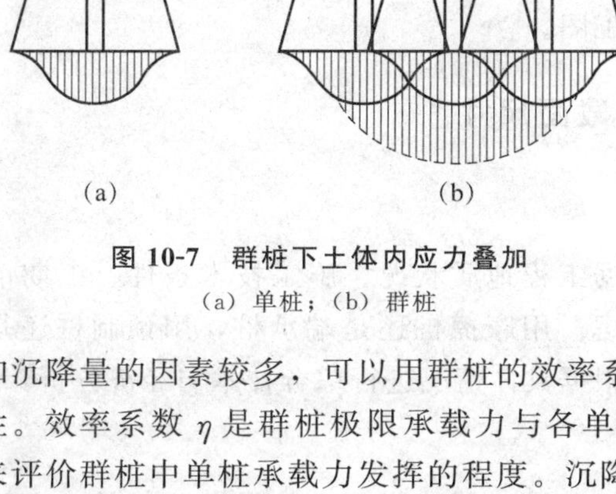

图10-7　群桩下土体内应力叠加

（a）单桩；（b）群桩

影响群桩承载力和沉降量的因素较多，可以用群桩的效率系数 η 与沉降比 ν 两个指标反映群桩的工作特性。效率系数 η 是群桩极限承载力与各单桩单独工作时极限承载力之和的比值，可用来评价群桩中单桩承载力发挥的程度。沉降比 ν 是相同荷载下群桩的沉降量与单桩工作时沉降量的比值，可反映群桩的沉降特性。

试验表明，摩擦型群桩效率系数具有以下特点。

(1) 砂土 $\eta>1$。

(2) 黏性土高承台，$\eta\leqslant1$；桩距足够大时，$\eta\approx1$；低承台，$\eta>1$。

(3) 粉土 $\eta>1$，与砂土相近。

群桩的工作状态分以下为两类。

(1) 端承桩，中心距 $s_d\geqslant3d$ 且 $n<9$ 根的摩擦桩，条形基础下不超过两排的桩基，竖向抗压承载力为各单桩竖向抗压承载力的总和。

(2) 中心距 $s_d<6d$，$n\geqslant9$ 根的摩擦桩基，可视为一个假想的实体深基础，群桩承载力即按实体基础进行地基强度设计或验算，并验算该桩基中各单桩所承受的外力(轴心受压或偏心受压)。当建筑物对桩基的沉降有特殊要求时，应作变形验算。

群桩在设计时，其承载力计算必须考虑群桩效应。

10.3 桩基础设计

10.3.1 设计步骤

(1) 调查研究，收集设计资料。

(2) 选择桩的类型及其几何尺寸，包括桩的材料、顶底标高（承台埋深）、持力层的选定。

(3) 确定单桩承载力设计值。

(4) 确定桩的数量及平面布置，包括承台的平面形状和尺寸。

(5) 确定群桩或单桩基础的承载力，必要时验算群桩地基强度和变形（沉降量）。

(6) 桩身构造设计与强度计算。

(7) 承台设计，包括构造和受弯、冲切、剪切计算。

(8) 绘制桩基础施工图。

10.3.2 确定桩型和截面尺寸

1. 选择桩型

选择桩的类型要根据工程地质状况、施工技术条件、工期情况以及施工对周围环境的影响等因素综合考虑。用摩擦桩还是端承桩，用预制桩还是灌注桩，用什么类型的预制桩或灌注桩，要根据具体情况进行综合技术与经济分析。

2. 选择持力层

持力层应尽可能选择坚硬土层或岩层。如果在一般桩长深度内没有坚硬土层，则考虑选择中等强度的土层，如中密以上砂层或中等压缩性的一般黏性土等。

桩端进入持力层的深度：黏性土和粉土应≥$2d$；砂土应≥$1.5d$；碎石类土应≥d。当存在软弱下卧层时，桩基以下硬持力层厚度应≥$4d$。当硬持力层较厚且施工许可时，桩端进入持力层的深度尽可能达到桩端阻力的临界深度，以提高桩端阻力。临界深度值，对于砂、砾为（3～6）d；对于粉土、黏性土为（5～10）d。嵌岩灌注桩的周边嵌入微风化或中等风化岩体的最小深度不宜小于 0.5 m。

3. 确定桩长、承台底面标高

桩长为承台底面标高与桩端标高（不包括桩尖）之差。在确定持力层及其进入深度后，就要拟定承台底面标高，即承台埋置深度。

一般情况下，应使承台顶面低于室外地面 100 mm 以上；如有基础梁、筏板、箱基等，其厚（高）度应考虑在内；同时还要考虑季节性冻土和地下水的影响。

4. 桩截面尺寸

（1）最小桩径。钢筋混凝土方桩边长应≥250 mm；干作业钻孔桩和振动沉管灌注桩应≥ϕ300 mm；泥浆护壁回转或冲击钻孔桩应≥ϕ500 mm；人工挖孔桩应≥ϕ1 000 mm；钢管桩应≥ϕ400 mm。

（2）摩擦桩宜采用细长桩，以获得较大比表面（桩侧表面积与体积之比）。

（3）端承桩的持力层强度低于桩材强度且地基土层又适宜时，应优先考虑采用扩底灌注桩。

（4）桩径的确定，还要考虑单桩承载力的需求和布桩的构造要求。例如条形基础不能用过大的桩距而造成承台梁跨度过大；柱下独立基础不宜使承台板平面尺寸过大。一般情况下，同一建筑的桩基采用相同桩径，但当荷载分布不均匀时，可根据荷载和地基土条件采用不同直径的桩，尤其是采用灌注桩。

（5）当高承台桩基露出地面较高，或桩侧土为淤泥或自重湿陷性黄土时，为保证桩身不产生压屈失稳，端承桩的长径比应取 $l/d \leqslant 40$；按施工垂直度偏差也需控制长径比，对一般黏性土、砂土，端承桩的长径比应取 $l/d \leqslant 60$；对摩擦桩则不限制。

10.3.3　确定桩的数量和平面布置

1. 确定桩的数量

当桩的类型、基本尺寸和单桩承载力设计值确定后，可根据上部结构情况，按下式初步确定桩数

$$n \geqslant \mu \frac{F_k + G_k}{R_a} \tag{10-3}$$

式中　n——桩数；

F_k——相应于荷载效应标准组合作用于桩基承台顶面的竖向力/kN；

G_k——桩基承台和承台上土自重标准值/kN；

R_a——单桩竖向承载力特征值/kN；

μ——系数，当桩基为轴心受压时 $\mu=1$，当桩基为偏心受压时 $\mu=1.1\sim1.2$。

2. 确定桩的平面布置

桩基中各桩的中心距主要取决于群桩效应（包括挤土桩的挤土效应）和承台分担荷载的作用及承台材料等。桩的中心距不宜小于 3 倍桩身直径；若为扩底灌注桩，不宜小于 1.5 倍扩底直径；桩的最小中心距见表 10-1。若设计为大面积挤土群桩，宜 10-1 按表中数值适当加大桩距。

表 10-1　桩的最小中心距

成桩工艺及土类		桩排数≥3 排，桩数≥9 根的摩擦桩基	其他情况
非挤土和部分挤土灌注桩		3.0d	2.5d
挤土灌注桩	穿越非饱和土	3.5d	3.0d
	穿越饱和软土	4.0d	3.5d
挤土预制桩		3.5d	3.0d
打入式敞口管桩和 H 型钢桩		3.5d	3.0d

注：d 为圆柱形桩直径或方桩的边长。

扩底灌注桩除应符合表 10-1 的要求外，还应满足如下规定：对钻、挖孔灌注桩，桩距≥1.5D 或 D+1 m（当 D>2 m 时）；对沉管扩底灌注桩，桩距≥2D（D 为扩大端设计直径）。

在进行桩位布置时，应尽可能使上部荷载的中心和群桩横截面的形心重合。应力求各桩受力情况相近，宜将桩布置在承台外围，而各桩应距离垂直于偏心荷载或水平力与弯矩较大方向的横截面轴线大些，以便使群桩截面对该轴具有较大的惯性矩。桩的排列可采用行列式或梅花式两种，如图 10-8 所示。

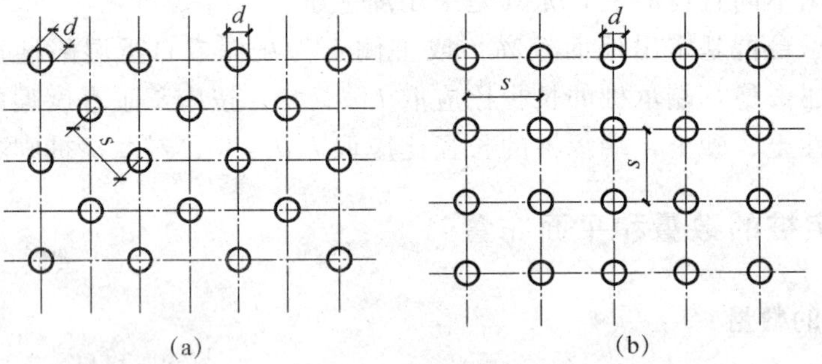

图 10-8　桩的排列形式

(a) 梅花式；(b) 行列式

承台的平面形状取决于桩的数量，如图 10-9 所示。箱基和带梁筏基以及墙下条形基础的桩，宜沿着墙或梁布置成单排或双排，以减小底板厚度或承台梁宽度。此外，为了使桩受力合理，在墙的转角及交叉处应布桩，窗门洞口下不宜布置桩。

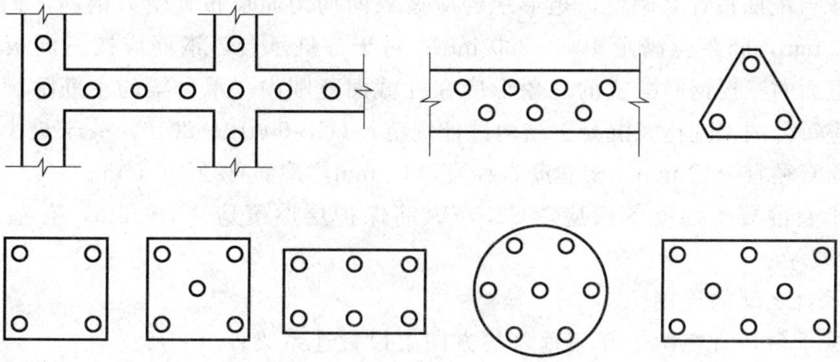

图 10-9　承台的平面形状

10.3.4　桩身设计

1. 混凝土强度等级

预制桩≥C30；灌注桩≥C20；预应力桩≥C40。

2. 桩身配筋

桩的主筋应经计算确定。打入式预制桩的最小配筋率宜≥0.8%；静压预制桩宜≥0.6%；灌注桩宜≥0.2%～0.65%（小直径桩取大值）。

3. 配筋长度

（1）受水平荷载和弯矩较大的桩，配筋长度应通过计算确定。

（2）桩基承台下存在淤泥、淤泥质土或液化土层时，配筋长度应穿过淤泥、淤泥质土层或液化土层。

（3）坡地岸边的桩、8度及8度以上抗震设防列度地区的桩、抗拔桩、嵌岩端承桩应通长配筋。

（4）桩径大于600 mm的钻孔灌注桩，构造钢筋的长度不宜小于桩长的2/3。

4. 桩顶构造

桩顶嵌入承台内的长度宜≥50 mm，主筋伸入承台内的锚固长度宜≥30d（Ⅰ级钢）或35d（Ⅱ级钢和Ⅲ级钢）。对于大直径灌注桩，当采用一柱一桩时，可设置承台或将桩和柱直接连接，柱纵筋插入桩身的长度应满足锚固长度的要求。

10.3.5　承台设计

1. 承台构造

（1）承台的宽度应≥500 mm，厚度应≥300 mm。

（2）边桩中心至承台边缘的距离宜≥桩的直径d或边长b，且桩的外边缘至承台边缘的距离≥150 mm。对于条形承台梁，桩的外边缘至承台梁边缘的距离≥75 mm。

（3）承台配筋按计算确定，矩形承台应按双向均匀通长布置受力钢筋，钢筋直径不宜小于 ϕ10 mm，间距应满足 100～200 mm；对于三桩承台，钢筋应按三向板带均匀布置，且最里面的三根钢筋围成的三角形应在柱截面范围内。承台梁的主筋除满足计算要求外，尚应符合国家现行《混凝土结构设计规范》（GB 50010—2010）关于最小配筋率的规定，主筋直径宜≥12 mm，架立筋直径宜≥10 mm，箍筋直径≥6 mm。

（4）承台混凝土强度等级应≥C20，纵筋保护层厚度应≥70 mm，有垫层时应≥40 mm。

（5）承台之间的连接

①单桩承台，宜在两个互相垂直的方向上设置连系梁；

②两桩承台，宜在其短向设置连系梁；

③有抗震要求的柱下独立承台，宜在两个主轴方向设置连系梁；

④连系梁顶面宜与承台位于同一标高，连系梁的宽度应≥250 mm，梁的高度可取承台中心距的 1/15～1/10；

⑤连系梁的主筋应按计算要求确定，连系梁内上下纵筋应≥2ϕ12 mm，并应按受拉要求锚入承台。

2. 承台厚（高）度

承台厚度的确定除了满足构造要求外，还应满足柱边和桩边的抗冲切强度和抗剪强度。

3. 承台配筋计算

首先要计算承台的弯矩，然后按钢筋混凝土受弯构件计算配筋。

案例 已知某桩基工程的上部结构荷载为竖向荷载设计值 F=3 000 kN，弯矩设计值 M=400 kN·m，水平力 H=90 kN，工程地质资料见表 10-2。已知地下水位在 −3.000 m处，经过试桩的单桩垂直静载荷试验得到单桩竖向极限承载力标准值为 1 300 kN。经过设计，该桩基础的桩身及承台施工图如图 10-10 所示。

表 10-2 某工程地质资料

序号	地层名称	深度 /m	厚度 /m	重度 γ /（kN/m³）	天然含水率 ω	天然孔隙比 e	液性指数 I_L
1	杂填土	0～1	1.0	16.2			
2	粉土	1～5	4.0	18.8	30%	0.6	0.6
3	淤泥质黏土	5～18	13.0	16.9	36%	1.1	1.2
4	黏土	18～24	6.0	18.4	25.5%	0.7	0.36
序号	地层名称	黏聚力 c /kPa	内摩擦角 φ/（°）	压缩模量 E_s/MPa	桩侧阻力特征值 q_{si}/kPa	桩端阻力特征值 q_p/kPa	承载力特征值 f_k/kPa
1	杂填土						

表 10-2（续）

序号	地层名称	黏聚力 c /kPa	内摩擦角 φ/（°）	压缩模量 E_s/MPa	桩侧阻力特征值 q_{si}/kPa	桩端阻力特征值 q_p/kPa	承载力特征值 f_k/kPa
2	粉土	4	15	8.2	36		110
3	淤泥质黏土	5	8	4.4	12		104
4	黏土	15	16	10.0	42	920	285

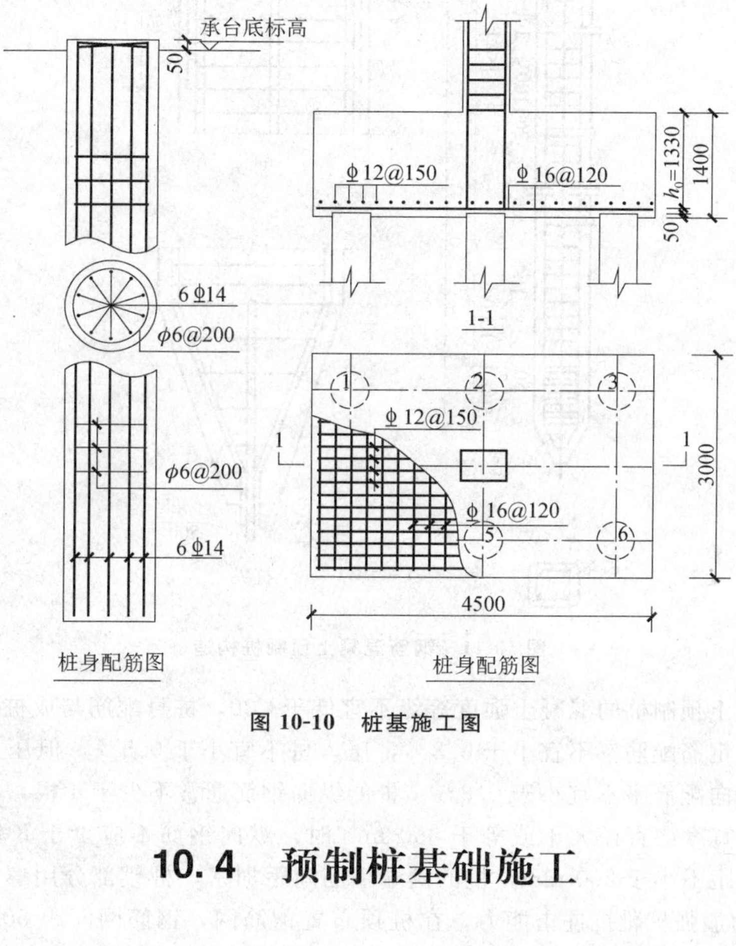

图 10-10　桩基施工图

10.4　预制桩基础施工

钢筋混凝土预制桩的施工主要包括预制、起吊、运输、堆放、沉桩等过程。

10.4.1　预制桩的制作和运输

1. 桩的制作

钢筋混凝土预制桩有实心桩和管桩两种。实心桩一般为正方形断面，常用断面边长为 400～700 mm，如图 10-11 所示。单根桩的最大长度根据打桩架的高度确定。

30 m以上的桩可将桩预制成几段，在打桩过程中逐段接长，如在工厂制作，每段长度不宜超过 12 m。管桩的外径通常为ϕ400 mm、ϕ500 mm，壁厚为 8～10 mm，管桩需要在工厂采用离心法生产制作。

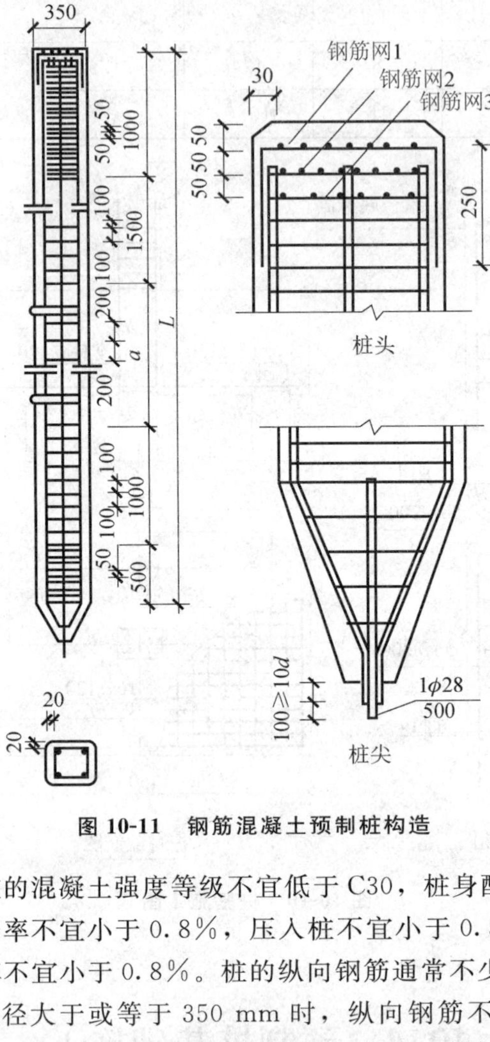

图 10-11　钢筋混凝土预制桩构造

钢筋混凝土预制桩的混凝土强度等级不宜低于 C30，桩身配筋与成桩方法有关，锤击沉桩的纵向钢筋配筋率不宜小于 0.8%，压入桩不宜小于 0.5%，但压入桩的桩身细长时，桩的纵向配筋率不宜小于 0.8%。桩的纵向钢筋通常不少于 4 根，直径不宜小于 14 mm，桩身宽度或直径大于或等于 350 mm 时，纵向钢筋不应少于 8 根；箍筋直径 6～8 mm，间距不小于 200 mm，桩的两端箍筋间距加密，桩靴部分用螺旋形箍筋，螺距 50 mm；为加强桩靴抗冲击能力，在桩顶布置钢筋网，钢筋网间距 50 mm；钢筋保护层厚度不得小于 35 mm。

钢筋混凝土预制方桩可在工厂或施工现场预制。一般较长的桩在打桩现场或附近场地预制，较短的桩多在预制厂生产。

为了节省场地，采用现场预制的桩多用叠浇法施工，其重叠层数取决于地面允许荷载和施工条件，一般不宜超过 4 层；场地应平整、坚实，不得产生不均匀沉降；桩与桩间应做隔离层，桩与邻桩、底模间的接触面不得黏结；上层桩或邻桩的浇筑，必须在下层桩或邻桩的混凝土达到设计强度的 30%以后方可进行。

钢筋混凝土预制桩制作程序为现场布置→场地地基处理、整平→场地地坪浇筑混凝土→支模→扎筋、安设吊环→浇筑混凝土→养护→（至 30%设计强度后）拆模→支间隔端头模板、刷隔离剂、扎筋→浇筑间隔桩混凝土→同法间隔重叠制作第二层桩→……→养护至 75%设计强度起吊→达 100%设计强度后运输。

钢筋骨架的主筋连接宜用对焊，同一截面内的接头数量不得超过 50%。同一根钢筋两个接头的距离应大于 30d（d 为主筋直径）且不小于 500 mm。

对于多节桩，上节桩和下节桩应尽量在同一纵轴线上制作，使上、下两节桩的钢筋和桩身减少偏差。桩预制时的先后次序应与打桩次序对应，以缩短养护时间。预制桩的混凝土浇筑应由桩顶向桩靴连续进行，严禁中断。浇筑完毕应覆盖洒水养护不少于 7 天，如用蒸汽养护，在蒸养后还应适当自然养护，30 天后方可使用。

桩的制作质量除应符合有关规范的允许偏差规定外，还应符合下列要求。

（1）桩的表面应平整、密实，掉角的深度不应超过 10 mm，且局部蜂窝和掉角的缺损总面积不得超过该桩表面全部面积的 0.5%，并不得过分集中。

（2）混凝土收缩产生的裂缝深度不得大于 20 mm，宽度不得大于 0.25 mm，横向裂缝长度不得超过边长的 1/2（圆柱或多边形桩不得超过直径和对角线的 1/2）。

（3）桩顶和桩尖处不得有蜂窝、麻面、裂缝和掉角。

2. 桩的起吊

桩的强度达到设计强度标准值的 75%后方可起吊，若提前起吊，必须采取措施并经验算合格方可进行。吊索应系于设计规定之处，若无吊环，则可按图 10-12 所示的位置设置吊点起吊。在吊索与桩间应加衬垫，起吊应平稳提升，防止撞击和受振动。

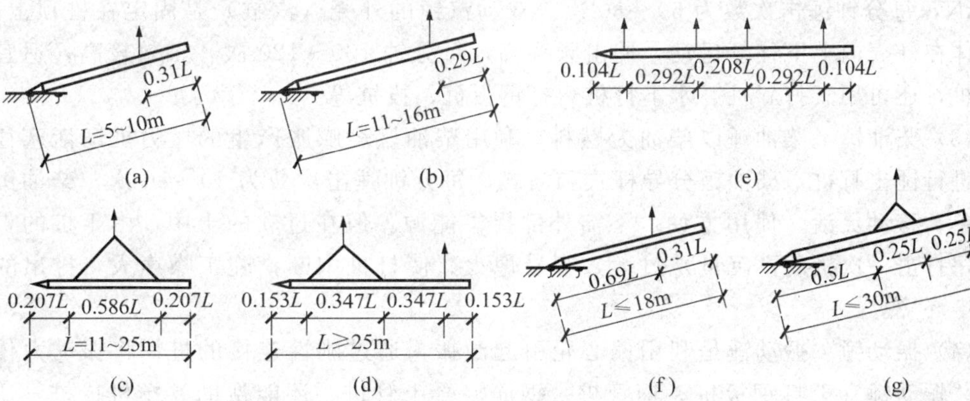

图 10-12　吊点位置

（a）、（b）一点吊法；（c）二点吊法；（d）三点吊法；（e）四点吊法；（f）预应力管桩一点吊法；（g）预应力管桩二点吊法

3. 桩的运输

混凝土预制桩达到设计强度的 100%后方可运输。当运距不大时，可用起重机吊运或在桩下垫以滚筒用卷扬机拖拉。当运距较大时，可采用平板拖车或轻轨平板车运输，桩下宜设活动支座，运输时应做到平稳并不得损坏，经过搬运的桩要进行质量检查。

4. 桩的堆放

桩堆放时，地面必须平整、坚实，垫木间距应与吊点位置相同，各层垫木应位于同一垂直线上，最下层垫木应适当加宽；堆放层数不宜超过 4 层，不同规格的桩应分别堆放。

10.4.2 沉桩机械设备

打桩设备主要包括桩锤、桩架和动力装置三部分。

1. 桩锤

桩锤的作用是对桩顶施加冲击力，把桩打入土中。桩锤主要有落锤、汽锤、柴油锤、振动锤等，目前应用较广的是柴油锤。

（1）落锤　落锤构造简单，使用方便，能随意调整落距。落锤的工作原理是利用锤的重力和一定的落距，对桩顶产生冲击作用而将桩打入土中。落锤锤重一般为 5～20 kN，落距以不小于 1 m 为宜，一般使用卷扬机拉升施打。落锤适用于黏土和含砂、砾石较多的土层。但落锤打桩速度慢、工效低（每分钟锤击次数为 6～12 次），对桩的损伤较大，施工时噪声大，影响环境。一般在使用其他类型的桩锤不经济时或在小型工程中才使用落锤。

（2）汽锤　汽锤以蒸汽或压缩空气为动力对桩顶进行锤击。根据其工作情况又可分为单动汽锤和双动汽锤。单动汽锤的冲击力较大，可以打各种桩，常用锤重为 30～150 kN，每分钟锤击次数为 60～80 次。双动汽锤的外壳（汽缸）是固定在桩顶上的，冲击体在外壳内上下往复运动，冲击频率高，每分钟 100～120 次，工效较高，适宜打各种桩，还可用于打斜桩、水下打桩、打钢板桩、拔桩等。

（3）柴油锤　柴油锤以柴油为燃料，利用柴油燃烧膨胀产生的压力推动活塞往复运动进行锤击打桩。柴油锤分导杆式和筒式，每分钟锤击次数为 40～80 次。柴油锤结构简单、移动灵活、使用方便，不需外部提供能源。但在过软的土中，由于桩的贯入度（每打击一次桩的下沉量）过大，容易熄火，使打桩中断；施工噪声大，排出的废气污染环境。

（4）振动锤　振动锤是利用偏心轮引起激振，通过刚性连接的桩帽将振动力传到桩上。振动锤宜于打钢板桩、钢管桩、钢筋混凝土管桩，还能帮助卷扬机拔桩，适用于在砂土、塑性黏土及松软砂黏土上打桩，对于卵石夹砂及紧密黏土效果较差。

桩锤的类型应根据施工现场情况、机具设备条件及工作方式、工作效率等条件来选择。

2. 桩架

桩架的作用是支撑桩身和悬吊桩锤，在打桩过程中引导桩身方向并保证桩锤沿着所要求方向冲击的打桩设备。桩架的类型很多，主要有履带式、滚管式、轨道式、步履式。

（1）履带式打桩架（图 10-13）是以履带式起重机为主机的一种多功能打桩机，机架移动与转向最灵活，移动速度快；桩架的移动只需驾驶员单独操纵即可，可以悬挂筒式柴油锤、液压锤和振动锤，可分别施工各种类型的预制桩，也可进行灌注桩施工。

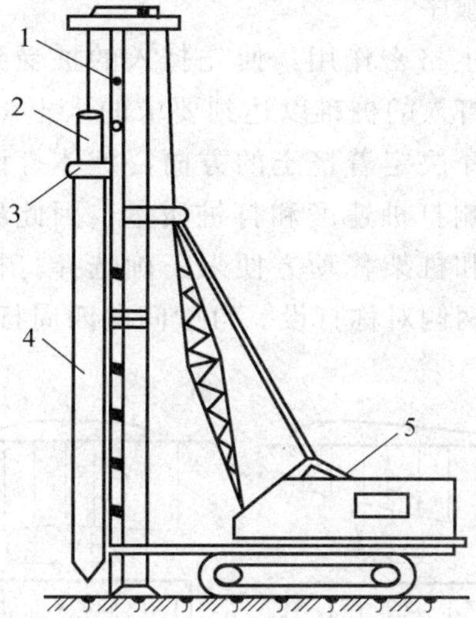

图 10-13　履带式打桩架

1—导架；2—桩锤；3—桩帽；4—桩；5—吊车

(2) 滚管式打桩架行走靠两根滚管在枕木下滚动，结构比较简单，制作容易，成本低，但平面转向不灵活，操作人员多。

(3) 轨道式打桩架由立柱、斜撑、回转工作台、底盘及转动机构组成。它的适应性较好，在水平方向可 360°回转，导架可伸缩和前后倾斜，底盘下装有铁轮，可在轨道上行走，这种桩架可适应各种预制桩及灌注桩施工。其缺点是机构较庞大，现场装卸和转运比较困难；可配合柴油锤、振动锤，但其机动性能较差，需铺设枕木和钢轨，施工不方便。

(4) 液压步履式打桩架下部装有前后，左右两对对称的液压船垫结构，以步履方式移动，不需铺枕木和钢轨，机动灵活，移动桩位方便，打桩效率高。

3. 动力装置

锤击成桩的动力装置取决于所选的桩锤。落锤以电源为动力，需配置电动卷扬机、变压器、电缆等；蒸汽锤以高压蒸汽为动力，需配置蒸汽锅炉和卷扬机；空气锤以压缩空气为动力，需配置空气压缩机、内燃机等；柴油锤以柴油作为能源，桩锤本身有燃烧室，不需外部动力设备。

10.4.3　沉桩工艺

钢筋混凝土预制桩的沉桩方法有锤击法、振动法、水冲沉桩法、钻孔锤击法、静力压桩法等。

1. 锤击法沉桩

锤击法沉桩简称锤击法，又称打入法，是利用桩锤的冲击力克服土体对桩体的阻力，使桩沉到预定深度或达到持力层。

1）打桩准备

（1）定桩位、确定打桩顺序

由于打桩时桩对基土产生挤密作用，使先打入的桩受到水平推挤而产生偏移，或被垂直挤涌造成浮桩；而后打入的桩难以达到要求的入土深度，造成土体隆起和挤压，从而造成截桩过大。打桩顺序决定着挤土的方向，桩体打设的前进方向即是基土被推挤的方向。打桩顺序直接影响打桩速度和打桩质量，因此群桩施打前，应根据桩群的密集程度、桩的规格及长短和桩架移动方便来正确选择打桩顺序。可选用如下的打桩顺序：逐排打设、自中间向两侧对称打设、自中间向四周打设等，如图 10-14 所示。

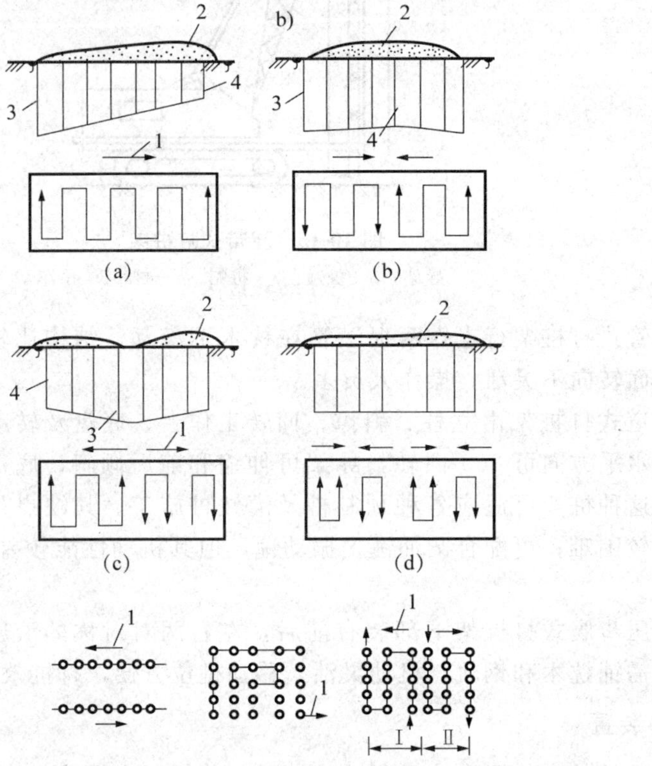

图 10-14　打桩顺序和土体挤密情况

（a）逐排单向打设；（b）两侧向中心打设；（c）中部向两侧打设；（d）分段相对打设

（e）逐排打设；（f）自中部向两边打设；（g）分段打设

当桩较稀疏时（桩中心距＞4 倍桩径），打桩顺序对打桩速度和打桩质量影响不大，可根据方便施工选择打桩顺序。

当桩较密集时（桩中心距≤4 倍桩径），应由中间向两侧对称施打，或由中间向四周施打；当桩数较多时，也可采用分区段施打。

当桩规格、埋深、长度不同时，宜按“先大后小、先深后浅、先长后短”的原则施打。当一侧毗邻建筑物时，由毗邻建筑物处向另一方向施打。当桩头高出地面时，桩机宜采用向后退打，否则可采用向前顶打。

(2) 设置水准点

打桩现场附近需设置不少于两个水准点。在施工过程中可据此检查桩位的偏差以及桩的入土深度。

(3) 垫木、桩帽和送桩

桩锤与桩帽间安装垫木，用以减轻对桩帽的直接冲击。若桩顶要求打到桩架导杆底端以下，或要求打入土中，则需要利用“送桩”。送桩是一种可重复使用的工具桩，一般用钢材制作，其长度和截面尺寸视需要而定。

(4) 设置标尺

标尺用以控制桩的入土深度。桩在打入前应在桩的侧面上画标尺或在桩架上设置标尺，用以观察桩的入土深度。

(5) 其他

打桩前应清理现场，清除施工现场的地面和地上的障碍物，平整施工场地；设置供电、供水系统；培训施工人员，进行技术交底，特别是地质情况和设计要求的交底，准备好桩基工程施工记录和隐蔽工程记录等。

2) 沉桩工艺

桩机就位→桩起吊→对位插桩→打桩→接桩→打桩→送桩→检查验收→桩机就下一桩位。

(1) 桩机就位

打桩机就位时，应对准桩位，保证垂直、稳定，确保在施工中不发生倾斜、移动。

在打桩前，用 2 台经纬仪对打桩机进行垂直度调整，使导杆垂直，或达到符合设计要求的角度。

(2) 桩起吊

钢筋混凝土预制桩应在混凝土达到设计强度的 75%后方可起吊，达到设计强度的 100%后才能运输，达到要求强度与龄期后方可打桩。如果提前吊运，则应采取措施并经验算合格后方可进行。

桩在起吊和搬运时，吊点应符合设计规定。先拴好吊桩用的钢丝绳和索具；然后应用索具捆绑在桩上端吊环附近处，一般不宜超过 300 mm；再启动机器起吊预制桩，使桩尖垂直或按设计要求的斜角准确地对准预定的桩位中心，缓缓放下插入土中，位置要准确；再在桩顶扣好桩帽或桩箍，即可除去索具。如果无吊环，则吊点位置的选择随桩长而异，并应符合起吊弯矩最小的原则。

(3) 对位插桩

桩尖插入桩位后，先用较小落距轻锤 1～2 次，待桩入土一定深度，再调整桩锤、桩帽、桩垫及打桩机导杆，使之与打入方向成一直线，并使桩稳定。10 m 以内短桩可用线坠双向校正；打 10 m 以上的桩或打接桩，必须用经纬仪双向校正，不得用目测。打斜桩时必须用角度仪测定、校正角度。观测仪器应设在不受打桩机移动及打桩作业影响的地点，并经常与打桩机成直角移动。桩插入土时垂直度偏差不得超过 0.5%。

（4）打桩

用落锤或单动汽锤打桩时，锤的最大落距不宜超过 1 m；用柴油锤打桩时，应使锤跳动正常。打桩宜重锤低击，锤重的选择应根据工程地质条件、桩的类型、结构、密集程度及施工条件选用。

打桩顺序根据基础的设计标高，先深后浅；依桩的规格先大后小、先长后短。合理的打桩顺序可使土挤密均匀，防止位移或偏斜。

打入初期应缓慢、间断地试打，在确认桩中心位置及角度无误后再转入正常施打。打桩期间应经常校核桩机导杆的垂直度或设计角度。

（5）接桩

混凝土预制长桩，受运输条件和打（沉）桩架高度限制，一般要分节制作，在现场接桩，分节沉入。

桩的常用接头方式有焊接接桩、法兰接桩及硫磺胶泥锚接桩三种。焊接接桩和法兰接桩可用于各类土层；硫磺胶泥锚接桩适用于软土层。接桩前应先检查下节桩的顶部，如果有损伤应适当修复，并清除两桩端的污染和杂物等。如果下节桩头部严重破坏，则应补打新桩。

焊接时，其预埋件表面应清洁，上下节之间的间隙应用铁片垫实焊牢。施焊时，先将四角点固定，然后对称焊接，并应采取措施，减少焊缝变形。焊缝应连续焊满，并采取减少焊缝变形的措施，焊缝质量应符合设计要求。0 ℃以下时须停止焊接作业，否则需采取预热措施。

硫磺胶泥锚接法接桩时，接头间隙内应填满熔化了的硫磺胶泥，硫磺胶泥温度控制在 145 ℃左右。接桩后应停歇至少 7 min 后才能继续打桩。

接桩一般在距地面 0.5～1 m 时进行，上下节桩的中心线偏差视接桩方法而异，上下节桩段应保持顺直，错位偏差不宜大于 2 mm。接桩处入土前，应对外露铁件再次补刷防腐漆。

桩的接头应尽量避免下述位置：

①桩尖刚达到硬土层的位置；

②桩尖将穿透硬土层的位置；

③桩身承受较大弯矩的位置。

（6）送桩

设计要求送桩时，送桩的中心线应与桩身吻合一致才能进行送桩。送桩下端宜设置桩垫，要求厚薄均匀。若桩顶不平可用麻袋或厚纸垫平，则送桩留下的桩孔应立即回填密实。

（7）检查验收

打桩质量包括两方面的内容，一是能否满足贯入度或标高的设计要求；二是打入后的偏差是否在施工及验收规范允许的范围以内。

贯入度指每锤击一次桩的入土深度，而在打桩过程中常指最后贯入度，即最后一击桩的入土深度。在实际施工中，一般是采用最后 10 击桩的平均入土深度作为其最后贯入度。测量最后贯入度应在桩顶没有破坏、锤击没有偏心、锤的落距符合规定、桩帽和弹性垫层正常的条件下进行。

预制桩打入深度以最后贯入度（一般以连续锤击均能满足为准）及桩尖标高为准，即“双控”。停止锤击的控制原则如下。

①桩端（指桩的全断面）位于一般土层时，以控制桩端设计标高为主，贯入度可作参考。

②桩端达到坚硬、硬塑的黏土和中密以上粉土、砂土、碎石类土、风化岩时，以贯入度控制为主，桩端标高可作参考。

③贯入度已达到而桩尖标高未达到时，应继续锤击 3 次，按每次 10 击的贯入度不大于设计规定的数值加以确认，必要时控制贯入度应通过试验与有关单位会商确定。

符合设计要求后，填好施工记录，然后移桩机到新桩位。如果与要求相差较大，则应会同有关单位研究处理，一般采取补桩方法。

在每根桩桩顶打至场地标高时应进行中间验收，待全部桩打完后，开挖至设计标高，做最后检查验收，并将技术资料提交总承包方。

打桩过程中，遇见下列情况应暂停，并及时与有关单位研究处理：

①贯入度剧变；

②桩身突然发生倾斜、位移或有严重回弹；

③桩顶或桩身出现严重裂缝或破碎。

2. 静力压桩法

静力压桩法是利用无振动、无噪声的静压力将桩压入土中。静力压桩的方法较多，有锚杆静压、液压千斤顶加压、绳索系统加压等。凡属于非冲击力沉桩的方法均可归属于静力压桩法。

静力压桩法适用于在软土、淤泥质土中沉桩。其施工中无噪声、无振动、无冲击力，与普通打桩和振动沉桩相比可减少对周围环境的影响，适合在对震动敏感的建筑物附近施工。

常用的静力压桩机（图 10-15）有机械式和液压式两种。

图 10-15　静力压桩机

静力压桩

机械式静力压桩机是利用桩架的自重和压重，通过卷扬机牵引滑轮组，将整个压桩机的重力经压梁传至桩顶，以克服桩身下沉时与土的摩阻力，将桩压入土中。

液压式静力压桩机由压桩机构、行走机构和起吊机构三部分组成（图 10-16）。液压式静力压桩机产生的压力可达 4 000 kN。压桩一般是分节压入，逐段接长。当第一节桩压入土中，其上端距地面 2 m 左右时将第二节桩接上，继续压入。同一根桩应连续施工。液压式静力压桩机移动方便迅速、送桩定位准确、压桩效率高，已逐渐取代机械式静力压桩机。

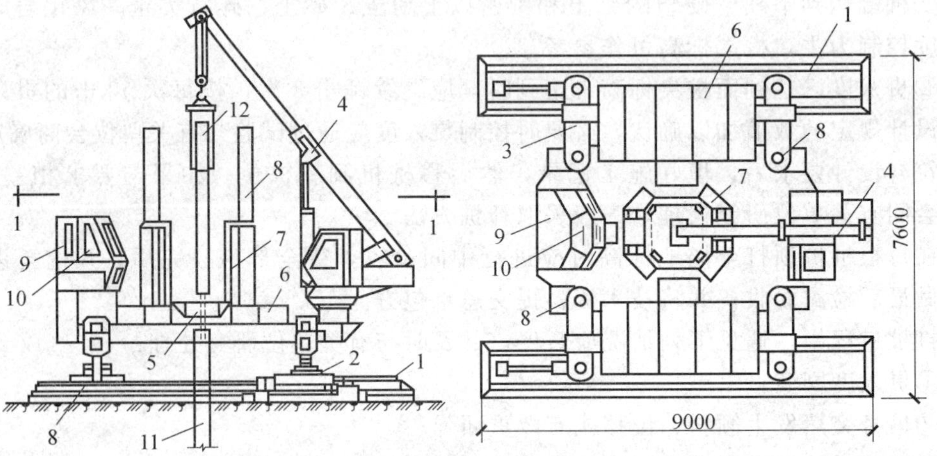

图 10-16　液压式静力压桩机结构

1—长的行走机构；2—短船行走及回转机构；3—支腿式底盘结构；4—液压起重机；5—夹持与压板装置；6—配重铁块；7—导向架；8—液压系统；9—电控系统；10—操纵室；11—已压入下节桩；12—吊入下节桩

静力压桩法施工顺序为测量定位→桩机就位→吊桩插桩→桩身对中调直→静压沉桩→接桩→再沉桩→终止压桩→切割桩头。

3. 其他沉桩方法

预制桩的其他沉桩方法还有振动法、水冲沉桩法、钻孔锤击法等。

(1) 振动法　振动沉桩与锤击沉桩的施工方法相同。振动法是借助固定于桩顶的振动器产生的振动力，减少桩与土之间的摩擦阻力，使桩在自重和振动力的作用下沉入土中。振动法在砂土中运用效果较好，对黏土地区效率较差。

(2) 水冲沉桩法　水冲沉桩法是锤击沉桩的一种辅助方法。水冲沉桩法利用高压水流经过桩侧面或空心桩内部的射水管冲击桩靴附近土层，减少桩与土之间的摩擦力及桩靴下土的阻力，使桩在自重和锤击作用下迅速沉入土中。一般是边冲水边打桩，当沉桩至最后 1～2 m 时停止冲水，用锤击至规定标高。水冲沉桩法适用于砂土和碎石土，有时对于特别长的预制桩，单靠锤击有一定困难时，也可用水冲沉桩法辅助施工。

(3) 钻孔锤击法　钻孔锤击法是钻孔与锤击相结合的一种沉桩方法。当遇到土层坚硬，采用锤击法遇到困难时，可以先在桩位上钻孔后再在孔内插桩，然后锤击沉桩。钻孔深度距持力层 1～2 m 时停止钻孔，提钻时注入泥浆以防止塌孔，泥浆的作用是护壁。钻孔直径应小于桩径。钻孔完成后吊桩，插入桩孔锤击至持力层深度。

10.5　灌注桩施工

钢筋混凝土灌注桩是直接在桩位上使用人工或机械等方法成孔，然后在孔内安放钢筋笼、浇筑混凝土成桩的工艺。根据成孔方法不同，灌注桩可分为钻孔灌注桩、套管成孔灌注桩、爆扩成孔灌注桩及人工挖孔灌注桩等。

10.5.1　灌注桩的施工准备

1. 确定桩位和成孔顺序

(1) 机械钻孔灌注桩、干作业成孔灌注桩等，一般按现场条件和桩机行走最方便的原则确定成孔顺序。

(2) 冲孔灌注桩、振动成孔灌注桩、爆扩桩等，成孔时对土有挤密作用和振动影响，一般可结合现场施工条件，采用下列方法确定成孔顺序：

①间隔 1～2 个桩位成孔；

②在邻桩混凝土初凝前或终凝后再成孔；

③5 根单桩以上的群桩基础，位于中间的桩先成孔，周围的桩后成孔；

④同一个承台下的爆扩桩，可根据不同的桩距采用单爆或联爆法成孔。

2. 制作钢筋笼

绑扎钢筋笼时，要求纵向钢筋沿环向均匀布置，箍筋的直径和间距、纵向钢筋的保护层、加劲箍筋的间距等应符合设计规定。箍筋和纵向钢筋（主筋）之间采用绑扎时，应在其两端和中部采用焊接，以增加骨架的牢固程度，便于吊装入孔。

钢筋笼直径除按设计要求设计外，还应符合下列规定：

(1) 套管成孔的桩，应比套管内径小 60～80 mm；

(2) 用导管法灌注水下混凝土的桩，应比导管连接处的外径大 100 mm 以上；

(3) 在钢筋笼制作、运输和安装过程中，应采取措施防止变形，并应有保护层垫块；

(4) 钢筋笼吊放入孔时不得碰撞孔壁，浇筑混凝土时应采取措施固定钢筋笼的位置，防止上浮和偏移。

3. 混凝土配制

混凝土配制时，应选用合适的石子粒径和混凝土坍落度。石子粒径要求：卵石不宜大于 50 mm，碎石不宜大于 40 mm，配筋的桩不宜大于 30 mm，石子最大粒径不得大于钢筋净距的 1/3。坍落度要求：水下灌注的混凝土宜为 16～22 cm；干作业成孔的混凝土宜为 8～10 cm；套管成孔的混凝土宜为 6～8 cm。

灌注桩的混凝土浇灌应连续进行。水下浇灌混凝土时，钢筋笼放入泥浆后 4 h 内必须浇灌混凝土，并要做好施工记录。

10.5.2 灌注桩的施工工艺

1. 钻孔灌柱桩

钻孔灌注桩指利用钻孔机械钻出桩孔，并在桩孔中浇灌混凝土（或先在孔中吊放钢筋笼）而成的桩。根据钻孔机械的钻头是否在土壤的含水层中施工，又分为干作业成孔和泥浆护壁成孔两种方法。

1）干作业成孔灌注桩

当桩底标高位于地下水位以上时，采用干作业成孔灌注桩工艺。干作业成孔灌注桩是用螺旋钻机或旋挖钻机在桩位上成孔，在孔中吊放钢筋笼，再浇筑混凝土的成桩工艺。干作业成孔适用于地下水位以上的各种软硬土层，施工中不需设置护壁，从而直接钻孔取土形成桩孔。目前常用的钻孔机械是螺旋钻机。

（1）螺旋钻成孔灌注桩施工工艺

螺旋钻机（图 10-17）主要由顶部滑轮组、动力头、螺旋钻具、液压起落杆、操纵室、底盘、行走机构、回转机构、卷扬钢丝绳、桅杆立柱、起吊卷扬机、液压系统及电气系统组成。钻机利用动力旋转钻杆，钻杆带动钻头上的螺旋叶片旋转切削土层，土渣沿螺旋叶片上升排出孔外。螺旋钻机成孔直径一般为 300～600 mm，钻孔深度为 8～12 m。

螺旋钻成孔

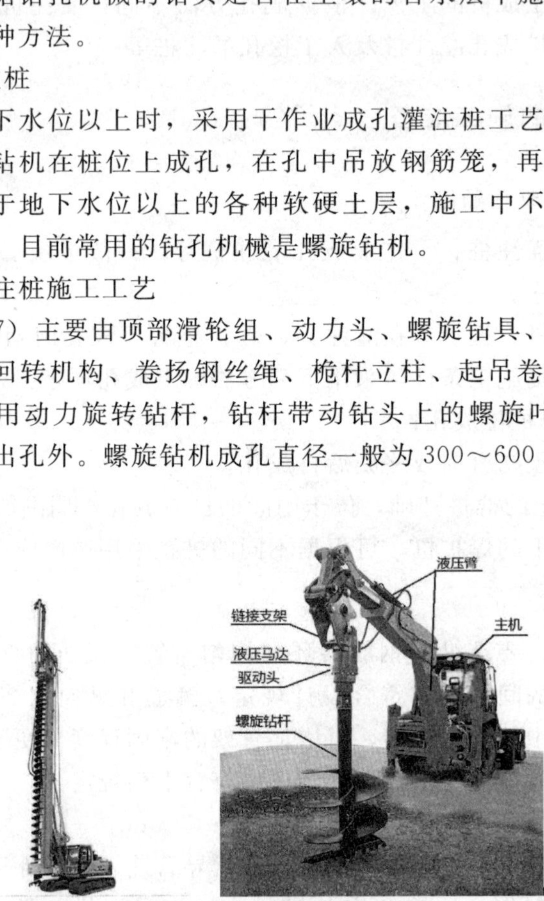

图 10-17 螺旋钻机

钻杆按叶片螺距的不同可分为密螺纹叶片和疏螺纹叶片。密螺纹叶片适用于可塑或硬塑黏土或含水量较小的砂土，钻进时速度缓慢而均匀。疏螺纹叶片适用于含水量大的软塑土层，由于钻杆在相同转速时，疏螺纹叶片较密螺纹叶片向上推进快，因此可取得较快的钻进速度。

螺旋钻成孔灌注桩施工流程为钻机就位→钻孔→检查成孔质量→孔底清理→盖好孔口盖板→移动桩机至下一桩位→移走盖口板→复测桩孔深度及垂直度→安放钢筋笼→放混凝土串筒→浇灌混凝土→插桩顶钢筋。

钻进时要求钻杆垂直，钻孔过程中如发现钻杆摇晃或进钻困难，可能是遇到石块等硬物，应立即停钻检查，及时处理，以免损坏钻具或导致桩位偏斜。施工中，如发现钻孔偏斜，应提起钻头上下反复扫钻数次，以便削去硬土。如纠正无效，应在孔中回填黏土至偏孔处以上 0.5 m，再重新钻进。如成孔时发生塌孔，宜钻至塌孔处以下 1～2 m处，用低强度等级的混凝土填至塌孔以上 1 m 左右，待混凝土初凝后再继续下钻，钻至设计深度，也可用 3∶7 的灰土代替混凝土。

钻孔达到要求深度后，进行孔底土清理，即钻到设计深度后，必须在深处进行空转清土，然后停止转动，提钻杆，在提钻过程中不得回转钻杆。

提钻后应检查成孔质量：用测绳（锤）或手提灯测量孔深、垂直度及虚土厚度。虚土厚度等于测量深度与钻孔深度的差值，虚土厚度一般不应超过 100 mm。如清孔时，少量浮土泥浆不易清除，可投入 25～60 mm 厚的卵石或碎石插捣，以挤密土体；或用夯锤夯击孔底虚土，也可用压力在孔底灌入水泥浆，以减少桩的沉降和提高其承载力。

钻孔完成后应尽快吊放钢筋笼并浇筑混凝土。混凝土应分层浇筑，每层高度不得大于 1.5 m，混凝土的坍落度在一般黏性土中为 50～70 mm，在砂类土中为 70～90 mm。

（2）螺旋钻孔压浆成桩法施工工艺

螺旋钻孔压浆成桩法是在螺旋钻孔灌注桩的基础上，发展起来的一种新工艺。它的工艺原理是用螺旋钻杆钻到预定的深度后，通过钻杆芯管底部的喷嘴，自孔底由下而上向孔内高压喷射以水泥浆为主剂的浆液，使液面升至地下水位或无塌孔危险的位置以上。提起钻杆后，在孔内安放钢筋笼并在孔口通过漏斗投放骨料，最后自孔底向上多次高压补浆成桩。

螺旋钻孔压浆成桩的施工特点是连续一次性成孔，多次自下而上高压注浆成桩。该工艺既具有无噪声、无振动、无排污的优点，又能在流砂、卵石、地下水、易塌孔等复杂地质条件下顺利成桩。由于水泥浆能在周围土体中扩散渗透，可提高桩体的质量，所以其承载力为一般灌注桩的 1.5～2 倍，在国内很多工程中已经得到成功应用。

螺旋钻孔压浆成桩的施工顺序（图 10-18）为钻机就位后钻至设计深度，空钻清底；再进行一次压浆，把高压胶管一头接在钻杆顶部的导流器预留管口，另一头接在压浆泵上，将配制好的水泥浆由下而上边提钻边压浆，压浆到易塌孔地层以上500 mm 后提出钻杆；然后将塑料压浆管固定在制作好的钢筋笼上，使用钻机的吊装设备吊起钢筋笼对准孔位，垂直缓慢放入孔内，下到设计标高，固定钢筋笼；之后下碎石，碎石通过孔口漏斗导入孔内，用铁棍捣实；利用固定在钢筋笼上的导管进行第二次压浆且与第一次压浆的间隔不得超过 45 min，压浆完成后立即拔管洗净备用。

2）泥浆护壁成孔灌注桩

泥浆护壁成孔是利用泥浆保护孔壁，通过循环泥浆裹携悬浮孔内钻挖出的土渣并排出孔外，从而形成桩孔的一种成孔方法。成孔工艺可采用冲抓成孔（图 10-19）或旋挖钻机成孔（图 10-20）。旋挖成孔是在泥浆护壁的条件下，由旋挖钻机上的转盘或动力头带动可伸缩式钻杆和钻杆底部的钻头旋转，用钻斗底端和侧面开口上的切削刀具切削岩土，同时切削下来的岩土从开口处进入钻斗内；待钻斗装满钻屑后，通过伸缩钻杆把钻斗提到孔口，自动开底卸土，再把钻斗下到孔底继续钻进。如此反复，直至钻到设计孔深。

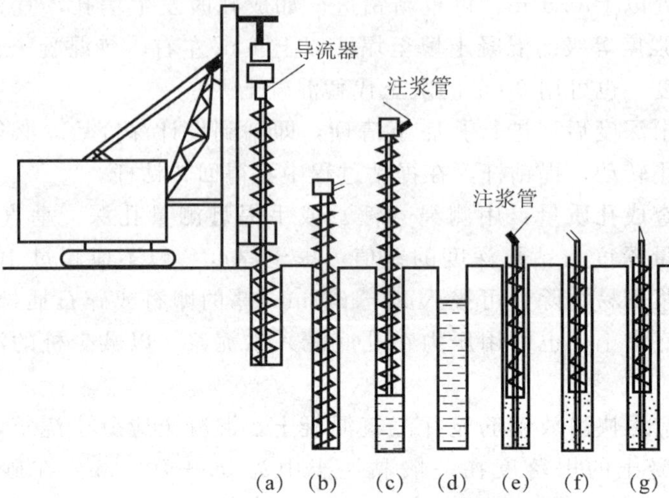

图 10-18　螺旋钻孔压浆成桩施工顺序

(a) 钻机就位；(b) 钻进；(c) 一次压浆；(d) 提出钻杆；
(e) 下钢筋笼；(f) 下碎石；(g) 二次补浆

图 10-19　冲抓成孔

图 10-20　旋挖成孔

泥浆在成孔过程中所起的作用是护壁、携渣、冷却和润滑，其中最重要的作用是护壁。泥浆相对密度较大，当孔内泥浆液面高于地下水位时，泥浆对孔壁产生的孔静水压力相当于一种水平方向的液体支撑，可以稳固孔壁、防治塌孔；泥浆在孔壁上形成一层低透水性的泥皮，避免孔内水分漏失，稳定护筒内的泥浆液面，保持孔内壁的净水压力，以达到护壁的目的。泥浆有较高的黏性，通过循环泥浆可将切削破碎的土渣悬浮起来，随同泥浆排出孔外，起到携渣排土的作用。循环的泥浆对钻具具有冷却和润滑的作用，可减轻钻具的磨损。

泥浆护壁成孔灌注桩的施工工艺流程为测定桩位→埋设护筒→桩机就位→制备泥浆→成孔→清孔→安放钢筋骨架→浇筑水下混凝土。

(1) 定位桩、埋设护筒

桩位放线定位后即可在桩位上埋设护筒。护筒的作用是固定桩位，防止地表水流入孔内，保护孔口和保持孔内水压力，防止塌孔以及成孔时引导钻头的钻进方向等。

护筒一般用 4～8 mm 厚钢板制作（图 10-21），其中内径应大于钻头直径 100～200 mm，上部开设 1～2 个溢浆孔。护筒的埋设深度：黏土中不宜小于 1.0 m；砂土中不宜小于 1.5 m，其高度尚应满足孔内泥浆面高度的要求，一般高出地面或水面 400～600 mm；受水位涨落影响或水下施工的钻孔灌注桩，护筒应加高加深，泥浆面应高出最高水位 1.5 m，必要时护筒应打入不透水层。

图 10-21　桩护筒

(2) 制备泥浆

制备泥浆的方法根据土质确定。在黏性土中成孔时，可在孔中注入清水，钻机旋转时，切削土屑与水旋拌，用原土造浆；在其他土中成孔时，泥浆制备应选用高塑性黏土或膨胀土。

泥浆的浓度应适当控制，注入干净泥浆的相对密度（泥浆密度与水的密度之比）应控制在 1.1 左右，排出的泥浆相对密度宜为 1.2～1.4；当穿过砂类卵石层等容易坍孔的土层时，泥浆的相对密度可增大至 1.3～1.5。在施工过程中，应勤测泥浆密度，并应定期测定含黏土、砂量和胶体率。

(3) 成孔

泥浆护壁成孔灌注桩有回转钻成孔、潜水钻成孔、冲击钻成孔、冲抓锥成孔等不同的成孔方法。回转钻机是由动力装置带动钻机回转装置，再经回转装置带动装有钻头的钻杆转动，钻头切削土壤而形成桩孔。按泥浆循环方式不同，可分为正循环回转钻机（图 10-22）和反循环回转钻机（图 10-23）。正循环回转钻机成孔工艺为从空心钻杆内部空腔注入的加压泥浆或高压水，由钻杆底部喷出，裹携钻削出的土渣沿孔壁向上流动，由孔口排出后流入泥浆池。与正循环相反，反循环回转钻机成孔工艺为反循环作业的泥浆或清水是由钻杆与孔壁间的环状间隙流入钻孔，由于吸泥泵的作用，在钻杆内腔形成真空，钻杆内外的压强差使得钻头下裹携土渣的泥浆，由钻杆内部空腔上升返回地面，再流入泥浆池。反循环工艺的泥浆向上流动的速度较大，能携带较多的土渣。

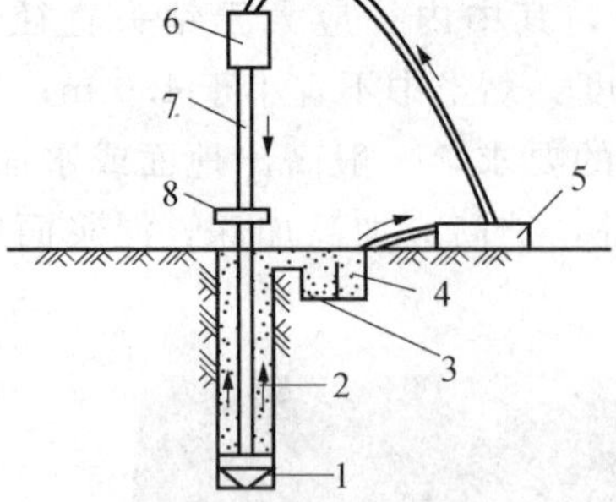

图 10-22 正循环回转钻机成孔工艺原理

1—钻头；2—泥浆循环方向；3—沉淀池；4—泥浆池；5—泥浆泵；6—水龙头；7—钻杆；8—钻机回转装置

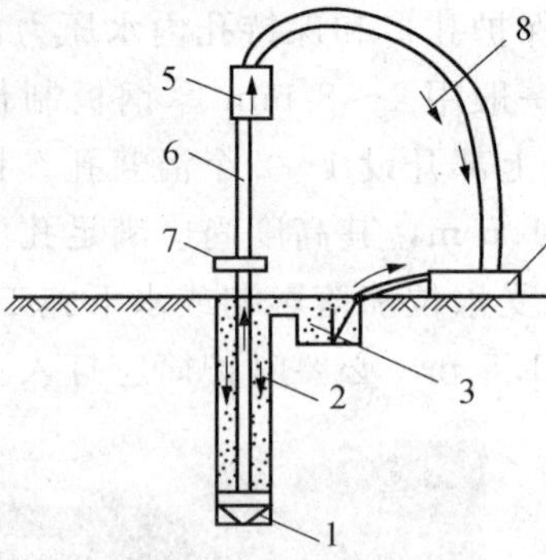

图 10-23 反循环回转钻机成孔工艺原理

1—钻头；2—新泥浆流向；3—沉淀池；4—砂石泵；5—水龙头；6—钻杆；7—钻机回转装置；8—混合液流向

也可用潜水钻成孔，潜水钻机是一种将动力装置、变速机构密封后和钻头连在一起，可潜入水中工作体积小而轻的旋转式钻孔机械。潜水钻成孔具有设备定型、体积小、移动灵活、维修方便、无噪声、无振动、钻孔深、成孔精度和效率高、劳动强度低等特点。其钻头有多种形式，以适应不同的桩径和土质。钻头靠桩架悬吊吊杆定位，钻孔时钻杆不旋转，仅钻头部分旋转削土，同时用泥浆泵压送高压泥浆，泥浆从钻头底端射出与切碎的土颗粒混合，然后不断由孔底向孔口溢出，用正循环方式排泥渣。如此连续钻进、排泥渣，直至形成所需深度的桩孔。

潜水钻机成孔直径 500～1 500 mm，深 20～30 m，最深可达 50 m，适用于地下水位较高的软硬土层，也可钻入岩层。潜水钻成孔前，孔口也要埋设钢板护筒。钻孔达到设计深度后应进行清孔，再放置钢筋笼。清孔可用循环换浆法，即让钻头在原位旋转，持续注水，用清水换浆，使泥浆相对密度控制在 1.1 左右。如孔壁土质较差，宜用泥浆循环清孔，使泥浆相对密度控制在 1.15～1.25，清孔过程中应及时补给稀泥浆，并保持浆面稳定。

在岩层中成孔可采用冲击钻成孔。冲击钻头的形式有十字形、工字形、人字形等，一般宜用十字形钻头。在钻头锥顶和提升钢丝绳之间，设有自动转向装置，因而能保证冲钻成圆孔。成孔时，冲击钻机将冲锤提升至一定高度后自由下落，以产生的冲击力破碎岩层，然后用泥浆循环或抽渣筒掏出。

冲孔前应埋设护筒，护筒内径比钻头直径大 200 mm；然后使机械就位，冲锤对准护筒中心。开始时用低锤密冲（落距 0.4～0.6 m），并及时加块石和黏土泥浆护壁，使孔壁挤压密实，直到护筒以下 3～4 m 后，才可加大冲击钻头的冲程，提高钻进效率。孔内冲碎的石渣，一部分随泥浆挤入孔壁，大部分用抽渣筒掏出。进入基岩后应低锤冲击或间断冲击，每钻进 100～500 mm 应清孔取样一次，以备终孔验收。如冲孔发生倾斜，应回填片石（厚 300～500 mm）后重新冲孔。

（4）清孔

当钻孔达到设计深度后，应进行验孔和清孔，清理孔底沉渣和淤泥。清孔的目的是减少桩基的沉降量，提高其承载能力。对于不易塌孔的桩孔，可用空气吸泥机清孔，气压为 0.5 MPa，使管内形成强大高压气流向上涌，被搅动的泥渣随着高压气流上涌而从喷口排出，直至孔口喷出清水为止。对于稳定性差的孔壁应用泥浆（正、反）循环法或抽渣筒排渣。清孔时，保持孔内泥浆面高出地下水位 1.0 m 以上，受水位涨落影响时，泥浆面要高出最高水位 1.5 m 以上。

孔底沉渣厚度指标的规定：端承桩≤50 mm，摩擦端承桩、端承摩擦桩≤100 mm，摩擦桩≤300 mm。若不能满足要求，应继续清孔，清孔满足要求后，应立即安放钢筋笼并浇筑混凝土。

沉渣厚度可用重锤法或孔底沉渣厚度检测仪进行检测。重锤法是依据手感来判断沉渣面位置，然后依靠测锤重夯入沉渣的厚度作为测量值。孔底沉渣厚度检测仪是专用于检测孔底沉渣的钻孔灌注桩孔径检测系统的配套仪器，采用特制的微电极系探管和电路设计，可以准确地测出孔底沉渣的厚度。

（5）浇筑水下混凝土

泥浆护壁成孔灌注桩混凝土的浇筑是在泥浆中进行的，所以属于水下浇筑混凝土。水下混凝土浇筑的方法很多，最常用的是导管法。导管法是将密封连接的钢管作为混凝土水下灌注的通道，混凝土沿竖向导管下落至孔底，置换泥浆而成桩（图 10-24）。导管的作用是隔离环境水，使其不与混凝土接触。

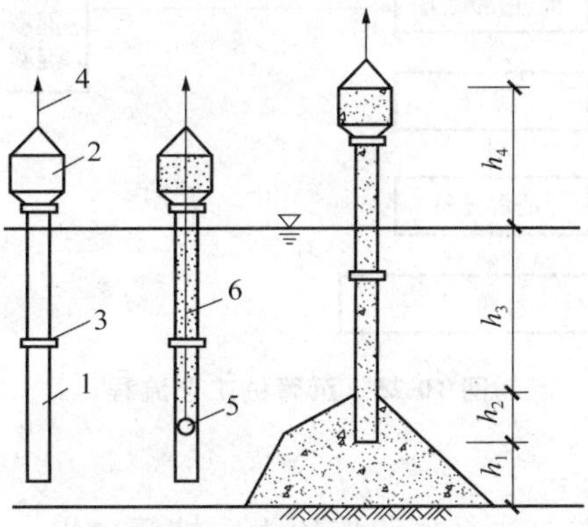

图 10-24　导管法浇筑水下混凝土

1—导管；2—漏斗；3—接头；4—吊索；5—隔水塞；6—铁丝

导管直径一般为最大石子粒径的 8 倍，施工时，为防止水流、杂物进入导管，下管前可将管子底端塞住，借第一罐混凝土的重量把塞子冲开。深水作业时，要防止管子浮起，下管时可将管子充水，在管顶装一紧贴管壁的橡胶球，然后灌入混凝土，将橡胶球顺管子压出，即可进行灌注。随灌注随将管子缓慢提起，每次提升幅度为 15～60 cm或经计算确定拔管速度，确保管口始终埋在混凝土内，避免桩体夹泥或形成断桩。灌注时应防止导管摆动，以免混凝土产生空洞。

2. 沉管灌注桩

沉管灌注桩，又称套管成孔灌注桩、打拔管灌注桩，施工时使用振动式桩锤或锤击式桩锤将一定直径的钢管沉入土中形成桩孔，然后在钢管内吊放钢筋笼，边灌注混凝土边拔管而形成桩体的一种成桩工艺。沉管灌注桩包括振动沉管灌注桩、锤击沉管灌注桩、夯压成型沉管灌注桩等。

1）振动沉管灌注桩

根据工作原理，振动沉管灌注桩工艺可分为振动沉管施工法和振动冲击沉管施工法两种，工艺如图 10-25 所示。

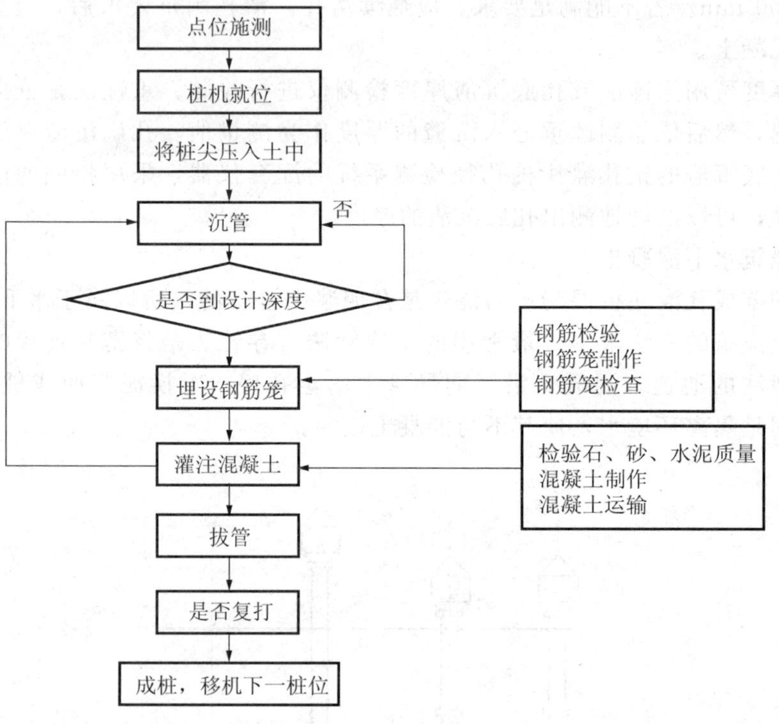

图 10-25　沉管桩工艺流程

（1）振动沉管施工法

它是随振动锤在竖直方向往复振动作用下，桩管也以一定的频率和振幅产生竖向往复振动，减少桩管与周围土体间的摩阻力，当强迫振动频率与土体的自振频率相同时（砂土自振频率为 900～1 200 r/min，黏性土自振频率为 600～700 r/min），土体结构因共振而破坏。与此同时，桩管受加压作用而沉入土中，在达到设计要求深度后，在钢管内放置钢筋笼，再边拔管、边振动、边灌注混凝土，最后养护成桩。

①桩机就位　施工前，应根据土质情况选择适用的振动打桩机，桩尖宜采用活瓣式。施工时，先安装好桩机，将桩管对准桩位中心，桩尖活瓣合拢，放松卷扬机钢丝绳，利用振动机及桩管自重，把桩尖压入土中，勿使偏斜。

②振动沉管　埋好桩尖后即可启动振动箱沉管。沉管时为了适应不同土质条件，常用加压方法来适应土的自振频率。桩尖压力改变可利用卷扬机滑轮处钢丝绳把桩架的部分自重传到桩管上，并根据钢管沉入速度，随时调整离合器，防止桩架抬起发生事故。

③混凝土浇筑　桩管沉到设计位置后，停止振动，用上料斗将混凝土灌入桩管内，一般应灌满或略高于地面。

④边拔管，边振动　开始拔管时，先启动振动箱片刻后再拔管，并用吊铊探测桩尖活瓣是否张开，且混凝土已从桩管中流出后，方可继续抽拔桩管，边拔边振。在拔管过程中，桩管内应至少保持 2 m 以上高度的混凝土，或不低于地面，可用吊铊探测，不足时要及时补灌，以防混凝土中断而形成缩颈。振动灌注桩的中心距不宜小于桩管外径的 4 倍，相邻的桩施工时，其间隔时间不得超过水泥的初凝时间，中间需停顿时，应将桩管在停歇前先沉入土中。

⑤安放钢筋笼或插筋　第一次浇筑至笼底标高，然后安放钢筋笼，再灌注混凝土至设计标高。

(2) 振动冲击沉管施工法

振动冲击施工法是利用振动冲击锤在冲击和振动的共同作用下，桩尖对四周的土层进行挤压，改变土体排列结构，使周围土层挤密，桩管迅速沉入土中，在达到设计标高后，在钢管内放置钢筋笼，再边拔管、边振动、边灌注混凝土，最后养护成桩。

振动冲击沉管施工法一般有单打法、反插法、复打法等，应根据土质情况和荷载要求选用。单打法适用于含水量较小的土层，且宜采用预制桩尖；反插法及复打法适用于软弱饱和土层。

①单打法（一次拔管法）　拔管时每提升 0.5～1 m，振动 5～10 s，再拔管 0.5～1 m，如此反复进行，直至全部拔出为止，一般情况下振动沉管灌注桩均采用此法。

注意：桩管内灌满混凝土后，先振动 5～10 s，再开始拔管，控制好拔管速度。在一般土层内，拔管速度宜为 1.2～1.5 m/min，用活瓣桩尖时宜放慢拔管速度，用预制桩尖时可适当加快拔管速度；在软弱土层中，拔管速度宜控制在 0.6～0.8 m/min。

②复打法　在同一桩孔内进行两次单打，即按单打法成桩后再在混凝土桩内成孔并灌注混凝土。采用此法可扩大桩径，大大提高桩的承载力。

注意：第一次灌注混凝土应达到自然地面；前后两次沉管的轴线应重合；复打施工必须在第一次灌注的混凝土初凝之前完成。

③反插法　将套管每提升 0.5 m，再下沉 0.3 m，反插深度不宜大于活瓣桩尖长度的 2/3，如此反复进行，直至套管拔离地面。此法也可扩大桩径，提高桩的承载力。

注意：在桩尖处的 1.5 m 范围内，宜多次反插以扩大桩的端部断面；在拔管过程中，应分段添加混凝土，保持管内混凝土面始终不低于地表面或高于地下水位 1.0～1.5 m，拔管速度应小于 0.5 m/min。穿过淤泥夹层时，应当放慢拔管速度，并减少每次拔管高度和反插深度，在流动性淤泥中不宜使用反插法。

混凝土的允盈系数不得小于 1.0，对于混凝土允盈系数小于 1.0 的桩，宜全长复打；对可能有断桩和缩颈的桩，应采用局部复打。成桩后的桩身混凝土顶面标高应不低于设计标高 500 mm。全长复打桩的入土深度宜接近原桩长，局部复打应超过断桩或缩颈区 1 m 以上。

2）锤击沉管灌注桩

锤击沉管灌注桩施工法是利用桩锤将桩管和预制桩尖（桩靴）打入土中，边拔管、边振动、边灌注混凝土、边成桩。在拔管过程中，由于保持对桩管进行连续低锤密击，使钢管不断得到冲击振动，使从而混凝土密实。与振动沉管灌注桩一样，锤击沉管灌注桩也可根据土质情况和荷载要求，分别选用单打法、复打法、反插法。

锤击沉管灌注桩施工顺序如图 10-26 所示。

锤击沉桩

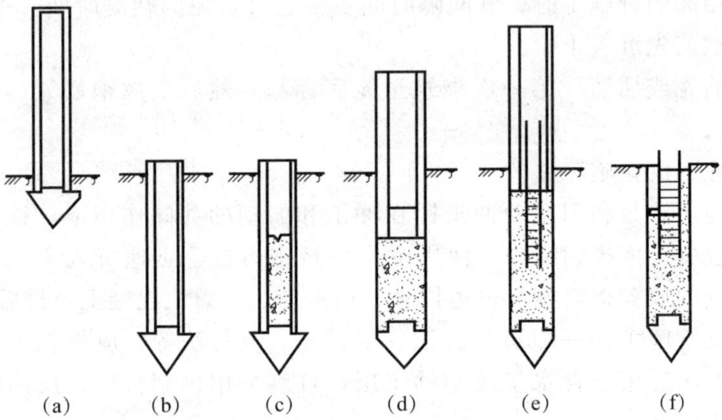

图 10-26　锤击沉管灌注桩施工程序示意图

（a）桩机就位；（b）锤击沉管；（c）首次灌注混凝土；
（d）边拔管、边锤击、边继续灌注混凝土；（e）安放钢筋笼，继续灌注混凝土；（f）成桩

（1）桩机就位　将桩管对准预先埋设在桩位上的预制桩尖或将桩管对准桩位中心，并校正桩管垂直度，然后把桩尖活瓣合拢，放松卷扬机钢丝绳，利用桩机和桩管自重，把桩尖沉入土中。

（2）锤击沉管　检查桩管垂直度偏差是否≤5%，满足后即可先用桩锤低锤轻击桩管，观察偏差在容许范围内后，再正式施打，直至将桩管打入至设计标高或要求的贯入度。

（3）首次浇筑混凝土　沉管至设计标高后，应立即灌注混凝土，尽量减少间隔时间；在灌注混凝土之前，必须先检查桩管内是否“吞食”桩尖，并用吊铊检查桩管内无泥浆、无渗水，再用吊斗将混凝土通过灌注漏斗灌入桩管内。

（4）边拔管、边锤击、边继续浇筑混凝土　当混凝土灌满桩管后，便可开始拔管，一边拔管，一边锤击。拔管的速度要均匀，对一般土层以 1 m/min 为宜，在软弱土层和软硬土层交界处宜控制在 0.3～0.8 m/min。桩锤的冲击频率视锤的类型而定。单动汽锤采用倒打拔管，打击次数不得少于 50 次/min；自由落锤轻击（小落距锤击）不得少于 40 次/min。在管底未拔至桩顶设计标高之前，倒打和轻击不得中断。在拔管过程中，应向桩管内继续灌入混凝土，以满足灌注量的要求。

（5）放置钢筋笼浇筑成桩　当桩身配钢筋笼时，第一次灌注混凝土应先灌至钢筋笼底标高，然后放置钢筋笼，再灌注混凝土至桩顶标高。第一次拔管高度应控制能容纳第二次所需灌入的混凝土量，不宜拔得过高。在拔管过程中应用专用测锤或浮标检

查混凝土面的下降情况。

3. 爆扩成孔灌注桩

爆扩成孔灌注桩是先在桩位上钻孔或爆扩成孔，然后在孔底放入炸药，再灌入适量的压爆混凝土，引爆炸药使孔底形成球形扩大头，再放置钢筋骨架，浇灌桩身混凝土而形成的桩。

爆扩成孔灌注桩的施工顺序为成孔→检查修整桩孔→安放炸药包→注入压爆混凝土→引爆→检查扩大头→安放钢筋笼→浇筑桩身混凝土→成桩养护。

(1) 成孔

成孔方法有人工成孔法、机钻成孔法和爆扩成孔法。机钻成孔所用设备和前述钻孔方法相同，下面只介绍爆扩成孔法。

爆扩成孔法是先用小直径（如 50 mm）洛阳铲或手提麻花钻等钻出导孔，然后根据不同土质放入不同直径的炸药条，经爆扩后形成桩孔。其施工工艺流程如图 10-27 所示。

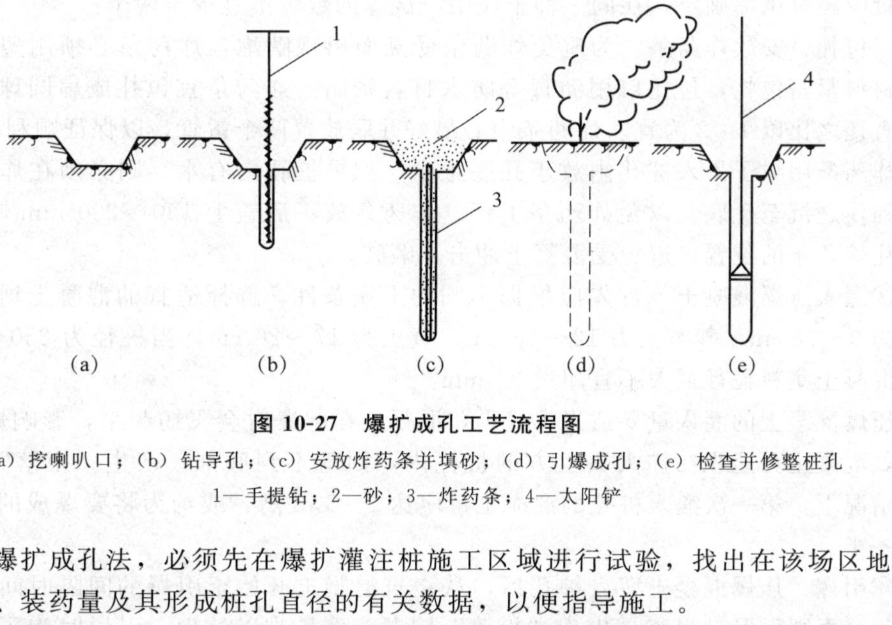

图 10-27　爆扩成孔工艺流程图

(a) 挖喇叭口；(b) 钻导孔；(c) 安放炸药条并填砂；(d) 引爆成孔；(e) 检查并修整桩孔

1—手提钻；2—砂；3—炸药条；4—太阳铲

采用爆扩成孔法，必须先在爆扩灌注桩施工区域进行试验，找出在该场区地质条件下导管、装药量及其形成桩孔直径的有关数据，以便指导施工。

装炸药的管材以玻璃管较好，既防水透明，又能查明炸药情况，还便于插到导孔底部。管与管的接头处要牢固和防水，炸药要装满振实，药管接头处不得有空药现象。

(2) 爆扩大头

爆扩大头的工作包括放入炸药条，灌入压爆混凝土，通电引爆，测量混凝土下落高度（或直接测量扩大头直径）以及捣实扩大头混凝土等。其施工工艺流程如图 10-28 所示。

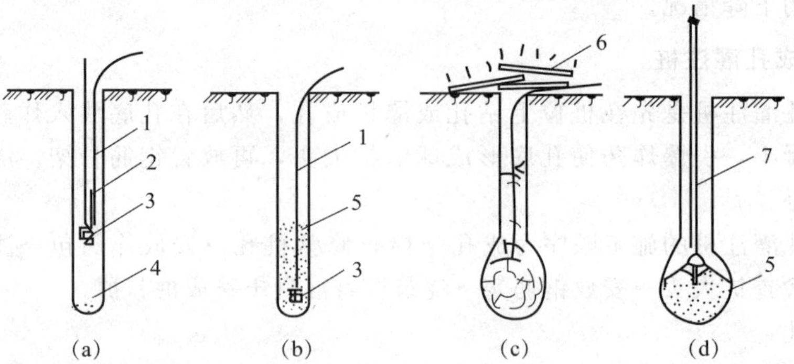

图 10-28　爆扩大头工艺流程图

(a) 填砂，下炸药条；(b) 灌压爆混凝土；(c) 引爆；(d) 检查扩大头直径

1—导线；2—绳；3—炸药条；4—砂；5—压爆混凝土；6—木板；7—测孔器

①确定炸药用量　爆扩桩施工中所使用的炸药多为硝铵类炸药或 TNT 炸药。炸药的用量应经过试爆确定，在同一种土质中，试爆的数量不宜少于两个。

②包扎、安放炸药条　为避免炸药条受潮而出现瞎炮，炸药条必须用塑料薄膜等防水材料紧密包扎，包扎口用沥青等防水材料密闭。炸药条宜包扎成扁圆球形，其高度与直径之比以 1∶2 为宜。炸药条中心最好并联放置两个雷管，以保证顺利引爆。

炸药条用绳子吊入桩孔内放于孔底正中，如果桩孔内有水，则必须在炸药条上绑以重物使之沉至孔底，以免炸药条上浮。炸药条放正后盖上 150～200 mm 厚的砂子，以稳住炸药条的位置，避免受混凝土冲击、砸破。

③灌入压爆混凝土　首先应根据不同的土质条件，选择适宜的混凝土坍落度：黏性土为 9～12 cm，砂类土为 12～15 cm，黄土为 17～20 cm。当桩径为 250～400 mm 时，混凝土集料粒径最大不宜超过 30 mm。

压爆混凝土的灌入量要适当。过少，混凝土在起爆时会飞扬起来，影响爆扩效果；过多，混凝土可能积在扩大头上方的桩柱内，回落不到底部，产生“拒落”的问题。一般情况下，第一次灌入桩孔的混凝土量应达 2～3 m 高，或约为将要爆成的扩大头体积的一半。

④引爆　压爆混凝土灌入桩孔后，从浇筑混凝土开始至引爆的间隔时间不宜超过 30 min，否则引爆时很容易出现“拒落”问题，而且难以处理。引爆时为了安全，20 m 范围内不得有人。为了保证爆扩桩的质量，应根据不同的桩距、扩大头标高和布置情况，严格遵守引爆顺序。当相邻桩的扩大头在同一标高时，应根据设计规定的桩距大小来决定引爆顺序。当桩距大于爆扩影响间距时，可采用单爆方式；当桩距小于爆扩影响间距时，宜采用联爆方式。相邻爆扩桩的扩大头不在同一标高时，引爆的顺序必须先浅后深，否则会引起柱身变形或断裂。

⑤振捣扩大头底部混凝土　扩大头引爆后，灌入的压爆混凝土即自行落入扩大头空腔的底部，接着应予振实。振捣时，最好使用经接长的软轴振动棒。

(3) 浇筑混凝土

扩大头和桩柱混凝土要连续浇筑完毕，不留施工缝。混凝土浇筑完毕后，根据气温情况，可用草袋覆盖，浇水养护；在干燥的砂类土地区，桩周围还需浇水养护。

10.5.3　常见施工质量问题及防治

桩基础施工过程，由于工程情况不同，影响桩基质量的因素也不尽相同，有些比较直观，易于控制，如钢筋笼的加工制作与安装、混凝土的制备、桩位偏差等；而有些是隐蔽的，难以完全检测，因而控制起来比较困难，如桩孔垂直度、桩顶混凝土强度等。

1. 钻孔垂直度

目前，桩孔垂直度的检测绝大多数仅限于测上部钻杆的垂直度来推测桩孔垂直度，或者不测，仅有少部分工程中使用了测孔仪器对桩孔进行全断面检测。相关规范要求桩孔的垂直度偏差不大于1%，然而从测孔仪反映的资料可知，对于一个桩孔，其垂直度上下是不一致的，多数情况存在上部直、下部偏，而且偏心的轨迹也不一致，可能越钻越偏。成孔时一旦发现孔斜，再进行纠偏难度很大，费时费料，所以应充分重视桩孔的垂直度问题。

钻机的成孔垂直度较差，其主要原因是钻机自重轻、易移位、钻杆刚度相对较小，并且有些钻杆连接后不同轴。因此，开钻前一定要支稳、调平钻机，并保证立轴的垂直度，钻进过程中要随时观察、判断，不断校核钻杆垂直度，发生偏斜及时调整。

2. 桩位、桩顶标高和成孔深度

泥浆护壁成孔灌注桩，在护筒定位后及时复核护筒的位置，严格控制护筒中心与桩位中心线偏差不大于20 mm，并认真检查回填土是否密实，以防钻孔过程中发生漏浆的现象。在施工过程中，自然地坪的标高会发生一些变化，为准确地控制钻孔深度，在桩架就位后及时复核底梁的水平和桩具的总长度并做好记录，以便在成孔后根据钻杆在钻机上的留出长度来校验成孔达到的深度。

虽然钻杆到达的深度已反映了成孔深度，但是若在第一次清孔时泥浆比例控制不当，或在提钻具时碰撞了孔壁，则可能会发生坍孔、沉渣过厚等现象，这将给二次清孔带来很大的困难，因此在提出钻具后应用测绳复核成孔深度，如测绳的测深比钻杆的钻探小，就要重新下钻杆复钻并清孔。同时，要考虑在施工中常用的测绳遇水后缩水的问题，其最大收缩率可达1.2%，为提高测绳的测量精度，在使用前要预湿后重新标定，并在使用中经常复核。

3. 钢筋笼制作质量和吊放

钢筋笼制作前首先要检查钢材的质保资料，检查合格后再按设计和施工规范要求验收钢筋的直径、长度、规格、数量和制作质量。在验收中还要特别注意钢筋笼吊环长度，以使钢筋准确地吊放在设计标高上。由于钢筋笼吊放后是暂时固定在钻架底梁上的，因此要根据底梁标高逐根复核吊环长度，来确保钢筋的埋入标高满足设计要求。

在钢筋笼吊放过程中，应逐节验收钢筋笼的连接焊缝质量，对质量不符合规范要求的焊缝、焊口要进行补焊。同时，要注意钢筋笼能否顺利下放，沉放时不能碰撞孔

壁。当吊放受阻时，不能加压强行下放，因为这将会造成坍孔、钢筋笼变形等现象，应停止吊放并寻找原因，如果是钢筋笼没有垂直吊放造成的，则应提出后重新垂直吊放；如果是成孔偏斜造成的，则要求进行复钻纠偏，并在重新验收成孔质量后再吊放钢筋笼。

4. 混凝土灌注

灌注桩混凝土施工易出现的问题如下。

(1) 导管接头严重漏水，造成断桩。发生这种问题的后果非常严重，进水会使混凝土形成松散层次或囊体，出现浮浆夹层造成断桩，严重影响混凝土质量，导致废桩。

(2) 护筒外壁冒水，引起地基下沉，护筒倾斜和位移，使桩孔偏斜，无法施工。

(3) 孔壁坍塌。施工中发生孔壁坍塌，往往都有前兆。有时是排出的泥浆中不断出现气泡，有时是护筒内的水位突然下降，这都是塌孔的迹象，因此为防止导管漏水，必须保证导管具有足够的抗拉强度，确保水密性。此外，导管不要埋入混凝土过深，严格控制混凝土配合比、和易性等技术指标。

5. 桩顶混凝土强度

由于桩顶部混凝土受力最大，其质量的控制也比较关键，而且桩顶混凝土的质量比桩身难控制。在水下浇注混凝土，第一次灌混凝土冲出导管后向四周扩散，与孔内泥浆相互掺和形成一定厚度的稀释混合层。随着混凝土的继续灌入，该部分始终被顶升在最上层，把泥浆与桩身混凝土分开，最终在桩顶凝固成含浮浆、泥渣的混杂层。施工中混杂层的厚度难以掌握，并且在灌注过程中由于导管要上下抽动，可能使部分浮浆随导管混入桩身混凝土一定深度，使桩芯夹泥。

桩顶混凝土常见的质量问题有混凝土强度不够、桩芯夹泥、未灌注到位等。其影响因素主要如下。

(1) 泥浆性能　当清孔不彻底，泥浆比例大，含泥渣较多时，在水下灌注就会影响混凝土的扩散，并使混凝土的顶升困难，这时混杂层厚度必然较大。

(2) 灌注工艺　一般要求导管埋深 2～6 m，若导管埋深过大，则灌注困难，一是容易埋管；二是要不停地上下抽动导管，促使混凝土下落，这样必然会使桩顶部分浮浆进入桩身，形成桩顶混凝土芯夹泥。

(3) 清孔工艺　清孔的方式、时间都影响到孔内泥浆的性能，泥浆比例大不利于灌注，混杂层必厚。另外，要有适宜的初灌量，灌注混凝土时要及时拆导管，及时测孔内混凝土面高度，还要保持一定的超灌量。

6. 断桩、夹泥、堵管

为防止发生断桩、夹泥、堵管等现象，在混凝土灌注时应加强对混凝土搅拌时间和混凝土坍落度的控制，并随时了解混凝土面的标高和导管的埋入深度。导管在混凝土面的埋置深度一般宜保持在 2～4 m，不宜大于 5 m 和小于 1 m，严禁把导管底端提出混凝土面。当灌注至距桩顶标高 8～10 m 时，应及时将坍落度调小至 12～16 cm，以提高桩身上部混凝土的抗压强度。在施工过程中，要控制好灌注工艺和操作，抽动导管使混凝土面上升的力度要适中，保证有序拔管和连续灌注，升降的幅度不能过大。

在灌注过程中，必须每灌注 2 m^3 左右测一次混凝土面上升的高度，同时要认真进行记录。

10.6　其他深基础简介

10.6.1　沉井基础

1. 沉井的工作原理

沉井基础是一种竖向的筒形结构物，通常用砖、素混凝土或钢筋混凝土材料制成。施工过程是先在地面制作一个井筒形结构，然后从井筒内挖土，使沉井失去支撑靠自重作用而下沉，直至设计高程为止，最后封底，如图 10-29 所示。沉井的井筒在施工期间作为支撑四周土体的护壁，竣工后即为永久性的深基础。

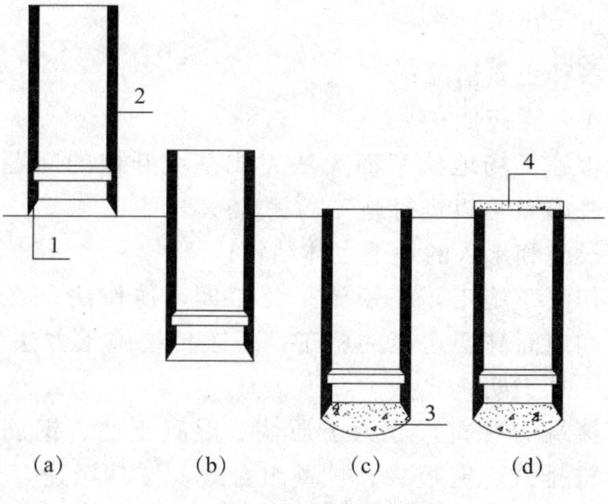

图 10-29　沉井的工作原理

(a) 地面制作；(b) 挖土下沉；(c) 封底；(d) 浇顶盖

1—刃脚；2—井筒；3—封底；4—顶盖

2. 沉井的组成

沉井由刃脚、井筒、内隔墙、底梁、封底和顶盖等几部分组成，如图 10-29 所示。

(1) 刃脚与踏面　刃脚位于沉井的最下端，形如刀刃，在沉井下沉过程中起切土下沉的作用。刃脚内侧的倾斜面的水平倾角通常为 40°～60°。

(2) 井筒　沉井的井筒为沉井的主体，在沉井下沉过程中，井筒是挡土的围壁，应有足够的强度承受四周的土压力和水压力。同时，井筒又需要有足够的自重，以克服井筒外壁与土的摩擦阻力和刃脚踏面底部土的阻力，使沉井能在自重作用下徐徐下沉，而且井筒内部的空间要容纳挖土工人或挖土机械在井内工作，以及潜水员排除障碍的需要，所以井筒内径应≥0.9 m。

(3) 内隔墙和底梁　大型沉井通常在沉井内部设置内隔墙，可以增加沉井的刚度。内隔墙把整个沉井分成若干井孔，各井孔分别挖土，便于控制沉降和纠倾处理。

(4) 封底与沉井底板　当沉井下沉至设计标高后，需用混凝土封底，以阻止地下水和地基土进入井筒。为使封底的现浇混凝土底板与井筒连接牢固，在刃脚上方井筒的内壁应预先设置一圈凹槽。

(5) 顶盖　当沉井作为水泵站等地下结构的空心沉井时，在沉井顶部需做钢筋混凝土顶盖。必要时，在水泵站等空心沉井顶面建造一间房屋作为工作室。

10.6.2　地下连续墙

地下连续墙是一种较为先进的地下工程结构形式和施工工艺。地下连续墙是在地面上用特殊的挖槽设备，沿着深开挖工程的周边（如地下结构物的边墙），在泥浆护壁的情况下，开挖一条狭长的深槽，在槽内放置钢筋笼并浇灌水下混凝土，筑成一段钢筋混凝土墙，然后将若干墙段连接成整体，形成一条连续的地下墙体。地下连续墙可供截水防渗或挡土承重之用。

地下连续墙具有以下优点：

(1) 适用于各地多种土质情况；

(2) 施工时振动小、噪声低；

(3) 解决了大城市施工场地狭窄而无法完成基坑开挖的问题，在距现有建筑物基础1 m左右就可以进行施工；

地下连续墙

(4) 能兼作临时设施和永久的地下主体结构；

(5) 可结合“逆作法”施工，缩短施工总工期，逆作法是在地下室顶板完成后，同时进行多层地下室和地面高层房屋的施工，一改传统施工方法先地下后地上的施工步骤，大大压缩了施工总工期。

地下连续墙按其填筑的材料，分为土质墙、混凝土墙、钢筋混凝土墙和组合墙；按其成墙方式，分为桩排式、壁板式、桩壁组合式；按其用途，分为临时挡土墙、防渗墙，用作主体结构兼作临时挡土墙的地下连续墙和用作多边形基础兼作墙体的地下连续墙。

目前，我国建筑工程中应用最多的是现浇钢筋混凝土壁板式连续墙，它既可以作为临时性的挡土结构，也可以兼作地下工程永久性结构的一部分。其构造形式有四种，如图10-30所示。分离式、整体式、重壁式均是基坑开挖以后再浇筑一层内衬而成，内衬厚度可取200～400 mm。

地下连续墙采用逐段施工方法，并且周而复始地进行。每段的施工过程大致可分为五步，如图10-31所示。

(1) 利用专用挖槽机械开挖地下连续墙槽段，在进行挖槽过程中，沟槽内始终充满泥浆，以保证槽壁的稳定。

(2) 当槽段开挖完成后，在沟槽两端放入接头管（又称锁口管）。

(3) 将事先加工好的钢筋笼插入槽段内，下沉到设计高度。当钢筋笼太长，一次吊沉有困难时，须将钢筋笼分段焊接，逐节下沉。

（4）插入用于水下灌筑混凝土的导管后，即可进行混凝土灌筑。

（5）待混凝土初凝后及时拔去接头管，这样便形成一个单元的地下连续墙。

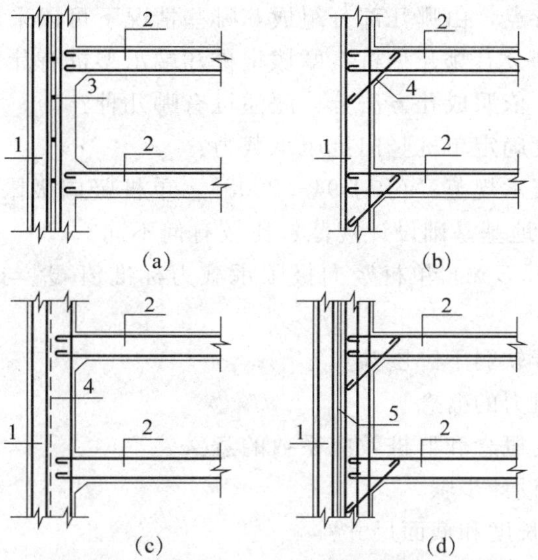

图 10-30　地下连续墙的构造型式

（a）分离式；（b）单独式；（c）整体式；（d）重式

1—地下连续墙；2—主体构造物；3—支点；4—结合部；5—衬垫材料

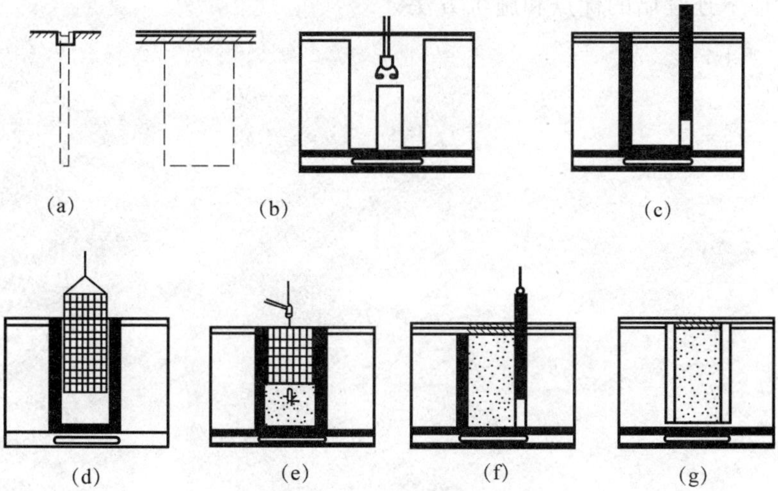

图 10-31　地下连续墙施工程序图

（a）准备开挖的地下连续墙沟槽；（b）用专用机械进行沟槽开挖；

（c）安放接头管；（d）安放钢筋笼；（e）水下混凝土灌筑；

（f）拔除接头管；（g）已完工的槽段

习　题

1. 桩基础有什么特点，由哪几部分组成，哪些情况下可以采用桩基础？

2. 按桩的承载类别分有哪几种桩？摩擦型桩和端承型桩有什么不同？

3. 什么是灌注桩？依照成孔方法分，灌注桩有哪几种？

4. 怎样按桩身强度确定单桩竖向抗压承载力？

5. 按《建筑桩基技术规范》(JGJ 94—2008)，单桩竖向极限承载力标准值可由哪些方法确定，与《建筑地基基础设计规范》比较有何不同？

6. 大直径桩（$d \geqslant 0.8$ m）单桩竖向极限承载力标准值 Q_{uk} 与一般直径桩相比有何不同？

7. 怎样对桩基进行软弱下卧层验算？

8. 简述桩身负摩阻力的概念。

9. 简述群桩效应的概念和群桩效应系数的意义。

10. 简述桩基础的设计步骤。

10. 怎样确定桩的长度和截面尺寸？

12. 桩的平面布置有哪些要求？

13. 简述桩身和承台的构造要求。

14. 承台厚度的确定应满足哪些要求？

15. 简述地下连续墙的优点和施工方法。

附录　试验指导书

试验一　土的密度及含水率试验

土的密度试验

土的含水率试验

（一）试验目的

测定土密度与含水率。

（二）土的密度测定

1. 试验内容和原理

（1）试验内容：用环刀法测土的天然密度。

（2）试验原理：土的密度是单位体积土的质量。

$$\rho=(m_1-m_2)/V$$

式中　m_1——环刀加土的质量/g；

m_2——环刀的质量/g；

V——土的体积/cm^3。

2. 试验仪器及材料（环刀法）

（1）环刀　内径6.18 cm或7.98 cm，高2 cm，体积有60 cm^3和100 cm^3两种。

（2）天平　感量0.1 g，称量500 g。

（3）其他　切土刀、钢丝锯、凡士林。

3. 试验步骤

（1）按工程需要取原状土或制备所需状态的扰动土样，整平其两端，将环刀内壁涂一层凡士林，称出环刀的质量，刀口向下放在土样上。

（2）用切土刀（或钢丝锯）将土样削成略大于环刀直径的土柱，然后将环刀垂直下压，边压边削，至土样伸出环刀为止，将两端余土削平，取剩余的代表性土样用于测定含水率。

(3) 擦净环刀外壁称重（若在天平放砝码一端，放一等重环刀）可直接测出湿土质量，准确至 0.1 g。

(4) 计算土的密度，精确至 0.01 g/cm³。

(5) 本试验需进行两次平行测定，其平行差值不得大于 0.03 g/cm³，取其算术平均值。

4. 注意事项

用环刀切取试样，为防止扰动，应切削一个较环刀内径略大的土柱，然后将环刀垂直下压，为避免环刀下压时挤压四周土样，应边压边削，直至土样伸出环刀，然后将两端修平或用直刀一次刮平，严禁用直刀在环刀土面上来回抹平，如遇石子等其他杂物要尽量避开，无法避开则视情况酌情补上。

4. 成果整理

写出试验过程，整理试验数据。

密度测定数据记录表

环刀编号	（湿土＋环刀）质量 m_1/g	环刀质量 m_2/g	湿土质量 (m_1-m_2) /g	环刀体积 /cm³	密度 /（g/cm³）	平均值 /（g/cm³）
备　注						

（三）土的含水率测定

土的含水率是指土中水分质量与土粒质量的比值，以百分数表示；也就是土在 105～110℃温度下烘至恒重时失去的水分质量与干土质量的比值，以百分数表示。含水率反映了土的状态和性质，是计算土的干密度、孔隙比、饱和度、液性指数和地基承载力等的依据。

1. 试验内容和原理

(1) 试验内容　用烘干法测土的含水率。

(2) 试验原理　土的含水率 w 为土中所含水的质量 m_w 与土粒质量 m_s 的比值。

$$w=m_w/m_s\times 100\%$$

本试验以烘干法完成，烘干法是室内试验的标准方法，将一定数量土样称量后放入烘箱中在 100～105 ℃恒温烘至恒重。烘干后土的质量即为土粒质量 m_s，土样所失去的质量为水质量 m_w。

2. 试验仪器及材料

(1) 烘箱　电热烘箱或温度能保持 100～105 ℃的其他能源烘箱及红外线烘箱等。

(2) 天平　称量 200 g，感量 0.01 g。

（3）其他　干燥器、称量盒、削土刀等。

3. 试验步骤

（1）取代表性试样 15～30 g，放入称量盒内，立即盖好，称湿土加盒的质量，准确至 0.1 g。

（2）揭开盒盖，将试样放入烘箱，在温度 100～105 ℃下烘到恒重。

（3）将烘干后的试样取出，放入干燥器内冷却，称盒加干土的质量，精确至 0.1 g（冷却时间不要过长）。

（4）本方法需进行两次平行测定，取两次结果的算术平均值作为土的含水率，准确至 0.1%，其平行差值不得大于下列规定。

试验结果平行差值要求

含水率/%	允许平行差值/%
＜10	±0.5
10～40	±1.0
＞40	±2.0

4. 注意事项

（1）打开土样后，应立即取样称湿土质量，以免水分蒸发。

（2）土样必须按要求烘至恒重，否则影响测试精度。

（3）烘干的试样应冷却后称量，防止热土吸收空气中的水分，并避免天平受热不均而影响称量精度。

5. 成果整理

写出试验过程，整理试验数据。

含水率测定数据记录表

土样盒号	土样盒质量/ g(1)	盒＋湿土质量/ g(2)	盒＋干土质量/ g(3)	水的质量/ g (4)＝(2)－(3)	干土的质量/ g (5)＝(3)－(1)g	含水率(%)(6) ＝(4)/(5)

试验二　土的液限及塑限测定试验

（一）试验目的

测出土的塑性和液性，用于计算塑性指数、液性指数和评价黏性土地基。

（二）试验内容和原理

1. 试验内容

测定黏性土的塑性指数和液性指数。

2. 试验原理

黏性土由于含水率不同，分别处于流动状态，可塑状态、半固体状态、固体状态。液限 w_L 是黏性土呈可塑状态的上限含水率，塑限 w_p 是黏性土呈可塑状态的下限含水率，通过测试可知不同黏性土不同含水率时的状态。

塑性指数：液限与塑限的差值，即

$$I_p = w_L - w_p$$

液性指数：土的天然含水率与塑限的差值与塑性指数 I_P 之比，即

$$I_L = (w - w_P) / I_P$$

3. 试验方法和要求

本试验采用液限、塑限联合测定法。其基本原理是：圆锥入土深度与相应含水率在双对数坐标上具有直线关系。我国标准测定时，将调成不同含水率的试样（圆锥入土深度宜为 3～4 mm，7～9 mm，15～17 mm）先后分别装满盛土杯内，刮平杯口表面，将 76 g 重圆锥放在试样表面，使其在重力作用下徐徐沉入试样测定圆锥仪在 5 s 时下沉深度，在双对数坐标上绘出圆锥下沉深度和含水率的关系直线。在直线上查得下沉深度为 10 mm 所对应的含水率为 10 mm 液限、下沉深度为 17 mm 所对应的含水率为 17 mm 液限、下沉深度为 2 mm 所对应的含水率为塑限。

要求必须了解试验的原理，掌握整个试验的操作过程，并对试验成果进行分析、整理。

（三）仪器设备

光电式液塑限联合测定仪（附图 1）、天平、盛土器皿、烘箱、调土刀、筛、凡士林等。

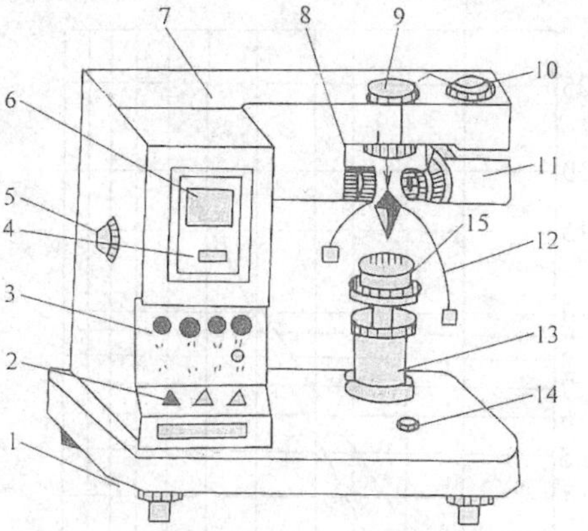

附图1　光电式液塑限联合测定仪

1—水平调节螺丝；2—控制开关；3—指示发光管；
4—零线调节螺丝；5—反光镜调节螺丝；6—屏幕；
7—机壳；8—物镜调节螺丝；9—电磁装置；10—光源调节螺丝；
11—光源装置；12—圆锥仪；13—升降台；14—水平泡；15—盛土杯；

（四）试验步骤

试验时，先调制三种不同稠度的试样，用电磁落锥法分别测定锥体在自重作用下沉入试样 5 s时的下沉深度。附图 2 以含水率（水的质量分数）为横坐标，锥体下沉深度为纵坐标，可在双对数坐标纸上绘制关系直线，三点接近一直线。当三点不在一直线上时，通过高含水率的点与其余两点连成两直线，在锥体沉入土深度 10 mm 及2 mm 时所对应土样的含水率分别为该土的液限和塑限。通过附图 2 可查得相应的两个含水率，当两个含水率的差值大于 2%时，应重新测定。

(1) 试样制备，取风干试样 100 g 研碎过筛（孔径 0.5），加蒸馏水调成糊状，盖上湿布或置入保湿器内过夜，使水分均匀分布。

(2) 将制备好的土样再仔细拌匀一次，然后分层装入试杯中，填样时不应留有空隙，用调土刀抹平。

(3) 将试样杯放在测定仪的工作台上，在圆锥上抹一薄层凡士林，转动升降旋钮，使锥体下降，当土样与锥尖一接触，将“吸放”按钮按下，圆锥仪自动下落，仪器自动计时，5 s 后电磁铁自动吸牢圆锥仪，此时便可在数显百分表上读出圆锥仪入土深度，同一试样测定三组入土数据。取出试样杯，挖去锥尖入土处的凡士林，取锥体附近的试样不少于 10 g，放入称量铝盒（测三组数据）按试验一的方法测定含水率。

(4) 将全部试样再加水或吹干并调匀，重复步骤（2）（3）分别测定第二点、第三点试样的圆锥下沉深度及相应含水率。

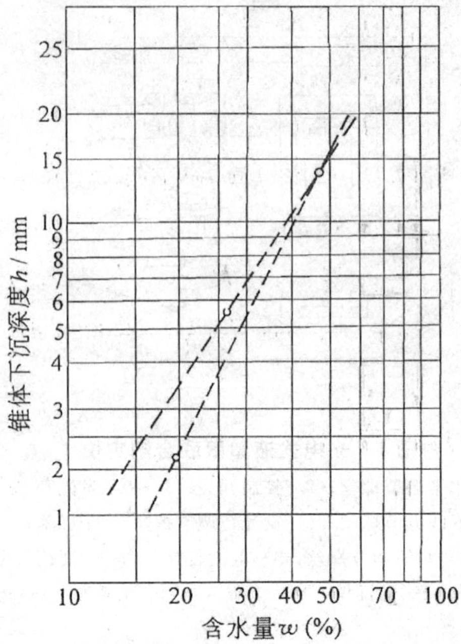

附图 2　含水率（水的质量分数）与锥体下沉深度的关系直线

（五）成果整理

写出试验过程，整理试验数据。

液限及塑限测定试验数据记录表

试样编号	下沉深度/mm	铝盒盖编号	铝盒的质量/g	（铝盒＋湿土）质量/g	（铝盒＋干土）质量/g	含水率/%
试样 1						
试样 2						
试样 3						

试验三 土的固结试验

土的固结试验

（一）试验目的

测定土的压缩系数和压缩模量等压缩性指标。

（二）试验内容和原理

1. 试验内容

用高、中、低压固结仪进行固结试验。

2. 试验原理

土的固结是土在荷重作用下发生变形的过程，试验的目的是测定试样在侧限轴向排水条件下的变形和压力的关系，变形和时间的关系，以计算土的压缩系数 a、压缩模量 E_s等。本试验适用于细粒土，遇特殊地质条件或工程中有特殊要求时，须进行反映实际工作条件的压缩试验。

压缩系数 a、压缩模量 E_s 的计算，可参考第 2 章。

（三）试验仪器及设备

压缩仪、测定密度和含水率所需用的设备、滤纸、钟表、百分表等。

（四）试验步骤

（1）取土方法：按工程需要取原状土或制备所需状态的扰动土样，整平其两端。如为原状土样，其取土方向与天然受荷方向一致，将环刀内壁涂一层凡士林，刃口向下放在土样上。

（2）为了不扰动原状土的结构，用切土刀将土样削成略大于环刀直径的土柱，然后将环刀垂直向下压，边压边削，等土样伸出环刀为止，将两端余土削去刮平，刮平时不允许在土样上来回涂抹，取环刀两端余土测其含水率。

（3）擦净环刀外壁，称环刀加土样盒的质量，准确至 0.1 g，求出土的容重。

（4）将底板放入容器内，然后在试样上放上滤纸、透水石和传压板，置于加压横梁正中，安装百分表。

（5）为了使试样与仪器上下各部件之间接触良好，应施加 1 kPa 的预压荷载，然后调整百分表，使其外伸距离不小于 5 mm，指针为零。

（6）荷重等级一般为 12.5 kg、25 kg、50 kg、100 kg、200 kg、400 kg、800 kg、1 600 kg、3 200 kPa，最后一级荷重应大于土层的计算压力 100～200 kPa。

（7）施加第一级荷重后 5 min，如试样为饱和土样，则在施加第一级荷重后立即向容器内注水满至与试样顶面相平，如为非饱和土样，须用湿棉纱团围住传压活塞及透水石四周，避免水分蒸发。加荷后待时间达到 1 h，记下该荷重下百分表读数，（即试样与仪器总变形量）并立即施加第二级荷重，待时隔 1 h 后记下第二级荷重下百分表读数，依次重复以上动作，最后一级荷重除记 1 h 读数外，还需记 24 h 压缩稳定后的读数（24 h 应以最后一级荷重开始时算起），压缩稳定标准为百分表读数每小时变化不大于 0.01 mm。

(8) 百分表读数表示：短针 1 小格表示 1 mm；长针 1 小格表示 0.01 mm。读数时以逆时针读数为好，即可直接读出变形量 Δh。

(9) 试验结束后，迅速拆除仪器各部件，取出试样，如是饱和土则用滤纸吸去试样两端表面水，并测定试样的试验后含水率。

固结试验数据记录表

序号	荷载/kPa	时间	百分表读数	序号	荷载/kPa	时间	百分表读数
1				5			
2				6			
3				7			
4				8			

（五）注意事项

(1) 切削试样时，应尽量避免破坏土的结构，不允许直接将环刀压入土中，不允许用刀来回涂抹环刀两端的土面，避免孔隙被堵塞。

(2) 不要振动或碰撞压缩台及周围的地面，加荷或卸荷时应轻取轻放砝码。

(3) 试验过程中，应始终保持加荷杠杆水平。

（六）成果整理

写出试验过程，确定土的压缩系数和压缩模量。

试验四　直接剪切试验

土的直接剪切试验

（一）试验目的

测定土的抗剪强度指标 c、φ，用于评定土的抗剪能力。

（二）试验内容和原理

1. 试验内容

用直剪仪进行直接剪切试验。

2. 试验原理

土的抗剪强度是土对剪切破坏的极限抵抗能力。

$$\tau = c + \sigma \tan \varphi$$

式中　φ——土的内摩擦角（°）；

σ——剪切面上的法向应力/kPa；

c——土的黏聚力/kPa。

土的抗剪强度指标 c、φ，可以通过直剪试验得到。

（三）试验仪器设备

应变式剪切仪（通过量力环变形推算水平剪切力）、百分表、天平（感量 0.1 g）、环刀、削土刀、钢丝锯、秒表等。

（四）试验步骤

（1）对准上下盒，插入固定销，在下盒内放入透水石一块，在试样上下两面各放蜡纸一张（如做固结快剪，各放滤纸一张）；将盛有试样的环刀平口向下，对准剪切盒，再在试样上放透水石一块，然后将试样徐徐推入剪切盒内，移去环刀。

（2）转动手轮，使上盒前端钢球刚好与量力环接触（量力环中百分表微动，表示已接触），调整量力环中百分表读数为零，顺次加上传压活塞、钢球、压力框架；如做固结快剪试验，需测垂直变形时，则安装垂直量表，测记初始读数。

（3）每组四个试样，在四种不同垂直压力 P 下进行剪切试验。一个垂直压力相当于现场预期的最大压力 P，一个垂直压力需大于 P，其他两个垂直压力均小于 P。但四个垂直压力的分级差值要大致相等，如现场预期压力过大，因仪器设备所限也可以取垂直压力，分别为 50 kg、100 kg、200 kg、400 kPa，各个垂直压力可一次轻轻施加，若土质松软，也可分次施加以防土样挤出。

（4）试样上作用规定的垂直压力后，立即拔去固定销，以每分钟 4～6 转的均匀速率旋转手轮，使试样在 3～5 min 内剪损。如果量力环中的百分表读数不再增大，或有显著后退，表示试样已坏，但一般宜剪至剪切变形达到 4 mm（相当于 20 转），若量表读数继续增大则剪切变形达到 6 mm 为止，手轮每转一转，同时测记百分表读数，直至剪损为止。

(5) 剪切结束后，倒转手轮，尽快移去垂直压力、压力框架、钢球、加压活塞等，将仪器清理干净，进行下一试样的试验。

（五）注意事项

(1) 制备原状土样，用环刀切取试样时，环刀应垂直均匀下压，以防止环刀内试样结构被扰动。

(2) 快剪与固结快剪的区别在于施加垂直压力后，立刻进行水平剪切。

(3) 最大垂直压力控制在土体自重压力左右，扰动土样不宜进行试验。

（六）成果整理

写出试验过程，确定土的抗剪强度指标 c、φ。

直剪试验数据记录表

试样	荷载/kPa	量力环号	量力环系数	量力环中的百分表读数
1				
2				
3				
4				

参考文献

［1］中华人民共和国住房和城乡建设部．GB 50007—2011 建筑地基基础设计规范［S］．北京：中国标准出版社，2012.
［2］中华人民共和国住房和城乡建设部．GB/T 50123—2019 土工试验方法标准［S］．北京：中国计划出版社，2019.
［3］中华人民共和国建设部．GB 50021—2001 岩土工程勘察规范［S］．北京：中国建筑工业出版社，2009.
［4］中华人民共和国住房和城乡建设部．GB 50202—2018 建筑地基基础工程施工质量验收标准［S］．北京：中国计划出版社，2018.
［5］中华人民共和国建设部．JGJ 94—2008 建筑桩基技术规范．［S］．北京：中国建筑工业出版社，2008.
［6］陈希哲．土力学地基基础［M］．4 版．北京：清华大学出版社，2004.
［7］陈兰云．土力学及地基基础［M］．2 版．北京：机械工业出版社，2007.
［8］中华人民共和国住房和城乡建设部．JGJ 79—2012 建筑地基处理技术规范［S］．北京：中国建筑工业出版社，2013.
［9］陈祖煜．土质边坡稳定分析：原理・方法・程序［M］．北京：中国水利水电出版社，2003.
［10］本书编委会．建筑地基基础设计规范理解与应用［M］．北京：中国建筑工业出版社，2004.
［11］《地基处理手册》编写委员会．地基处理手册［M］．2 版．北京：中国建筑工业出版社，2000.
［12］中国建筑第七工程局．建设工程施工技术标准 1［M］．北京：中国建筑工业出版社，2007.
［13］赵明华，李刚，曹喜仁，等．土力学地基与基础疑难释义（附解题指导）［M］．2 版．北京：中国建筑工业出版社，2003.
［14］顾晓鲁，钱鸿缙，刘惠珊，等．地基与基础［M］．3 版．北京：中国建筑工业出版社，2003.
［15］李海光．新型支挡结构设计与工程实例［M］．北京：人民交通出版社，2004.

[16]《基础工程施工手册》编写组. 基础工程施工手册［M］. 2 版. 北京：中国计划出版社，2007.

[17] 刘惠珊，徐攸在. 地基基础工程 283 问［M］. 北京：中国计划出版社，2002.